스포츠와 빅데이터

스포츠와 빅데이터

저자 | 정선아

초판 1쇄 발행 | 2025년 12월 24일

발행인 | 양원석
발행처 | DH미디어
디자인 | 강희진, 최연정
신고번호 | 제2017-000022호
전화 | 02-2272-9731
팩스 | 02-2271-1469

ISBN 979-11-90021-67-8 93690
정가 28,000원

스포츠 DNA+ 시리즈 ① 빅데이터

SPORTS AND BIG DATA

정 선 아

스포츠를 읽는 새로운 언어

스포츠와 빅데이터

DH미디어

머리말

스포츠는 언제나 인간의 감각과 경험에 기반해 발전해 왔다. 선수의 움직임을 읽어내는 코치의 예리한 시선, 팬들의 열정이 만들어 낸 응원 문화, 구단과 리그의 직관적 판단—이 모든 것이 스포츠 산업을 지탱해 온 중요한 축이었다. 그러나 디지털 기술이 고도화되고 사회 전반의 의사결정 방식이 데이터 중심으로 전환되면서, 스포츠 역시 새로운 전환점을 맞이하고 있다.

오늘날 스포츠는 더 이상 감(感)에만 의존하지 않는다. 경기력 향상, 선수 관리, 팬 경험 강화, 중계 및 미디어 전략, 비즈니스 운영에 이르기까지—데이터는 스포츠의 거의 모든 영역을 설명하고 예측하며 안내하는 핵심 언어가 되었다. 센서 기술과 영상 분석은 선수의 미세한 움직임을 수치로 전환하고, SNS·OTT·커머스 데이터는 팬의 소비 패턴을 정교하게 드러내며, 머신러닝 기반 예측 모델은 경기 전략에서 산업 트렌드까지 새로운 통찰을 제시하고 있다.

이 책은 이러한 패러다임의 변화를 이해하고자 하는 독자를 위해 기획되었다. 스포츠 데이터의 개념과 산업 구조에서 출발하여, 경기·마케팅·미디어·비즈니스로 이어지는 실제 활용 사례를 살펴본 뒤, 데이터 분석 기획과 모델링으로 이해를 확장한다. 나아가 스포츠 산업의 미래 전망과 데이터 윤리까지 폭넓게 다루며, 데이터가 어떻게 현장을 변화시키고 산업을 재구성하는지 체계적으로 조망한다.

이 책의 목적은 단순히 기술을 소개하는 데 있지 않다. 스포츠 현장에서 데이터를 바라보는 새로운 관점, 산업을 분석하는 시야, 그리고 미래를 준비하기 위한 기초 역량을 함께 제시하고자 한다. 비전공자와 입문자도 쉽게 따라올 수 있도록 개념에서 사례로 이어지는 흐름을 유지했으며, 현장에서 바로 활용할 수 있는 분석 프레임워크와 기획 관점을 담아 실무적 가치를 높이고자 했다.

앞으로의 스포츠 산업은 데이터를 이해하는 사람에게 더 많은 기회를 열어줄 것이다. 이 책이 스포츠와 데이터를 연결하는 첫 번째 안내서가 되기를, 그리고 독자 여러분이 스포츠 산업의 새로운 가능성을 발견하는 출발점이 되기를 바란다.

2025년 12월

저자드림

저자소개

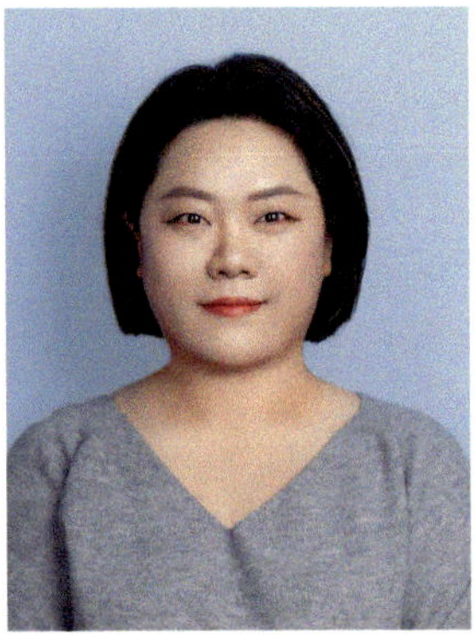

저자 **정선아**

스포츠 데이터·AI 실무 전문가
스포츠 콘텐츠·브랜드 전략 기획자
경희대학교 체육대학원 객원교수
대한체육회 마케팅위원회 부위원장
한국스포츠산업경영학회 이사

스포츠와 피트니스 산업의 다양한 현장에서 운영·마케팅·데이터 기반 의사결정 실무를 수행하며 디지털 전환과 고객 경험 혁신을 중심으로 전문성을 쌓아왔다.

브랜드 마케팅에서 시작해 스포츠 조직의 CRM 고도화, 회원 행동 분석, 운영 자동화 등 여러 실무 프로젝트에 참여하며 현장의 문제를 데이터로 해결하는 경험을 축적했다.

현재 경희대학교 체육대학원에서 스포츠 데이터·AI 교육을 담당하며, 기술 변화 속에서 스포츠 산업이 요구하는 실무형 데이터 역량을 전달하고 있다.

목차

PART 1

스포츠와 데이터

01 Chapter 스포츠와 데이터의 개념

>> 학습 목표

1. 스포츠의 개념과 현대적 의미를 이해하고, 스포츠 산업의 진화 과정에서 데이터가 어떤 역할을 하는 지 설명할 수 있다.
2. 데이터와 빅데이터의 기본 개념, 주요 속성, 유형을 이해하고, 이를 스포츠 맥락에서 적용할 수 있다.
3. 스포츠 데이터의 주요 유형과 활용 가치를 파악하고, 실제 사례를 통해 스포츠 산업에서 데이터가 어떻게 혁신을 이끄는지 설명할 수 있다.

1 스포츠의 정의와 개념

스포츠란 인간이 신체적 활동을 통해 경쟁하거나 협력하는 모든 형태의 활동을 의미한다. 스포츠는 단순한 신체적 움직임을 넘어 문화, 경제, 과학과 결합하여 현대 사회에서 중요한 역할을 담당하고 있다. 고대 올림픽과 같은 역사적 스포츠 행사에서부터 오늘날의 e스포츠에 이르기까지, 스포츠는 지속적으로 진화해왔다.

스포츠 산업은 단순한 경기 운영을 넘어 미디어, 기술, 마케팅, 데이터 분석과 융합되면서 글로벌 경제에서 중요한 산업으로 자리 잡고 있다. 특히, 스포츠와 데이터가 결합함에 따라 경기력 향상, 팬 경험 증대, 수익 창출 최적화 등 다양한 영역에서 새로운 패러다임이 형성되고 있다.

1) 스포츠의 어원과 기본 정의

스포츠의 어원은 라틴어 'Portre'(물건을 운반한다)에서 파생되어, 13세기경 프랑스어 'De(s) Port' 또는 'Disport'로 발전했다. 이 단어들은 '즐겁게 놀다', '일에서 잠시 벗어나다', '기분 전환하다'라는 의미를 담고 있으며, 스포츠가 본래 여가와 놀이적 성격에서 출발했다는 점을 보여준다.

넓은 의미에서 스포츠는 신체활동의 복합체로, 일반적인 놀이나 게임보다 더 정형화되고 규칙화되어 있다. 스포츠는 신체의 일부분만을 사용하는 단순한 활동이 아니라, 인간의 총체적 행위가 동원된 활동으로, 신체활동에 정신적, 정서적 요소가 결합되어 경쟁과 규칙 아래 이루어지는 사회문화적 행위라 할 수 있다.

2) 학술적 정의와 특성

스포츠의 개념에 대한 학문적 정의는 여러 학자들에 의해 체계적으로 발전되어 왔다. Luschen(1970)은 스포츠를 놀이와 일의 연속선상에 위치시키면서 단순한 신체활동이 아닌 제도화된 경쟁적 형태로 개념화했다. 이러한 관점은 스포츠가 단순한 여가활동을 넘어 사회적으로 구조화된 활동임을 강조한다. 이후 Singer(1976)는 이 개념을 확장하여 스포츠의 조직적, 역사적 맥락을 강조했는데, 특히 행정적 조직과 역사적 배경, 규칙 체계를 스포츠의 핵심 요소로 보았다. 그에 따르면 스포츠는 경쟁, 도전, 신체적 숙련의 요소들이 복합적으로 작용하여 구체적 결과를 도출하는 활동이다. 1980년대 말에 이르러 Mcpherson(1989)은 이전 학자들의 정의를 종합하여 스포츠의 특성을 더욱 명확히 했다. 그는 스포츠의 구조화된 특성, 목표지향성, 경쟁적 본질, 시합 중심의 성격을 강조하면서도 동시에 놀이와 게임의 요소가 근본적으로 내재되어 있음을 지적했다. 이처럼 스포츠 개념은 단순한 신체활동에서 출발하여 사회적으로 제도화되고 복합적인 문화 현상으로 이해되는 방향으로 학문적 정의가 발전해왔다.

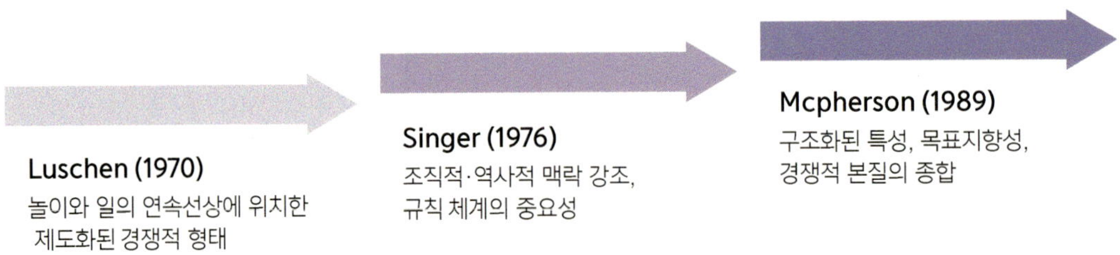

그림 1-1 스포츠 개념의 학술적 발전

3) Sport와 Sports의 구분

스포츠 연구에서 'Sport'와 'Sports'의 용어적 구분은 단순한 문법적 차이를 넘어 개념적으로 중요한 의미를 지닌다. 'Sport'는 보다 포괄적인 개념으로, 피트니스, 레크리에이션, 레저 활동을 포함한 모든 신체활동 관련 재화와 서비스를 아우른다. 이는 조직화된 경쟁의 요소가 반드시 필요하지 않은 광범위한 신체활동 영역을 포괄한다. 반면 'Sports'는 보다 구체적이고 전문화된 영역을 지칭하며, 특히 경쟁성을 핵심 요소로 포함한다. 여기서는 상대방과의 경쟁이나 자신과의 도전을 통해 이루어지는 축구, 농구, 야구, 테니스와 같은 세분화된 종목들이 해당된다. 이러한 구분은 학술적 연구뿐만 아니라 스포츠 산업과 정책 분야에서도 중요한 개념적 틀을 제공하며, 현대 스포츠의 다양한 측면을 이해하는데 필수적인 기반이 된다.

4) 스포츠 개념의 진화

스포츠 개념은 사회경제적 변화와 맞물려 시대적 흐름에 따라 점진적으로 확장되어 왔다. 1980년대 초반에는 산업화 이후 여가시간 증가와 삶의 질에 대한 관심이 고조되면서 여가 및 생활 스포츠에 대한 사회적 인식이 크게 확대되었다. 이는 엘리트 중심의 스포츠 패러다임에서 대중 참여형 스포츠로의 전환점이 되었다. 이어 1990년대에 들어서면서 스포츠의 전문화와 상업화가 가속화되어 엘리트 스포츠와 전문 스포츠라는 뚜렷한 영역이 형성되기 시작했다. 이 시기에는 스포츠 과학의 발전과 함께 경기력 향상을 위한 체계적 접근이 이루어졌으며, 스포츠 선수의 사회적 위상도 크게 변화했다. 1990년대 후반부터는 미디어 기술의 발달과 글로벌화의 영향으로 '스포츠 산업'이라는 용어가 본격적으로 등장하며, 스포츠가 지닌 경제적 가치와 영역이 급속도로 확장되었다. 이 시기에 스포츠는 단순한 신체활동이나 여가를 넘어 거대한 비즈니스 생태계로 자리매김하게 되었으며, 다양한 파생 산업과의 융합을 통해 그 경계를 계속해서 넓혀가고 있다.

5) 현대적 의미의 스포츠

좁은 의미의 스포츠는 세 가지 요소(신체적 활동, 경쟁적 요소, 제도화된 규칙)를 필수적으로 포함한다. 그러나 현대사회에서는 넓은 의미로 스포츠를 정의하는 것이 적합하다.

현대의 스포츠는 단순한 신체적 움직임을 넘어 문화, 경제, 과학과 결합하여 사회에서 중요한 역할을 담당하고 있다. 고대 올림픽부터 현대의 e스포츠까지 지속적으로 진화해왔으며, 스포츠 산업은 미디어, 기술, 마케팅, 데이터 분석과 융합되면서 글로벌 경제의 중요한 부분이 되었다.

스포츠 산업은 리그, 구단, 미디어, 스폰서, 팬 등의 다양한 이해관계자로 구성되어 있으며, 이들은 데이터를 기반으로 의사결정을 내린다. 예를 들어, 프로 스포츠 구단은 선수의 경기 데이터를 분석하여 최적의 전술을 설계하고, 스포츠 미디어 기업은 팬의 시청 패턴을 기반으로 맞춤형 콘텐츠를 제공한다. 이처럼 데이터는 스포츠 산업 전반에 걸쳐 중요한 요소로 작용하고 있으며, 이를 효과적으로 수집하고 분석하는 것이 스포츠 산업의 핵심 경쟁력이 되고 있다.

2 데이터의 개념과 기초 이해

1) 데이터란 무엇인가?

데이터(Data)는 관찰, 측정, 기록을 통해 수집된 사실적 정보로, 그 자체로는 의미를 완전히 전달하지 못하지만 분석과 해석을 통해 가치 있는 인사이트로 변환될 수 있는 잠재력을 지닌다. 어원적으로 데이터는 라틴어 'datum'(주어진 것)의 복수형으로, 객관적 사실이나 현상을 수치, 문자, 기호, 소리, 이미지, 영상 등의 형태로 표현한 것이다. 이는 인간의 의사결정이나 판단을 위한 기초 자료로 활용되며, 과학적 방법론의 핵심 요소이기도 하다.

데이터는 단순히 존재하는 것만으로는 가치를 발휘하지 못하며, 체계적인 수집, 정리, 분석, 해석의 과정을 거쳐야 의미 있는 정보(Information)로 변환된다. 정보과학 분야에서는 DIKW 피라미드(Data-Information-Knowledge-Wisdom)를 통해 데이터가 정보로, 정보가 지식으로, 지식이 지혜로 발전하는 단계적 과정을 설명한다. 이러한 관점에서 데이터는 지식 생성의 기반이 되는 근본적 요소이다.

스포츠 산업에서 데이터는 경기 결과, 선수 퍼포먼스, 팀 전술, 관중 행동, 시청률, 소비자 구매 패턴 등 다양한 영역에서 생성된다. 예를 들어, MLB(Major League Baseball)의 Statcast 시스템은 경기당 700만 개 이상의 데이터 포인트를 생성하며, 이를 통해 선수의 움직임, 공의 궤적, 타구 속도 등을 정밀하게 측정한다. NBA(National Basketball Association)에서는 광학 트래킹 시스템을 통해 선수와 공의 위치를 초당 25회 이상 기록하여 경기 전략 수립과 선수 평가에 활용한다.

데이터의 형태와 구조에 따른 분류는 데이터 관리와 분석 방법을 결정하는 중요한 기준이 된다.

- **정형 데이터(Structured Data)**: 미리 정의된 데이터 모델에 따라 구조화된 형태로 존재하는 데이터로, 관계형 데이터베이스나 스프레드시트에 저장되는 경우가 많다. 스포츠에서는 경기 결과, 선수 기록, 팀 순위 등이 이에 해당한다. 이러한 데이터는 SQL(Structured Query Language)과 같은 언어를 사용해 쉽게 질의하고 분석할 수 있는 장점이 있다.

- **반정형 데이터(Semi-structured Data)**: 완전히 구조화되지는 않았으나 일정한 구조적 요소를 포함하는 데이터로, XML, JSON, HTML 등의 형식으로 존재한다. 스포츠 API(Application Programming Interface)에서 제공하는 경기 데이터나 선수 프로필 정보가 이러한 형태를 취하는 경우가 많다.

- **비정형 데이터(Unstructured Data)**: 미리 정의된 데이터 모델이나 구조를 따르지 않는 데이터로, 텍스트 문서, 이메일, 소셜 미디어 게시물, 오디오, 비디오 등이 포함된다. 스포츠에서는 경기 중계 영상, 선수 인터뷰, 팬들의 SNS 반응 등이 여기에 해당한다. 이러한 데이터는 자연어 처리(NLP), 컴퓨터 비전, 음성 인식 등의 기술을 통해 분석된다.

- **시계열 데이터(Time Series Data)**: 시간에 따라 순차적으로 기록된 데이터로, 특정 시점의 관측값들로 구성된다. 스포츠에서는 경기 중 선수의 심박수 변화, 팀의 시즌별 성적 추이, 티켓 판매량의 시간적 패턴 등이 이에 해당한다. 시계열 분석을 통해 트렌드, 계절성, 주기성 등의 패턴을 파악할 수 있다.

- **공간 데이터(Spatial Data)**: 지리적 위치나 공간적 관계를 포함하는 데이터로, 좌표, 벡터, 래스터 등의 형태를 갖는다. 스포츠에서는 경기장 내 선수의 위치 추적, 팬의 지역별 분포, 스포츠 시설의 지리적 배치 등이 여기에 해당한다. GIS(Geographic Information System) 기술을 활용하여 분석된다.

데이터의 양과 복잡성이 증가함에 따라 데이터 관리의 중요성도 커지고 있다. 특히 스포츠 산업에서는 실시간 데이터 수집, 대용량 데이터 처리, 다양한 데이터 소스의 통합이 중요한 과제로 부상하고 있다. 최신 데이터 관리 기술인 데이터 레이크(Data Lake), 데이터 웨어하우스(Data Warehouse), 클라우드 기반 데이터 플랫폼 등이 스포츠 조직에서 활용되고 있으며, 데이터 거버넌스(Data Governance)를 통한 데이터 품질 관리와 보안도 강조되고 있다.

인공지능과 머신러닝의 발전은 스포츠 데이터 분석의 새로운 지평을 열고 있다. 딥러닝 알고리즘을 통한 경기 영상 분석, 자연어 처리를 활용한 스카우팅 리포트 자동화, 예측 모델링을 통한 선수 부상 위험 평가 등 첨단 데이터 분석 기법이 스포츠 현장에 적용되고 있다. 이처럼 스포츠 산업에서 데이터는 단순한 기록을 넘어 전략적 의사결정과 혁신의 핵심 자원으로 그 가치와 활용 범위가 지속적으로 확장되고 있다.

2) 데이터의 주요 속성

데이터는 단순한 수치나 기호의 집합을 넘어 다양한 내재적 속성을 지니고 있으며, 이러한 속성은 데이터의 가치와 활용성을 결정하는 핵심 요소가 된다. 스포츠 데이터 관리와 분석에 있어 중요한 데이터 속성들을 심층적으로 살펴보면 다음과 같다.

(1) 정확성(Accuracy)

데이터가 실제 현상이나 측정 대상을 얼마나 정확하게 표현하는지를 나타내는 기본적이면서도 가장 중요한 속성이다. 데이터의 정확성은 측정 도구의 정밀도, 수집 방법의 적절성, 데이터 입력 과정의 엄격성 등 여러 요인에 의해 영향을 받는다. 스포츠 경기에서 1mm의 차이가 승패를 가르는 경우도 있듯이, 정확한 데이터는 의사결정의 질을 좌우한다. 예를 들어, MLB의 스트라이크 존 판정 시스템인 PITCHf/x는 공의 위치를 0.5인치 이내의 오차로 측정하여 정확한 심판 판정을 지원한다. 데이터 정확성을 확보하기 위해서는 지속적인 검증 과정과 오류 보정 메커니즘이 필요하다.

(2) 일관성(Consistency)

데이터가 논리적으로 모순 없이 일관된 상태를 유지하는 속성으로, 시스템 내부의 일관성과 시스템 간 일관성으로 구분할 수 있다. 내부 일관성은 동일 데이터베이스 내에서 데이터의 논리적 정합성을 의미하며, 외부 일관성은 서로 다른 시스템이나 소스 간에 데이터가 일치하는 정도를 말한다. 스포츠 리그에서 공식 기록과 외부 분석 기관의 통계가 일치하지 않을 경우 혼란이 발생할 수 있으므로, 데이터 표준화와 통합 관리는 일관성 확보의 핵심이다. NBA의 경우, 공식 통계와 각 팀의 내부 분석, 미디어 파트너의 데이터 간 일관성을 유지하기 위해 엄격한 데이터 거버넌스 체계를 운영한다.

(3) 유효성(Validity)

데이터가 의도된 목적에 적합하고 측정하고자 하는 개념을 실제로 측정하는지를 나타내는 속성이다. 유효성은 표면 타당도(face validity), 내용 타당도(content validity), 구성 타당도(construct validity), 예측 타당도(predictive validity) 등 여러 측면에서 평가될 수 있다. 스포츠 데이터에서는 특히 맥락적 유효성이 중요한데, 예컨대 선수의 심박수 데이터는 체력 분석에는 유효하지만 마케팅 전략 수립에는 직접적 관련성이 낮을 수 있다. 또한 특정 경기 상황(홈/원정, 강팀/약팀 대결, 날씨 조건 등)을 고려하지 않은 퍼포먼스 데이터는 유효성이 제한될 수 있다. 최근의 스포츠 분석에서는 전통적 통계 지표를 넘어 상황 조정 지표(context-adjusted metrics)를 개발하여 데이터의 유효성을 높이는 노력이 진행되고 있다.

(4) 확장성(Scalability)

데이터의 양이 증가하더라도 시스템이 효율적으로 처리하고 성능을 유지할 수 있는 능력을 의미한다. 수직적 확장성(vertical scalability)은 기존 시스템의 용량이나 성능을 증가시키는 것을, 수평적 확장성(horizontal scalability)은 여러 시스템에 부하를 분산시키는 것을 의미한다. 현대 스포츠에서는 웨어러블 센서, 광학 트래킹 시스템, 소셜 미디어 분석 등을 통해 방대한 양의 데이터가 생성되므로, 클라우드 컴퓨팅, 분산 처리 시스템, 빅데이터 아키텍처 등을 활용한 확장성 확보가 중요하다. 예를 들어, F1 레이싱팀들은 경주 중 발생하는 테라바이트 규모의 텔레메트리 데이터를 실시간으로 처리하기 위해 고도로 확장 가능한 데이터 인프라를 구축하고 있다.

(5) 완전성(Completeness)

특정 맥락에서 필요한 모든 데이터가 누락 없이 존재하는 정도를 나타낸다. 데이터의 결측치(missing values)는 분석 결과의 편향으로 이어질 수 있으므로, 완전성은 신뢰할 수 있는 분석의 전제 조건이다. 스포츠 데이터에서는 특히 시계열적 완전성이 중요한데, 선수의 경기력 추이나 팀의 성과 변화를 분석하기 위해서는 일관된 기간 동안의 완전한 데이터가 필요하다. 결측치 처리를 위한 데이터 보간법(interpolation), 대체법(imputation) 등의 기법이 활용되며, 데이터 수집 설계 단계에서부터 완전성을 고려하는 것이 중요하다.

(6) 시의성(Timeliness)

데이터가 필요한 시점에 얼마나 신속하게 제공되는지를 나타내는 속성이다. 특히 실시간 의사결정이 중요한 스포츠 환경에서는 데이터의 시의성이 경쟁 우위의 핵심 요소가 된다. 예를 들어, 축구 경기 중 선수 교체 결정이나 NBA 경기에서의 타임아웃 전략은 실시간 데이터 분석에 크게 의존한다. 지연된 데이터는 그 가치가 급격히 감소할 수 있으므로, 데이터 파이프라인의 최적화와 실시간 처리 기술의 도입이 필요하다. 최신 스포츠 분석 시스템은 데이터 수집에서 시각화까지의 지연 시간(latency)을 최소화하는 방향으로 발전하고 있다.

(7) 접근성(Accessibility)

권한을 가진 이해관계자가 필요한 데이터에 얼마나 쉽게 접근할 수 있는지를 의미한다. 기술적 접근성(사용자 인터페이스, API 등), 조직적 접근성(권한 관리, 데이터 공유 문화), 법적 접근성(개인정보 보호, 라이센싱 등)의 측면에서 평가될 수 있다. 스포츠 조직에서는 코칭 스태프, 분석팀, 의료진, 선수, 경영진 등 다양한 이해관계자의 데이터 요구사항을 충족하면서도 적절한 보안과 개인정보 보호를 유지하는 균형이 중요하다. '데이터 민주화(data democratization)'의 트렌드에 따라, 기술적 지식이 없는 사용자도 셀프서비스 분석 도구를 통해 데이터에 접근할 수 있는 환경이 확산되고 있다.

(8) 상호운용성(Interoperability)

서로 다른 시스템과 플랫폼 간에 데이터가 원활하게 교환되고 통합될 수 있는 능력을 의미한다. 기술적 상호운용성(표준 프로토콜, 데이터 형식 등), 의미적 상호운용성(공통 용어, 분류 체계 등), 조직적 상호운용성(업무 프로세스, 거버넌스 등)으로 구분된다. 스포츠 데이터의 파편화(fragmentation)는 통합적 분석을 어렵게 만드는 주요 장애물로, 이를 극복하기 위해 API, 데이터 통합 플랫폼, 표준화된 데이터 모델 등이 활용된다. 예를 들어, UEFA(유럽축구연맹)는 축구 데이터 교환을 위한 표준 프로토콜을 개발하여 구단, 리그, 미디어 파트너 간의 데이터 상호운용성을 향상시키고 있다.

(9) 보안성(Security)

데이터가 무단 접근, 유출, 변조, 손실로부터 보호되는 정도를 나타낸다. 데이터 암호화, 접근 제어, 감사 추적, 백업 및 복구 등의 메커니즘을 통해 보안성이 확보된다. 스포츠 데이터는 상업적 민감성(전술 정보, 선수 영입 전략 등), 개인정보(선수의 건강 기록, 계약 조건 등), 지적 재산권(고유한 분석 방법론, 알고리즘 등) 측면에서 높은 보안이 요구된다. 특히 웨어러블 기기를 통한 선수 생체 데이터 수집이 증가함에 따라, 이에 대한 윤리적, 법적 고려사항도 중요해지고 있다.

이러한 데이터 속성들은 상호 연관되어 있으며, 하나의 속성 개선이 다른 속성에 영향을 미칠 수 있다. 예컨대, 과도한 데이터 보안 조치는 접근성을 저하시킬 수 있고, 실시간 처리를 위한 시의성 강화는 정확성에 부정적 영향을 줄 가능성이 있다. 따라서 스포츠 조직은 자신의 전략적 목표와 우선순위에 맞게 이러한 속성들 간의 균형을 찾아야 한다. 데이터 거버넌스 프레임워크는 이러한 다양한 속성을 체계적으로 관리하고 최적화하기 위한 정책, 절차, 표준, 역할, 책임을 정의하며, 데이터 중심 스포츠 조직의 기반이 된다.

3) 빅데이터(Big Data)의 개념

빅데이터(Big Data)는 기존의 데이터 처리 및 분석 도구로는 관리하기 어려운 규모와 복잡성을 지닌 데이터 집합을 지칭하는 개념이다. 2001년 Meta Group(현 Gartner)의 Doug Laney가 제시한 '3V' 모델은 빅데이터의 핵심 특성을 체계적으로 정의한 최초의 프레임워크가 되었으며, 이후 2지 특성이 추가되어 5V로 빅데이터에 대한 이해와 접근 방식의 기초를 만들었다.

(1) 대용량(Volume)

빅데이터의 가장 직관적인 특성으로, 테라바이트(TB)에서 페타바이트(PB), 심지어 엑사바이트(EB) 규모의 데이터를 의미한다. 스포츠 분야에서는 FIFA 월드컵이나 올림픽과 같은 메가 이벤트가 생성하는 데이터양이 이에 해당한다. 예를 들어, 2018 FIFA 월드컵에서는 경기 영상, 선수 트래킹, 소셜 미디어 활동, 티켓 판매, 시청자 분석 등을 포함하여 약 7.5페타바이트의 데이터가 생성되었다. 최신 스포츠 분석 시스템은 한 경기에서도 선수당 약 3백만 개의 데이터 포인트를 수집할 수 있으며, 이는 전체 시즌으로 확장될 때 엄청난 규모의 데이터베이스를 형성한다.

(2) 고속(Velocity)

데이터가 생성, 수집, 처리, 분석되는 속도를 의미하며, 많은 경우 실시간 또는 거의 실시간(near real-time)으로 이루어진다. F1 레이싱에서는 각 차량에 부착된 수백 개의 센서가 초당 1,500개 이상의 데이터 포인트를 생성하며, 이는 실시간으로 팀 본부에 전송되어 레이스 전략에 즉시 반영된다. NFL(National Football League)의 Next Gen Stats 시스템은 선수와 공에 부착된 RFID 태그를 통해 초당 10회 이상 위치 데이터를 수집하여 실시간 전술 분석에 활용한다. 이러한 고속 데이터 처리는 스트리밍 분석(streaming analytics), 메모리 내 컴퓨팅(in-memory computing), 분산 처리 기술 등을 통해 가능해진다.

(3) 다양성(Variety)

빅데이터는 정형, 반정형, 비정형 등 다양한 형태와 소스의 데이터를 포괄한다. 스포츠 영역에서는 전통적인 경기 통계(정형)부터 코치의 음성 지시(비정형), GPS 트래킹 데이터(반정형), 열화상 카메라 영상(비정형) 등 이질적인 데이터가 공존한다. NBA의 경우, 공식 경기 기록, 광학 트래킹 데이터, 선수 웨어러블 기기 정보, 의료 기록, 소셜 미디어 콘텐츠 등 서로 다른 형식과 구조를 가진 데이터를 통합 분석한다. 이러한 다양성은 데이터 통합(data integration)과 다중모드 분석(multimodal analytics) 기술의 발전을 촉진했다.

(4) 진실성(Veracity)

IBM이 제안한 '4V' 모델에 추가된 특성으로, 데이터의 불확실성, 신뢰성, 품질, 정확성을 포함한다. 스포츠 데이터는 측정 오차, 샘플링 편향, 결측치, 이상치 등의 문제를 내포할 수 있다. 예를 들어, 축구 경기에서 선수 트래킹 시스템은 선수들이 서로 겹치거나 카메라 시야에서 벗어날 때 정확도가 저하될 수 있다. 또한 같은 경기에 대해서도 다른 데이터 제공업체나 분석 방법론에 따라 상이한 통계가 도출될 수 있다. 빅데이터 환경에서는 이러한 불확실성을 정량화하고 관리하기 위한 데이터 품질 관리(data quality management)와 불확실성 정량화(uncertainty quantification) 기법이 중요하다.

(5) 가치(Value)

'5V' 모델에서 추가된 특성으로, 빅데이터가 비즈니스 인사이트, 의사결정 개선, 운영 효율화, 혁신 등을 통해 창출하는 실질적 가치를 의미한다. 스포츠 빅데이터의 가치는 경기력 향상, 팬 경험 증진, 수익 창출, 부상 예방, 인재 발굴 등 다양한 영역에서 발현된다. 예를 들어, MLB의 휴스턴 애스트로스는 첨단 데이터 분석을 통해 저평가된 선수들을 발굴하고 최적의 전술을 개발하여 2017년 월드시리즈 우승을 달성했다. 빅데이터의 진정한 가치는 단순히 데이터를 보유하는 것이 아니라, 이를 통해 실행 가능한 인사이트(actionable insights)를 도출하고 실제 의사결정에 적용하는 능력에서 비롯된다.

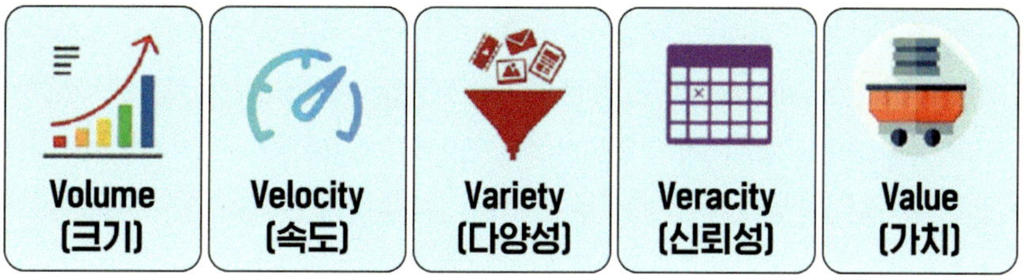

그림 1-2 빅데이터의 5V

3 스포츠 데이터의 개념과 개요

스포츠 데이터는 스포츠 활동의 모든 측면에서 생성되고 수집되는 정량적·정성적 정보를 총칭하는 개념이다. 이는 경기 현장에서 발생하는 직접적인 퍼포먼스 데이터에서부터 스포츠 소비와 관련된 부가적 데이터까지 광범위한 영역을 포괄한다. 역사적으로 스포츠 데이터는 경기 결과와 기본 통계 기록을 중심으로 수집되었으나, 디지털 기술의 발전과 데이터 과학의 응용으로 현대 스포츠 데이터는 그 범위와, 깊이, 활용 가능성이 혁신적으로 확장되었다.

스포츠 데이터의 본질적 가치는 단순한 사실의 기록을 넘어 의미 있는 패턴과 관계를 발견하고, 이를 바탕으로 과학적 의사결정을 가능하게 하는 데 있다. 경기 중 발생하는 모든 이벤트가 정밀하게 기록되고, 선수들의 움직임이 실시간으로 추적되며, 관중의 반응이 디지털 플랫폼을 통해 측정되는 현대 스포츠 환경에서는 어떤 데이터를 어떻게 수집하고 해석할 것인가가 경쟁 우위를 결정하는 핵심 요소가 되었다.

스포츠 데이터의 수집 방법론도 크게 진화했다. 과거에는 수작업에 의존했던 기록 방식이 자동화된 센서 시스템, 컴퓨터 비전 기술, 웨어러블 디바이스 등으로 대체되면서 데이터의 양과 정확성이 비약적으로 향상되었다. 예를 들어, 현대 축구 경기에서는 선수의 위치, 속도, 가속도, 심박수 등이 초당 수십 회 이상 측정되어 기록된다. 이러한 고해상도 데이터는 기존에 파악하기 어려웠던 미세한 패턴과 인과관계를 발견할 수 있게 해준다.

또한 스포츠 데이터의 범위도 경기장 안에서 경기장 밖으로 확장되고 있다. 소셜 미디어에서의 팬 담론, 티켓 구매 행동, 머천다이즈 소비 패턴, 온라인 콘텐츠 소비 습관 등이 모두 분석 가능한 데이터로 수집되고 있다. 이러한 확장된 데이터 생태계는 스포츠를 단순한 경기가 아닌, 복합적인 엔터테인먼트 및 비즈니스 시스템으로 이해하는 기반을 제공한다.

데이터 분석의 고도화도 주목할 만하다. 단순한 기술통계(descriptive statistics)에서 예측분석(predictive analytics)과 처방분석(prescriptive analytics)으로 발전하면서, 스포츠 데이터는 '무슨 일이 일어났는가'뿐만 아니라 '무슨 일이 일어날 것인가'와 '무엇을 해야 하는가'에 대한 통찰을 제공할 수 있게 되었다. 이는 경기 전략 수립, 선수 영입, 부상 예방, 팬 마케팅 등 스포츠의 전 영역에서 데이터 기반 의사결정의 지평을 확장시키고 있다.

스포츠 데이터의 시각화와 커뮤니케이션 방식도 발전했다. 복잡한 데이터를 직관적으로 이해할 수 있는 그래픽, 히트맵, 네트워크 다이어그램 등의 시각화 도구는 데이터의 활용 가능성을 더욱 높이고 있다. 이를 통해 코치, 선수, 팬, 미디어 등 다양한 이해관계자가 데이터에 기반한 스토리텔링을 공유할 수 있게 되었다.

한편, 스포츠 데이터의 상업적 가치도 주목받고 있다. 데이터 자체가 상품화되어 스포츠 베팅, 판타지 스포츠, 미디어 콘텐츠 생산 등에 활용되면서 새로운 수익 모델이 창출되고 있다. 이에 따라 데이터의 소유권, 라이센싱, 보안, 프라이버시 등에 관한 법적·윤리적 논의도 활발히 진행되고 있다.

결론적으로, 현대 스포츠 데이터는 단순한 기록이나 통계를 넘어 스포츠의 모든 측면을 아우르는 전략적 자산으로 진화했다. 기술의 발전, 분석 방법론의 고도화, 활용 영역의 확장과 함께 스포츠 데이터는 앞으로도 스포츠 산업의 혁신과 발전을 이끄는 핵심 동력으로 기능할 것이다. 이러한 변화 속에서 데이터를 효과적으로 수집, 분석, 해석하고 실행 가능한 인사이트로 전환하는 역량은 스포츠 조직의 필수적인 경쟁력으로 자리 잡게 될 것이다.

1) 스포츠 데이터의 주요 유형

스포츠 데이터는 그 특성과 출처에 따라 다양한 유형으로 분류될 수 있으며, 각 유형은 스포츠 산업의 서로 다른 측면을 이해하고 분석하는 데 고유한 가치를 제공한다. 이러한 데이터 유형들은 독립적으로 존재하기보다는 상호 연결되어 통합적 인사이트를 제공할 때 그 잠재력이 극대화된다.

(1) 경기 데이터(Performance Data)

경기 중 발생하는 모든 행위와 결과에 관한 정보를 포괄한다. 이는 가장 기본적인 경기 결과(승패, 득점)부터 선수별 통계(득점, 어시스트, 리바운드 등), 고급 퍼포먼스 지표

(유효슈팅비율, 패스 성공률, 점유율 등)까지 광범위하다. 최신 광학 트래킹 시스템과 센서 기술의 발전으로 선수의 위치 데이터, 움직임 패턴, 속도, 가속도 등을 초단위로 측정할 수 있게 되었으며, 이를 통해 전술적 분석의 정밀도가 비약적으로 향상되었다. 경기 데이터는 코칭 스태프의 전술 결정, 선수 평가, 상대팀 분석 등에 활용되며, 최근에는 기계학습 알고리즘을 적용하여 패턴 인식과 예측 모델링에도 사용되고 있다. 축구의 'Expected Goals(xG)', 농구의 'Player Efficiency Rating(PER)', 야구의 'Wins Above Replacement(WAR)' 등은 고급 경기 데이터 분석의 대표적 사례다.

(2) 선수 데이터(Player Data)

선수의 신체 상태와 생리학적 반응에 관한 정보로, 스포츠 의학과 선수 관리 분야에서 중요성이 급증하고 있다. 심박수, 호흡률, 체온, 혈중 젖산 농도, 근육 활성도, 뇌파 등이 이에 포함되며, 웨어러블 기기, 임플란트 센서, IoT 장비 등을 통해 수집된다. 이러한 생체 데이터는 훈련 부하 모니터링, 피로도 관리, 부상 위험 평가, 수면 질 분석 등에 활용되어 선수의 컨디션을 최적화하고 부상을 예방하는 데 기여한다. 특히 개인별 기준치(baseline)와 추이를 분석함으로써 각 선수에게 맞춤화된 훈련 및 회복 프로그램을 설계할 수 있다는 점에서 가치가 있다. 그러나 생체 데이터는 고도로 개인적이고 민감한 정보이므로, 수집과 활용에 있어 프라이버시, 동의, 데이터 보안 등의 윤리적·법적 고려사항이 중요하게 다루어진다.

(3) 팬 데이터(Fan Engagement Data)

스포츠 소비자의 행동, 선호도, 참여 패턴에 관한 정보로, 스포츠 마케팅과 비즈니스 전략 수립에 핵심적인 역할을 한다. 티켓 구매 기록, 경기장 내 소비 패턴, 머천다이즈 판매 데이터, 소셜 미디어 활동, 앱 사용 행태, 뉴스레터 반응률 등 다양한 접점에서 수집된다. 이러한 데이터는 고객 세분화(customer segmentation), 타겟 마케팅, 개인화된 콘텐츠 제공, 팬 경험 최적화 등에 활용되어 팬과의 관계를 강화하고 수익을 증대하는 데 기여한다. 최근에는 빅데이터 분석과 기계학습을 적용하여 팬의 생애가치(lifetime value)를 예측하거나, 이탈 가능성이 높은 팬을 식별하여 선제적으로 대응하는 등 고급 분석 기법이 도입되고 있다. 또한 팬 데이터는 스폰서십 효과 측정, 신규 시장 진출 전략 수립, 브랜드 이미지 관리 등 스포츠 비즈니스의 전략적 의사결정에도 광범위하게 활용된다.

(4) 미디어 데이터(Broadcast & Streaming Data)

스포츠 콘텐츠의 제작, 유통, 소비에 관련된 정보로, 디지털 미디어 환경의 발전과 함께 그 중요성이 점점 커지고 있다. TV 시청률, 온라인 스트리밍 트래픽, 시청 지속 시간, 콘텐츠 유형별 선호도, 시청 디바이스, 지역별 분포, 인구통계학적 특성 등을 포함한다. OTT 플랫폼과 소셜 미디어의 부상으로 시청자의 상호작용 데이터(좋아요, 공유, 댓글 등)와 콘텐츠 소비 행태에 대한 더욱 상세한 정보가 수집 가능해졌다. 이러한 미디어 데이터는 콘텐츠 전략 수립, 광고 타겟팅, 방송권 가치 평가, 신규 시장 개발 등에 활용되며, 궁극적으로는 미디어 수익을 최대화하는 데 기여한다. 특히 글로벌 스포츠 시장에서는 지역별로 세분화된 미디어 전략을 수립하기 위해 상세한 지역별 시청 데이터 분석이 중요시되고 있다.

(5) 비정형 데이터(Unstructured Data)

정형화된 데이터베이스 구조에 쉽게 맞지 않는 형태의 정보로, 텍스트, 이미지, 오디오, 비디오 등 다양한 형식을 포함한다. 선수 인터뷰, 뉴스 기사, 팬 게시물, 경기 중계 영상, 코칭 지시 음성 등이 대표적인 스포츠 비정형 데이터다. 이러한 데이터는 전통적인 분석 방법으로는 처리하기 어려웠으나, 자연어 처리(NLP), 컴퓨터 비전, 음성 인식 등 인공지능 기술의 발전으로 의미 있는 분석이 가능해지고 있다. 예를 들어, 소셜 미디어의 텍스트 데이터를 감성 분석(sentiment analysis)하여 특정 이슈에 대한 팬들의 반응을 측정하

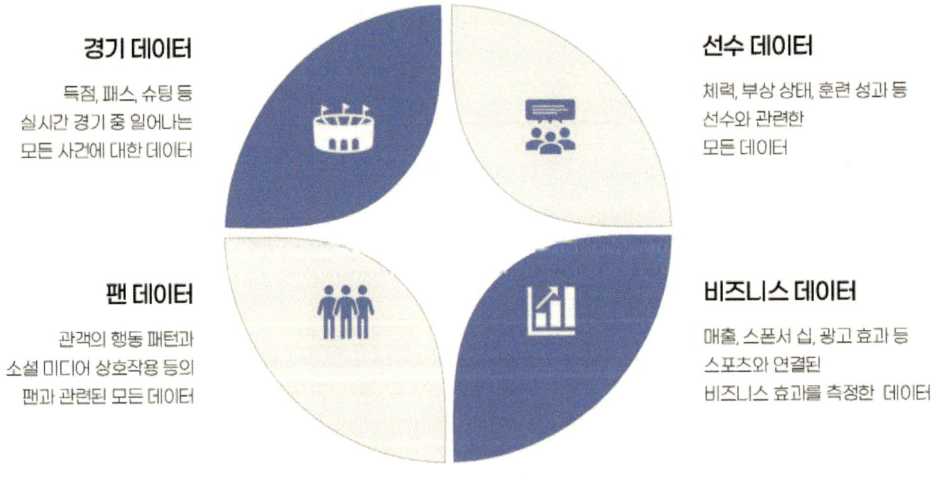

그림 1-3 스포츠 데이터의 종류

거나, 경기 영상을 자동으로 분석하여 특정 플레이 패턴을 식별하고 분류하는 것이 가능해졌다. 비정형 데이터는 정형 데이터가 포착하지 못하는 맥락적, 질적 정보를 제공하여 보다 풍부하고 입체적인 분석을 가능하게 한다는 점에서 가치가있다.

이러한 다양한 유형의 스포츠 데이터는 서로 분리되어 있기보다는 통합되어 분석될 때 더욱 강력한 인사이트를 제공한다. 예를 들어, 선수의 경기 데이터와 생체 데이터를 결합하면 퍼포먼스와 생리적 상태 간의 관계를 이해할 수 있고, 팬 데이터와 미디어 데이터를 통합하면 콘텐츠 소비와 팬 참여의 상관관계를 파악할 수 있다. 이처럼 서로 다른 유형의 데이터를 연결하고 통합하는 능력은 스포츠 조직이 데이터의 전체 가치를 실현하는 데 핵심적인 요소가 된다. 따라서 스포츠 데이터 전략을 수립할 때는 이러한 다양한 데이터 유형 간의 상호 연관성을 고려하고, 이들을 유기적으로 통합할 수 있는 데이터 아키텍처와 분석 프레임워크를 구축하는 것이 중요하다.

2) 스포츠 데이터 발전사 : 세이버매트릭스에서 AI까지

스포츠 데이터의 역사는 단순한 '기록'에서 시작해 '과학적 분석'으로 진화했고, 이제는 미래를 '예측'하는 단계까지 확장되어 왔다. 이러한 변화의 여정은 기술 발전과 함께 스포츠 산업 전반의 패러다임을 근본적으로 바꾸어 놓았다.

(1) 1990년대 초반 : 세이버매트릭스의 등장과 데이터 혁신의 시작

스포츠 데이터의 혁명은 1990년대 초반 야구계에서 시작되었다. 빌 제임스(Bill James)의 분석 철학을 기반으로 한 세이버매트릭스(Sabermetrics)가 야구에 도입되면서 스포츠를 바라보는 시각이 근본적으로 변화하기 시작했다. 세이버매트릭스는 단순히 타율이나 홈런 개수와 같은 전통적 지표를 넘어서, 경기 데이터를 체계적이고 과학적으로 분석하는 접근법을 제시했다.

이 방법론의 핵심은 '선수의 가치를 수치로 평가'한다는 개념이었다. 기존에는 스카우터의 경험과 직관에 의존했던 선수 평가 방식이 객관적이고 정량적인 데이터 분석으로 전환되었다. 출루율(On-Base Percentage)이 단순 타율보다 중요하다는 발견, 득점 창출 능력(Runs Created)과 같은 새로운 지표의 개발 등은 야구 전략과 선수 영입 방식을 완전히 바꾸어 놓았다. 이는 단순한 통계 수집을 넘어 데이터를 통해 경기의 본질을 이해하고, 그것을 의사결정에 활용하는 첫 번째 체계적 시도였다.

오클랜드 애슬레틱스의 단장 빌리 빈이 이 방법론을 실제 구단 운영에 적용하면서 세이버매트릭스는 스포츠계에 강력한 영향을 미치기 시작했다. 제한된 예산으로도 통계적으로 저평가된 선수들을 발굴해 경쟁력 있는 팀을 만들 수 있다는 것을 증명하면서, 데이터 기반 의사결정의 가능성을 전 세계에 알렸다.

(2) 2000년대 : 디지털 트래킹기술의 등장과 정밀 데이터 시대

2000년대에 들어서면서 스포츠 데이터는 새로운 차원으로 도약했다. 디지털 트래킹 기술이 등장하면서 과거에는 측정할 수 없었던 영역의 데이터를 실시간으로 수집할 수 있게 된 것이다. SportVU와 같은 광학 추적 시스템은 농구 코트 위의 모든 선수와 공의 위치를 초당 25회 이상 기록할 수 있었고, Hawk-Eye는 테니스와 크리켓에서 공의 궤적을 밀리미터 단위로 추적했다.

이 시기의 가장 큰 변화는 '정밀 생체 데이터'와 '공간 데이터'의 실시간 수집이 가능해졌다는 점이었다. 웨어러블 센서 기술의 발전으로 선수들의 움직임, 달리는 속도, 이동거리, 가속도, 점프 높이뿐만 아니라 심박수, 체온, 근육 활성도 같은 생리학적 데이터까지 경기 중에 측정할 수 있게 되었다. GPS 기술이 축구, 럭비 같은 야외 스포츠에 적용되면서 선수들의 전술적 움직임과 포지셔닝을 공간적으로 분석하는 것이 가능해졌다.

이러한 기술적 진보는 코칭 스태프와 의료진에게 전에 없던 인사이트를 제공했다. 선수의 피로도를 실시간으로 파악하고, 부상 위험을 사전에 감지하며, 전술적 포지셔닝의 효율성을 과학적으로 평가할 수 있게 되었다. 데이터는 더 이상 경기가 끝난 후에 분석하는 사후 기록이 아니라, 경기 중 실시간으로 활용되는 전략적 도구로 진화했다.

(3) 2010년대 : 클라우드와 빅데이터의 확산, 통합 관리 시대

2010년대는 클라우드 컴퓨팅과 빅데이터 기술이 스포츠 산업에 본격적으로 도입된 시기였다. 이전까지는 경기력 데이터, 팬 행동 데이터, 마케팅 데이터가 각각 분리되어 관리되었지만, 이 시기에 들어서면서 이 모든 데이터가 통합 플랫폼에서 관리되고 분석되기 시작했다.

클라우드 기술은 방대한 양의 스포츠 데이터를 저장하고 처리하는 것을 가능하게 만들었다. 한 시즌 동안 생성되는 수십 테라바이트의 경기 데이터, 수백만 팬들의 티켓 구매 및 소비 행동 데이터, 소셜 미디어에서 발생하는 실시간 팬 반응 데이터 등이 모두 중앙 집중식 플랫폼에서 통합 관리되었다. 이는 데이터 사일로(data silo) 문제를 해결하고, 부서 간 협업과 데이터 기반 의사결정을 촉진했다.

빅데이터 분석 기술의 발전은 스포츠 조직이 데이터를 단순히 저장하는 것을 넘어 실질적인 비즈니스 가치로 전환할 수 있게 해주었다. 경기력 분석 팀은 상대팀의 전술 패턴을 분석하고, 마케팅 팀은 팬 세그먼트별 맞춤 전략을 수립하며, 재무 팀은 티켓 수요 예측 모델을 활용해 수익을 최적화했다. 데이터는 각 부서가 독립적으로 사용하는 것이 아니라, 조직 전체의 전략적 자산으로 인식되기 시작했다.

또한 이 시기에는 데이터 시각화 기술이 발전하면서 복잡한 데이터를 직관적으로 이해할 수 있는 대시보드와 인터랙티브 차트가 보편화되었다. 이는 데이터 전문가가 아닌 코치, 경영진, 심지어 팬들도 데이터 인사이트에 쉽게 접근할 수 있게 만들었고, 데이터 민주화의 기반을 마련했다.

(4) 2020년대 : AI기반분석 시대의 개막

2020년대에 들어서면서 스포츠 데이터는 인공지능(AI)과 머신러닝(ML)의 결합으로 완전히 새로운 차원으로 진화했다. AI는 단순히 데이터를 분석하는 도구를 넘어 스포츠 데이터 활용의 핵심 동력으로 자리 잡았다.

영상 자동 분석은 AI 시대의 가장 두드러진 성과 중 하나다. 컴퓨터 비전 기술을 활용한 AI 시스템은 수백 시간의 경기 영상을 자동으로 분석하여 특정 플레이 패턴을 식별하고, 선수별 움직임을 추적하며, 전술적 형태를 인식할 수 있게 되었다. 과거에는 분석가들이 수작업으로 몇 주가 걸리던 작업을 AI는 몇 시간 만에 완료할 수 있다. 더 나아가 AI는 코치가 요청하는 특정 상황(예: 상대팀의 프레스 수비 패턴)을 자동으로 찾아내고 하이라이트를 생성할 수 있다.

전술 추천 시스템은 AI가 스포츠 의사결정에 직접적으로 관여하기 시작했음을 보여준다. 머신러닝 알고리즘은 수천 경기의 데이터를 학습하여 특정 상황에서 가장 효과적인 전술을 제안한다. 축구에서 특정 상대팀을 상대로 어떤 포메이션이 유리한지, 농구에서 마지막 2분 동안 어떤 플레이를 실행해야 승률이 높은지를 AI가 실시간으로 분석하고 제안한다. 이는 코치의 경험과 직관을 대체하는 것이 아니라, 보완하고 강화하는 역할을 한다.

부상 예측은 AI가 선수 관리 영역에서 혁신을 일으키고 있는 분야다. 수백 명의 선수들의 훈련 부하, 생체 데이터, 과거 부상 이력, 경기 일정 등을 종합적으로 분석하여 특정 선수가 부상 위험이 높아지는 시점을 사전에 경고한다. 독일 분데스리가의 여러 구단들은 AI 기반 부상 예측 시스템을 도입하여 선수들의 부상률을 유의미하게 감소시켰다. 이는 선수의 건강을 보호할 뿐만 아니라, 구단의 막대한 재정적 손실을 예방하는 효과도 가져온다.

자동 해설 시스템은 AI가 팬 경험 영역까지 확장되고 있음을 보여준다. 자연어 처리(NLP) 기술을 활용한 AI는 경기 데이터를 실시간으로 분석하여 자동으로 해설 텍스트나 음성을 생성할 수 있다. 중요한 플레이가 발생하면 그 맥락과 의미를 설명하고, 선수의 과거 기록과 비교하며, 경기 흐름을 분석하는 해설을 AI가 자동으로 작성한다. 이는 인간 해설자를 대체하는 것이 아니라, 다양한 언어로 동시에 해설을 제공하거나, 개인 맞춤형 해설 스타일을 제공하는 등 팬 경험을 확장하는 방향으로 활용되고 있다.

표 1-1 시대별 스포츠 데이터의 발전

시대	주요 기술	변화의 특징
1990년대	세이버매트릭스	데이터 기반 의사결정의 시작
2000년대	트래킹 시스템/센서	실시간·정량 데이터 수집
2010년대	빅데이터/클라우드	데이터 통합 및 예측모델 활용
2020년대~	AI/머신러닝	자동화·지능형 스포츠 분석 확립

4 스포츠 데이터의 중요성과 활용 가치

1) 스포츠 데이터가 중요한 이유

스포츠 데이터는 현대 스포츠 산업의 근간을 이루는 전략적 자산으로 자리 잡았다. 과거에는 단순한 기록이나 참고 자료에 불과했던 스포츠 데이터가 오늘날에는 의사결정과 가치 창출의 핵심 요소로 부상하게 된 데에는 여러 근본적 이유가 존재한다.

우선 경기력 향상 측면에서, 데이터 분석은 선수와 팀의 퍼포먼스를 객관적이고 과학적으로 평가할 수 있는 기반을 제공한다. 단순한 직관이나 경험에 의존하던 과거와 달리, 현대 스포츠에서는 정밀한 데이터 분석을 통해 기술적, 전술적, 체력적 요소의 복합적 상호작용을 이해할 수 있게 되었다. 특히 개인 선수의 강점과 약점을 미시적으로 파악하여 이에 맞춘 맞춤형 트레이닝 프로그램을 설계할 수 있다는 점은 엘리트 스포츠에서 결정적 경쟁 우위로 작용한다. 또한 상대팀의 패턴과 전략을 분석하여 효과적인 대응 전술을 수립하는 것은 현대 코칭의 필수 요소가 되었다. 이러한 데이터 기반의 경기력 분석은 승패를 좌우하는 미세한 차이를 식별하고 개선할 수 있는 과학적 접근법을 제공함으로써, 스포츠의 경쟁적 본질을 더욱 심화시키고 있다.

팬 경험 증진 차원에서도 데이터는 혁신적 변화를 가져오고 있다. 현대 스포츠 소비자들은 단순한 경기 관람을 넘어 깊이 있는 참여와 개인화된 경험을 기대한다. 팬 행동, 선호도, 참여 패턴에 관한 데이터를 분석함으로써 스포츠 조직은 각 팬 세그먼트에 맞춤화된 콘텐츠와 서비스를 제공할 수 있게 되었다. 디지털 플랫폼을 통한 실시간 통계, 증강현실(AR) 기반 경기 분석, 인터랙티브 팬 참여 프로그램 등은 데이터 기반 팬 경험 혁신의 대표적 사례로, 이를 통해 팬의 몰입도와 충성도를 높일 수 있다. 특히 MZ세대와 같은 디지털 네이티브 집단을 공략하기 위해서는 소셜 미디어 데이터 분석과 디지털 마케팅 전략이 필수적이며, 이는 팬 기반의 장기적 지속가능성을 위한 투자로 볼 수 있다.

스포츠 산업의 수익성 강화는 데이터의 중요성을 경제적 측면에서 부각시킨다. 스포츠 비즈니스 환경이 점점 더 복잡해지고 경쟁이 치열해짐에 따라, 데이터 기반의 전략적 의사결정은 재정적 지속가능성을 위한 필수 요소가 되었다. 티켓 판매의 경우, 과거의 획일화된 가격 정책에서 벗어나 수요 예측 모델을 활용한 동적 가격 책정(dynamic pricing)을 통해 매출을 최적화할 수 있다. 스폰서십과 파트너십 가치 평가에도 데이터 분석이 활용되어, 마케팅 투자 대비 수익률(ROMI)을 극대화하는 전략이 가능해졌다. 경기장 운영에서도 관중 흐름, 식음료 소비 패턴, 머천다이즈 판매 데이터 등을 분석하여 운영 효율성을 높이고 비용을 절감할 수 있다. 이처럼 데이터는 스포츠 산업의 다양한 수익 채널을 최적화하고 지속 가능한 비즈니스 모델을 구축하는 데 핵심적 역할을 한다.

스포츠 미디어 혁신 영역에서 데이터의 중요성은 더욱 두드러진다. 미디어 소비 패턴이 전통적인 방송에서 다양한 디지털 플랫폼으로 분산됨에 따라, 콘텐츠 제작과 유통 전략에도 데이터 기반 접근이 필수적이 되었다. AI 기술을 활용한 자동 하이라이트 생성, 실시간 그래픽 분석, 맞춤형 콘텐츠 추천 시스템 등은 시청자 경험을 혁신적으로 변화시키고 있다. OTT 플랫폼을 통한 스포츠 중계는 시청자의 상세한 시청 행태 데이터를 수집할 수 있어, 이를 기반으로 더욱 매력적인 콘텐츠와 서비스를 개발할 수 있다. 또한 소셜 미디어 데이터와 시청률 분석을 통해 스포츠 콘텐츠의 인기 요소와 트렌드를 파악하여 미디어 전략을 최적화할 수 있다. 이처럼 데이터는 스포츠 미디어의 생산, 유통, 소비 전 과정에서 혁신을 주도하는 촉매제 역할을 하고 있다.

스포츠 의학 및 부상 예방 분야에서 데이터의 활용은 선수 건강과 팀 성과에 직접적인 영향을 미친다. 최근 웨어러블 기술과 센서의 발달로 선수들의 생체 데이터를 실시간으로 수집할 수 있게 되면서, 부상 위험 요인을 조기에 감지하고 예방적 조치를 취하는 것이 가능해졌다. 심박수, 움직임 패턴, 근육 활성도, 수면 질 등의 데이터를 종합적으로 분석하여 각 선수의 피로도와 부상 위험을 평가하고, 이에 따라 트레이닝 부하를 조절하는 접근법이 보편화되고 있다. 또한 부상 발생 시에도 데이터 기반의 맞춤형 재활 프로그램을 통해 회복 과정을 최적화하고 복귀 시기를 과학적으로 결정할 수 있다. 이는 단순히 선수 개인의 건강뿐만 아니라 팀의 장기적 경쟁력과 재정적 투자 보호 측면에서도 중요한 의미를 갖는다.

나아가 데이터는 스포츠 조직의 장기적 전략 수립과 리스크 관리에도 필수적 요소가 되었다. 선수 영입과 계약 결정, 시설 투자, 유소년 육성 시스템 구축 등의 장기적 의사결정에 데이터 분석이 활용되어 불확실성을 줄이고 투자 효율성을 높일 수 있다. 특히 스포츠 조직의 경영진과 이사회는 복잡한 비즈니스 환경에서 전략적 방향을 설정하는 데 데이터 기반의 통찰력을 필요로 한다. 경쟁 구도 분석, 시장 트렌드 예측, 규제 환경 변화 대응 등을 위한 종합적 데이터 분석은 스포츠 조직의 지속가능한 성장과 발전을 위한 필수 요소가 되었다.

결론적으로, 스포츠 데이터는 단순한 기록이나 통계를 넘어 스포츠의 경기적, 경제적, 문화적 측면을 혁신하는 전략적 자산으로 진화했다. 이는 스포츠가 더 이상 직관과 경험에만 의존하는 영역이 아니라, 데이터와 과학에 기반한 체계적 접근이 필요한 복잡한 산업 생태계로 발전했음을 의미한다. 스포츠 데이터의 중요성은 앞으로도 기술 발전과 함께 계속 증가할 것이며, 이를 효과적으로 활용하는 능력이 스포츠 조직의 핵심 경쟁력으로 자리잡을 것이다.

2) 스포츠 데이터 활용 사례

스포츠 데이터는 현대 스포츠 산업 전반에 걸쳐 혁신적인 변화를 이끌고 있으며, 경기력 향상부터 비즈니스 최적화에 이르기까지 다양한 영역에서 구체적인 성과를 창출하고 있다. 이러한 데이터 기반 혁신의 대표적 사례들을 살펴보면 다음과 같다.

사례 1 NBA의 데이터 기반 경기 전략

현대 NBA는 데이터 분석이 경기 전략의 근간을 이루는 대표적인 리그로 자리잡았다. 2010년대 초반 휴스턴 로켓츠의 '모레이볼(Moreyball)' 전략은 데이터 분석에 기반한 경기 패러다임의 전환점이 되었다. 당시 로켓츠의 단장이었던 대릴 모레이(Daryl Morey)는 기대 득점가치(Expected Point Value) 분석을 통해 3점 슛과 림 근처의 득점이 중거리 점프슛보다 효율적이라는 사실을 증명했고, 이를 바탕으로 팀의 공격 전략을 전면 재구성했다.

골든스테이트 워리어스가 2014–2019년 다이내스티를 구축하는 기간 동안, 2016년 NBA가 Sportradar 및 Second Spectrum과 계약하고 2017–18 시즌부터 리그 전반에 광학 트래킹 시스템을 도입하면서 워리어스는 이 시스템을 적극 활용해 선수 움직임·패스 네트워크·슛 선택 등을 세부 분석해 '스페이스 앤 페이스(Space and Pace)' 전략을 고도화했다. 특히 스티븐 커리와 클레이 톰슨의 3점 슛 패턴과 드레이몬드 그린의 플레이메이킹을 데이터로 최적화함으로써 역사적인 팀 공격력을 구축했다.

토론토 랩터스는 카와이 레너드의 생체 데이터와 피로 지표를 기반으로 출전 일정을 관리해, 2019 시즌 챔피언십에서 부상 위험을 최소화하고 경기 효율을 높였다. 랩터스의 스포츠 사이언스 팀은 선수별 맞춤형 워크로드 모델을 개발하여 시즌 전체에 걸친 컨디션 관리를 과학화했다.

최근 밀워키 벅스의 사례도 주목할 만하다. 밀워키 벅스는 AI 기반 수비 데이터 분석으로 'Wall and Space' 전략을 정교화하여 2021 NBA 챔피언십을 차지했다.

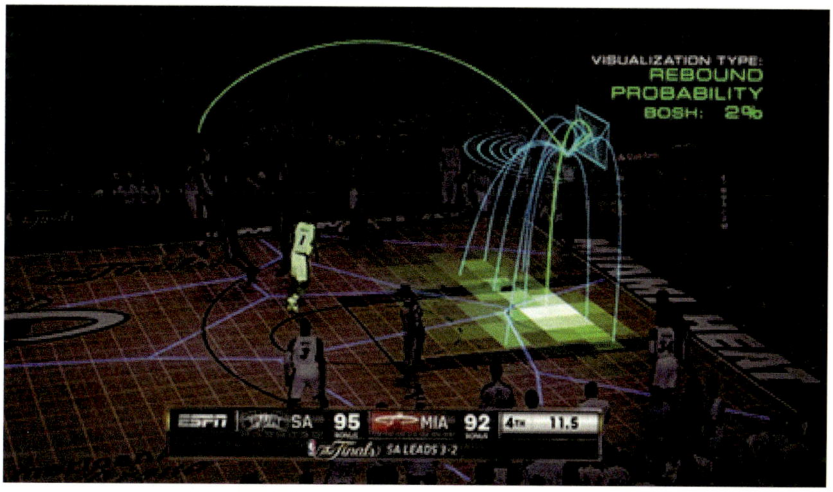

그림 1-4 NBA의 Second Spectrum 시스템

출처: NBA (본 이미지는 교육적 목적으로 인용되었다.)

사례 2 OTT 스포츠 미디어의 팬 맞춤형 콘텐츠

DAZN은 전 세계 200개 이상의 국가에 서비스를 제공하는 스포츠 전문 OTT 플랫폼으로, 데이터 기반의 개인화된 콘텐츠 경험을 선보이고 있다. DAZN은 사용자의 시청 기록, 좋아하는 팀, 시청 패턴, 체류 시간 등의 데이터를 분석하여 개인별 맞춤형 콘텐츠 피드를 구성한다. 예를 들어, 특정 복싱 선수의 경기를 주로 시청하는 사용자에게는 해당 선수의 과거 하이라이트, 인터뷰, 훈련 영상 등을 우선적으로 추천하며, 실시간 경기를 놓친 사용자에게는 그들의 관심사에 맞춘 맞춤형 하이라이트를 자동으로 생성하여 제공한다.

ESPN+는 머신러닝 알고리즘을 활용하여 사용자의 스포츠 관심사를 다차원적으로 분석한다. 단순히 어떤 스포츠나 팀을 좋아하는지를 넘어, 전술적 분석을 선호하는지, 선수 인터뷰에 관심이 있는지, 역사적 맥락을 중요시하는지 등 콘텐츠 소비의 맥락과 깊이까지 파악한다. 이를 통해 ESPN+는 NBA 팬 중에서도 고급 통계 분석을 선호하는 사용자에게는 'Detail' 시리즈와 같은 심층 분석 콘텐츠를, 선수들의 개인적 이야기에 관심이 많은 사용자에게는 'E:60'이나 '30 for 30' 다큐멘터리를 추천하는 식으로 세분화된 콘텐츠 경험을 제공한다.

F1 TV는 포뮬라 원의 공식 스트리밍 서비스로, 레이싱 팬들을 위한 혁신적인 데이터 기반 시청 경험을 제공한다. 사용자는 선호하는 드라이버의 온보드 카메라 영상, 팀 라디오, 실시간 텔레메트리 데이터 등을 자유롭게 선택하여 커스터마이즈된 방식으로 경기를 시청할 수 있다. F1 TV의 머신러닝 알고리즘은 사용자가 어떤 드라이버를 주로 팔로우하는지, 어떤 유형의 레이스 순간(오버테이킹, 피트스톱 전략, 충돌 등)에 관심을 보이는지 분석하여, 실시간 레이스 중 사용자가 놓치지 않아야 할 중요한 순간을 알림으로 제공한다.

그림 1-5 글로벌 스포츠 스트리밍 플랫폼 DAZN

출처: DAZN (본 이미지는 교육적 목적으로 인용되었다.)

NBA League Pass는 시청자의 데이터를 활용한 '인텔리전트 영상 요약' 기능을 도입했다. 이 시스템은 각 경기에서 발생한 모든 플레이를 AI 알고리즘으로 분석하여 중요도와 화제성을 평가한 후, 사용자의 관심사(좋아하는 팀, 선수, 플레이 유형 등)에 맞춘 맞춤형 하이라이트 패키지를 자동으로 생성한다. 특히 주목할 만한 점은 알고리즘이 단순히 득점 장면만 모으는 것이 아니라, 중요한 수비 플레이, 결정적 어시스트, 경기 흐름을 바꾼 순간 등을 종합적으로 고려하여 스토리텔링 방식의 하이라이트를 구성한다는 것이다.

사례 3 AI 기반 티켓 가격 최적화

샌프란시스코 자이언츠는 MLB에서 가장 선도적으로 다이내믹 티켓 가격 책정(dynamic ticket pricing) 시스템을 도입한 구단 중 하나다. 자이언츠는 2009년 Qcue의 데이터 기반 가격 조정 플랫폼을 도입하여 경기 요일, 상대팀, 판매 속도 등 다양한 수요 요인을 반영해 티켓 가격을 실시간으로 조정하였다. 단순한 할인 정책이 아닌 수요 예측 모델을 적용함으로써 관중 수익이 증가했고, 이 모델은 이후 여러 MLB 구단으로 확산되었다.

잉글랜드 프리미어리그 토트넘 홋스퍼는 2019년 신경기장 개장과 함께 Ticketmaster Sport와 협력해 데이터 기반 수요 예측 및 자동화 티켓 관리 시스템을 도입하였다. 경기장 내 6만 석의 좌석 데이터를 실시간으로 분석해 구역별 판매 속도와 팬 수요를 파악하고, 이를 기반으로 가격 전략을 세분화하였다. 이러한 시스템은 좌석 운영 효율성과 팬 경험을 동시에 개선하는 사례로 평가된다.

NBA 골든스테이트 워리어스는 데이터 분석을 활용한 멤버십 관리 시스템을 운영해 시즌 티켓 갱신율을 약 90% 수준으로 유지하고 있다. 이 시스템은 팬의 경기 참석 빈도, 리셀(2차 거래) 패턴, 추가 소비 데이터를 분석해 각 팬에게 최적화된 혜택과 프로모션을 제안함으로써 팬 충성도와 재구매율을 높이고 있다.

NFL 볼티모어 레이븐스는 기상 데이터와 과거 판매 이력을 결합해 날씨 조건별 티켓 수요를 예측하는 모델을 시범적으로 적용하였다. 강수 확률과 기온, 풍속 등의 데이터를 분석해 특정 조건에서 가격 전략을 미리 조정하였으며, 이를 통해 악천후 경기에서도 관중 수 유지율을 높이는 성과를 거두었다.

이처럼 스포츠 데이터의 활용은 경기 전략, 미디어 콘텐츠, 티켓 판매 등 스포츠 산업의 다양한 영역에서 혁신을 이끌고 있다. 특히 AI와 머신러닝 기술의 발전에 따라 데이터 분석의 깊이와 정확도가 지속적으로 향상되면서, 스포츠 조직들은 더욱 세분화되고 개인화된 접근법을 구현할 수 있게 되었다. 이러한 데이터 기반 혁신은 스포츠 경험을 향상시키고 비즈니스 성과를 개선하는 데 결정적인 역할을 하고 있으며, 앞으로도 스포츠 산업의 발전을 이끄는 핵심 동력으로 작용할 것이다.

학습 요약

스포츠 산업에서 데이터는 단순한 참고 정보가 아닌 전략 수립의 핵심 자원으로 간주된다. 데이터는 경기 중 실시간으로 분석되어 감독과 코치의 의사결정을 지원하고, 팬의 소비 행동과 반응을 예측함으로써 마케팅 및 콘텐츠 전략 수립의 기초가 된다. 나아가 구단의 재무 건전성 확보, 선수의 건강 관리, 리그 차원의 경쟁력 강화 등 거시적인 차원에서도 데이디의 중요성은 날로 높아지고 있다.

이처럼 스포츠 데이터는 과학기술의 발전과 함께 점점 더 정교하고 고도화되고 있으며, 앞으로는 인공지능, 머신러닝, 클라우드 컴퓨팅과의 융합을 통해 새로운 스포츠 생태계를 구축해나갈 것이다. 따라서 스포츠 관련 종사자는 물론 스포츠를 연구하거나 분석하려는 사람들 모두가 데이터 리터러시를 갖추는 것이 필수적이다.

이번 장의 내용을 통해 스포츠 산업의 변화 흐름 속에서 데이터가 가지는 핵심 가치를 이해하고, 향후 스포츠 데이터 시대에 어떻게 준비해야 할지를 스스로 성찰해보는 계기가 되기를 바란다. 스포츠는 더 이상 단순한 신체 활동이 아닌, 데이터 기반의 전략 산업으로 변화하고 있으며, 데이터를 어떻게 수집하고 분석하느냐에 따라 경기력, 팬 만족도, 수익 구조에 큰 차이를 만들 수 있다.

향후 스포츠 분야에서 성공적인 데이터 활용을 위해서는 데이터의 구조와 속성을 이해하는 것은 물론, 이를 실제 현장에서 어떻게 활용할 수 있을지를 고민해야 한다. 다음 장에서는 이러한 데이터가 스포츠 산업의 구조와 어떤 관계를 맺고 있으며, 산업 내에서 어떻게 작동하는지를 구체적으로 탐색해본다.

02 Chapter
스포츠와 산업과 데이터의 관계

>> 학습 목표

1. 스포츠 산업의 구조와 주요 구성요소를 이해한다.
2. 스포츠 산업에서 데이터의 역할과 활용 방식을 분석한다.
3. 데이터 기반 스포츠 비즈니스의 확장과 미래 방향을 탐구한다.

1 스포츠 산업의 정의와 특징

1) 스포츠 산업의 개념

스포츠 산업(Sports Industry)이란 스포츠 활동과 관련된 상품(제품·용품)과 서비스(프로 경기·방송·마케팅 등)를 생산·유통·소비하는 모든 경제적 활동을 포괄한다. 구체적으로는 프로 리그, 아마추어 스포츠, 레저 스포츠, e스포츠, 그리고 이를 둘러싼 미디어·광고·스폰서십까지 다양한 부가가치 창출 활동을 포함한다.

이렇게 폭넓은 영역을 망라하기 때문에, 스포츠 산업은 문화·오락 산업과 밀접하게 연계되면서도 독자적인 시장 규모와 독특한 가치사슬을 형성한다.

(1) 스포츠 산업이란 무엇인가?

스포츠 활동을 기반으로 한 상품과 서비스를 중심으로 이뤄진 경제적 활동이다. 예를 들어, 야구 경기나 축구 경기를 개최하고 운영하는 것부터, 선수들의 훈련 시설 관리, 스포츠 용품 제조·판매, 경기 중계, 광고·마케팅 등 구체적인 활동 범위가 매우 넓다.

스포츠 산업은 프로 스포츠만을 의미하지 않으며, 아마추어 스포츠, 레저·생활체육, 나아가 최근 급성장하고 있는 e스포츠까지 아우른다. 특히 스포츠 산업에서는 경기 자체가 '콘텐츠'로서 활용되기도 하고, 이를 기반으로 스폰서십, 구단 운영, 미디어 중계 등 다양한 수익 모델이 함께 형성된다.

(2) 스포츠 산업의 주요 구성 요소

- 프로 리그 및 구단

프로 스포츠 리그(예: 야구, 축구, 농구, 배구 등)는 스포츠 산업의 대표적 영역이다. 이들은 협회 또는 리그 사무국이 주관하여 경기를 정기적으로 개최하며, 구단(팀)은 선수 계약·관리, 경기력 향상을 위한 훈련 및 운영, 팬 마케팅 등을 수행한다.

- 아마추어 및 레저 스포츠

생활체육이나 지역 스포츠 클럽, 아마추어 대회와 같이 대중이 직접 참여하는 활동도 스포츠 산업에 포함한다. 이 영역은 프로 스포츠에 비해 규모는 작지만, 참가 인구가 많아 스포츠 용품 판매, 지역 스포츠 시설 이용, 관광 연계 등 다양한 경제 효과를 낳는다.

- 미디어·광고·스폰서십

경기 자체를 콘텐츠로 제작·유통하는 미디어(방송, 스트리밍 플랫폼 등)와 광고·스폰서십은 스포츠 산업의 매출을 크게 견인한다. 구단이나 리그가 얻는 수익의 상당 부분이 중계권 판매나 스폰서십 계약에서 발생한다.

- 스포츠 용품 및 관련 서비스

유니폼, 운동화, 각종 기구 등 스포츠 용품 생산·판매는 산업의 중요한 축이다. 또한, 선수 트레이닝 시설, 스포츠 의학, 웨어러블 기기나 IoT 솔루션처럼 성능 향상과 부상 방지를 지원하는 기술 서비스도 빠르게 발전하고 있다.

2) 스포츠 산업의 특징

(1) 높은 대중성 및 팬덤

스포츠는 특정 국가나 지역의 경계를 넘어, 전 세계적으로 폭넓은 팬층을 형성한다. 이는 경기 결과가 예측 불가능하다는 특성에 기인하며, 바로 이 불확실성이 관중과 시청자들에게 높은 감정적 몰입을 유도한다. 실제로 국제적인 대회나 인기 프로 리그의 경우, 경기가 열릴 때마다 수백만~수억 명에 달하는 사람들이 경기를 시청하고, 이에 따라 입장권 판매, 방송 시청률, 굿즈 소비 등 다양한 경제 활동이 활발히 일어난다.

또한 스포츠 경기에서 팀·선수의 승패에 따라 팬들의 감정이 급격히 변동하는 만큼, 구단이나 리그 차원에서 팬 서비스를 강화하기 위한 노력이 꾸준히 이어지고 있다. 예를 들어 SNS나 구단 앱을 통해 경기 하이라이트 영상을 제공하고, 팬 행사나 이벤트를 기획함으로써 팬 경험을 극대화하고 팬덤을 더욱 견고히 만든다.

(2) 비교적 긴 가치사슬

스포츠 산업은 경기 기획·운영, 선수 육성, 용품 제조·유통, 미디어 중계, 광고·마케팅 등 다양한 산업 분야가 결합되어 이루어진다. 이로 인해 각 가치사슬 단계에서 생성되는 데이터가 매우 방대하며, 이를 얼마나 효과적으로 수집·분석·활용하느냐가 산업 경쟁력을 결정짓는다.

예를 들어,

- 경기 기획·운영 단계에서는 경기 일정·장소·관람객 입장 관리 관련 데이터가,
- 선수 육성 단계에서는 선수 성적, 훈련 일정, 부상 이력 등의 데이터가,
- 미디어 중계 단계에서는 시청률, 스트리밍 클릭 수, 광고 노출 빈도와 같은 정량적 지표가 발생한다.

이렇듯 스포츠 산업의 가치사슬은 서로 밀접하게 연결되어 있으며, 각 단계 간 협업을 통해 전체적인 부가가치를 높이는 것이 중요하다.

(3) 리그 · 협회 · 구단 중심의 생태계

스포츠 산업은 종목별 국제·국내 협회(예: FIFA, IOC, KBO, KBL, EPL 등)와 프로 리그, 구단이 중심이 되어 운영되는 복합 생태계의 형태를 띤다. 이때,

- 협회나 리그는 전체 종목의 규칙과 일정, 중계권 판매, 선수 등록 등을 관리하고,
- 구단은 선수 계약·운영, 팬 마케팅, 재무 관리 등을 담당한다.

또한 이 생태계에는 선수, 팬, 미디어, 스폰서, 정부·지자체 등 다양한 이해관계자가 서로 얽혀 있다. 예컨대 선수는 경기력 향상을 위해 코칭 스태프와 협력하고, 미디어는 중계를 통해 수익을 창출하며, 스폰서는 구단과 리그에 자금을 지원해 브랜드 인지도를 높인다. 정부·지자체는 지역 경제 활성화를 위해 경기장 건설, 스포츠 이벤트 개최를 지원하기도 한다.

이렇듯 이해관계가 복잡하고 폭넓게 분포되어 있는 스포츠 산업에서는, 데이터가 서로 다른 주체 간의 의사결정과 협업을 원활하게 만드는 핵심 자원으로 주목받는다.

Tip

> 스포츠 산업은 문화·오락 산업의 특성을 지니면서도, 국가·사회적으로 큰 경제적·사회적 파급효과를 지닌다는 점에서 중요성이 더욱 부각된다. 예를 들어 올림픽이나 월드컵과 같은 메가 스포츠 이벤트는 개최국의 경제·문화·관광 분야에 지대한 영향을 미치며, 이런 영향력은 정확한 데이터 분석을 통해 보다 체계적으로 측정되고 평가될 수 있다.

2 스포츠 산업 구조

1) 가치사슬(Value Chain) 관점

스포츠 산업은 다양한 주체들이 협업하고 경쟁하며 부가가치를 창출하는 거대한 생태계이다. 이를 보다 체계적으로 이해하기 위해, 스포츠 산업의 대표적인 가치사슬을 콘텐츠 생산(Production) → 유통(Distribution) → 마케팅·부가사업(Marketing & Other Services) → 소비(Consumption)로 구분한다.

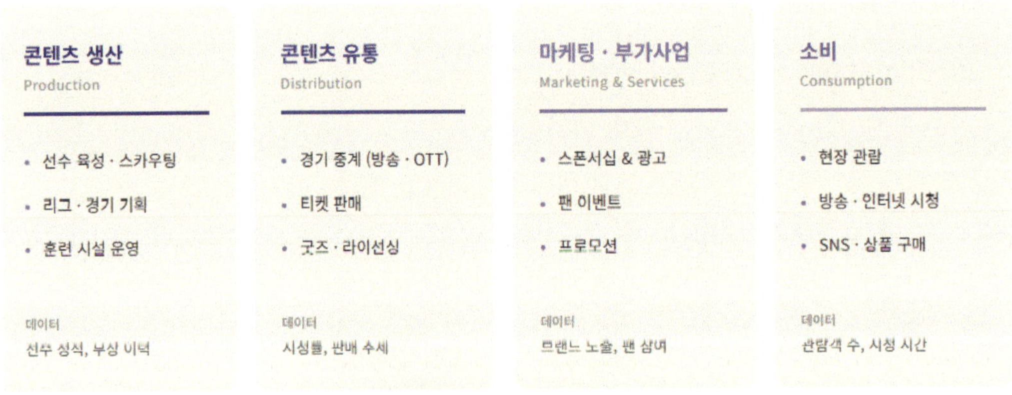

그림 2-1 스포츠 산업 가치사슬

(1) 콘텐츠 생산(Production)

스포츠 경기가 '콘텐츠'로서 탄생하는 가장 초기 단계를 말한다.

- **선수 육성·스카우팅**: 유망 선수를 발굴하고 육성하는 과정에서 선수 성적, 신체·체력 측정, 부상 이력 등의 데이터가 축적된다.
- **리그·경기 기획**: 리그 운영 기관은 경기 일정 편성, 경기장 섭외, 대회 규정 수립 등을 담당한다. 이때 경기장 위치, 일정별 관중 수 예측 등 다양한 데이터 분석이 활용된다.
- **훈련 시설 및 프로그램 운영**: 구단(팀)이나 전용 훈련 센터에서는 웨어러블 기기, 영상 분석 장비 등을 사용해 선수들의 훈련 성과를 측정·관리한다.

> **예시** 야구 구단은 신인 드래프트 시점에 각 선수의 이전 시즌 성적, 신체 능력 데이터를 종합적으로 분석하여 선발 우선순위를 정한다. 최근에는 빅데이터와 AI 기술이 결합되어, 더 정교한 예측 모델이 적용되기도 한다.

(2) 콘텐츠 유통(Distribution)

생산된 스포츠 콘텐츠가 실제 시장으로 전달되는 단계이다.

- **경기 중계(방송·스트리밍·OTT)**: 전통적 TV 중계뿐 아니라, 모바일 스트리밍 서비스와 OTT 플랫폼 등을 통해 팬들에게 경기를 제공한다. 이 과정에서 시청률, 스트리밍 접속자 수, 콘텐츠 소비 시간 등 다양한 지표가 축적된다.
- **경기 티켓 판매**: 온라인 예매, 현장 판매, 시즌권 등 다양한 판매 채널이 있으며, 수요 예측과 동적 가격 책정(Dynamic Pricing) 같은 기법을 활용한다.
- **굿즈·라이선싱**: 선수·구단 브랜드를 활용한 상품(의류, 모자, 액세서리 등)과 게임·음반 등 라이선싱 관련 비즈니스가 포함된다.

(3) 마케팅 · 부가사업(Marketing & Other Services)

스포츠 콘텐츠를 둘러싼 부가가치를 생성하는 활동을 통칭한다.

- **스폰서십 및 광고**: 구단이나 리그가 경기장 내·외부 광고, 유니폼 광고 등을 통해 스폰서 수익을 창출한다. 스폰서십 효과 측정을 위해서는 브랜드 노출 빈도, 팬 호감도 등 정교한 데이터 분석이 필수다.
- **팬 이벤트 및 선수 이미지 메이킹**: 팬 사인회, 팬미팅, SNS 팬 참여 이벤트 등 다양한 방식으로 팬덤을 강화한다. 팬들의 반응과 참여 데이터를 수집하여 이후 이벤트 기획에 반영한다.
- **프로모션 및 경기장 투어**: 경기 당일 이벤트(시구, 경품 행사 등)나 스포츠 관광 상품 등을 운영하여 추가 매출을 올린다.

> **예시** 농구팀이 시즌 중간에 진행하는 '팬 감사 데이'를 기획하며, 경기장 방문 이력이나 SNS 상의 팬 참여 데이터를 분석해 핵심 팬층의 선호도를 파악한다. 이를 바탕으로 사인회, 포토존 이벤트 등을 맞춤 구성한다.

(4) 소비(Consumption)

최종적으로 팬(소비자)이 스포츠 콘텐츠를 즐기고, 이에 따라 각종 경제적·문화적 활동이 발생하는 단계이다.

- **현장 관람**: 입장권 구매 후 경기장을 직접 방문해 경기를 관람한다. 경기장 내 POS(Point of Sale) 시스템을 통해 음식·상품 구매 데이터를 수집할 수 있다.
- **방송·인터넷 시청**: 실시간 중계, 하이라이트 영상, 경기 리뷰 등의 콘텐츠를 소비하며, 시청 시간·클릭 수·댓글 반응 등이 데이터로 남는다.
- **상품 구매, SNS 참여**: 구단 공식 상품 구매, SNS·온라인 커뮤니티 활동 등을 통해 팬들이 생성하는 2차 콘텐츠(게시글, 영상, 사진 등) 역시 중요한 데이터가 된다.

> **예시** 경기 중간 실시간 트윗이나 해시태그 분석을 통해 팬들의 감정 상태, 팀에 대한 평판 등을 실시간으로 모니터링할 수 있다.

2) 주요 이해관계자

스포츠 산업은 하나의 복합 생태계로서, 여러 이해관계자가 각자의 목표와 이해를 바탕으로 상호작용한다. 이들은 각기 다른 방식으로 스포츠 생태계에 참여하고, 서로 다른 유형의 데이터를 필요로 하거나 생성한다. 아래에서는 대표적인 이해관계자 7개 집단을 구체적으로 살펴본다.

(1) 리그 · 협회

스포츠 산업의 상위 거버넌스(Governance) 역할을 수행한다. 예를 들어, 축구 종목에서는 FIFA나 AFC(아시아축구연맹) 같은 국제기구가, 국내에서는 KFA(대한축구협회)가 규정과 대회 일정을 통합 관리한다.

중계권 판매나 스폰서십 계약을 통해 생성된 수익을 리그 참여 팀에 배분하며, 리그의 흥행과 공정성을 함께 고려한다. 최근에는 경기 일정 편성 시 관중 데이터·시청률 추세·날씨 정보 등을 종합 분석하여, 최적의 경기 시간을 도출하려는 시도가 늘고 있다.

(2) 구단(팀)

리그 내에서 실제 경기에 출전할 선수단을 운영·관리하고, 팬 마케팅 등을 통해 독자적 브랜드를 구축한다. 예컨대 프로야구 구단은 신인 드래프트, FA(자유계약) 시장 등에서 필요한 선수들을 영입해 팀 전력을 강화한다.

구단 재정은 티켓 판매, 굿즈, 스폰서, 그리고 리그 중계권 수익 배분 등으로 이루어지며, 그 규모는 팀 성적과 팬덤에 큰 영향을 받는다.

빅데이터 시대에는 선수 퍼포먼스 지표(세이버매트릭스, xG 등)나 팬 CRM 등을 적극 활용해 팀 운영 전략을 세운다.

(3) 선수

경기라는 콘텐츠를 직접 만들어내는 핵심 주체이다. 득점, 어시스트, 세이브 등 각종 기록(데이터)은 선수들이 그라운드 위에서 펼치는 플레이를 통해 생산된다.

선수는 최근 SNS나 개인 채널을 통해 직접 팬들과 소통하면서, 구단이나 리그와는 별개로 개인 브랜드를 형성하기도 한다. 선수의 몸값이나 광고·스폰서 계약 규모는 데이터화된 경기력과 팬 선호도 분석에 근거하는 경우가 늘고 있다.

(4) 스폰서 · 광고주

스포츠라는 높은 대중성을 지닌 매개체를 통해, 자사의 상품·서비스를 홍보하는 역할을 맡는다. 유니폼 로고, 경기장 광고판, 이벤트 협찬 등 다양한 방식으로 참여한다.

최근에는 경기 중계 영상에서의 온라인 배너 광고, SNS 타겟 광고 등이 확대되고 있으며, 노출 지표나 클릭률을 정교하게 추적하여 투자 효과를 측정한다. 구단과 선수를 후원해 공동 프로모션이나 팬 이벤트를 개최하기도 하며, 이를 통해 브랜드 이미지를 제고한다.

(5) 방송사 · 미디어 플랫폼

경기를 생중계하거나 하이라이트 영상을 편집해 다양한 채널로 송출한다. 전통 TV는 물론, 유튜브나 OTT(쿠팡플레이, TVING 등) 같은 스트리밍 서비스, SNS 라이브 등 멀티플랫폼 시대가 열렸다.

광고 판매와 중계권 확보를 통해 수익을 창출하며, 시청률·조회수·체류 시간 등을 분석해 편성 전략을 최적화한다. 팬들이 경기 중간에 남기는 SNS 반응(실시간 댓글, 해시태그)도 중요한 데이터로 수집·활용하고 있다.

(6) 팬

스포츠 산업의 최종 소비자이자, 여론을 형성하는 핵심 주체이다. 팀 또는 선수에 대한 감정적 애착이 생기면, 티켓 구매·방송 시청·굿즈 소비 등 직접적인 경제 활동으로 이어진다.

소셜 미디어와 커뮤니티를 통해 2차 콘텐츠(후기, 영상 편집물 등)를 생산함으로써, 구단·선수의 인기도에 직간접적으로 기여한다.

팬들의 구매 패턴이나 온라인 활동 데이터를 분석해, 구단이나 스폰서는 맞춤형 마케팅을 기획하고, 미디어는 더욱 팬 친화적인 콘텐츠를 제작한다.

(7) 정부 · 지자체

스포츠 산업을 공공 정책과 지역 개발의 관점에서 지원한다. 대규모 경기장을 건립하거나, 국제 대회 개최를 통해 지역 경제를 활성화하기도 한다.

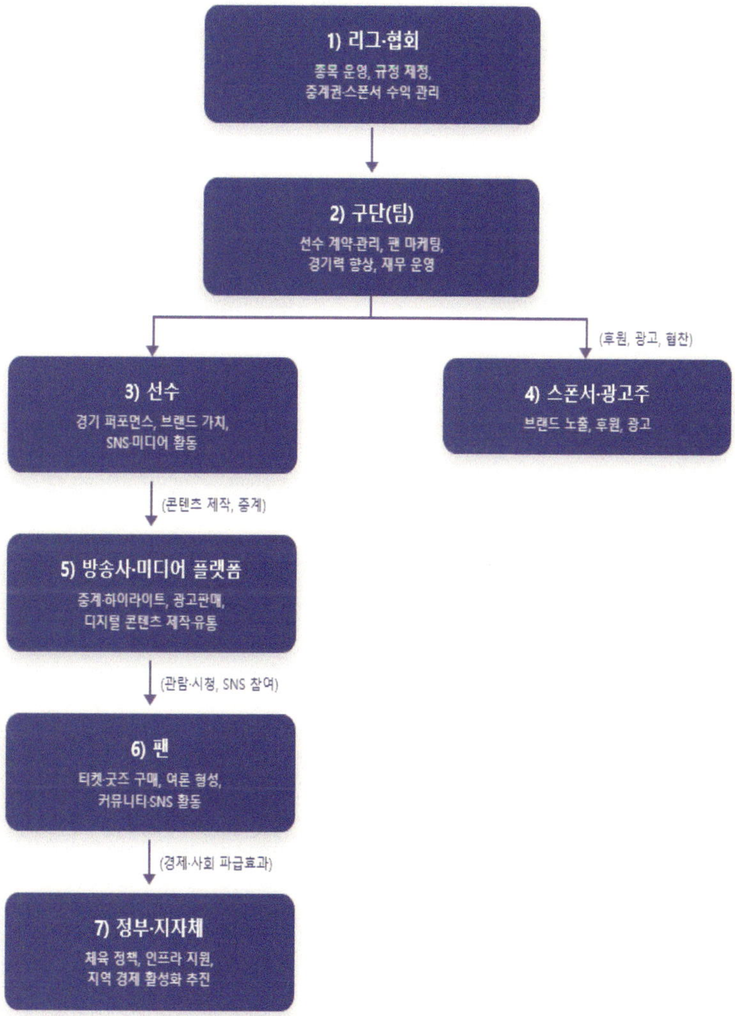

그림 2-2 스포츠 산업의 주요 이해관계자

예를 들어, 올림픽이나 월드컵 개최 시 관광객 유입, 숙박·교통 인프라 확충, 주민 체육 복지 등 다방면의 파급효과를 기대한다.

공공 예산이 투입되는 만큼, 데이터 기반 정책(지역 스포츠 참여율, 경기장 활용도, 경제 효과 분석)으로 투명성과 효율성을 높이려 한다.

(8) 스포츠 이해관계자 흐름 속에서 데이터의 역할

스포츠 산업은 리그·협회 → 구단 → 선수 → 미디어·스폰서 → 팬 → 정부·지자체에 이르기까지 유기적으로 연결되어 있다. 특히 각 주체가 생성·활용하는 데이터는 경기력 개선, 마케팅 효율화, 팬 서비스 강화, 공공 정책 수립 등 모든 의사결정에 중요한 근거가 된다.

① 리그·협회는 경기 일정·심판 배정 등에 과거 관중 수, 날씨, 시청률 추세를 참고한다.

② 구단은 선수 영입, 전술 설계, 팬 마케팅에 정량적인 경기 기록과 소비 데이터를 활용한다.

③ 선수는 개인 훈련 데이터와 부상 위험 관리 시스템을 통해 퍼포먼스를 극대화한다.

④ 스폰서·광고주는 팬들의 소비 습관·시청 패턴을 분석하여 광고 투자 효율을 높이고, 타깃 마케팅을 정교화한다.

⑤ 방송사·미디어는 시청률·조회수뿐 아니라 SNS 반응을 실시간으로 추적해, 맞춤형 콘텐츠 편성 및 광고 수익화를 모색한다.

⑥ 팬은 구단과 선수에 대한 의견을 커뮤니티와 SNS에 적극적으로 표출하며, 구체적인 피드백으로 이어진다.

⑦ 정부·지자체는 경기장·체육 시설 등의 공공 인프라 계획을 세울 때, 통계 데이터를 근거로 효과적인 투자 방향을 결정한다.

3 스포츠 산업에서 데이터의 역할

스포츠 산업은 기록과 성과, 그리고 팬덤을 기반으로 발전해 왔다. 전통적으로 구단과 코치진은 경험과 직관에 의존해 경기 전략을 세우고 선수 관리를 해왔으나, 빅데이터 기술의 발전으로 더 객관적이고 정밀한 의사결정이 가능해졌다. 또한, 데이터는 새로운 서비스와 상품을 창출하여 스포츠 산업의 비즈니스 모델을 확장하는 핵심 동력으로 주목받고 있다.

1) 산업 전반의 의사결정 지원

(1) 경기 전략 수립

코치와 구단은 선수 기록, 부상 이력, 상대팀 전술 등의 데이터를 다각도로 분석하여 경기 전략을 마련한다. 예를 들어, 야구에서 타자의 타구 분포(Heatmap), 투수의 릴리스 포인트 등을 정량적으로 파악해 특정 상황에서 가장 효율적인 수비 위치와 투구 전략을 세운다. 축구에서도 상대팀 포메이션 변화, 선수 간 패스 연계 패턴 등을 데이터로 시각화하여, 보다 정교한 전술적 선택을 가능하게 한다.

Tip

과거에는 '감(感)'이나 '경험'에 의존하던 부분이, 이제는 세이버매트릭스, xG(기대 득점), EPV(공간 가치) 등으로 대표되는 고급 통계 지표를 활용함으로써 객관성과 정확도를 크게 높이고 있다.

(2) 선수 관리 및 트레이닝

선수의 컨디션과 부상 위험도 관리는 구단 성적과 직결되는 중요한 요소이다. 웨어러블 기기(스마트워치, GPS 트래커, 심박계 등)를 통해 경기 중 이동 거리, 스프린트 횟수, 심박수 등의 데이터를 실시간 수집하고, 훈련 기간에는 근력 측정, 동작 분석, 영상 피드백 등으로 선수 개개인의 체력·기술 수준을 체계적으로 확인한다.

이를 통해 과훈련(Overtraining)을 방지하거나 부상 후 재활을 최적화하는 데 도움을 준다. 실제로 구단 트레이너들은 수집된 데이터를 바탕으로 훈련 강도를 조절하고, 필요한 경우 의료진과 협업해 맞춤형 재활 프로그램을 설계하기도 한다.

사례 1 리버풀FC, 코너킥 전술 짜는 '택틱AI'

리버풀과 구글 딥마인드는 코너킥 상황에 특화된 AI 시스템 TacticAI를 공동 개발하였다.

이 시스템은 약 7,000개 이상의 프리미어리그 코너킥 데이터를 분석해, 각 선수의 위치·속도·몸체 정보 등을 그래프 구조로 모델링하였다.

전문가 평가에서 이 시스템의 제안이 기존 전술 대비 약 90 %의 선호를 받았으며, 이는 AI가 정지·설정 플레이(set-piece)에서 전술적 의사결정에 유용하게 활용될 수 있음을 시사한다.

다만, 현재까지는 실제 경기 중 전술 전체가 AI 제안에 의해 적용된 사례나 골·우승과의 직접 인과관계까지 명시된 것은 아니며, 향후 자유 전개 플레이로의 확대 가능성이 논의되고 있다.

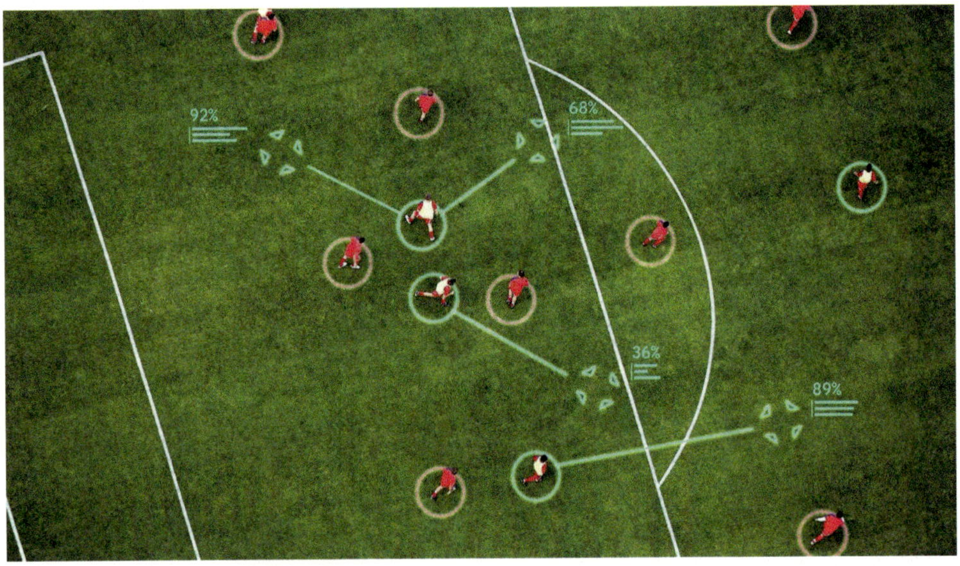

그림 2-3 구글 딥마인드, 축구 전술 짜는 '택틱AI'

출처 : Google DeepMind | 본 이미지는 교육적 목적으로 인용되었다.

(3) 팬 타겟팅 및 마케팅

데이터는 코칭 스태프나 선수만 활용하는 것이 아니다. 구단의 마케팅 팀 역시 SNS, 모바일 앱, 온라인 커뮤니티 등을 통해 팬들의 관심사와 참여 패턴을 면밀히 파악한다.

- **SNS 분석**: 어떤 시간대에, 어떤 콘텐츠(하이라이트 영상, 인터뷰 클립)에 반응이 높은지 확인

- **앱 사용 로그**: 예매 경로, 상품 구매 횟수, 푸시 알림 클릭률 등 파악

- **팬 설문·댓글**: 팬들이 선호하는 이벤트 형태, 경기장 편의시설 개선점 등 추출

이러한 데이터를 통해 맞춤형 프로모션(할인 쿠폰, 특별 굿즈 증정), 정교한 광고 송출(팬 프로필별 분류)을 기획해, 궁극적으로 팬 만족도와 구단 수익을 동시에 높일 수 있다.

2) 비즈니스 모델 확대

(1) 중계 · 콘텐츠 플랫폼

빅데이터와 디지털 기술 덕분에 중계 방식이 혁신적으로 변하고 있다.

- **실시간 해설**: 선수의 순간 속도, 슈팅 각도 등을 화면 그래픽으로 즉시 보여줘 시청자의 이해도를 높인다.

- **AR/VR 중계**: 가상현실(VR)이나 증강현실(AR)을 도입해, 팬들이 실제 경기장에 있는 듯한 몰입감을 경험하게 한다.

- **인터랙티브 서비스**: 시청자들이 중계 화면에 등장하는 통계 데이터를 자유롭게 선택해 볼 수 있도록 하거나, 라이브 채팅 기능을 통해 다른 팬들과 소통하게 만드는 등 '양방향 콘텐츠'를 제공한다.

사례 2 MLB, Statcast 시스템

MLB의 Statcast 시스템은 선수와 공의 움직임 데이터를 고해상도 카메라 및 추적 센서를 통해 수집한다. 약 30 fps(초당 프레임)로 위치·속도·각 등 정보를 3D 형태로 추적하며, Google Cloud 인프라(예: BigQuery, Dataflow)를 통해 분석을 수행한다. 매 시즌 수십 테라바이트(TB)의 데이터가 처리되며, 이 정보는 팀 전술, 선수 퍼포먼스, 팬 경험 및 중계 시각화 등에 활용된다.

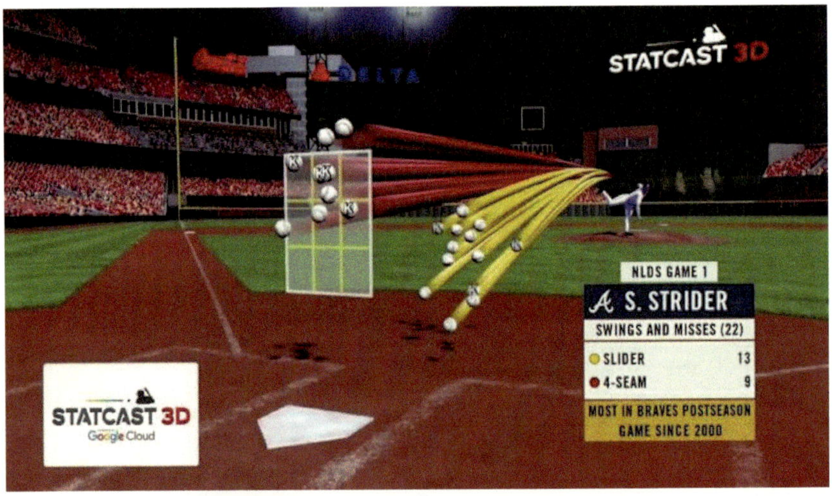

그림 2-4 MLB의 Statcast 시스템 예시 이미지

출처: STATCAST, Google Cloud | 본 이미지는 교육적 목적으로 인용되었다.

(2) 굿즈 및 스폰서십 가치 측정

구단은 선수나 팀의 인기 지표(소셜 미디어 팔로워 수, 검색량, 경기 관중 수 등)를 종합 분석해 굿즈 생산 규모와 스폰서십 금액을 책정한다. 예를 들어, 특정 선수의 유니폼 판매량이 팬덤 형성에 주요한 지표로 인식되며, 이는 곧 스폰서십 가치를 높이는 근거가 되기도 한다.

- **굿즈 생산 예측**: 어떤 디자인이나 종류(유니폼, 모자, 응원도구 등)의 판매량이 높은지 빅데이터로 예측해, 재고 부담을 최소화하고 수익을 극대화한다.
- **스폰서십 효과 분석**: 광고주 입장에서는 경기 중 얼마나 자주 브랜드가 노출되는지, SNS에서 해당 구단·선수 언급이 얼마나 많은지 등을 분석해 투자 효율을 따진다.

(3) 티켓 판매 전략

Dynamic Pricing(동적 가격 책정)은 항공권이나 호텔 예약에서 많이 쓰이던 기법이지만, 스포츠 산업에서도 점차 도입되고 있다. 이를 위해 상대팀 전력, 경기 일정(평일/주말), 관중 동원 이력, 날씨, 좌석 위치 등의 변수를 종합적으로 고려해 예상 수요를 계산하고, 예매 추세에 따라 실시간으로 티켓 가격을 조정한다.

인기 높은 경기에는 가격을 상향 조정해 수익을 극대화하고, 수요가 저조한 경기에는 낮은 가격이나 프로모션으로 관중 유입을 촉진하는 방식이다.

사례 3 NC다이노스 다이나믹 프라이스

NC 다이노스는 팬 예매 패턴 분석을 기반으로 2022시즌부터 다이내믹 프라이싱을 도입했으며, 2025년에는 같은 블록 내에서도 좌석별 선호도를 반영한 '좌석별 다이내믹 프라이싱'으로 고도화했다. 예컨대 같은 좌석 블록이라도 맨 앞열이 빨리 팔리는 경향이 있으면 가격을 높이고, 뒤쪽이나 이동이 걸리는 좌석은 예전보다 합리적 수준으로 가격을 낮추는 방식이다. 팬의 좌석 선택 행동까지 가격 기준에 통합됨으로써 구단은 한층 정교한 티켓 수익 최적화를 구현하고 있다.

그림 2-5 NC다이노스 2025년 좌석 다이나믹 프라이싱 홍보물

출처 : NC다이노스 | 본 이미지는 교육적 목적으로 인용되었다.

3) 새로운 수익 기회 창출

(1) 데이터 라이선싱

리그나 구단이 경기 중 발생하는 데이터(득점, 어시스트, 패스, 스프린트 등)를 모아서, 미디어나 게임 회사, 스포츠 분석업체 등에 판매하는 사업 모델이다.

- **미디어**: 실시간 경기 정보를 시청자에게 제공하거나, 하이라이트 영상에 첨부 데이터로 활용
- **게임·배팅 업체**: 선수·팀별 상세 스탯을 반영해, 보다 정교한 게임 시뮬레이션이나 e스포츠 토너먼트를 운영

사례 1 NBA SportVU 데이터 라이선싱 사례

NBA는 2010년대 초반부터 경기 데이터를 체계적으로 수집하기 위해 트래킹 기술을 도입했다.

2013~14시즌에는 STATS LLC의 SportVU 카메라를 전 구장에 설치해 선수와 공의 움직임을 초당 25프레임으로 추적하며 데이터 분석 시대의 문을 열었다. 이후 2017~18시즌부터는 Second Spectrum이 공식 광학 트래킹 파트너로 지정되어 한층 정교한 3D 트래킹 시스템이 도입되었다.

이와 함께 NBA는 Sportradar와의 계약을 통해 실시간 경기 데이터와 통계 피드를 전 세계 베팅 및 미디어 시장에 공급하기 시작했으며, Second Spectrum은 코칭 스태프 전용 분석 솔루션과 League Pass 증강 중계(AR 그래픽·자동 분석) 기술을 제공했다.

결과적으로 NBA는 데이터 수집·분석·유통이 분리된 협업 구조를 구축하여, Sportradar를 통한 데이터 라이선싱과 미디어 상품화, 그리고 Second Spectrum을 통한 팀 전술 분석 및 팬 경험 강화를 동시에 진행했다.

이러한 모델은 경기 데이터를 단순 기록이 아닌 리그 수익과 혁신의 핵심 자산으로 전환한 대표적 스포츠 데이터 비즈니스 사례로 평가된다.

(2) 스포츠 테크 스타트업

빅데이터와 AI, VR/AR 등 첨단 기술을 결합해 새로운 서비스·솔루션을 제공하는 스타트업들이 늘고 있다.

- **선수 퍼포먼스 분석 솔루션**: 각 종목의 특성에 맞는 알고리즘을 개발해, 부상 위험도 예측이나 전술 지원 서비스를 구단에 판매
- **팬 데이터 플랫폼**: 팬들의 소비·SNS 활동 데이터를 모아, 구단·스폰서가 보다 정교한 마케팅 전략을 수립하도록 돕는다
- **VR 경기장**: 실제 경기장과 유사한 가상공간에서 경기 체험, 선수 훈련 등을 가능케 하는 기술도 발전 중이다.

(3) 플랫폼 연계 비즈니스

소셜 미디어나 OTT 플랫폼과 협업하여, 시청 데이터·팬덤 데이터를 한데 모으고 상호 공유하는 모델이다.

OTT와 구단이 협업해 팀 전용 예능 프로그램을 제작하고, 팬 유입과 구독자 수 증가를 동시에 노린다. SNS와 리그가 계약을 체결해 주요 경기 하이라이트를 공식 계정에 업로드하고, 광고 수익을 나누는 구조를 형성한다.

이러한 연계를 통해 새로운 부가가치가 발생하며, 소비자는 더욱 편리하고 즐거운 스포츠 경험을 할 수 있게 된다.

그림 2-6 다양한 미디어를 활용한 야구 팬덤

출처: 인크로스, '모바일 중계 유료화와 2024 야구팬덤' 보고서 (본 이미지는 교육적 목적으로 인용되었다.)

4 스포츠 산업과 데이터 활용 사례

스포츠 산업은 선수나 경기력에만 초점을 맞추는 것이 아니라, 팬 마케팅, 콘텐츠 제공, 제품 개발 등 다양한 분야와 결합되어 있다. 이러한 접점에서 데이터는 의사결정 정확도를 높이고, 부가가치를 창출하는 핵심 요소로 작용한다. 구단 운영, 스포츠 미디어, 스포츠 용품·장비 분야로 나누어 대표적인 활용 사례를 살펴본다.

1) 스포츠 구단 운영

구단 운영은 선수 영입과 재정 관리 같은 내부적 업무부터, 팬 마케팅·브랜딩과 같은 외부적 소통까지 매우 폭넓은 영역을 아우른다. 이런 과정에서 구단은 다양한 형태의 데이터를 수집·분석하여 운영 효율을 높이고, 팬 경험을 개선하며, 궁극적으로 팀 성적과 구단 가치를 향상시키는 데 활용한다.

먼저, 재정 및 운영 데이터는 구단 경영 전반을 좌우하는 핵심 요소다. 선수 연봉, 트레이드 이력, 스폰서십 수익, 경기장 운영비 등은 매 시즌마다 변동이 크기 때문에, 이를 체계적으로 관리하지 않으면 재정 안정성이 쉽게 흔들릴 수 있다. 최근의 프로 스포츠 구단들은 선수 성적을 객관화한 지표(OPS, WAR, 세이버매트릭스 등)를 연봉 책정의 근거로 삼고, 트레이드 가능성을 평가할 때도 부상 이력 및 부진 원인 같은 정성적 데이터까지 종합적으로 검토한다. 또한 스폰서십 계약이나 구단의 운영비 규모 등을 실시간으로 추적·분석해, 팀 재정이 과도하게 한쪽으로 치우치지 않도록 균형을 맞춘다.

이와 동시에, 팬 분석 및 CRM(Customer Relationship Management)은 구단이 팬들과의 관계를 어떻게 유지·확장해나갈지 결정하는 중요한 영역이다. 요즘에는 구단 공식 앱이나 SNS 채널을 통해 팬들과 직접 소통하고, 경기장 POS(Point of Sale) 시스템으로 티켓 구매와 굿즈 판매 내역을 수집하는데, 이를 활용해 팬들의 취향과 소비 패턴을 세부적으로 파악한다. 예를 들어, 특정 연령대가 선호하는 선수나 구단 상품이 무엇인지, 주말 홈경기와 평일 홈경기에 방문하는 관중의 차이는 어떻게 나타나는지 등을 분석해, 그 결과를 맞춤형 이벤트와 프로모션으로 연결하는 것이다. 덕분에 팬들의 만족도가 높아지고, 구단 입장에서는 수익 증대와 브랜드 가치를 동시에 꾀할 수 있다.

그림 2-7 야구팬들의 경기장 방문 시 1인 기준 지출 비용

출처: 인크로스, '모바일 중계 유료화와 2024 야구팬덤' 보고서 (본 이미지는 교육적 목적으로 인용되었다.)

한편, 경기력 향상을 위한 분석은 구단 운영에서 빼놓을 수 없는 축이다. 상대팀 전술 자료를 수집하고, 선수별 출장 시간이나 부상 위험 지수를 예측하는 작업은 이미 많은 프로팀에서 일상적으로 시행되고 있다. 예컨대, 공격형 미드필더가 지난 경기에서 부상 위험이 높아졌다는 데이터가 나오면, 코치진은 해당 선수를 교체 출전시키거나 훈련 강도를 낮추는 식으로 의사결정을 내린다. 경기 중에도 웨어러블 기기나 GPS 추적 기술을 통해 선수들의 이동 거리, 스프린트 횟수 등을 실시간으로 모니터링하며, 필요하면 전술을 즉각 조정한다. 이런 방식으로 데이터는 단순 기록을 넘어, 경기에 대한 실시간 코칭과 선수 관리에 직접적인 도움을 주고 있다.

2) 스포츠 미디어

스포츠 미디어는 경기 자체를 콘텐츠로 삼아, 방송·온라인 스트리밍·SNS 등 여러 경로로 팬들에게 전달하는 핵심 채널이다. 최근 빅데이터와 AI 기술이 발전함에 따라, 미디어 업계에서도 개인화 콘텐츠와 실시간 데이터 시각화, 광고 효과 측정 같은 분야에서 새로운 가치를 창출하고 있다.

가장 눈에 띄는 변화 중 하나는 맞춤형 콘텐츠의 확산이다. 시청자의 시청 습관과 선호 선수, 좋아하는 장면 유형 등을 분석해, 개인화된 경기 하이라이트나 인터뷰 영상을 자동 추천해주는 기술이 대표적 예다. 예컨대 특정 투수의 삼진 모음 장면을 집중적으로 보고 싶어 하는 팬에게는 해당 투수의 하이라이트 영상을 앞쪽에 배치하고, 즐겨찾는 팀이 명승부를 거둔 경기의 명장면을 추가로 제공해 시청 만족도를 높인다. 이렇게 축적된 시청 이력과 반응 데이터를 다시 분석해 추천 알고리즘을 계속 개선하는 선순환 구조가 자리 잡으면, 미디어 플랫폼은 더욱 정확한 개인화 서비스를 구현하게 된다.

또한, 중계 화면에서 실시간 데이터 시각화가 활발히 도입되고 있다. 예컨대 농구 중계를 볼 때 각 선수의 코트 이동 경로나 속도, 슛 정확도 등을 그래픽으로 표현해 주면, 시청자들은 단순히 선수 동작을 보는 것에서 나아가 '왜 이 플레이가 효율적인지'를 데이터로 직관적으로 이해하게 된다. 특히 야구 중계에서는 타구 각도·속도, 주루 스피드 등을 수치화하여 화면에 표시함으로써, 경기의 기술적·전략적 면모까지 살펴볼 수 있게 만드는 사례가 많다.

이처럼 화려한 그래픽과 개인화 콘텐츠 뒤에는 광고 효과 측정이라는 데이터 분석도 중요한 몫을 차지한다. 예컨대 경기 중 특정 시간대에 노출되는 스폰서 배너가 실제로 시청자들의 소비나 온라인 검색에 어떤 변화를 가져오는지 추적하려면, 시청률 변동이나 SNS 반응, 나아가 구매 전환율까지 종합적으로 살펴봐야 한다. 이를 통해 미디어 플랫폼과 광고주가 적절한 광고비 배분 및 노출 전략을 세울 수 있고, 결과적으로 스포츠 산업 전체의 재무적 가치가 상승한다.

3) 스포츠 용품·장비 분야

스포츠 용품·장비 분야 역시 데이터 기술의 발전과 함께 큰 전환기를 맞고 있다. 프로 선수들은 더 나은 퍼포먼스를 위해, 일반 소비자들은 건강 관리와 체력 증진을 위해 첨단 기능의 제품을 찾게 되면서, 제조사들은 실증적 데이터를 활용한 제품 개선에 주력하고 있다.

먼저, 웨어러블 기기의 보급으로 개인 운동량, 심박수, 칼로리 소모량, GPS 기반 이동 경로 등이 손쉽게 수집되면서, 사용자들은 자신의 신체 상태와 운동 습관을 구체적으로 파악할 수 있게 되었다. 프로 선수 입장에서는 이를 통해 훈련 강도와 부상 위험을 세밀하게 관리할 수 있고, 일반 소비자도 주기적으로 데이터를 모니터링함으로써 목표 설정이나 동기부여에 큰 도움을 받는다. 일부 업체는 이렇게 축적된 대규모 '라이프로그(Life log)' 데이터를 분석해, 특정 연령대와 목적(다이어트, 근력 강화 등)에 맞는 운동 프로그램이나 식단 조언을 제공하는 부가 서비스를 개발하기도 한다.

이와 함께, 제품 개발 최적화 과정에서도 데이터 활용이 점차 정교해지고 있다. 경기복이나 러닝화, 헬멧 같은 스포츠 용품에는 선수들의 착용 피드백과 소재 테스트 결과가 실시간으로 반영된다. 예를 들어, 러닝화 밑창이 얼마나 미끄럽지 않은지, 장시간 착용 시 피로도는 어떤지, 특정 온도·습도에서 내구성에 변동이 없는지 등 다양한 테스트 결과가 모두 빅데이터 형태로 관리된다. 이를 바탕으로 소재를 변경하거나 디자인을 개선함으로써 기능성을 끌어올리고, 제품 경쟁력을 높일 수 있게 된다. 특히 프로 선수용 제품에 적용된 기술이 소비자용 제품에도 전이되는 '테크놀로지 스핀오프'가 빈번해지면서, 전체 스포츠 용품 시장의 품질 수준 역시 함께 올라가는 추세다.

학습 요약

스포츠 산업은 경기 자체가 '콘텐츠'로서 상당한 가치를 지니고, 선수·구단·리그·팬·미디어·스폰서·정부 등 여러 이해관계자가 복잡하게 얽힌 거대한 생태계이다. 각 이해관계자는 경기 운영과 선수 관리, 팬 마케팅, 스폰서십, 미디어 중계, 공공 정책 등 제각기 다른 목표와 역할을 지니며, 가치사슬의 여러 단계를 통해 서로 영향을 주고받는다.

이 복잡한 구조에서 데이터는 두 가지 측면에서 중요한 의미를 갖는다. 첫째, 전통적으로 경험과 감(感)에 의존하던 의사결정 과정을 객관적 지표와 분석 결과로 뒷받침함으로써, 효율성과 정확성을 높여준다. 예컨대 구단은 선수 스카우트와 트레이드, 팬 마케팅 전략을 세울 때 과거에는 '감'이나 '전문가 의견'에 크게 의존했으나, 이제는 경기 기록·팬 소비 패턴·재정 데이터를 종합적으로 분석해 보다 합리적인 결정을 내릴 수 있게 되었다.

둘째, 데이터는 새로운 비즈니스 모델을 만들어내는 원동력이 된다. 리그나 구단이 경기 중 생성되는 방대한 데이터를 미디어·게임 업체 등에 라이선싱하거나, 선수 퍼포먼스 분석 솔루션과 같은 스포츠 테크 스타트업들이 속속 등장하는 것이 그 예다. 또한 팬덤의 힘이 강력한 스포츠 산업은, 팬들의 SNS·앱 사용 로그나 경기장 구매 데이터를 통해 맞춤형 상품과 서비스를 기획함으로써 추가적인 수익 창출 기회를 얻는다. 이처럼 '데이터'가 단순 보조 요소가 아닌, 스포츠 산업의 새로운 가치창출 핵심으로 부상하고 있다고 할 수 있다.

이러한 추세는 앞으로도 계속 가속화될 전망이다. 정보통신기술(ICT)과 인공지능(AI), 그리고 사물인터넷(IoT)이 스포츠 산업 각 영역에 깊이 스며들수록, 데이터의 양과 활용 범위는 더욱 폭넓어질 것이다. 경기장 운영, 팬 행사 기획, 선수 컨디션 관리, 심판 판정 보조 등 곳곳에서 데이터를 활용한 혁신이 진행 중이며, 이 과정에서 이해관계자 간 협업과 데이터 공유의 중요성도 한층 부각되고 있다.

결국 스포츠 산업 구조와 데이터의 관계를 제대로 이해한다는 것은, 데이터 기반으로 효율적이고 창의적인 전략을 세울 수 있는 '미래 스포츠 비즈니스'의 핵심 역량을 갖추는 일이다. 나아가 이는 단순히 구단이나 리그의 이익 극대화를 넘어, 지역 경제 활성화와 팬들의 만족도 제고, 공정하고 안전한 스포츠 환경 구현 등 폭넓은 가치를 창출하는 길로 이어진다.

다음 장에서는 이러한 데이터 활용이 실제로 스포츠 산업에 어떤 변화를 가져왔고, 각 분야에서 혁신이 어떻게 일어나고 있는지 더욱 구체적인 사례와 함께 살펴볼 예정이다. 이를 통해 스포츠 산업이 빅데이터 시대를 맞이하여 어떤 진화의 길을 걷고 있는지 더욱 명확히 이해하게 될 것이다.

03 Chapter
빅데이터가 바꾸는 스포츠 세상

>> 학습 목표

1. 빅데이터의 개념과 5V특성을 이해하고, 스포츠 산업과의 연관성을 설명할 수 있다.
2. 빅데이터가 스포츠 산업의 각 영역에 가져온 변화를 사례 중심으로 분석할 수 있다.
3. 빅데이터 활용의 미래 과제와 윤리적 쟁점을 비판적으로 탐구할 수 있다.

1 빅데이터와 스포츠: 개념적 이해

스포츠 산업은 전통적으로 팀·선수 기록이나 경기 결과 같은 정형 데이터를 축적해 왔다. 그러나 디지털 기술이 급격히 발달함에 따라, 이제는 경기 영상·음성, SNS 게시글, 웨어러블 센서 정보, 팬들의 관람·소비 로그 등 비정형 데이터가 함께 쏟아져 들어오면서 빅데이터(Big Data) 시대가 도래했다. 빅데이터란 이렇게 다양한 형태의 대규모 데이터를 수집·저장·분석하여, 새로운 통찰(Insight)을 얻고 실제 의사결정에 반영하는 과정을 포괄하는 개념이다. 스포츠 현장에서 빅데이터는 선수의 경기력, 관중의 소비 행태, 구단의 재정 운영 등 여러 측면에 활용되어, 과거에는 상상하기 어려웠던 혁신적 변화를 일으키고 있다.

1) 빅데이터 5V와 스포츠 산업

빅데이터를 정의하는 핵심 요소로 흔히 3V(Volume, Variety, Velocity)를 꼽지만, 최근에는 정확성(Veracity)과 가치(Value)까지 확장해 5V로 설명하기도 한다. 스포츠 산업에서도 이 다섯 가지 특성이 중요한 의미를 갖는다.

(1) Volume(데이터의 대용량)

한 경기 혹은 한 시즌 만으로도 테라바이트(TB) 단위 데이터를 생성하는 스포츠 종목이 많다.

예: MLB Statcast, NBA SportVU 등에서는 선수 위치·타구 궤적·속도 등이 초당 여러 번 측정되므로, 연간 데이터량이 기하급수적으로 늘어난다.

이처럼 방대한 규모의 정보를 저장·분석할 수 있는 인프라가 구단·리그에 필수적이다.

(2) Variety(데이터의 다양성)

전통적 경기 기록(득점·어시스트·타율 등) 외에, 영상 추적 데이터, 웨얼러블 기기 센서 데이터, SNS 텍스트·음성·이미지 등 다양한 형태가 복합적으로 쌓인다.

데이터 형태가 각기 달라 분석 난이도가 크게 상승하며, 머신러닝·딥러닝 같은 기술이 적극 활용된다.

(3) Velocity(데이터의 속도)

경기 도중 실시간으로 쏟아지는 센서·GPS 정보, SNS 반응 등을 곧바로 분석해 즉각적인 전술 변화나 코칭 결정에 활용할 수 있다.

구단이나 미디어는 시시각각 변하는 팬들의 온라인 반응(해시태그, 검색어 등)을 모니터링해 이벤트나 광고 전략을 빠르게 수정하기도 한다.

(4) Veracity(데이터의 정확성)

센서 오작동, 영상 인식 오류, SNS상의 허위 계정 등이 데이터를 왜곡할 가능성이 있다. 잘못된 정보를 기반으로 경영·전술 결정을 내리면 큰 손실이 발생할 수 있으므로, 데이터 정제(Cleansing)와 검증(Validation)이 필수다. 신뢰할 만한 수집 시스템과 표준화된 프로세스가 필요하다.

(5) Value(데이터의 가치)

궁극적으로 이러한 대용량·다양·실시간·정확한 데이터를 통해 얼마나 새로운 가치를 창출하는지가 중요하다.

경기력 향상, 부상 방지, 팬 경험 개선, 티켓·굿즈 매출 증대, 중계권·광고 수익 극대화 등 실제 비즈니스 성과와 연결되는 부분이 빅데이터의 진정한 강점이다.

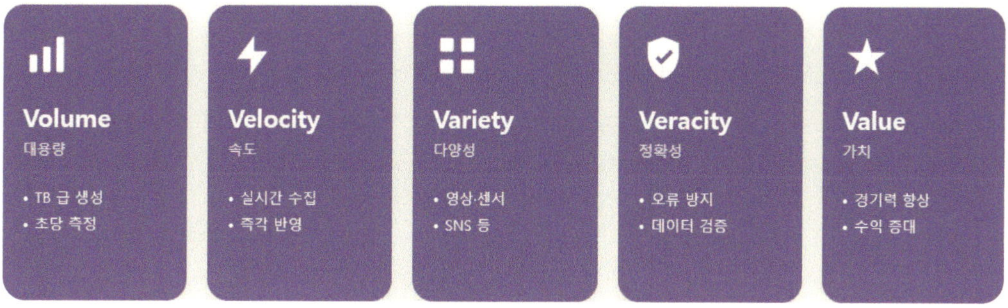

그림 3-1 빅데이터 5V 요소

2) 스포츠 산업에서 빅데이터가 촉진하는 변화

빅데이터의 5V(대용량, 다양성, 속도, 정확성, 가치)는 스포츠 산업 전반에 강력한 시너지 효과를 일으키고 있다. 먼저, 경기 현장의 주요 이해관계자인 구단과 코치진이 빅데이터 기술을 도입하면, 경기 도중에도 선수들의 이동 거리, 체력 소모, 상대팀 전술 변화 등을 실시간으로 파악해 정교한 의사결정을 내릴 수 있게 된다. 예컨대, GPS 트래커를 장착한 선수들의 위치·속도 데이터를 수초 단위로 모니터링하여, 특정 지역에서 수비가 약해지는 시점이나 부상 위험이 커지는 선수를 빠르게 포착하고 전술 수정 또는 교체 전략을 시행한다. 이는 경기력 향상뿐 아니라 선수 보호 차원에서도 큰 의미가 있다.

한편, 팬들은 모바일 앱과 SNS를 통해 본인이 좋아하는 팀·선수에 대한 정보를 '맞춤형 콘텐츠'로 제공받을 수 있다. 과거에는 단순히 경기 시간·장소 공지 정도에 그쳤다면, 이제는 선수별 하이라이트 영상, 실시간 스코어 알림, SNS 연동 이벤트 등 다양한 방법으로 팬 경험이 개인화되고 있다. 경기장 현장에서는 이른바 스마트 스타디움(Smart Stadium)'이 확산하면서, 티켓 예매·길 안내·굿즈 구매 등이 하나의 앱에서 통합 제공된다. 그 결과, 팬들은 줄을 서는 시간을 줄이고, 원하는 콘텐츠를 빠르게 즐기면서 경기 관람 만족도를 높일 수 있다.

또한, 미디어·광고 분야에서도 빅데이터는 실시간 시청 로그, SNS 반응, 검색어 트렌드를 결합 분석함으로써 정교한 광고 타겟팅과 스폰서십 효과 측정을 가능하게 한다. 예를 들어, 특정 시간대에 화면에 노출되는 스폰서 로고가 실제로 얼마나 시청자의 구매 의사나 브랜드 인지도 향상에 기여하는지 데이터 기반으로 확인할 수 있다. 이를 통해 광고주와 미디어는 광고 배치 전략을 더 효과적으로 수립하고, 구단이나 리그는 스폰서십 계약을 과학적 근거에 따라 협상할 수 있게 된다.

이렇듯 빅데이터 도입으로 인해 경기력 향상, 비즈니스 모델 혁신, 팬 경험 극대화 같은 분야에서 스포츠 산업이 새로운 도약을 이루고 있다. 특히 데이터 라이선싱이라는 개념을 통해, 구단이나 리그가 기존에는 단순 '부수 자료'로만 취급하던 경기 데이터를 분석·가공해 외부 기업(게임·e스포츠 업체, 미디어 회사 등)에 판매하기도 한다. 대표적인 사례로는 NBA나 MLB가 수집한 자세한 경기 데이터를 유료로 공급하여, 게임 시뮬레이션이나 e스포츠 리그 운영에 사실감을 높이고, 미디어의 하이라이트 편집·해설 콘텐츠 품질을 끌어올리는 데 크게 기여하는 것이다. 이렇게 데이터 자체가 새로운 부가가치를 창출하는 자산으로 재탄생함으로써, 스포츠 산업의 수익 구조가 더욱 다변화되고 있다.

결국, 빅데이터를 기반으로 한 혁신은 단순히 경기를 보는 방식만 바꾸는 것이 아니라, 구단 운영, 선수 관리, 팬과의 소통, 미디어 전략, 스폰서십 계약 등 스포츠 산업의 모든 가치사슬에 걸쳐 긍정적인 변화를 일으킨다. 이를 통해 스포츠는 더욱 과학적이고 효율적으로 발전하며, 팬들은 더욱 몰입도 높은 경험을 누릴 수 있게 된다. 앞으로 IoT, AI, 5G·6G 통신 같은 기술이 고도화되면서 이 변화는 더욱 가속화될 것으로 전망된다.

그림 3-2 스포츠 산업의 전방위적 변화

2 데이터의 개념과 기초 이해

1) 경기력 향상과 전술 혁신

(1) 세이버매트릭스(Sabermetrics)와 머니볼(Moneyball)

스포츠 분야에서 빅데이터 활용의 대표적 사례로는 미국 프로야구(MLB)에서 비롯된 세이버매트릭스(Sabermetrics)를 꼽을 수 있다. 이는 전통적으로 사용하던 타율이나 타점 같은 단순 지표를 넘어, 선수 개개인의 공헌도를 더 정밀하게 측정하기 위한 통계 기법의 집합이다. 예컨대 OPS(출루율+장타율), WAR(대체 선수 대비 승리 기여도) 등의 지표가 널리 알려져 있는데, 이 지표들은 선수가 공격에서 얼마나 많은 득점 기회를 창출하고,

수비나 주루에서도 팀 승리에 얼마나 기여하는지를 기여도를 보다 정량적으로 추정할 수 있도록 돕는다.

이 같은 분석 방식은 빌 제임스(Bill James) 등의 통계학자가 꾸준히 연구해 온 이론적 토대를 바탕으로, 현장 구단이 적극적으로 도입하면서 확산됐다. 특히 오클랜드 애슬레틱스 구단의 단장인 빌리 빈(Billy Beane)은 제한된 예산(낮은 연봉 총액)에도 불구하고, 세이버매트릭스를 활용해 이른바 '가성비 높은' 선수를 발굴·영입함으로써 꾸준히 포스트시즌 진출에 성공했다. 이 이야기는 "머니볼(Moneyball)"이라는 책과 영화로 대중적인 주목을 받았고, "감이 아닌 데이터로 승부하겠다"는 그의 전략이 실제로 높은 효과를 거둔 사례로 평가받았다.

이후 다른 MLB 구단들은 물론, 축구·농구 등 여러 종목에서도 유사한 데이터 분석 시도가 확산되기 시작했다. 축구에는 xG(Expected Goals), 농구에는 PER(Player Efficiency Rating)와 같은 고급 지표들이 등장해, 선수 가치와 전술 효과를 객관적으로 판단하는 표준이 되었다. 결국 세이버매트릭스는 "데이터에 기반한 선수 평가와 팀 운영"이라는 새로운 흐름을 스포츠계 전반에 정착시켰으며, 이는 오늘날 '빅데이터'가 스포츠 세계에 깊숙이 뿌리내리는 데 결정적인 기여를 한 사례로 꼽힌다.

그림 3-3 영화 '머니볼(2011)'포스터

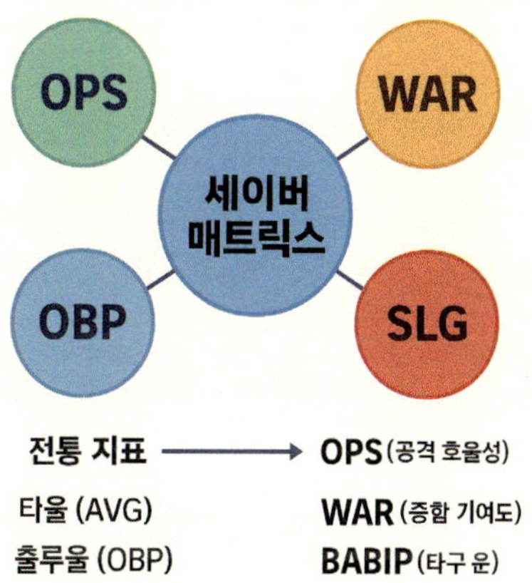

그림 3-4 세이버메트릭스 개념도

(2) 실시간 전술 보완

세이버매트릭스를 비롯한 통계 지표가 선수 영입·계약·훈련 전략 등에 활용되는 동안, 빅데이터 기술이 발달함에 따라 경기 도중에도 데이터를 분석해 전술을 보완하려는 시도가 늘어나고 있다. 이는 CCTV, 위성·GPS 추적, 웨어러블 기기 등을 통해 초단위로 선수들의 위치·속도·심박수 등을 수집할 수 있게 되면서 가능해진 일이다.

예컨대 축구 팀의 경우, 경기 중 선수 이동 거리, 스프린트 횟수, 상대팀 포메이션 변화 등을 코칭 스태프가 태블릿이나 모니터로 실시간 확인할 수 있다. 이러한 데이터가 누적되면, 특정 구역에서 수비가 약해지는 시점이나 선수의 체력이 급격히 소진되는 시점을 미리 포착할 수 있고, 필요한 경우 하프타임 또는 경기 도중에 교체나 전술 변경을 지시한다. 예를 들어, 선수가 평소보다 짧은 거리만 뛰고 있거나 스프린트 횟수가 급감하면, 부상의 전조나 피로 누적을 의심할 수 있고, 해당 선수 포지션을 바꾸거나 교체 투입을 검토하는 식이다.

이 같은 실시간 데이터 분석은 코칭 스태프에겐 전술 유연성을 높이는 기회를, 선수들에게는 보다 체계적인 컨디션 관리를 제공한다. 농구에서도 NBA 일부 팀들이 상대팀 수비 포메이션 변화를 보고 즉시 "Pick and Roll" 방식이나 "Isolation 플레이"를 늘리거나 줄이는 결정을 내리는 등, 데이터 기반의 빠른 대응력이 전술 성공률을 높인다는 보고가 나오고 있다. 더 나아가, 야구에서는 불펜 투수를 언제 투입할지 결정할 때도 상대 타자와의 상성, 현재 투구 수, 투수 체력 지표 등을 종합 고려해 정확한 시점을 선택하는 식으로 이어진다.

결국, 실시간 분석을 도입한다는 것은 빅데이터 기술이 필드 레벨에서 전술·전략의 정교화를 이끌고 있음을 의미한다. 세이버매트릭스가 '장기적' 운영 효율성을 높이는 데 초점을 맞췄다면, 실시간 추적·분석 기법은 경기 순간순간을 최적화하는 방향으로 발전하고 있다. 이는 코칭 스태프와 선수들이 데이터 분석가들과 긴밀히 협업해야 한다는 새로운 문화를 만들어내며, 궁극적으로 스포츠 경기를 더욱 과학적이고 전략적인 양상으로 탈바꿈시키고 있다.

2) 팬 경험 혁신과 디지털 마케팅

스포츠 산업에서 빅데이터가 가져온 또 다른 중요한 변화는 바로 팬(Fan)을 대하는 방식이다. 예전에는 구단이나 리그가 경기 일정을 발표하고, 미디어가 경기 영상을 중계하는 형태로 '일방적인 정보 전달'에 그쳤다면, 이제는 개인화 콘텐츠부터 SNS·앱 기반 팬몰입(Fan Engagement), 그리고 스마트 스타디움에 이르기까지 다양한 디지털 마케팅 기법이 팬 경험을 혁신하고 있다.

(1) 개인화 콘텐츠 제공

먼저, 디지털 기술이 발달하면서 팬들이 소비하는 영상·하이라이트가 훨씬 개인 맞춤형으로 진화했다. 과거에는 TV 편성 시간에 맞춰 경기 하이라이트가 일괄적으로 송출되거나, 인터넷에 올라온 영상을 그대로 시청하는 데 그쳤다. 하지만 최근에는 AI 추천 알고리즘을 통해, 특정 선수나 특정 경기 유형(공격 축구, 투수전 등)을 좋아하는 팬에게는 해당 장면만 집중 편집된 영상을 우선 제공해준다.

예를 들어, 축구에서 메시 골 장면만 모아 하이라이트를 구성해주거나, 야구에서 투수전(pitchers' duel)을 선호하는 팬에게는 관련 명장면을 강조해 편집한 영상을 추천한다.

이러한 개인화 서비스는 플랫폼(유튜브, OTT, 구단 전용 앱 등)의 사용자 이탈을 줄이고, 팬들이 스포츠 콘텐츠를 좀 더 '편리하고 즐겁게' 소비하게 만들어준다.

이처럼 '나만을 위한 영상·콘텐츠'가 제공되면, 팬들이 경기에 대한 흥미와 충성도가 훨씬 높아지며, 구단 또는 리그가 추진하는 디지털 마케팅도 더욱 효과적으로 수행될 수 있다.

(2) SNS · 앱 기반 팬몰입(Fan Engagement)

개인화된 콘텐츠만으로 끝나는 게 아니다. 구단과 리그는 SNS, 모바일 앱 등의 사용자 데이터를 분석해 팬들의 선호도와 소비 패턴을 더욱 정교하게 파악하고, 그 결과를 이벤트와 상품 기획에 적극 반영한다.

구단 앱에서는 팬의 티켓 구매 이력, 굿즈 쇼핑 내역, 응원 게시물, 경기 관람 횟수 등을 한곳에 통합 관리한다.

SNS 분석을 통해 팬들이 원하는 이벤트 유형, 인기 선수, 경기 일정 선호도 등을 종합적으로 확인할 수 있다.

이렇게 축적된 데이터를 활용하면, 특정 연령대 혹은 특정 지역 팬층에게만 유효한 할인 쿠폰을 제공하거나, 경기장 VIP 라운지 이용권을 선별적으로 부여하는 식의 맞춤 혜택을 설계할 수 있다. 더 나아가, SNS에서 팬들이 가장 많이 언급한 선수나 구단 상품을 집중적으로 홍보함으로써 타깃 마케팅의 효율을 높인다.

예컨대, "KIA의 김도영선수 굿즈가 지난주부터 SNS에서 화제"라는 분석 결과가 나오면, 이를 토대로 해당 굿즈를 경기 당일 할인 판매하거나, 팬미팅 이벤트를 열어 현장 관람 만족도를 높일 수 있다.

이처럼 맞춤형 서비스와 팬 중심 이벤트가 결합되면, 팬들은 "내가 구단에서 특별 대우를 받는다"는 소속감과 몰입감(Fan Engagement)을 느끼게 되고, 구단은 오랜 기간 팬을 유지하면서 부가적인 매출까지 확보한다.

(3) 스마트 스타디움(Smart Stadium)

빅데이터 기술이 가져온 오프라인 현장의 가장 큰 혁신은 '스마트 스타디움' 프로젝트들이다. 경기장 앱 하나로 좌석 예매, 전자 티켓 발권, 입장 게이트 안내, 매점 주문, 화장실 혼잡도 모니터링 등을 통합 관리할 수 있게 됐다.

팬들은 굿즈나 음식을 사전에 주문해 결제까지 마쳐놓고, 도착하자마자 바로 수령할 수 있다. 혹은 대기 인원이 적은 매점을 안내받아 대기 시간을 줄이는 선택도 가능하다.

스마트 스타디움이 제대로 운영되면, 관람객 만족도를 높이는 것은 물론, 경기장 운영자 입장에서도 인력 배분과 재고 관리를 효율적으로 할 수 있다. 어느 구역에 사람이 몰리고 있는지, 어느 시간대에 굿즈 판매가 활발한지, 화장실이나 주차장 혼잡 상황은 어떤지 등을 실시간으로 파악해, 즉각적으로 대응할 수 있기 때문이다. 이것은 곧 더 적은 자원으로 더 나은 서비스를 제공할 수 있는 길이기도 하다.

결국, 빅데이터에 기반한 스마트 스타디움은 "현장 관람"의 질을 끌어올려, 미디어 중계에 익숙한 팬들도 "직접 경기장을 방문해보고 싶다"는 욕구를 느끼게 만든다. 이는 구단과 리그에게 티켓 수익 확대, 팬 커뮤니티 형성이라는 긍정적 효과를 가져오고, 스포츠 산업 전체에 새로운 성장 동력을 제공한다.

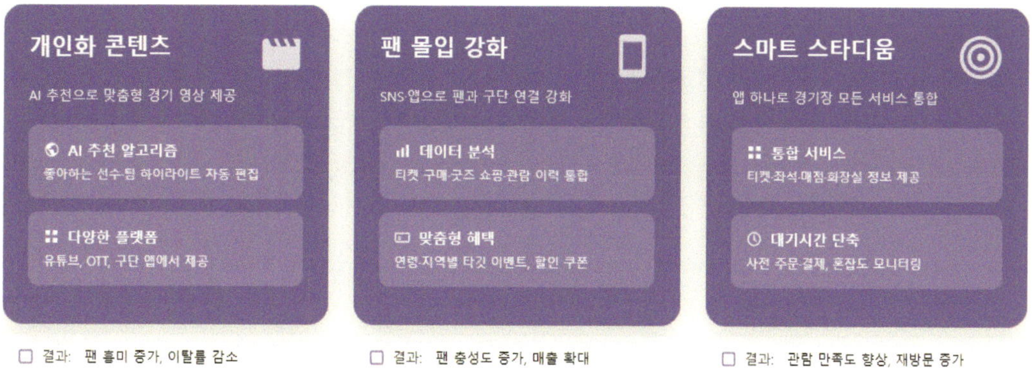

그림 3-5 팬경험 혁신의 3가지 요소

3) 미디어·광고 수익 구조 변화

스포츠 산업에서 미디어와 광고는 전통적으로 큰 수익원을 담당해 왔다. 그러나 빅데이터와 디지털 기술이 발달함에 따라, 경기 중계 방식과 광고·스폰서십 전략이 대대적인 변화를 맞이하고 있다. 이는 단순히 '더 많은 광고비를 번다'는 수준이 아니라, 팬들의 시청 경험과 브랜드 마케팅 방식 모두를 완전히 재편하고 있다는 점에서 의미가 크다.

(1) 정교한 광고 · 스폰서십 전략

디지털 기술로 인해 가능해진 또 다른 큰 변화는 광고·스폰서십 전략의 정교화다. 과거에는 경기 중계 중간에 단순 광고 영상을 내보내거나, 경기장 주변 배너에 스폰서 로고를 노출하는 식으로 진행되었다면, 이제는 중계 시청률, 스트리밍 접속 로그, SNS 언급량 등 다양한 지표를 실시간으로 결합 분석함으로써, 팬들의 소비 성향을 훨씬 정확히 파악할 수 있게 되었다.

예를 들어, 야구 경기에서 홈런이 터진 직후 특정 브랜드 로고가 중계 화면에 노출되었을 때, 그 직후 SNS나 검색엔진에서 해당 브랜드 언급이 얼마나 급증하는지 실시간 추적이 가능하다. 이를 통해 광고주는 "어떤 상황(홈런·득점·하프타임 등)에, 어떤 방식(배너·영상·AR 오버레이 등)으로 브랜드를 노출했을 때 광고 인지도가 극대화되는지"를 구체적으로 알 수 있고, 스폰서십 비용 책정이나 광고 배치 전략을 데이터 근거에 따라 최적화할 수 있다.

더 나아가, 미디어 플랫폼에서는 특정 시청 그룹(예: 20대 남성, 프리미엄 좌석 선호자, 가족 단위 시청 등)에 맞춤형 광고를 송출하는 기술도 활용된다. 이는 시청자가 사용하는 디바이스나 회원 가입 정보를 토대로 개인화된 광고를 내보내는 방식으로, 팬들은 거부감 없이 자연스럽게 광고 콘텐츠를 접하게 되고, 광고주는 정확히 원하는 타겟에게만 집중 투자할 수 있다.

이렇듯 정교한 광고·스폰서십 전략이 자리 잡으면, 구단과 리그의 광고 수익과 브랜드 가치가 동반 상승한다. 중계 채널을 운영하는 미디어 입장에서도, 광고 효율 지표가 개선될수록 스폰서 유치가 쉬워지고, 팬들도 보다 '내가 관심 있는 분야'의 광고를 볼 수 있어 불편함이 줄어드는 윈윈 구조가 형성된다.

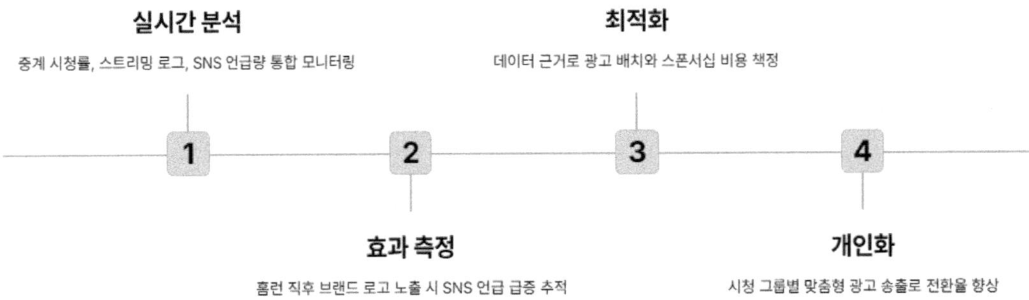

그림 3-6 정교한 광고 전략

(2) AR/VR 중계와 체험형 콘텐츠

AR/VR 기술과 빅데이터의 결합이 경기 중계 시장에 새로운 바람을 불러일으키고 있다. 팬들은 이제 집에서 VR 헤드셋을 착용하고, 마치 경기장 특정 좌석에 앉아 있는 것처럼 현장감을 느낄 수 있다. 예컨대 농구 경기에서 특정 선수 근처 시점으로 화면을 전환해 볼 수 있거나, 야구 경기에서 투수 시점으로 마운드의 분위기를 간접 체험할 수도 있다. 이러한 체험형 콘텐츠는 전통적 TV 중계가 제공하던 '일방적 시청'과 달리, 팬이 직접 시점과 정보를 선택할 수 있는 인터랙티브 방식을 지향한다.

여기에 빅데이터 분석이 결합하면, 선수들의 속도·움직임을 실시간 그래픽으로 시각화하거나, 투수의 피로도를 예측하는 통계를 화면 한쪽에 띄워주는 등 부가 정보를 곧바로 제공할 수 있다. 이때 팬들은 단순한 시청을 넘어, 화면상의 각종 데이터를 클릭·확대하거나 코멘트를 달며 능동적으로 경기에 참여하게 된다. 이는 새로운 형태의 시장을 형성하는데, 예컨대 스포츠 전문 OTT나 VR 플랫폼 업체들은 이러한 AR/VR 중계 서비스를 유료 혹은 구독형 모델로 운영하며, 팬에게 차별화된 콘텐츠 경험을 제안하는 동시에 광고주에게는 새로운 노출 공간을 제공한다.

결국, AR/VR 기술과 빅데이터 결합으로 탄생한 체험형 콘텐츠는 시청자의 몰입도를 크게 높이고, 팬덤을 더욱 견고하게 만들어준다. 이는 곧 구단·리그·미디어가 지속 가능한 수익 모델을 구축할 수 있는 기반이 되며, 동시에 팬들에게는 이전과는 전혀 다른 스펙터클을 선사한다.

4) 스포츠 기술(스포테크) 스타트업과 신사업

빅데이터와 AI, VR/AR 등 첨단 기술이 스포츠 산업 곳곳에 스며듦에 따라, 다양한 스포츠 테크(스포테크) 스타트업들이 속속 등장하고 있다. 이들은 프로 구단이나 리그의 니즈를 해결할 뿐 아니라, 일반 팬들과 광범위한 대중에게까지 새로운 서비스를 제공하면서 새로운 수익 모델과 혁신적 생태계를 형성 중이다. 아래에서는 대표적인 스포테크 분야의 세 가지 흐름을 살펴본다.

(1) 데이터 분석 솔루션

우선, 구단과 코치진이 선수 퍼포먼스를 더욱 과학적으로 관리하기 위해 데이터 분석을 활용하기 시작하면서, 이를 전문적으로 지원하는 스포츠 데이터 솔루션 업체가 급성장하고 있다.

- **선수 퍼포먼스 분석**: 경기 중 발생하는 위치·속도·동작 데이터를 모아, 인공지능 알고리즘으로 선수 이동 패턴, 슈팅·패스 빈도, 상대와의 매치업 승률 등을 시각화해준다. 코칭 스태프는 이를 토대로 경기력을 세부적으로 진단하고, 전술적인 약점을 개선한다.

- **부상 위험 예측**: 웨어러블 기기나 동작 분석 시스템에서 추출된 생체 신호(심박수, 근피로도 등)와 플레이 로그를 결합해, 특정 선수의 부상 확률이 증가하는 시점이나 부상 재발 가능성을 미리 경고하는 솔루션이 개발되고 있다.

- **유소년 선수 발굴**: 아마추어 대회나 학교 체육 기록을 모아 빅데이터로 분석하여, '숨은 유망주'를 발굴하거나 그 잠재 능력을 예측하는 플랫폼도 등장하고 있다. 이는 자본력에서 열세인 구단이 경쟁 우위를 확보할 수 있는 유용한 방법이 될 수 있다.

이렇듯 데이터 분석 솔루션을 제공하는 스타트업들은 구단이나 리그와 B2B 계약을 체결하기도 하고, 클라우드 기반 SaaS(Software as a Service) 형태로 월정액·연정액을 받으며 서비스를 제공하기도 한다. 코칭 스태프가 놓칠 수 있는 세부 지점을 포착해주는 분석 플랫폼은 이미 많은 프로팀이 '필수'로 여기고 있어, 앞으로도 시장 규모가 지속 확대될 전망이다.

(2) 게임 · e스포츠 연계

스포츠 빅데이터는 전통적 프로 스포츠뿐 아니라, 게임 및 e스포츠 분야에도 큰 영향을 주고 있다.

- **스포츠 게임 현실성 강화**: FIFA 시리즈, NBA 2K 시리즈와 같은 대표적 스포츠 게임들은 실제 선수들의 최신 스탯(스피드, 슈팅 정확도, 패스 성공률 등)을 반영해 사실감을 높인다. 이를 위해 게임 업체는 구단·리그로부터 경기 데이터를 라이선싱 받아, 가상 세계에서도 현실과 유사한 경기 흐름과 선수 능력치를 구현한다.

- **e스포츠 대회**: 최근에는 이러한 스포츠 게임들이 자체적으로 프로 리그 형태를 갖추고, 대형 스폰서와 미디어 중계권까지 결합해 큰 관심을 받고 있다. 구단이 e스포츠 팀을 창단하는 사례도 늘어나면서, 실제 스포츠와 e스포츠의 경계가 점점 옅어지고 있다.

- **온라인상 가상 경기 문화**: 팬들은 온라인에서 직접 경기를 플레이하거나 관전하며, 사회·문화적 커뮤니티를 형성한다. 이는 구단에게는 또 다른 '팬덤' 확장 통로가 되고, 게임 업체는 꾸준한 업데이트와 이벤트를 통해 매출을 극대화한다.

결국 스포츠 게임과 e스포츠의 연계는 '데이터 기반 콘텐츠 폭발'로 이어지며, 새로운 스타 플레이어(프로게이머)나 신기술(AR/VR e스포츠 중계 등)을 끊임없이 탄생시키고 있다.

(3) 플랫폼 비즈니스 모델

스포츠 산업이 디지털화되면서, OTT 서비스(쿠팡플레이, TVING, DAZN 등), SNS 플랫폼(유튜브, 트위치, 틱톡 등) 같은 거대 디지털 플랫폼들도 구단·리그와 협업해 다양한 신사업을 펼치고 있다.

- **독점 중계권 및 인터뷰**: 전통 TV 중계를 넘어, OTT가 특정 리그나 팀과 독점 계약을 맺어 프리미엄 콘텐츠(독점 경기 하이라이트, 미공개 인터뷰, 다큐멘터리 등)를 제공함으로써 구독자를 끌어모은다.

- **시청 행태 분석**: 플랫폼 측은 시청자·구독자의 시청 로그를 종합 분석해, "어떤 장면에서 시청 이탈이 일어나는지", "어떤 프로그램 유형이 머무르는 시간이 긴지" 등을 파악한다. 이를 통해 경기 편집 방식이나 방송 편성 시간을 지속적으로 최적화하고, 개인화 추천 시스템을 고도화한다.

- **추가 서비스 업그레이드**: 시청자가 좋아하는 선수나 팀 관련 굿즈를 플랫폼 내에서 바로 구매할 수 있게 연동하거나, SNS와 협업해 팬 커뮤니티를 형성할 수 있도록 서비스를 확장한다. 이는 경기-커머스-커뮤니티를 하나의 플랫폼 안에서 해결하도록 하여, 구독자의 체류 시간과 결제 전환율을 동시에 높이는 효과가 있다.

이렇게 플랫폼 비즈니스 모델이 자리 잡으면, 구단이나 리그, 그리고 플랫폼 기업 모두가 데이터 기반으로 콘텐츠와 서비스를 업그레이드하며 시너지를 창출한다. 소비자는 편리한 원스톱 경험을 누릴 수 있고, 기업들은 이탈률 감소 및 매출 증대의 기회를 얻는다.

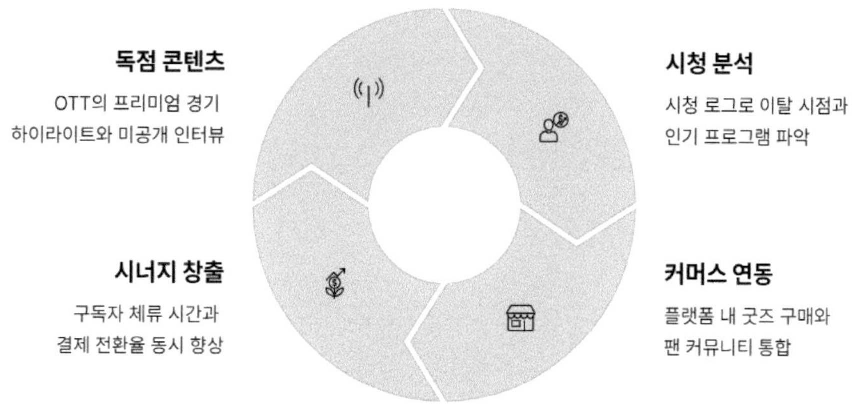

그림 3-7 플랫폼 비즈니스 모델

3 빅데이터 도입이 가져올 미래 전망과 과제

빅데이터는 스포츠 산업에 경기력 향상과 새로운 비즈니스 모델이라는 긍정적인 변화를 가져왔지만, 이에 비례해 법적·윤리적·기술적 숙제도 함께 드러나고 있다. 특히 데이터 품질과 개인정보 보호, 그리고 빅데이터 접근성(데이터 격차), 기술 의존에 따른 윤리·공정성 문제가 대표적인 쟁점으로 부상 중이다. 이 절에서는 각 과제가 무엇이며, 왜 중요한지 구체적으로 살펴본다.

1) 데이터 품질과 표준화

빅데이터의 효과는 결국 "질 좋은 데이터"가 얼마나 확보되느냐에 달려 있다. 하지만 현실에서는 구단·리그·미디어 플랫폼마다 수집·관리 방식이 달라 호환성 문제가 빈번하다.

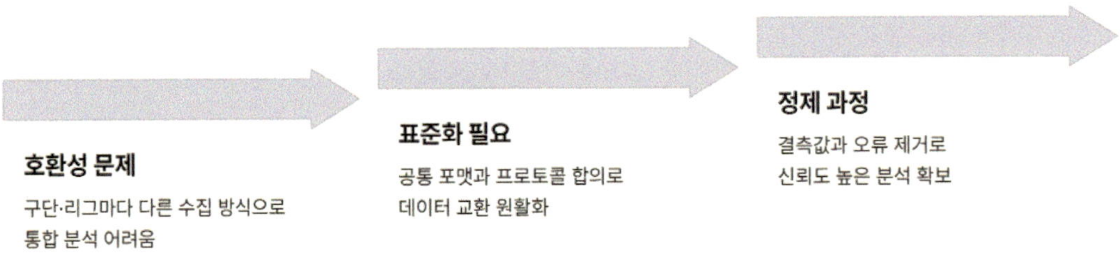

그림 3-8 데이터 품질과 표준화 과정

(1) 호환성 · 통합 분석 어려움

예를 들어, 어떤 구단은 GPS 좌표를 초단위로 기록하지만, 다른 구단은 2초 간격으로 축적한다면 동일 지표로 비교·분석하기가 복잡해진다.

방송사나 미디어 플랫폼도 자체 포맷(영상·메타데이터 등)을 쓰는 경우가 많아, 데이터 연계나 교환이 원활하지 않다.

(2) 데이터 표준화와 정제(Cleansing)의 중요성

신뢰도 높은 분석을 위해서는 수집된 데이터를 일정 기준에 맞춰 정리하고, 결측값이나 오류를 제거해야 한다. 예를 들어, 센서가 잘못 인식해 발생한 중복 좌표나 비정상값(Outlier)을 제거해야 정확한 통계를 얻을 수 있다.

각 이해관계자(구단, 리그, 미디어, 테크 스타트업)가 공통 포맷이나 프로토콜을 합의·도입하면, 데이터 통합과 교환이 쉬워지고 분석 결과도 더욱 정교해질 수 있다.

(3) 데이터 표준화 사례

일부 국제 스포츠 기구(FIFA, IOC)는 대회 운영에서 선수·경기 기록을 공통 양식으로 관리하도록 규정하고 있다.

프로 리그 차원에서도 중계 데이터, 경기 이벤트 데이터 등을 표준화하려는 시도가 이뤄지고 있으나, 아직 보편적으로 안착했다고 보기에는 이르다.

결국, 데이터 품질과 표준화 문제를 해결하지 못하면, 빅데이터 분석이 갖는 장점이 "부정확하거나 편향된 정보"로 변질될 수 있으며, 이는 곧 스포츠 산업의 신뢰도 하락으로 이어질 수 있다.

2) 개인정보·프라이버시 문제

빅데이터가 방대하게 쌓이는 만큼, 선수와 팬의 민감한 정보가 무분별하게 노출될 위험도 커진다.

- **선수 생체정보**: 웨어러블 기기를 통해 모은 심박수, 호르몬 수치, 수면 패턴 등은 사생활 침해의 소지가 있으며, 계약 협상에서 불리하게 활용될 우려도 있다.
- **팬 위치 추적**: 경기장 출입 로그나 모바일 앱 GPS 기록 등을 통해, 팬이 언제 어디를 방문했는지 알 수 있게 되면 이는 중대한 프라이버시 침해다.

이러한 우려는 실제로 GDPR(유럽 일반 개인정보 보호법), 국내 개인정보 보호법 등으로 인해 법적 규제로 이어지고 있다. 리그나 구단, 미디어 플랫폼은 이런 법령을 준수하고, 선수나 팬의 동의를 받는 절차를 마련해야 한다.

익명화(Anonymization), 가명화(Pseudonymization) 기술을 활용해 개인 식별이 불가능하도록 데이터를 처리하거나, 데이터 활용 범위와 목적을 명확히 공지·동의받은 뒤에만 수집·분석을 진행하는 등 윤리적·법적 안전장치가 필수적이다.

이 문제를 방치하면, 스포츠 산업에서 쌓아온 팬 신뢰가 크게 훼손될 수 있으므로, "데이터 보안"과 "투명성" 확보가 무엇보다 중요하다.

3) 데이터 격차(Data Divide)

빅데이터 기술은 구단이나 리그에게 강력한 경쟁 우위를 가져다주지만, 모든 팀이 이를 동일하게 활용할 수 있는 것은 아니다.

선진화된 구단은 충분한 자본과 인프라를 갖추고 빅데이터 전문가를 고용해 선수 영입·전술·마케팅을 극대화한다.

중·소형 구단이나 저개발 지역 리그는 고가의 센서·분석 솔루션을 도입하기 힘들어, 데이터 경쟁에서 뒤처질 가능성이 높다.

이러한 데이터 격차는 결국 팀 간 전력 격차로 이어져, 스포츠의 공정성과 흥미를 해칠 수 있다. 팬들의 입장에서는 늘 강팀만 이기고 약팀은 계속 뒤처지는 리그에 흥미를 잃기 쉽다.

이를 해소하기 위해, 일부 프로 리그나 협회는 공동 인프라(공동 분석 플랫폼, 데이터 교육 프로그램 등)를 구축해 중·소형 구단도 혜택을 받도록 지원한다.

또한, 국가 차원에서 스포츠 산업에 IT 지원·투자를 확대하는 것도 하나의 방안이다. 예컨대, 지역 스포츠 클럽이나 유소년 리그에도 기초적인 데이터 수집·분석 툴을 제공해 스포츠 생태계 전체가 균형 있게 발전하도록 도울 수 있다.

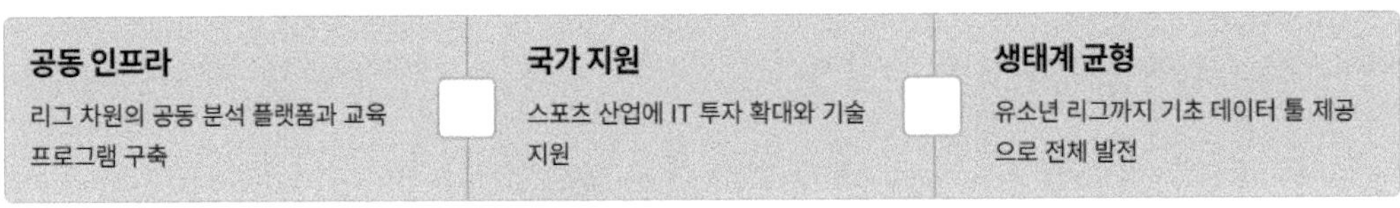

그림 3-9 데이터 격차 해소 방안

4) 윤리·공정성 이슈

빅데이터가 선수 가치 평가나 전술 분석을 과도하게 좌우하면, 스포츠가 지닌 인간적 요소를 훼손할 수 있다는 지적도 나온다.

- **인간적 측면 배제**: 예를 들어, 알고리즘이 선수의 데이터만으로 "이 선수는 부상 위험이 높으니 즉시 트레이드하자"라는 결정을 내린다면, 인간적인 배려나 선수 개개인의 성장 가능성 같은 요인을 간과할 수 있다.
  팬들도 "숫자로만 평가되고 버려지는" 스포츠 문화를 불편하게 받아들일 수 있다.

- **알고리즘 편향(Bias)**: AI 모델이 과거 데이터에 내재된 편견(예: 특정 인종·지역·출신 선수에게 기회가 적었던 역사)을 그대로 학습하면, 데이터 기반 의사결정이 결과적으로 차별을 강화할 수 있다.
  이는 윤리적 문제를 야기하며, 스포츠의 공정 경쟁이라는 가치를 훼손한다.
  이를 완화하기 위해선, 데이터에만 전적으로 의존하지 않고 코칭 스태프나 구단주, 리그 관계자 등이 함께 참여해 인간적·종합적 판단을 내리는 체계가 필요하다. 또한, 알고리즘 편향을 줄이기 위해 데이터 세트의 다양성을 확보하고, 모델 검증 과정을 투명하게 공개함으로써 스포츠 본연의 공정성을 최대한 지키는 노력이 요구된다.

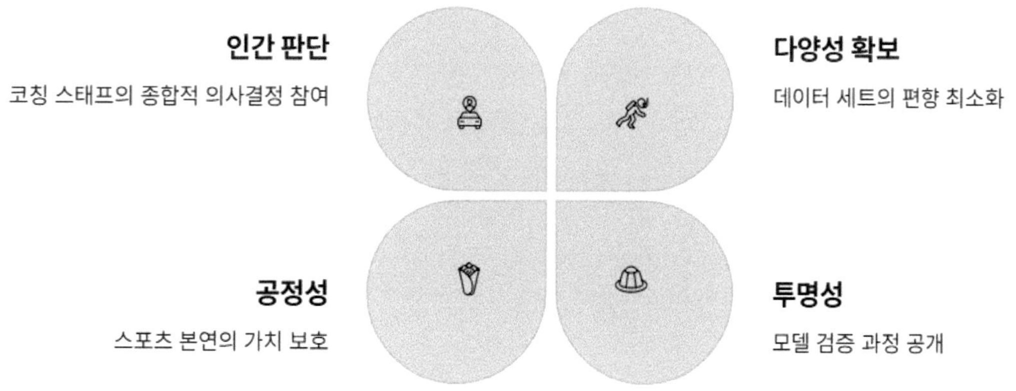

그림 3-10 스포츠 데이터 활용에 필요한 균형 잡힌 접근

학습 요약

오늘날 스포츠 산업은 빅데이터의 도입과 함께 전례 없는 혁신을 맞이하고 있다. 선수 영입·트레이닝부터 팬 마케팅과 미디어 중계, 그리고 스폰서십과 신사업 창출에 이르기까지, 데이터가 모든 의사결정과 가치 창출의 기반이 되고 있기 때문이다.

우선, 경기력 향상과 전술 혁신 측면에서 미국 프로야구(MLB) 세이버매트릭스와 '머니볼(Moneyball)' 사례가 큰 전환점을 마련했다. 이제는 단순 통계를 넘어, OPS나 WAR 같은 지표로 선수 가치를 세밀히 평가하고, GPS·웨어러블 기기를 활용해 경기 도중에도 전술을 보완한다. 이에 따라 선수 영입 전략과 코칭 방식이 한층 과학적으로 진화해, 야구를 넘어 축구·농구 등 다양한 종목에서 비슷한 흐름이 확산되고 있다.

다음으로, 팬 경험 혁신과 디지털 마케팅 분야에서는 개인화된 콘텐츠와 스마트 스타디움이 두드러진다. 팬들은 SNS·앱에서 자신의 취향에 맞춘 하이라이트 영상을 편리하게 제공받고, 경기장에서도 모바일 티켓·사전 주문 등 한층 편리해진 서비스를 누린다. 구단과 리그 입장에서는 이처럼 세밀한 팬 데이터를 분석해, 타깃형 이벤트와 프로모션을 기획함으로써 팬 몰입도(Fan Engagement)를 극대화하고 수익성도 높이는 선순환을 만들어간다.

또한, 미디어·광고 수익 구조 변화 역시 빼놓을 수 없다. AR/VR 기술을 도입해 '체험형 중계'를 시도하는가 하면, 시청률과 스트리밍 접속 로그, SNS 언급량 등을 결합 분석하여 광고·스폰서십을 더욱 정교하게 설계한다. 이는 팬들에게는 새로운 시청 문화를, 광고주와 미디어에게는 효율적 타겟팅과 매출 증대를 가져다주어, 스포츠 콘텐츠의 가치사슬을 한 단계 끌어올린다.

마지막으로, 스포츠 테크(스포테크) 스타트업과 신사업들이 속속 등장하면서, 데이터 분석 솔루션, 게임·e스포츠, 플랫폼 비즈니스 모델 등이 빠른 속도로 성장 중이다. 경기력 분석이나 부상 위험 예측 같은 전문 솔루션은 구단·리그의 필수 장비가 되었고, e스포츠 시장은 실제 스포츠의 데이터를 활용해 게임 플레이의 사실성을 높이며 막대한 팬덤을 형성한다. OTT나 SNS 플랫폼과의 협력 또한 독점 콘텐츠나 개인화 서비스로 이어지면서, 스포츠 산업에 새로운 동력과 수익 구조를 제공한다.

앞으로 스포츠에 접목될 AI, IoT, 5G·6G 통신, 블록체인 등은 빅데이터 활용 범위를 더욱 폭넓고 심층적으로 확장시킬 것이다. 동시에, 정보의 정확성·표준화, 개인정보 보호, 데이터 격차, 공정성·윤리 문제 등 다양한 과제도 지속적으로 제기되고 있다. 결국 스포츠 산업에서 빅데이터를 '어떻게 잘 활용하느냐'가 미래 경쟁력을 좌우할 핵심 키워드라는 점은 분명하다.

PART 2
스포츠 산업과 데이터 활용

04 Chapter

스포츠 경기 데이터 분석

>> 학습 목표

1. 스포츠 경기 데이터의 유형과 특성을 이해한다.
2. 데이터 분석의 4단계와 분석 기법을 적용할 수 있다.
3. 스포츠 데이터의 실무 분석 절차와 협업 구조를 설계할 수 있다.

1 스포츠 경기 데이터 분석의 개요

스포츠 경기에서는 매 순간 다채로운 정보가 생성된다. 예를 들어, 축구 경기가 시작되면, 득점·실점과 같은 정형(Structured) 데이터가 즉각 전광판에 표시되고, 그와 동시에 GPS·센서 기기가 선수 개개인의 움직임과 속도를 실시간으로 기록해 반구조화(Semi-Structured) 데이터를 축적한다. 한편, 경기 영상과 팬들의 SNS 게시물, 선수 인터뷰 등은 어떠한 형식에 구애받지 않는 비구조화(Unstructured) 데이터로 저장된다.

이렇게 한 경기에서만도 서로 다른 형태의 데이터가 동시에 발생한다는 점이 스포츠 데이터 분석을 역동적이고 복합적인 분야로 만든다. 특히 프로 스포츠 구단이나 리그 차원에서는 이를 체계적으로 수집·정리해, 전력분석·마케팅·재정운영 등 다양한 의사결정에 활용하려고 한다. 따라서 데이터 분석자는 "어떤 데이터가 어떤 형태로 존재하며, 이를 어떻게 결합·활용할 수 있는가?"라는 문제를 필수적으로 고민해야 한다.

1) 정형(Structured) 데이터

정형 데이터는 전광판이나 스프레드시트, 혹은 관계형 데이터베이스(RDB)처럼 이미 구조가 확실히 잡혀 있는 형태의 정보를 말한다. 대표적으로, 득점·실점·어시스트·슈팅 수·볼 점유율처럼 숫자나 간단한 분류로 나타낼 수 있는 기록이 있다. 이들은 행과 열 형태로 쉽게 정리할 수 있어, 분석이나 시각화, 보관에 유리하다. 예를 들어 "이번 시즌 팀 A의 경기당 평균 득점은 2.5골이다."라는 통계를 산출하기 위해서는, 경기별 득점을 모아 평균을 내면 되므로 정형 데이터 처리만으로도 충분하다.

예시 1 **타깃 마케팅 시뮬레이션**

팬들의 "티켓 구매 이력, 방문 경기 수"도 정형 데이터로 관리하기 쉽다. 이 기록을 분석해서 "평일 경기를 주로 보는 팬은 누구이며, 이들의 재구매율은 얼마나 되는지" 등을 파악해볼 수 있다.

예시 2 **축구 경기 기록 시스템**

축구 리그에서는 매 경기마다 "득점, 도움, 유효 슈팅 수, 파울 수, 경고/퇴장 카드 수" 등을 심판진이나 경기기록 담당자가 입력해 중앙 서버에 저장한다. 이것이 정형 데이터 형태로 보관되면, 코칭 스태프와 분석팀은 간단한 질의(예: "우리 팀이 지난 10경기 중 점유율 60% 이상을 기록한 경기는 몇 번인가?")를 통해 빠르게 통계를 뽑아 볼 수 있다.

예시 3 **야구 구단의 선수 성적 관리**

프로야구 구단은 매 경기마다 선수별 타율, 출루율, 홈런 수, 타점 등을 전산시스템에 저장한다. 이러한 데이터는 관계형 데이터베이스(RDB)에 각 '선수' 테이블과 '경기' 테이블을 만들어 두고, '타율'이나 '장타율', '방어율' 등 칼럼을 할당하는 식으로 관리할 수 있다. 시즌이 끝나면 "OO선수는 3할 1푼 2리(0.312)의 타율로 전체 5위였다"처럼 명확한 통계를 내는 데 활용한다. 이는 곧 계약 협상이나 연봉 책정, 트레이드 가능성 검토 등 구단 운영에 직결된다.

이처럼 정형 데이터는 표(테이블) 형태로 정리되어 있어서, SQL 쿼리나 스프레드시트, 시각화 도구(Tableau, Power BI 등)를 사용해 빠르게 통계·분석할 수 있다는 장점이 있다. 다만, 경기 중 일어나는 복잡한 상황(선수 움직임, 부상 상황, 팬들의 감정 등)을 전부 숫자로 단순화하기에는 한계가 있어, 다른 형태의 데이터와 결합하는 과정이 중요하다.

2) 반구조화(Semi-Structured) 데이터

반구조화 데이터는 완전히 표로 정리하기에는 정보가 조금 더 복잡하지만, 일정한 규칙(예: JSON, XML, CSV)으로 구조를 갖춘 형태를 말한다. 대표적으로, GPS 추적 로그나 센서 데이터를 예로 들 수 있다. 축구 경기 중 특정 선수가 "전반 15분 30초, 위치(35.2, 21.7), 속도 27km/h" 같은 정보가 일정한 키-값 쌍으로 저장될 수 있다. 이 데이터는 경기 후에 분석팀이 "선수가 전반전에 얼마나 뛰었고, 어느 구역에서 주로 활동했는지"를 살펴보거나, 코칭 스태프가 체력 소모를 추정해 교체 시점을 결정하는 근거로 삼기도 한다.

GPS 추적 시스템

선수의 위치, 속도, 이동 거리를 실시간 기록해 체력 소모 추정

NBA SportVU

코트 위 모든 선수와 공의 위치를 초단위로 기록해 패스 경로 분석

웨어러블 센서

심박수, 체온, 호흡률을 전송해 훈련 강도 조절에 활용

그림 4-1 반구조화 데이터 사례

이처럼 반구조화 데이터는 "시간, 위치, 상태"와 같은 변수를 포함해, 정형 데이터보다 훨씬 더 상세한 맥락 정보를 제공한다. 다만, 분석하려면 JSON/XML 파싱, 로그 처리 등 추가 절차가 필요하고, 그 양이 방대해질 경우 빅데이터 기술(분산 처리, 클라우드 인프라 등)이 필수적이 된다.

3) 비구조화(Unstructured) 데이터

비구조화 데이터는 형식이 정해져 있지 않아, 컴퓨터가 자동으로 이해하기 위해서는 별도의 처리 과정이 필요한 데이터를 가리킨다. 경기 영상, 음성 녹음, SNS 텍스트·이미지·동영상 등이 대표적이다. 이들은 경기의 맥락이나 팬들의 감정을 풍부하게 담고 있어, 제대로 분석할 수 있다면 매우 가치 있는 인사이트를 준다.

예시 1 **경기 하이라이트 영상 분석**

칭 스태프가 "후반 30분 이후 수비 조직력이 무너진 이유"를 찾고자 할 때, GPS 로그(반구조화)만 보면 선수 위치만 알 수 있다. 하지만 실제로 선수들이 어떤 동작을 했는지, 상대팀 공격수의 기습 패스가 어느 타이밍에 이뤄졌는지는 영상 분석이 더 직접적일 수 있다. 또 영상에 AI 객체 추적 기법을 적용해, "어떤 선수가 어떤 순간에 마크를 놓쳤는지"까지 식별 가능하다.

예시 2 **SNS 댓글 텍스트 마이닝**

팬들의 SNS나 온라인 커뮤니티에서 올라오는 게시글은 자유로운 자연어(텍스트)로, 비구조화 형태다. 이를 수집해 감정 분석(Sentiment Analysis)을 해 보면, "이번 감독 교체에 대한 팬들의 전체적인 여론"이나 "선수 특정 행동에 대한 반응"을 객관적인 수치로 파악할 수 있다. 이를 통해 구단 홍보팀이나 마케팅팀이 팬 이벤트 기획에 반영하기도 한다.

예시 3 **인터뷰 음성 인식**

선수나 감독 인터뷰를 음성 파일로만 보관한다면, 그냥 들어볼 수밖에 없지만, 이를 STT(Speech To Text) 기술로 변환하면 텍스트 분석이 가능해진다. 예를 들어 "감독이 어떤 선수를 더 칭찬했는지, 부상 상태를 어떻게 언급했는지"를 쉽게 검색하고 통계화할 수 있다.

비구조화 데이터는 이렇게 다양하고 풍부한 정보를 주지만, 전문 기술(컴퓨터 비전, NLP 등)이 필요하며, 처리 비용도 높은 편이다. 그래도 경기 상황을 보다 구체적으로 이해하고, 팬 심리나 선수 움직임을 세밀하게 파악하기 위해서는 비구조화 데이터가 필수적이다.

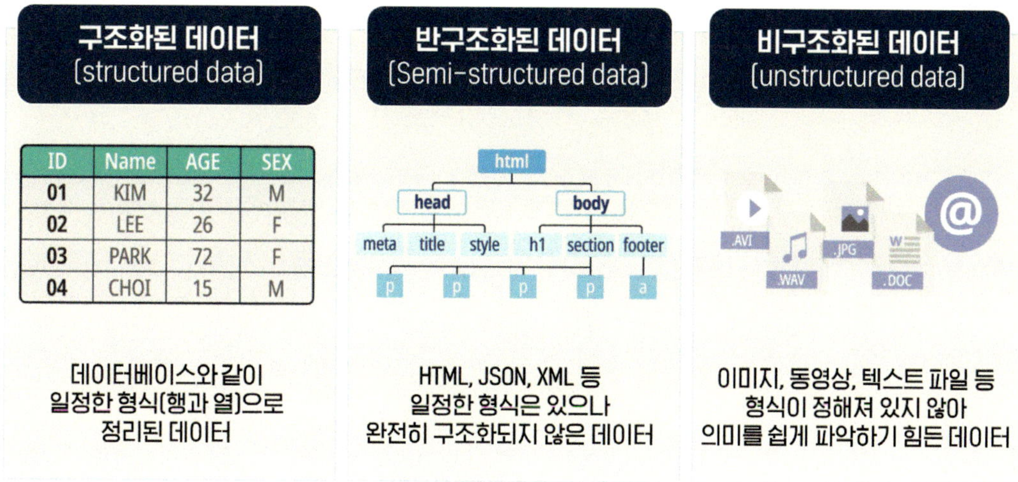

그림 4-2 데이터의 종류

2 데이터 분석 4단계와 스포츠 현장 적용

스포츠 분야에서 데이터를 체계적으로 다룰 때, 흔히 Descriptive(기술/서술) → Diagnostic(진단/원인) → Predictive(예측) → Prescriptive(처방/제안)로 이어지는 4단계 모델을 적용한다. 각각의 단계는 "어떤 질문에 답하는지?"가 다르며, 경기력 향상부터 팬 관리, 구단 재정 운영까지 현장에서 다양한 의사결정에 도움을 준다.

1) Descriptive(기술/서술) 분석

이 단계에서는 "지금 무슨 일이 일어났는가?"라는 질문에 답한다.

예를 들어, 지난 5경기 동안 팀 A가 득점을 얼마나 했고, 선수별로 어떤 기록을 남겼는지, 관중 수는 어떠했는지 등 기본적인 수치와 현황을 정리해준다.

구단·코치진 입장에서는 이 데이터를 보고 "우리 팀이 평균 2.0골, 상대 팀은 1.2골을 넣는다"거나 "최근 3경기 동안 슈팅 수가 계속 줄어들었다"는 식으로 현재 상태를 한눈에 파악할 수 있다.

Descriptive 분석은 주로 통계·시각화 기법(차트, 그래프, 대시보드 등)을 사용하며, 다음 단계인 Diagnostic 분석으로 넘어가기 위한 기초 자료를 제공한다.

2) Diagnostic(진단/원인) 분석

다음으로, "왜 그런 일이 일어났는가?"라는 의문을 해결하려면 Diagnostic 분석을 해야 한다.

예를 들어, 수비가 약화된 이유가 선수가 부상을 안고 뛰었기 때문인지, 특정 전술적 오류 때문인지, 상대 팀이 새로 영입한 공격수가 예상외로 강력했기 때문인지를 살펴본다.

이 단계에서는 수많은 변수를 비교하거나, 이벤트 로그(언제 어떤 플레이가 있었는지)·GPS 추적 데이터(어떤 선수가 어디에서 주로 뛰었는지)·영상 분석 등을 종합해 "부진·실패·성공의 원인"을 규명한다.

Diagnostic 분석이 잘 이루어지면, 코치진과 선수들은 "우리가 왜 지고 있고, 왜 이 시점에서 수비가 깨지는지" 명확히 이해할 수 있어, 이후 대책을 세우는 데 훨씬 효율적이다.

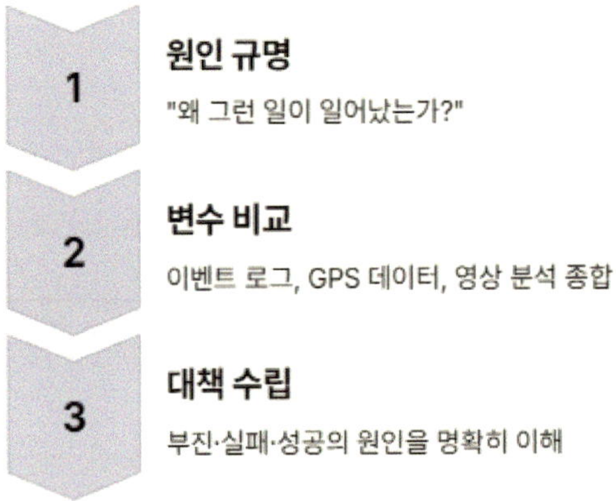

그림 4-3 Diagnostic 분석

3) Predictive(예측) 분석

세 번째 단계에서는 "향후 어떤 일이 일어날까?"를 묻고, 머신러닝이나 통계 모델로 미래 상황을 예측한다.

예컨데, 어떤 선수가 지난 10경기에서 부상 전력이 심각하게 축적되고 있다면, 모델이 "이 선수의 부상 위험이 70% 이상"이라고 예측할 수 있다.

다른 예로, 다음 경기를 앞두고, 상대 팀의 전력(득점력, 최근 폼)을 종합해 우리 팀이 이길 확률이 60%, 비길 확률이 25%, 질 확률이 15%라는 예측값을 산출할 수도 있다.

팬 데이터 분석으로 다음 홈경기에 관중이 얼마나 올지, 굿즈 판매량은 어느 정도일지도 예측 가능하다.

Predictive 분석 결과는 곧바로 현장 의사결정의 근거가 된다. 예컨데 "부상 위험이 높은 선수는 출전 시간을 줄이자"거나 "관중이 적게 올 것으로 예상되니 티켓 프로모션을 강화하자" 같은 식이다.

01

부상 위험 예측

선수의 부상 전력 분석으로 70% 이상 위험도 산출

02

경기 결과 예측

상대팀 전력 종합해 승률 60%, 무승부 25%, 패배 15% 예측

03

관중 수 예측

팬 데이터로 다음 홈경기 관중 및 굿즈 판매량 추정

그림 4-4 Predictive분석

4) Prescriptive(처방/제안) 분석

마지막 단계는 "그렇다면 우리가 어떻게 행동해야 최적의 결과를 얻을 수 있을까?"를 답한다. Predictive 분석이 미래 상황을 예측해주었다면, Prescriptive 분석은 이에 근거해 구체적인 실행 전략을 제안한다.

전술 측면에서는 "3-5-2 포메이션 대신 4-3-3을 시도하자"거나 "후반 60분이 되면 특정 선수를 교체해 체력 안배를 하자"고 결정할 수 있다.

마케팅·티켓 판매 측면에서는 동적 가격 정책을 실시해 "주말 인기 경기는 가격을 조금 높이되, 평일 경기는 할인율을 높여 관중을 늘리자"는 식의 방안을 제안할 수도 있다.

헬스 데이터에서 특정 선수의 피로도가 높으면 "해당 선수는 2일 휴식을 준 뒤에야 훈련을 재개시키자" 같은 구체적 방침을 내놓을 수 있다.

5) 스포츠 현장 적용: 단계별 연결

스포츠 현장에서 이 4단계를 단계적으로 밟으면, 보다 과학적이고 체계적인 의사결정이 가능해진다. 예를 들어 한 축구팀이 최근 5경기 데이터를 Descriptive로 요약해 "실점이 2배 증가"했다고 확인하고, Diagnostic 분석으로 "새로운 전술이 수비수 간격을 과도하게 벌어지게 만들었음"을 발견할 수 있다. Predictive 분석을 통해 "다음 경기에서도 비

슷한 전술을 유지하면 70% 확률로 2골 이상 실점할 것"이라 예측한 뒤, Prescriptive 분석이 "포백 라인을 유지하되, 중원을 압박하는 미드필더 배치를 늘리자"라고 제안한다면, 실제 경기에서 수비 안정화를 도모할 수 있다.

이렇듯 Descriptive → Diagnostic → Predictive → Prescriptive 단계가 자연스럽게 이어지면서, 분석 결과가 구체적인 행동 지침으로까지 연결되는 것이 데이터 분석 4단계의 가장 큰 장점이다. 각각의 단계가 답하는 질문이 다르기 때문에, 코칭 스태프나 구단 운영진이 "현재 상태 파악(Descriptive), 원인 규명(Diagnostic), 미래 예측(Predictive), 최적 해법 제시(Prescriptive)"를 순차적으로 해결해 나가며, 더 근거 있는 결정을 내릴 수 있다.

그림 4-5 4단계 분석의 예시

3 스포츠 데이터의 개념과 개요

스포츠 경기에서 발생하는 데이터는 정형·반구조화·비구조화 형태로 이루어지며, 이를 가공·해석하기 위해서는 여러 분석 기법이 동원된다. 아래에서 소개하는 기법들은 특정 단계(Descriptive, Diagnostic, Predictive, Prescriptive)에만 국한되어 쓰이는 것이 아니라, 상황에 따라 상호 보완적으로 적용되곤 한다. 또한 이 기법들은 선수·경기·팬·비스니스·헬스 데이터 전 범주에 걸쳐 다양하게 쓰일 수 있다.

1) 경향(Trend) 분석

경향 분석은 시간의 흐름에 따라 데이터가 어떻게 변화하는지를 추적하여 특정 시점에서 발생한 변화의 패턴을 파악하는 분석 기법이다. 지난 10경기 동안 팀 득점이 점진적으로 감소하는 추세를 보이는지, 또는 특정 선수의 심박수나 스프린트 횟수가 5분 단위로 어떤 변화를 보이는지를 살펴볼 수 있다. 특히 부상에서 복귀한 선수의 퍼포먼스가 시간이 지남에 따라 점진적으로 향상되는지, 아니면 예전 수준을 회복하지 못하고 정체되는지를 관찰하는 데도 유용하다. 이러한 분석은 현재의 흐름을 명확히 보여주는 서술적(Descriptive) 분석의 성격을 가지면서, 동시에 특정 변곡점이 발생한 시점과 그 원인을 찾아내는 진단적(Diagnostic) 분석으로도 활용된다. 예를 들어 코칭 스태프가 언제부터 팀의 수비력이 약화되기 시작했는지, 그리고 그 시점에 어떤 변화(부상, 트레이드, 전략 변경 등)가 있었는지를 파악할 수 있게 해준다.

2) 히트맵(Heatmap) 분석

히트맵 분석은 경기장 내 특정 구역에서 선수나 공이 얼마나 자주 활동했는지를 색깔 농도를 통해 시각화하여 활동 밀도를 한눈에 파악할 수 있게 해주는 분석 방법이다. 축구에서는 특정 선수가 오른쪽 윙에서 주로 활동했는지, 아니면 중앙으로 파고드는 움직임이 많았는지를 확인할 수 있고, 농구에서는 선수가 3점 라인 코너에서 주로 슛 시도를 하는지 또는 페인트존에서의 움직임이 활발한지를 파악할 수 있다. 이러한 분석은 주로 어떤 구역에서 플레이가 집중되었는지를 명확히 보여주는 서술적 분석의 역할을 하면서, 팀 포메이션이 왜 무너졌는지 또는 공격 루트가 특정 지역에 편중된 이유가 무엇인지를 찾아내는 진단적 분석으로도 기능한다. 나아가 이런 정보는 전술 수정이나 선수 배치 변경과 같은 처방적(Prescriptive) 의사결정에도 중요한 시사점을 제공한다.

3) 패턴 인식(Pattern Recognition)

패턴 인식은 AI와 머신러닝 기법을 활용하여 경기 데이터에서 반복적으로 나타나는 플레이나 전술 패턴을 자동으로 발견하는 분석 방법이다. 예를 들어 '공을 잡은 후 3초 안에 A선수에서 B선수, 그리고 C선수로 패스가 이어지면 득점 확률이 현저히 높아진다'와 같은 규칙을 데이터에서 찾아낼 수 있다. 공격 측면에서는 '윙에서 컷인 → 중앙에서 2대 1 패스 → 슈팅'과 같은 연속적인 플레이 패턴이 얼마나 자주 득점으로 이어지는지를 분석하여 효과적인 전술을 강화하거나 상대팀 분석 시 대비책을 마련할 수 있다. 수비 측면에서는 '상대팀이 왼쪽 측면에서 크로스를 올릴 때마다 특정 수비수가 헤더 클리어링에 실패한다'와 같은 반복적인 취약점을 식별할 수도 있다. 이러한 패턴 인식은 왜 득점이나 실점이 특정 상황에서 자주 발생하는지를 구체적으로 설명해주는 진단적 분석의 성격을 가지며, 동시에 비슷한 패턴이 다시 나타날 때 결과를 예측하는 예측적(Predictive) 분석의 기초 자료로도 활용된다.

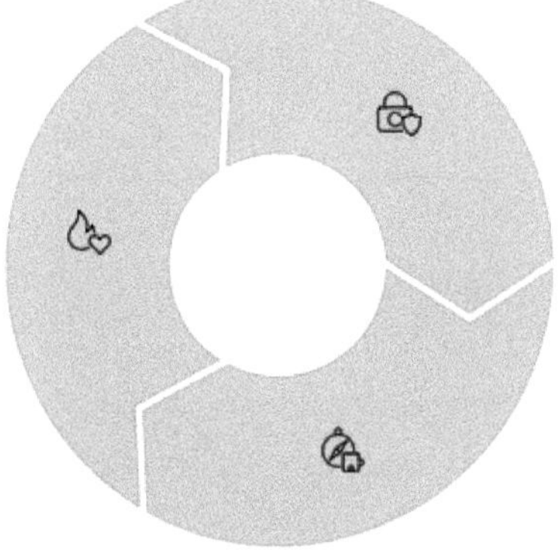

그림 4-6 패턴 인식: AI가 찾는 승리 공식

4) 상관 분석(Correlation Analysis)

상관 분석은 두 개 이상의 변수 간에 존재하는 관계의 강도와 방향을 수치적으로 파악하는 분석 기법이다. 스포츠 영역에서는 특정 훈련량과 경기력 사이의 관계, 또는 팬들의 SNS 반응량과 실제 티켓 판매량이 얼마나 연동되어 움직이는지를 살펴볼 수 있다. 예를 들어 훈련 강도와 부상 발생률 간의 상관관계를 분석하면, 훈련 강도를 특정 수준 이상으로 높일 때 부상 빈도가 유의미하게 증가하는지를 확인할 수 있다. 또한 특정 선수가 SNS에서 언급되는 빈도와 해당 선수의 굿즈 판매량 사이의 관계를 분석하여 마케팅 전략 수립에 활용할 수도 있다. 상관 분석은 주로 매출 저조나 선수 부진이 어떤 요인과 연관되어 있는지를 찾아내어 근본 원인을 추적하는 진단적 분석에 사용되며, 강한 상관관계가 확인된 변수들은 미래 예측 모델링에서 중요한 예측 변수로 활용되어 예측적 분석의 정확도를 높이는 데 기여한다.

5) 예측 모델링(Predictive Modeling)

예측 모델링은 머신러닝과 딥러닝 등의 고급 분석 기법을 적용하여 과거와 현재의 데이터 패턴을 바탕으로 미래 상황을 추정하는 분석 방법이다. 스포츠 분야에서는 다음 경기의 승률, 특정 상황에서의 득점 가능성(Expected Goals, xG), 선수의 부상 위험도, 경기 관중 수 변동 등을 예측하는 데 활용된다. 예를 들어 '다음 경기에서 우리 팀이 승리할 확률은 68%'라거나 '이 선수가 현재 컨디션과 경기 스케줄을 고려할 때 2주 내에 부상 위험이 40% 이상으로 증가할 가능성이 있다'와 같은 구체적인 수치로 미래를 전망할 수 있다. 또한 '평일 경기 특성상 주말 대비 관중이 30% 정도 감소할 것으로 예상된다'는 식으로 운영 측면의 예측도 가능하다. 예측 모델링의 결과는 직접적으로 실행 전략을 수립하는 처방적 분석 단계로 연결되어, 부상 위험이 높은 선수를 주전에서 제외하고 교체 요원으로 활용하거나, 관중 감소가 예상될 때 할인 프로모션을 실시하는 등의 구체적인 의사결정에 즉시 반영된다.

6) 군집(Clustering) 분석

군집 분석은 대량의 데이터에서 유사한 특성을 가진 개체들을 자동으로 그룹화하는 비지도 학습 알고리즘으로, 스포츠 분야에서는 비슷한 플레이 스타일을 가진 선수들이나 유사한 소비 성향을 보이는 팬들을 체계적으로 분류하는 데 활용된다. 선수 군집화의 경우, 키와 체중, 스프린트 속도, 슈팅 성공률, 패스 정확도 등의 다양한 지표를 종합하여 비슷한 특성을 가진 선수들을 하나의 그룹으로 묶으면, 구단은 각 군집에 속한 선수들이 주로 어떤 포지션에서 최적의 효율을 보이는지, 그리고 어떤 전술적 역할에 적합한지를 파악할 수 있다. 팬 군집화에서는 티켓 구매 빈도, 굿즈 선호도, SNS 상호작용 패턴, 경기장 방문 시간대 등을 기준으로 '가족 단위 관람객', '젊은 싱글 층', '코어 매니아 그룹' 등으로 팬층을 세분화할 수 있으며, 각 그룹의 특성에 맞춘 차별화된 마케팅 전략을 수립하여 효과를 극대화할 수 있다. 군집 분석은 현재 존재하는 다양한 그룹들의 특성을 명확히 보여주는 서술적 분석과 각 그룹이 왜 그런 특성을 나타내는지를 설명하는 진단적 분석의 역할을 하며, 나아가 새로운 선수나 팬이 유입되었을 때 어떤 그룹에 속할 가능성이 높은지를 예측하는 예측적 분석으로도 확장되어 활용된다.

그림 4-7 군집분석

4 스포츠 데이터의 중요성과 활용 가치

스포츠 현장에서 발생하는 방대한 정보를 효과적으로 활용하기 위해, 데이터를 선수, 경기, 팬, 비즈니스, 헬스 등 5개 범주로 나누어 체계적으로 관리하고 분석할 수 있다. 각 범주별로 데이터 수집부터 실제 활용까지의 전 과정을 살펴본다.

1) 선수 데이터(Player Data): 개별 퍼포먼스 최적화의 핵심

선수 데이터는 득점, 어시스트, 투구 수, 스프린트 횟수 같은 기초 기록부터 웨어러블 기기를 통한 이동 거리, 심박수, 부상 이력까지 선수 개인의 모든 활동을 포괄한다.

코치진은 먼저 "이번 시즌 동안 ○○ 선수가 10경기에서 총 8골을 기록했고, 경기당 평균 슈팅 횟수는 3.2회"와 같은 기초 통계를 통해 선수의 현재 상태를 파악한다. 하지만 여기서 중요한 것은 단순한 수치 집계를 넘어서는 분석이다.

만약 최근 5경기에서 득점력이 급격히 떨어졌다면, 코칭 스태프는 그 원인을 다각도로 탐색한다. 선수에게 숨겨진 부상이 있는지, 새로운 장비(축구화나 배트 등)로 인한 적응 문제는 없는지, 팀 전술 변화로 인해 해당 선수의 기회가 줄었는지를 면밀히 조사한다. 이런 분석을 통해 "측면에서 공을 받는 빈도가 과거보다 30% 감소했다"거나 "새 축구화와의 호환성 문제"와 같은 구체적인 문제점을 발견할 수 있다.

더 나아가 머신러닝 모델을 활용하면 미래 상황도 예측할 수 있다. 만성 무릎 부상을 안고 있는 선수의 경우, "현재 출전 패턴을 유지할 때 앞으로 3주 내 부상 위험이 40% 이상"이라는 결과가 나올 수 있다. 이런 정보는 코치진이 출전 시간을 조절하거나 재활 스케줄을 수정하는 데 직접적으로 활용된다.

최종적으로는 이 모든 분석 결과를 바탕으로 "선수 A는 경기 후 바로 아이싱과 스트레칭을 24시간 내에 실시하고, 불규칙한 수면 패턴 개선을 위해 야간 훈련을 줄이자"와 같은 맞춤형 관리 계획이 수립된다.적 분석): 맞춤형 훈련, 휴식, 영양 계획을 제안하여 선수의 성능 향상을 도모한다.

그림 4-8 선수 데이터 : 개별 퍼포먼스 최적화

2) 경기 데이터(Match Data) : 팀 전략의 과학적 근거

경기 데이터는 한 경기를 중심으로 발생하는 팀 단위의 모든 정보를 다룬다. 스코어, 점유율, 슈팅 횟수부터 GPS 로그, 영상 분석까지 경기의 모든 순간이 데이터로 기록된다.

경기 종료 후 코칭 스태프는 "팀 A가 2:1로 승리했고, 점유율은 55% 대 45%였으며, 주로 오른쪽 측면에서 공격이 이뤄졌다"는 기본 현황을 파악한다. 여기에 히트맵과 숏 차트를 활용하면 "슈팅은 상대 골문 좌우 하단에 집중되었다"는 시각적 정보까지 얻을 수 있다.

하지만 진짜 가치는 경기 내용을 깊이 있게 분석할 때 나타난다. 후반 60분 이후 갑작스런 실점이 발생했다면, GPS 데이터와 영상을 통해 "수비 라인 간의 거리가 평소보다 3미터 이상 벌어졌고, 이로 인해 상대 공격수에게 공간을 내줬다"는 구체적인 원인을 찾아낼 수 있다. 또한 "상대 팀이 특정 구역에서 80%의 기회 창출을 몰아쳤다"는 패턴도 발견할 수 있다.

이런 분석 결과는 다음 경기 준비에 직접 반영된다. 상대 팀의 과거 경기 데이터를 분석해 "오른쪽 측면 공격을 70% 이상 시도하는 경향"을 파악했다면, 해당 지역 수비 보강 전략을 미리 세울 수 있다. 시간대별 득점 패턴 분석을 통해 "전반 30분~45분 사이 집중 공략으로 득점 확률을 25% 높일 수 있다"는 구체적인 게임 플랜도 수립 가능하다.

실제 경기 중에는 실시간 GPS와 영상 로그를 모니터링해 즉석에서 전술을 수정하기도 한다. "상대 에이스가 왼쪽으로 이동하는 빈도가 증가했으니 전담 마크를 1명 추가 배치하자"거나 "중원 압박을 강화해 전반 초반 주도권을 잡자"는 결정을 데이터에 근거해 내릴 수 있다.

3) 팬 데이터(Fan Data): 경험 최적화와 수익 창출의 열쇠

팬 데이터는 티켓 구매 이력, 굿즈 판매량, SNS 반응, 앱 사용 패턴 등 팬들의 모든 행동과 반응을 담고 있다. 마케팅팀과 경기장 운영진에게는 팬 경험 개선과 수익 극대화의 핵심 도구다.

기본적으로는 "이번 홈경기 티켓 15,000장 판매, SNS 관련 게시글 1,200건, 앱 평균 체류 시간 5분 30초"와 같은 수치로 현재 팬 참여도를 측정한다. 하지만 진정한 가치는 이런 숫자 뒤에 숨은 의미를 파악할 때 나타난다.

특정 경기에서 관중이 예상보다 저조했다면, 날씨, 상대팀의 인기도, SNS 홍보 전략, 티켓 가격 등 다양한 요인을 종합적으로 분석한다. SNS 이벤트 참여가 기대에 못 미쳤을 때는 팬들이 선호하는 콘텐츠 유형이나 이벤트 시기의 적절성을 재검토한다.

이런 분석을 바탕으로 미래를 예측하고 대응 전략을 세운다. 과거 데이터를 활용해 다음 시즌 티켓 판매량을 예측하거나, 스타 플레이어 영입 시 팬덤 확장 규모를 추정할 수 있다. 앱에서의 팬 활동 패턴을 분석하면 "다음 홈경기 방문 가능성이 높은 팬"을 식별해 맞춤형 쿠폰을 제공하기도 한다.

최종적으로는 "평일 경기는 할인율을 20% 늘리고, 주말 빅매치에는 특별 이벤트를 강화하자"거나 "SNS에서 인기 키워드를 활용한 굿즈를 기획하자"는 구체적인 실행 방안이 도출된다. 스마트 스타디움 운영에서는 혼잡도 예측을 통해 푸드코트나 화장실 이용 동선을 최적화하는 방안도 제시된다.

4) 비즈니스 데이터(Business Data): 지속가능한 구단 경영의 토대

비즈니스 데이터는 구단의 재정 상태와 수익 구조를 보여주는 핵심 지표들로 구성된다. 스폰서십, 광고 수익, 중계권료, 티켓 판매 등 모든 수입원을 체계적으로 관리하고 분석한다.

경영진은 우선 "이번 시즌 전체 매출 500만 달러 중 광고 수익 200만 달러, 중계권 150만 달러"와 같은 방식으로 현재 재정 상태를 정확히 파악한다. 하지만 단순한 수치 집계를 넘어서, 각 수익원의 효율성과 안정성을 깊이 있게 분석해야 한다.

광고 매출이 전년 대비 20% 감소했다면, 그 원인이 팀 성적 부진 때문인지, 스폰서 노출 방식의 변화 때문인지, 아니면 시장 전체의 광고비 감소 때문인지를 면밀히 조사한다. ROI 분석을 통해 어떤 광고 상품이 가장 효과적인지도 파악한다.

이런 분석 결과를 바탕으로 미래 수익을 예측하고 전략을 수립한다. "다음 시즌 성적이 상위권에 머물면 스폰서 계약 갱신 시 10% 인상이 가능하다"는 시뮬레이션을 통해 투자 계획을 세우거나, 새로운 수익원 개발 가능성을 타진한다.

구체적인 실행 방안으로는 "메인 스폰서 배너를 홈구장 센터에 배치하고 노출 빈도를 늘리는 조건으로 계약을 재협상하자"거나 "중계권은 3년 단위 장기 계약으로 안정성을 확보하고, 위험 분산을 위해 스폰서를 2개 이상으로 다각화하자"는 전략이 나온다. 또한 팬 데이터와 연계해 새로운 굿즈나 서비스 개발 방향도 제시할 수 있다.

5) 헬스 데이터(Health Data): 선수 건강 관리의 과학화

헬스 데이터는 웨어러블 기기와 의료 검진을 통해 수집되는 선수들의 신체 상태 정보를 포괄한다. 심박수, 수면 패턴, 체온, 부상 이력 등이 실시간으로 모니터링되고 분석된다.

기본적으로는 "A 선수의 평균 심박수 65bpm, 주당 수면 시간 7시간"과 같은 생체 지표를 지속적으로 기록해 각 선수의 기준점을 설정한다. 하지만 진정한 가치는 이상 징후를 조기에 발견하고 원인을 파악하는 데 있다.

선수의 무릎 통증이 재발했을 때, 단순히 증상만 치료하는 것이 아니라 지난주 과도한 인터벌 훈련이 원인인지, 기존 부상 부위의 불완전한 회복이 문제인지를 데이터를 통해 정확히 진단한다. 수면 패턴의 변화, 심박수 변이, 훈련 강도 등을 종합적으로 분석해 근본 원인을 찾아낸다.

가장 혁신적인 부분은 부상 예측 시스템이다. 머신러닝 모델이 각종 생체 지표와 훈련 데이터를 분석해 "이 선수가 앞으로 2주 내에 40% 확률로 근육 부상을 당할 위험이 있다"는 예측을 제공한다. 이런 정보는 코칭 스태프가 훈련 강도를 사전에 조절하거나 출전 시간을 제한하는 결정을 내리는 데 직접 활용된다.

피로도 증가 시점도 심박수와 호르몬 수치를 기반으로 예측해, 선수별 최적의 회복 기간을 과학적으로 설정할 수 있다. 최종적으로는 "A 선수는 매 경기 후 24시간 내 특정 재활 운동을 실시하고, 고단백 식단을 2주간 집중 공급하자"는 완전히 개인화된 건강 관리 프로그램이 제공된다.

이렇게 5개 범주의 데이터는 각각 독립적으로 활용되기보다는 서로 연결되어 시너지를 창출한다. 선수의 컨디션 데이터가 경기 전략에 반영되고, 팬들의 반응이 비즈니스 전략을 좌우하며, 모든 것이 통합되어 스포츠 조직의 전체적인 경쟁력 향상으로 이어진다.로 분석해 근본 원인을 찾아내죠.

가장 혁신적인 부분은 부상 예측 시스템이다. 머신러닝 모델이 각종 생체 지표와 훈련 데이터를 분석해 "이 선수가 앞으로 2주 내에 40% 확률로 근육 부상을 당할 위험이 있다"는 예측을 제공한다. 이런 정보는 코칭 스태프가 훈련 강도를 사전에 조절하거나 출전 시간을 제한하는 결정을 내리는 데 직접 활용된다

피로도 증가 시점도 심박수와 호르몬 수치를 기반으로 예측해, 선수별 최적의 회복 기간을 과학적으로 설정할 수 있다. 최종적으로는 "A 선수는 매 경기 후 24시간 내 특정 재활 운동을 실시하고, 고단백 식단을 2주간 집중 공급하자"는 완전히 개인화된 건강 관리 프로그램이 제공된다.

이렇게 5개 범주의 데이터는 각각 독립적으로 활용되기보다는 서로 연결되어 시너지를 창출한다. 선수의 컨디션 데이터가 경기 전략에 반영되고, 팬들의 반응이 비즈니스 전략을 좌우하며, 모든 것이 통합되어 스포츠 조직의 전체적인 경쟁력 향상으로 이어지는 것이다.

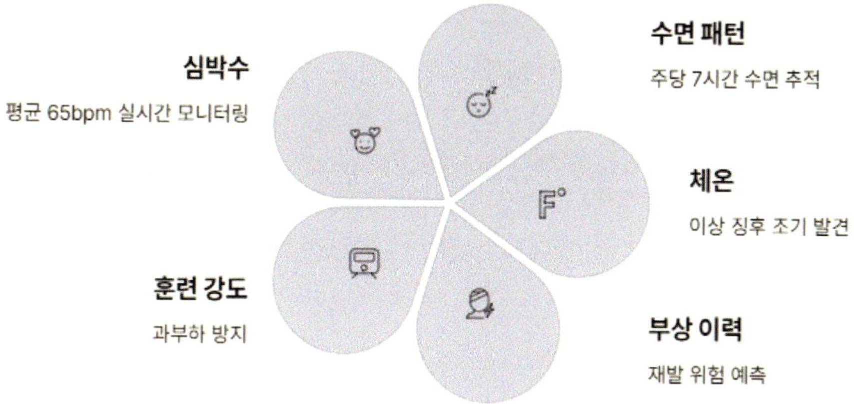

그림 4-9 헬스 데이터 : 선수 건강 관리의 과학화

5 팀 전략 수립과 의사결정 지원

스포츠 산업에서 이루어지는 모든 데이터 분석은 결국 현장 의사결정으로 이어져야 의미가 있다. 아무리 정교한 모델과 통계가 나와도, 그것이 경기 전·중·후 의사결정에 반영되지 않으면 가치를 발휘하기 어렵다. 데이터가 의사결정으로 연결되는 전형적인 흐름을 살펴보면 다음과 같다.

경기 전 준비 단계에서는 상대팀 전술 자료, 우리 팀 선수들의 컨디션 상태, 최근 5경기 분석 등을 종합해 라인업과 전술을 미리 결정한다. 포메이션, 플레이 스타일, 주요 전략까지 모든 것이 데이터에 근거해 수립된다. 헬스 데이터 분석 결과 부상 위험이 높은 선수를 교체 명단에 두거나, 상대팀이 특정 패턴을 주로 사용한다는 경기 데이터를 바탕으로 수비 전술을 조정한다.

경기 중 실시간 대응에서는 실시간으로 수집되는 헬스 데이터와 경기 데이터를 바탕으로 교체 타이밍이나 포메이션 변화를 즉석에서 조정한다. 전반 30분이 지났을 때 특정 수비수의 GPS 데이터에서 평소보다 과도한 이동 거리가 감지되고 심박수가 임계점에 도달했다면, 체력 저하를 우려해 조기 교체를 결정한다. 상대팀의 공격 패턴 변화가 실시간 영상 분석을 통해 포착되면 즉석에서 수비 라인을 재조정하기도 한다. 이처럼 데이터는 경기 중 전술적 판단의 객관적 기준을 제공한다.

경기 후 평가 및 개선에서는 경기 결과와 선수 퍼포먼스를 재분석하고, 팬 데이터까지 종합해 이후 전략을 수립한다. 경기 후 헬스 데이터를 통해 부상 위험이 높아진 선수를 식별해 맞춤형 재활 프로그램에 투입하거나, 팬 데이터 분석을 통해 관중 저조의 원인을 파악해 다음 경기 홍보 캠페인을 강화한다. 비즈니스 데이터와 연계하면 경기 결과가 스폰서십이나 티켓 판매에 미치는 영향까지 분석해 장기적인 경영 전략에 반영한다.

이 전체 과정에서 중요한 것은 데이터 수집부터 실행까지의 연결고리를 끊어지지 않게 유지하는 것이다. 코칭 스태프, 경영진, 의료진, 마케팅팀이 각자의 전문 영역에서 데이터를 활용하되, 정기적인 회의와 피드백을 통해 통합적인 의사결정 체계를 구축한다. 한두 번의 통계 보고서만으로 문제가 해결되는 것이 아니라, 지속적인 데이터 수집과 분석, 현장 적용과 평가를 반복하면서 점진적으로 더 나은 전략을 개발해 나간다.

가장 혁신적인 부분은 부상 예측 시스템이다. 머신러닝 모델이 각종 생체 지표와 훈련 데이터를 분석해 "이 선수가 앞으로 2주 내에 40% 확률로 근육 부상을 당할 위험이 있다"는 예측을 제공한다. 이런 정보는 코칭 스태프가 훈련 강도를 사전에 조절하거나 출전 시간을 제한하는 결정을 내리는 데 직접 활용된다

피로도 증가 시점도 심박수와 호르몬 수치를 기반으로 예측해, 선수별 최적의 회복 기간을 과학적으로 설정할 수 있다. 최종적으로는 "A 선수는 매 경기 후 24시간 내 특정 재활 운동을 실시하고, 고단백 식단을 2주간 집중 공급하자"는 완전히 개인화된 건강 관리 프로그램이 제공된다

이렇게 5개 범주의 데이터는 각각 독립적으로 활용되기보다는 서로 연결되어 시너지를 창출한다. 선수의 컨디션 데이터가 경기 전략에 반영되고, 팬들의 반응이 비즈니스 전략을 좌우하며, 모든 것이 통합되어 스포츠 조직의 전체적인 경쟁력 향상으로 이어지는 것이다.

6 데이터 분석 실무 절차와 협업구조

스포츠 데이터 분석에서 가장 큰 어려움 중 하나는 분석팀과 현장 간의 소통 문제다. 분석팀은 데이터와 통계에 익숙하지만, 코치진과 선수들은 현장 경험과 직관에 의존하는 경우가 많다. 또한 경영진은 비즈니스 성과에, 의료진은 선수의 건강 관리에 초점을 맞추는 등 각자의 관점과 목표가 다르다. 이러한 차이로 인해 분석 결과가 실제 현장에서 활용

되지 못하거나, 잘못 해석되어 오히려 부작용을 낳는 경우도 발생한다.

효과적인 스포츠 데이터 분석을 위해서는 체계적인 절차와 명확한 협업 구조가 필요하다. 이는 단순히 데이터를 수집하고 분석하는 것을 넘어서, 조직 전체가 데이터 기반 의사결정 문화를 구축하는 과정이기도 하다.

1) 분석 실무 절차

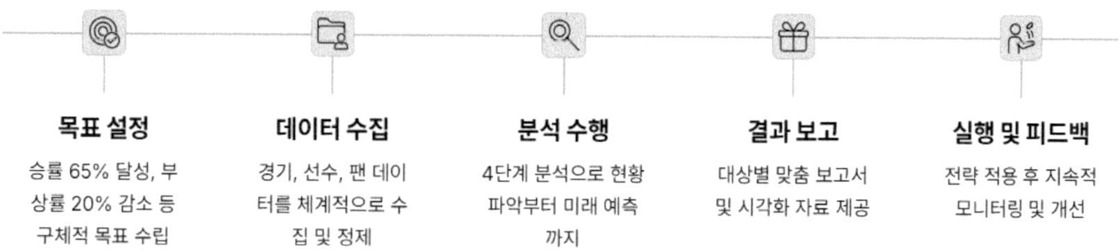

그림 4-10

1단계 : 목표 설정 및 문제 정의

모든 데이터 분석은 명확한 목표 설정에서 시작된다. 팀 전체가 공유할 수 있는 구체적이고 측정 가능한 목표를 수립해야 한다. 예를 들어 “이번 시즌 승률 65% 달성”, “선수 부상률 전년 대비 20% 감소”, “홈경기 평균 관중 수 3만 명 달성” 등이 될 수 있다.

목표가 설정되면 이를 달성하기 위해 해결해야 할 구체적인 문제들을 정의한다. 승률 향상이 목표라면 “어떤 전술이 가장 효과적인가?”, “상대팀별 맞춤 전략은 무엇인가?”, “선수 교체 타이밍은 언제가 적절한가?” 등의 세부 질문으로 나누어 접근한다.

2단계 : 데이터 수집 및 정제

분석 목표에 맞는 데이터를 체계적으로 수집한다. 스포츠 데이터는 크게 경기 데이터, 선수 개인 데이터, 팬 및 비즈니스 데이터로 구분할 수 있으며, 각각은 정형 데이터, 반정형 데이터, 비정형 데이터의 형태로 존재한다.

수집된 데이터는 반드시 정제 과정을 거쳐야 한다. 중복된 기록 제거, 오류 데이터 수정, 누락된 값 처리 등의 작업을 통해 분석에 적합한 형태로 가공한다. 또한 서로 다른 소스에서 수집된 데이터들을 통합하기 위해 표준화된 포맷으로 변환하는 ETL(Extract, Transform, Load) 프로세스를 적용한다.

3단계 : 분석 수행

스포츠 데이터 분석은 일반적으로 네 단계의 분석 레벨을 순차적으로 진행한다.

기술적 분석(Descriptive Analytics)에서는 현재 상황을 파악하기 위한 기초 통계와 시각화를 수행한다. 팀의 득점률, 실점률, 선수별 출전 시간 등의 기본 지표를 계산하고, 그래프나 차트를 통해 직관적으로 이해할 수 있도록 표현한다.

진단적 분석(Diagnostic Analytics)에서는 특정 현상이 발생한 원인을 찾는다. 예를 들어, 최근 연패가 계속되고 있다면 어떤 요인이 영향을 미쳤는지 상관관계 분석이나 회귀분석을 통해 원인을 규명한다.

예측적 분석(Predictive Analytics)에서는 머신러닝이나 통계 모델을 활용하여 미래의 상황을 예측한다. 선수의 부상 위험도, 다음 경기의 승률, 관중 동원 수 등을 예측하여 사전 대응책을 마련할 수 있다.

처방적 분석(Prescriptive Analytics)에서는 목표 달성을 위한 구체적인 실행 방안을 제시한다. 최적화 알고리즘을 통해 선수 라인업 구성, 훈련 프로그램 설계, 마케팅 전략 수립 등의 의사결정을 지원한다.

4단계 : 결과 보고 및 의사소통

분석 결과는 각 대상 그룹의 특성에 맞게 가공하여 전달해야 한다. 코치진에게는 전술적 인사이트를 중심으로, 선수들에게는 개인 성과 향상 방안을, 경영진에게는 비즈니스 임팩트를 강조한 보고서를 작성한다.

효과적인 의사소통을 위해서는 복잡한 통계 용어보다는 현장에서 이해하기 쉬운 언어를 사용하고, 시각화 자료를 적극 활용한다. 대시보드나 인포그래픽을 통해 핵심 메시지를 명확하게 전달하는 것이 중요하다.

5단계 : 실행 및 피드백

분석 결과를 바탕으로 수립된 전략을 실제 현장에 적용한다. 새로운 전술 도입, 선수 기용법 변경, 훈련 프로그램 수정 등의 변화를 단계적으로 실행한다.

실행 과정에서 발생하는 새로운 데이터를 지속적으로 수집하고, 초기 예상과 실제 결과를 비교 분석한다. 이를 통해 모델의 정확도를 개선하고, 더 나은 의사결정을 위한 인사이트를 도출한다. 이러한 순환적 프로세스를 통해 분석의 품질과 현장 적용성을 지속적으로 향상시킬 수 있다.

2) 협업 구조 및 역할 분담

효과적인 스포츠 데이터 분석을 위해서는 각 부서 간의 명확한 역할 분담과 원활한 소통 체계가 필요하다.

분석팀은 데이터 수집, 분석, 모델링의 전문성을 담당하며, 기술적 역량과 스포츠에 대한 이해를 바탕으로 의미 있는 인사이트를 도출한다. 코칭 스태프는 분석 결과를 전술과 훈련에 적용하고, 현장에서의 경험과 직관을 데이터와 결합하여 최적의 의사결정을 내린다.

의료진은 선수의 건강 상태와 관련된 데이터를 제공하고, 부상 예방 및 컨디션 관리를 위한 분석 요구사항을 전달한다. 경영진은 비즈니스 목표와 연계된 분석 방향을 제시하고, 분석 결과를 경영 전략에 반영한다.

이러한 협업이 원활하게 이루어지기 위해서는 정기적인 회의와 보고 체계를 구축해야 한다. 주간 분석 보고서, 월간 성과 리뷰, 시즌별 전략 회의 등을 통해 각 부서의 요구사항을 공유하고, 분석 결과를 함께 검토하며, 향후 계획을 수립한다.

3) 기술 스택 및 인프라

현대적인 스포츠 데이터 분석을 위해서는 다양한 기술 도구와 인프라가 필요하다. 분석 도구로는 Python과 R이 가장 널리 사용되며, 대용량 데이터 처리를 위해서는 Apache Spark와 같은 분산 처리 시스템을 활용한다. 머신러닝과 딥러닝을 위해서는 TensorFlow, PyTorch, scikit-learn 등의 라이브러리를 사용한다.

데이터 저장 및 관리를 위해서는 관계형 데이터베이스(MySQL, PostgreSQL)와 NoSQL 데이터베이스(MongoDB, Cassandra)를 적절히 조합하여 사용한다. 최근에는 클라우드 기반의 데이터 레이크나 데이터 웨어하우스 솔루션을 도입하여 확장성과 유지보수성을 높이는 추세다.

시각화 및 대시보드는 Tableau, Power BI와 같은 전문 도구를 사용하거나, 웹 기반의 커스텀 대시보드를 개발하여 실시간으로 분석 결과를 모니터링할 수 있다.

스포츠 특화 솔루션으로는 야구의 Statcast, 농구의 SportVU, 축구의 OPTA 등이 있으며, 이러한 시스템들은 경기 중에 발생하는 모든 이벤트를 자동으로 기록하고 분석할 수 있는 고도화된 기능을 제공한다.

실시간 데이터 처리를 위해서는 웨어러블 센서, GPS 트래커, 영상 분석 시스템 등에서 수집되는 데이터를 실시간으로 처리하고 분석하는 스트리밍 처리 시스템을 구축한다. 이를 통해 경기 중에도 선수의 컨디션 변화나 전술적 상황을 즉시 파악하여 코칭 스태프에게 정보를 제공할 수 있다.

이러한 기술적 인프라는 단순히 도구의 집합이 아니라, 조직의 데이터 문화와 분석 역량을 뒷받침하는 기반이 된다. 따라서 기술 도입과 함께 인력 교육, 프로세스 표준화, 보안 체계 구축 등을 종합적으로 고려하여 추진해야 한다.

학습 요약

현대 스포츠에서 데이터 분석은 선택이 아닌 필수가 되었다. 하지만 단순히 많은 데이터를 수집하고 복잡한 분석을 수행하는 것만으로는 충분하지 않다. 중요한 것은 조직의 목표와 현장의 요구에 맞는 적절한 분석을 수행하고, 그 결과를 실행 가능한 전략으로 전환하는 능력이다.

또한 기술적 역량과 함께 스포츠에 대한 깊은 이해, 다양한 이해관계자와의 소통 능력, 그리고 지속적인 학습과 개선 의지가 성공적인 스포츠 데이터 분석가가 되기 위한 필수 요소임을 알 수 있다.

데이터 분석은 결국 더 나은 의사결정을 통해 선수의 경기력 향상, 팀의 승률 증대, 팬 경험 개선, 구단의 수익성 향상이라는 궁극적 목표를 달성하기 위한 수단이다. 이러한 관점에서 제4장에서 다룬 모든 내용들이 실제 스포츠 현장에서 어떻게 적용되고 발전해 나갈지 지속적으로 관심을 갖고 학습해 나가야 할 것이다.

05 Chapter

스포츠 마케팅과 데이터 분석

>> 학습 목표

1. 데이터 기반 스포츠 마케팅의 개념과 패러다임 변화를 이해한다.
2. 팬 데이터와 SNS데이터를 활용한 맞춤형 마케팅 전략을 설계할 수 있다.
3. 스포츠 광고와 스포처십 효과를 데이터로 측정·평가 할 수 있다.

1 스포츠 마케팅과 데이터의 융합

스포츠 산업은 전통적으로 열정과 감성에 호소하는 마케팅을 중심으로 발전해왔다. 디지털 전환이 가속화되면서 팬들의 행동 양상이 온라인과 오프라인을 가로지르며 방대한 데이터를 생성하게 되었고, 이러한 데이터는 마케팅 전략의 핵심 자원으로 부상하였다. 현재 스포츠 마케팅의 성공 여부는 데이터를 얼마나 신속하고 정교하게 활용하는가에 달려 있다. 본 절에서는 스포츠 마케팅 패러다임의 변화 과정과 데이터의 전략적 역할을 체계적으로 분석한다.

1) 스포츠 마케팅의 변화

(1) 전통적 스포츠 마케팅의 한계

기존의 스포츠 마케팅은 스타 선수나 구단의 이미지를 활용하여 대중매체를 통해 광범위한 소비자에게 메시지를 전달하는 방식을 취해왔다. 이러한 접근법은 넓은 도달 범위를 확보할 수 있다는 장점을 가지고 있었으나, 근본적으로 세 가지 구조적 한계를 내포하고 있었다.

첫째, 소비자 세분화의 부족이다. 전통적 마케팅은 대중을 하나의 동질적 집단으로 간주하여 획일적인 메시지를 전달하였기 때문에 개별 소비자의 다양한 니즈와 선호도를 반영하지 못하였다. 둘째, 성과 측정의 모호성이다. 마케팅 활동의 효과를 정량적으로 측정할 수 있는 명확한 지표가 부재하여 투자 대비 효과를 객관적으로 평가하기 어려웠다. 셋째, 양방향 소통의 부재이다. 특히 TV, 라디오, 옥외 광고에 집중된 일방향적 메시지 전달 방식은 노출을 곧 효과로 간주하는 단순한 가정에 머물러 있어 팬들의 실제 행동 변화를 설명하거나 예측하는 데 한계를 보였다.

(2) 데이터 기반 스포츠 마케팅의 부상

모바일 기술과 소셜 네트워크 서비스의 급속한 확산은 팬들의 행동 패턴을 근본적으로 변화시켰다. 팬들은 이제 다양한 디지털 터치포인트에서 자신의 행동 흔적을 남기게 되었다. 구단 애플리케이션 로그인 시간, 온라인 티켓 구매 패턴, 소셜미디어 반응 데이터, 스트리밍 시청 행태 등 실시간으로 수집되는 고해상도 데이터가 축적되고 있다.

이러한 데이터를 체계적으로 분석하면 개별 팬의 관심사를 예측하고, 콘텐츠를 개인화하며, 투자 수익률을 정밀하게 추적할 수 있게 된다. 결과적으로 마케팅 의사결정은 더 이상 경험이나 직감에 의존하지 않고 객관적이고 실증적인 근거 위에서 이루어지게 되었다. 이는 스포츠 마케팅의 과학화를 의미하며, 보다 효율적이고 효과적인 마케팅 전략 수립을 가능하게 한다.

(3) 팬 중심 전략의 확대

데이터 분석 기술의 발전은 팬에 대한 인식을 근본적으로 재정의하였다. 과거 수동적 소비자로 여겨졌던 팬들은 이제 능동적인 공동창작자로 인식되고 있다. 팬들이 직접 제작하는 밈, 챌린지, 후기 영상 등의 사용자 생성 콘텐츠는 때로는 구단의 공식 채널보다 더 큰 파급력과 영향력을 발휘하기도 한다.

팬 경험 데이터를 기반으로 한 양방향 커뮤니케이션 전략은 다양한 형태로 구현되고 있다. 실시간 투표 시스템, 참여형 이벤트, 사용자 생성 콘텐츠 캠페인 등이 그 예이다. 이러한 접근법은 팬들의 브랜드에 대한 애착도를 높이고, 장기적 관점에서 고객 평생가치를 극대화하는 데 기여한다. 팬 중심 전략의 확대는 단순한 마케팅 기법의 변화를 넘어서 스포츠 산업 전반의 비즈니스 모델 혁신을 이끌고 있다.

2) 데이터의 역할

(1) 소비자 행동 분석

데이터 분석은 소비자의 행동 패턴을 언제, 어디서, 무엇을, 어떻게 소비하는지에 대한 정밀한 통찰을 제공한다. 구체적인 예로, 경기일 48시간 전에 발송된 모바일 푸시 알림을 받은 팬들의 티켓 구매 전환율이나, 특정 해시태그가 포함된 게시물 이후 온라인 스토어로의 유입 증가량 등을 정량적으로 측정할 수 있다.

이러한 분석을 통해 마케팅 담당자들은 콘텐츠와 프로모션의 최적 시점과 형식을 과학적으로 도출할 수 있다. 소비자 행동 분석은 단순히 과거의 행동을 파악하는 것을 넘어서 미래의 행동을 예측하고, 이에 기반한 선제적 마케팅 전략을 수립하는 데 핵심적인 역할을 한다.

01

언제 소비하는가

경기일 48시간 전 푸시 알림의 티켓 구매 전환율 측정

02

어디서 소비하는가

온라인 스토어 유입 경로와 채널별 효과 분석

03

무엇을 소비하는가

콘텐츠 유형별 선호도와 구매 패턴 파악

04

어떻게 소비하는가

미래 행동 예측 및 선제적 마케팅 전략 수립

그림 5-1 소비자 행동 분석

(2) 시장 세분화 및 타깃팅

현대적인 시장 세분화는 전통적인 인구통계학적 변수에 행동적, 심리적 변수를 복합적으로 적용하여 다차원적 분석을 가능하게 한다. 예를 들어, Z세대이면서 e스포츠에 관심이 높고 모바일 결제를 선호하는 그룹에는 인플루언서를 활용한 챌린지 캠페인을, 30대 직장인이면서 가족 동반 관람을 선호하고 주말 경기를 주로 관람하는 그룹에는 패밀리 패키지 티켓을 제안하는 식이다.

이러한 정밀한 타깃팅은 마케팅 예산의 효율성을 높이는 동시에 전환율을 향상시키는 효과를 가져온다. 각 세그먼트의 특성에 맞춤화된 메시지와 상품을 제공함으로써 고객 만족도를 높이고, 궁극적으로는 고객 생애가치를 증대시킬 수 있다.

(3) 성과 측정 및 캠페인 개선

데이터 기반 마케팅의 핵심 장점 중 하나는 실시간 성과 측정과 지속적인 개선이 가능하다는 점이다. 클릭률, 전환율, 광고 투자 수익률, 참여 지수 등의 핵심 성과 지표들은 캠페인의 강점과 약점을 즉시 파악할 수 있게 해준다.

A/B 테스트를 통해 가장 효과적인 카피나 이미지를 실험적으로 식별하고, 반응이 저조한 요소들은 실시간으로 수정할 수 있다. 이러한 과정을 통해 마케팅 프로세스는 데이터 수집, 분석, 즉각적 개선이라는 선순환 구조를 형성하게 된다. 결과적으로 마케팅 전략의 과학화와 자동화가 가속화되며, 지속적인 최적화를 통해 마케팅 효과를 극대화할 수 있다.

2 팬 참여 데이터 분석

현대 스포츠 산업에서 팬은 더 이상 경기를 단순히 관람하는 수동적 존재가 아니다. 팬들은 경기장 체크인, 소셜미디어 해시태그, 실시간 스트리밍 채팅 등 다양한 경로를 통해 능동적으로 데이터를 생성하며 구단, 리그, 스폰서와 적극적인 상호작용을 전개한다. 이러한 팬 참여 데이터는 팬의 열정과 충성도를 정량적으로 가시화하고, 향후 수익 창출 기회를 예측하는 핵심 자산으로 기능한다. 본 절에서는 팬들의 참여 방식과 데이터 생성 과정, 그리고 이러한 데이터의 분석 및 활용 방안을 체계적으로 분석한다.

1) 팬 참여 유형

(1) 온오프라인 참여 활동(경기 관람, 커뮤니티 활동 등)

팬들의 전통적인 참여 활동은 크게 세 가지 범주로 구분된다. 첫째는 경기 관람 활동이다. 여기에는 홈경기와 원정경기 입장, 경기장 투어 참여, 현장에서 진행되는 각종 이벤트 참가 등이 포함된다. 둘째는 커뮤니티 활동이다. 팬클럽 모임 참석, 굿즈 교환회, 오프라인 뷰잉 파티 등이 이에 해당한다. 셋째는 리워드 프로그램 참여이다. 시즌권이나 멤버십 가입, 스탬프 적립, 현장 쿠폰 사용 등의 활동이 포함된다.

이러한 오프라인 참여 활동들은 티켓 판매, 식음료 매출, 굿즈 구매 등의 직접적인 수익 창출로 이어질 뿐만 아니라, 현장 경험 데이터를 통해 팬 만족도와 재방문 의도를 예측할 수 있는 중요한 지표를 제공한다. 특히 이러한 데이터는 팬들의 소비 패턴과 선호도를 파악하는 데 핵심적인 역할을 한다.

(2) 참여 행동의 디지털화(체크인, 후기, 응원 콘텐츠 등)

팬 참여 활동의 디지털화는 데이터 수집과 분석의 정밀도를 혁신적으로 향상시켰다. 체크인과 비콘 기술을 활용하여 팬들이 경기장이나 팬파크에 입장할 때 모바일 애플리케이션을 통한 자동 체크인이 이루어진다. 팬들은 소셜네트워크 서비스와 커뮤니티에 후기, 평점, 리뷰를 남기며 자신의 경험을 공유한다. 또한 밈, 챌린지, 실시간 채팅, 숏폼 영상 등의 응원 콘텐츠를 적극적으로 생성한다.

이러한 디지털 참여 활동은 시간, 위치, 콘텐츠 유형이 태그된 고해상도 로그 데이터를 생성한다. 이 데이터는 팬의 참여 강도를 정량화하고, 소셜네트워크에서의 파급력을 모델링하는 중요한 자료로 활용된다. 디지털화된 참여 데이터는 기존의 정성적 평가를 정량적 분석으로 전환시키는 핵심 요소가 되었다.

2) 팬 데이터 수집 방법

(1) CRM 시스템과 팬 인터랙션 분석

효과적인 팬 데이터 분석을 위해서는 통합된 고객 관계 관리 시스템의 구축이 필수적이다. 통합 팬 프로필은 티켓 구매 이력, 굿즈 결제 내역, 콜센터 문의 기록, 이메일 클릭 이력 등 다양한 접점에서 발생하는 데이터를 하나의 고유 식별자로 통합하여 관리한다.

상호작용 점수화 시스템은 접속 빈도, 경기장 방문 횟수, 구단 애플리케이션 체류 시간 등의 활동 지표를 종합하여 팬의 가치를 등급화한다. 일반적으로 Bronze, Silver, Gold, VIP 등의 단계로 구분하여 각 등급에 따른 차별화된 서비스를 제공한다. 이러한 시스템은 팬의 충성도를 객관적으로 측정하고, 마케팅 자원을 효율적으로 배분하는 기준을 제공한다.

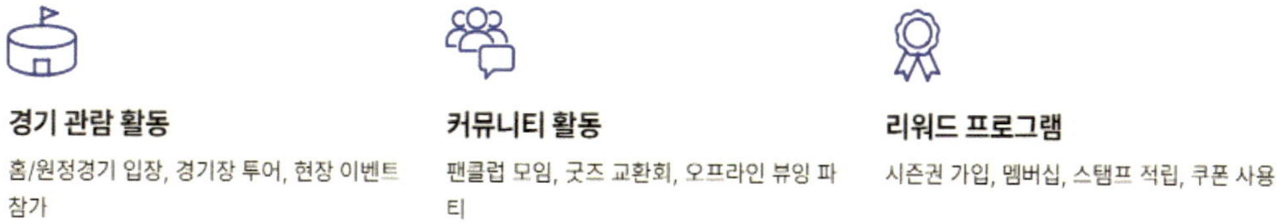

그림 5-2 팬 참여 유형

(2) 모바일 앱, 온라인 플랫폼, SNS 연동

현대적인 팬 데이터 수집은 다양한 디지털 플랫폼의 통합을 통해 이루어진다. 모바일 애플리케이션의 소프트웨어 개발 키트를 통해 푸시 알림 클릭률, 인앱 결제 패턴, 비디오 재생 구간 등을 실시간으로 캡처한다. 웹 트래킹 시스템은 쿠키와 스크립트를 활용하여 페이지 뷰, 스크롤 깊이, 전환 경로를 추적한다.

소셜네트워크 서비스의 응용프로그램 인터페이스를 통해 멘션과 리트윗 수, 해시태그 확산 속도, 인플루언서와의 상호작용 데이터를 자동으로 수집한다. 이러한 방식으로 자체 데이터, 제휴 데이터, 외부 데이터를 통합하면 팬의 행동을 다각도로 관찰하고 분석할 수 있는 포괄적인 데이터셋을 구축할 수 있다.

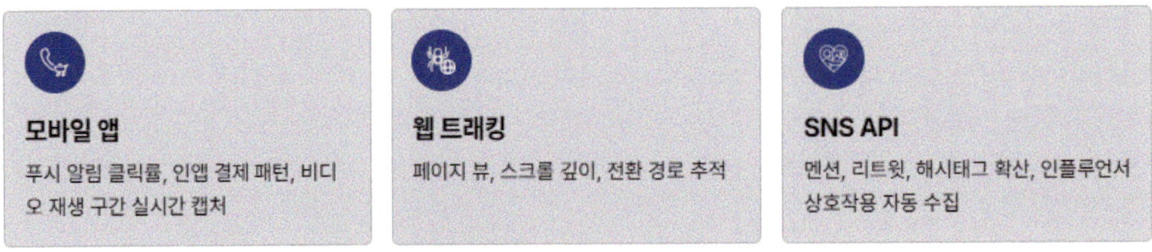

그림 5-3 다채널 데이터 수집

3) 팬 참여 분석 활용

(1) 팬 세분화와 맞춤형 마케팅

수집된 팬 데이터는 고도화된 분석 기법을 통해 실질적인 마케팅 인사이트로 전환된다. K-평균 군집분석과 같은 통계적 방법을 적용하여 유사한 행동 패턴을 보이는 팬 그룹을 도출한다. 각 그룹의 특성에 따라 콘텐츠와 제안을 개인화한다. 예를 들어, Z세대 팬들에게는 하이라이트 클립과 같은 짧은 형태의 콘텐츠를, 영유아를 동반한 가족 그룹에게는 패밀리 티켓과 같은 맞춤형 상품을 제안한다.

개인 맞춤형 푸시 알림, 다이내믹 이메일, 실시간 광고 등의 마케팅 도구를 활용하여 전환율과 재구매율을 향상시킨다. 이러한 접근법은 마케팅 메시지의 관련성을 높이고, 팬들의 참여도를 증가시키는 효과를 가져온다.

(2) 팬 로열티 및 이탈 예측

팬 데이터 분석의 핵심 목표 중 하나는 팬의 충성도를 유지하고 이탈을 방지하는 것이다. 생존 분석 기법인 Cox 회귀분석이나 Kaplan-Meier 분석을 활용하여 시즌권 해지나 애플리케이션 삭제와 같은 이탈 행동의 위험 시점을 예측한다.

이탈 가능성이 높은 것으로 예측되는 팬들에게는 캐시백, 선수 사인 굿즈 등의 특별 혜택을 선제적으로 제공하여 고객 평생가치를 보호한다. 이러한 예측적 접근법은 반응적 고객 관리에서 선제적 고객 관리로의 패러다임 전환을 의미하며, 장기적인 고객 관계 유지에 효과적이다.

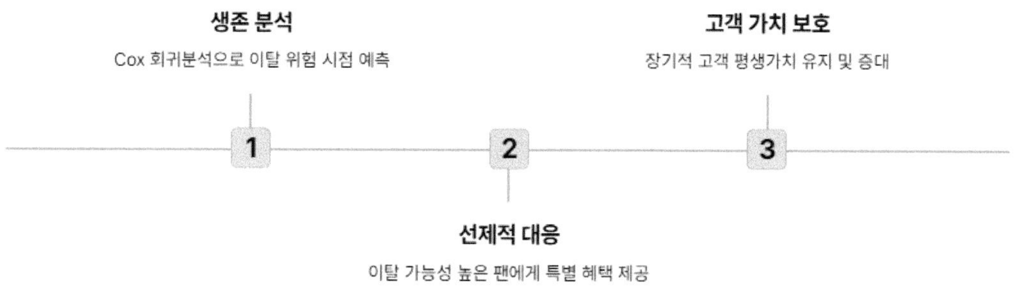

그림 5-4 팬 로열티 및 이탈 예측 프로세스

(3) 팬 경험 개선을 위한 데이터 활용

팬 경험의 지속적인 개선은 데이터 기반 의사결정의 핵심 영역이다. 경기장 혼잡도와 대기 시간 데이터를 분석하여 좌석 배치와 입장 동선을 최적화한다. 소셜네트워크에서의 감성 분석을 통해 주차, 화장실, Wi-Fi 품질 등 팬들의 불만 키워드를 실시간으로 모니터링하고 즉각적인 개선 조치를 취한다.

증강현실, 가상현실, 세컨드 스크린 등의 첨단 기술 경험 데이터를 반영하여 중계 화면의 인터랙티브 요소를 개인 맞춤형으로 제공한다. 선수 통계, 구질 추적 그래픽 등의 정보를 팬의 관심사와 기술 수용도에 따라 차별화하여 제공함으로써 몰입도 높은 시청 경험을 창출한다. 이러한 데이터 기반 경험 개선은 팬 만족도를 높이고, 장기적인 팬 관계를 강화하는 데 기여한다.

3 SNS 데이터를 활용한 스포츠 마케팅

소셜네트워크 서비스는 현대 스포츠 소비의 출발점이자 종착점으로 기능한다. 팬들은 인스타그램 릴스를 통해 경기 하이라이트를 저장하여 반복 시청하고, 경기 중에는 X의 해시태그 타임라인에서 전술을 실시간으로 논의하며, 유튜브 쇼츠를 통해 밈을 전 세계로 확산시킨다. 각 플랫폼은 고유한 콘텐츠 형식, 알고리즘, 데이터 구조를 가지고 있기 때문에, 이러한 특성을 정확히 이해하고 데이터를 정교하게 분석한다면 소셜네트워크 서비스는 단순한 홍보 창구를 넘어서 팬 경험을 설계하고 수익을 창출하는 핵심 엔진으로 활용될 수 있다.

1) SNS 플랫폼별 마케팅 전략

인스타그램, 유튜브, 트위터는 동일한 경기 장면이라도 소비 방식이 뚜렷하게 차별화되어 나타난다. 시각적 요소, 청각적 요소, 실시간성이 각기 다른 비중으로 작용하는 이러한 플랫폼들의 특성을 정확히 파악해야만 콘텐츠 효율성과 투자 수익률을 극대화할 수 있다.

(1) 인스타그램, 유튜브, 트위터의 특성과 활용법

인스타그램은 시각적 몰입과 즉시성을 결합한 플랫폼으로 특징지어진다. 브랜드는 릴스 기능을 활용하여 하이라이트 클립을 15초에서 90초 내로 압축하여 감정적 몰입을 유도한 후, 쇼핑 태그를 부착하여 팬들을 굿즈 구매 페이지로 직접 연결한다. 쇼핑 태그는 피드와 스토리뿐만 아니라 릴스에도 적용할 수 있어 전환율 향상에 효과적이다.

유튜브는 롱폼 콘텐츠와 숏폼 콘텐츠를 모두 수용하는 플랫폼이다. 10분 내외의 롱폼 다큐멘터리는 브랜드 스토리를 심화하여 전달하고, 30초 내외의 쇼츠는 알고리즘 추천을 통해 신규 구독자를 대량으로 유입시킨다. 2025년 기준으로 쇼츠 시청 시간은 전년 대비 65% 증가하여 플랫폼의 주요 성장 동력임을 입증하였다.

X (구, 트위터)는 실시간 대화의 허브 역할을 수행한다. 올림픽 해시태그인 #Paris2024의 경우 2억 3,800만 건의 포스트가 생성되었으며, 경기 중 해시태그가 트렌딩에 진입하면 글로벌 팬 담론이 폭발적으로 확장되는 현상을 보인다. 이러한 실시간성은 X의 핵심 경쟁력이다.

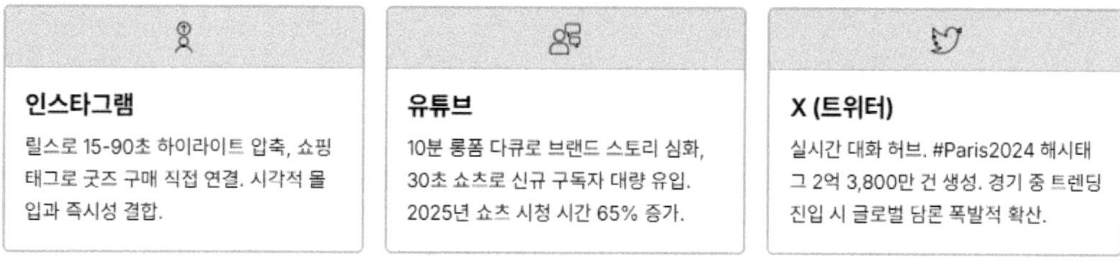

그림 5-5 플랫폼별 마케팅 전략

(2) 채널별 콘텐츠 유형 및 성과 비교

동일한 경기 장면이라도 플랫폼에 따라 핵심 성과 지표가 다르게 나타난다. 인스타그램 릴스에서는 저장률과 공유율이, 유튜브 쇼츠에서는 시청 지속률과 구독 전환율이, X 클립에서는 리포스트 수와 멘션당 클릭률이 핵심 지표로 작용한다. 따라서 핵심 성과 지표를 플랫폼별로 분리하여 관리해야만 성과에 대한 착시를 피하고 예산 대비 효율성을 정확히 산출할 수 있다.

이러한 차별화된 접근법은 각 플랫폼의 고유한 사용자 행동 패턴과 알고리즘 특성을 반영한 것으로, 통합적인 소셜미디어 마케팅 전략 수립의 기초가 된다.

2) SNS 데이터 분석 기법

소셜네트워크 서비스에서 생성되는 로그 데이터는 단순한 수치적 정보가 아닌 관계와 맥락을 포함하는 복합적 데이터이다. 이러한 데이터를 해시태그, 전파 경로, 인플루언서 영향력의 관점에서 다층적으로 해석해야만 실질적인 마케팅 인사이트를 도출할 수 있다.

(1) 해시태그 및 멘션 분석

경기 전후의 특정 해시태그 게시물 수와 도달 수를 시계열 그래프로 시각화하면 팬들의 관심 변화 곡선을 파악할 수 있다. 이러한 데이터에 감성 분석 기법을 적용하면 긍정적 여론과 부정적 여론을 실시간으로 모니터링할 수 있어, 위기 대응이나 긍정적 여론 확산 전략을 즉시 실행할 수 있다.

해시태그 분석은 단순한 언급량 측정을 넘어서 감정적 맥락과 여론의 방향성을 파악하는 중요한 도구로 활용된다. 이를 통해 마케팅 메시지의 효과성을 실시간으로 평가하고 조정할 수 있다.

(2) 바이럴 경로 및 전파력 분석

URL 확산 지도와 리포스트 네트워크 분석을 통해 콘텐츠의 최초 전파 주체와 확산 경로를 추적할 수 있다. 전파의 중심 노드를 식별하여 향후 캠페인의 최적 파트너로 활용하거나, 광고 예산을 파급력이 높은 구간에 집중적으로 배분하는 전략적 의사결정이 가능하다.

바이럴 분석은 콘텐츠의 자연스러운 확산 패턴을 이해하고, 인위적인 마케팅 개입이 필요한 지점을 식별하는 데 핵심적인 역할을 한다. 이러한 분석을 통해 마케팅 자원의 효율적 배분과 최대 효과 달성이 가능하다.

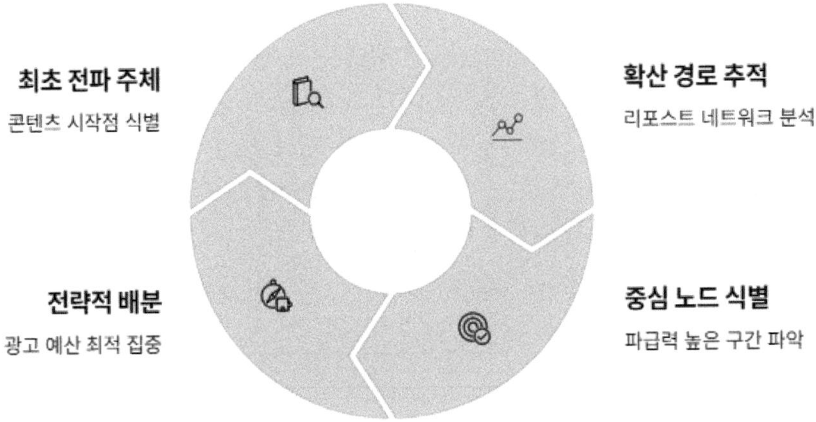

그림 5-6 바이럴 경로 및 전파력 분석

(3) 인플루언서(선수, 팬) 활동 데이터 분석

인플루언서의 영향력 평가에서 팔로워 수보다 중요한 것은 실제 상호작용률이다. 선수나 팬 크리에이터의 게시물 도달률, 댓글 응답 속도, 제휴 링크 클릭률을 추적하면 객관적인 영향력 지수를 산출할 수 있다. 이러한 데이터를 스폰서십 가치 평가 모델에 적용하면 합리적인 계약 단가를 책정할 수 있다.

인플루언서 데이터 분석은 마케팅 파트너십의 투자 수익률을 극대화하고, 장기적인 브랜드 가치 증대에 기여하는 전략적 도구로 기능한다.

3) SNS를 통한 팬 커뮤니케이션

소셜네트워크 서비스는 구단과 리그가 팬들과 실시간으로 소통하며, 팬들을 동료 콘텐츠 제작자로 참여시키는 플랫폼이다. 데이터 분석을 통해 팬들의 목소리를 증폭시키면 브랜드 충성도는 자연스럽게 향상된다.

(1) 팬과의 실시간 소통 전략

경기 중 X의 라이브 스레드와 인스타그램 스토리의 질문과 답변 기능을 병행하면 팬들이 제3의 해설자 역할을 수행하게 된다. 실시간 투표 결과를 중계 그래픽에 즉시 반영하면 관람 경험이 일방향적 시청에서 참여형 방송으로 확장된다.

이러한 실시간 소통 전략은 팬들의 능동적 참여를 유도하고, 브랜드와 팬 간의 유대감을 강화하는 효과를 가져온다. 또한 팬들의 실시간 반응 데이터를 수집하여 향후 콘텐츠 기획에 활용할 수 있다.

(2) 팬 제작 콘텐츠(UGC)의 마케팅 활용

팬들이 제작한 응원 밈이나 챌린지 영상은 구단의 공식 계정이 리그램이나 리포스트하는 순간 공식적 인증 효과를 얻어 광범위하게 확산된다. 사용자 생성 콘텐츠는 별도의 광고비 투입 없이도 자연스러운 도달률을 폭발적으로 증가시키는 마케팅 레버리지 효과를 발휘한다.

단, 저작권과 초상권에 대한 명확한 가이드라인을 사전에 공지하여 팬들의 창작 자유와 법적 안전망을 동시에 확보해야 한다. 이를 통해 지속가능한 팬 참여 생태계를 구축할 수 있다.

(3) 커뮤니티 기반 팬덤 형성

디스코드, 레딧, 네이버 카페와 같이 팬들이 자율적으로 운영하는 커뮤니티에는 경기 분석, 굿즈 공동 구매, 직관 후기 등의 일차적 데이터가 풍부하게 축적되어 있다. 구단은 커뮤니티 리더들을 팬 위원회에 초청하여 주기적으로 아이디어를 수렴하고, 분석 결과를 다시 공유함으로써 신뢰와 참여를 강화한다.

이러한 커뮤니티 기반 접근법은 팬들의 자발적 참여를 바탕으로 한 지속가능한 팬덤 생태계를 구축하고, 브랜드와 팬 간의 장기적 관계를 공고히 하는 전략적 의미를 가진다.

4 스포츠 광고 효과 분석

경기장 LED 보드와 중계 자막에 국한되었던 전통적인 스포츠 광고는 이제 가상 기술, 모바일 기술, 인공지능 기술을 통합하여 데이터 중심 산업으로 근본적인 변화를 겪고 있다. 광고주들은 더 이상 단순한 노출량에 만족하지 않고 실제 판매와 브랜드 충성도로의 전환을 요구하고 있으며, 구단과 리그는 실시간 데이터를 기반으로 광고 가격을 책정하고 광고 슬롯을 재배치하는 전략을 채택하고 있다. 본 절에서는 성과 측정 방법론, 스폰서십 투자 수익률 분석, 인공지능 기반 자동화 시스템의 순서로 실제 사례를 통해 분석한다.

1) 광고 성과 측정

(1) 노출-클릭-전환 퍼널 계량화

광고 성과 분석은 노출에서 시작하여 관심 유발, 최종 행동 전환에 이르는 전 과정을 체계적으로 계량화하는 작업이다. 경기장 LED 보드의 노출 수는 광학 센서나 중계 화면 프레임 분석을 통해 추정되며, 스트리밍 서비스의 오버레이 광고는 클릭률과 완시청률을 실시간으로 추적한다. 궁극적인 목표는 티켓, 굿즈, 구독 등의 실질적 매출 전환율을 연결하여 노출 1회당 수익을 산출하는 것이다.

프리미어리그는 경기를 지상파, OTT, 소셜네트워크 서비스 등 다채널로 동시 송출한 후, 방송 프레임과 모바일 캡처 영상을 인공지능으로 분류하여 브랜드 노출 수를 정밀하게 추정한다. LED 보드가 단일 경기에서 평균 5억여 명에게 노출된다는 분석 결과는 광고 단가 인상의 객관적 근거로 활용되고 있다.

메이저리그베이스볼 어드밴스드 미디어는 오버레이 광고의 클릭부터 완시청, 구매 전환까지의 전 과정을 추적하여 노출 1회당 수익을 팀별로 공개한다. 뉴욕 메츠의 애플리케

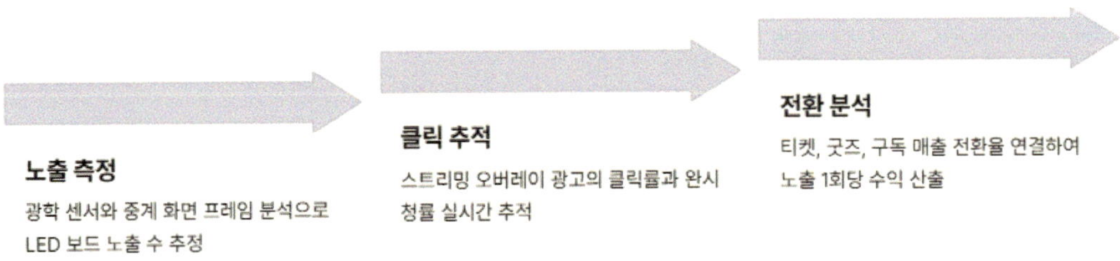

그림 5-7 노출-클릭-전환 퍼널

이션 분석 결과, 동일한 상품이라도 점수 차이가 2점 이하인 7회 말 구간에 노출된 광고의 전환율이 1.5배 높다는 사실을 확인하여 광고 슬롯을 전략적으로 재조정하였다.

(2) 경기 중 광고와 팬 반응 분석

실시간 중계 환경에서는 경기의 긴장감이 높아지는 순간마다 팬들의 주목도가 급격히 변화한다. 데이터 시각화 플랫폼은 슈팅 직후 15초와 같은 몰입 구간의 채팅량과 감정 지수를 LED 광고 노출 시점과 매칭하여, 광고 집중도와 팬 집중도의 상관관계를 분석한다. 이러한 분석을 통해 생성된 히트맵은 광고 슬롯 가격 책정과 배치 전략 개선의 과학적 근거가 된다.

국제 학술연구에 따르면, 슛 장면에서 리플레이까지의 15초 동안 채팅량과 이모티콘 비율을 LED 노출 타임스탬프와 비교 분석한 결과, 하이라이트 직후 10초 내에 노출된 광고의 브랜드 회상률이 평상시 대비 38% 높게 나타났다. 다만 색상과 애니메이션이 과도할 경우 오히려 시청자에게 혼란을 준다는 부작용도 확인되었다.

유럽축구연맹은 유로 2024부터 가상 보드 교체 기술을 도입하여 중계 신호마다 LED 광고를 인공지능으로 실시간 교체하고 있다. 독일 현장에서는 맥주 브랜드가, 중동 지역 TV 화면에서는 무알코올 음료가 노출되는 방식이다. 이 기술은 지역별 광고 단가를 최대 3배까지 차등 책정할 수 있게 하여 스폰서 수익을 획기적으로 증대시켰다.

2) 스폰서십 전략과 데이터

(1) 브랜드 인지도 · 이미지 모니터링

소셜네트워크 서비스, 설문조사, 검색 트렌드 데이터를 통합하여 브랜드 언급량, 감성 점수, 연상 키워드를 측정하면 특정 구단과의 연계 이후 브랜드 이미지 변화를 객관적으로 파악할 수 있다. 단일 지표만으로는 스폰서십 효과를 종합적으로 설명하기 어렵기 때문에, 다양한 데이터 소스를 통합한 포괄적 접근이 필요하다.

미국프로농구협회는 검색량, 소셜네트워크 언급, 감성 점수를 통합한 대시보드를 팀과 스폰서 양측에 실시간으로 제공한다. LA 레이커스의 '비비고' 패치 부착 이후 2024-25 시즌 소셜네트워크 가치가 1억 700만 달러, 노출 30억 회를 기록하며 브랜드 인지도가 급증한 사례가 이러한 통합 모니터링 시스템의 효과를 보여준다.

(2) 스폰서 ROI 측정 사례

스폰서십의 가치는 네 개 층위로 구분하여 계산하는 것이 일반적이다. 첫째는 노출 가치로, 중계 프레임, LED 보드, 소셜네트워크에 나타난 로고를 픽셀 단위로 인식하여 동등 광고가치로 환산한다. 둘째는 참여 가치로, 좋아요, 댓글, 공유, 완시청률 등의 상호작용을 다양한 비용 모델로 화폐화한다. 셋째는 행동 가치로, 공동 마케팅으로 발생한 티켓, 굿즈, 애플리케이션 설치, 웹사이트 유입을 직접 매출 또는 추정 고객 생애가치로 환산한다. 넷째는 자산 가치로, 사전 사후 조사를 통해 브랜드 인지도, 호감도, 구매의도 증가분을 측정하여 장기 효과를 추정한다.

스폰서십 투자 수익률은 노출 가치, 참여 가치, 행동 가치, 자산 가치의 합계에서 투입 비용을 차감한 후 투입 비용으로 나누어 백분율로 산출한다. 이러한 체계적인 측정 방법론은 스폰서십 투자의 객관적 평가와 전략적 의사결정을 가능하게 한다.

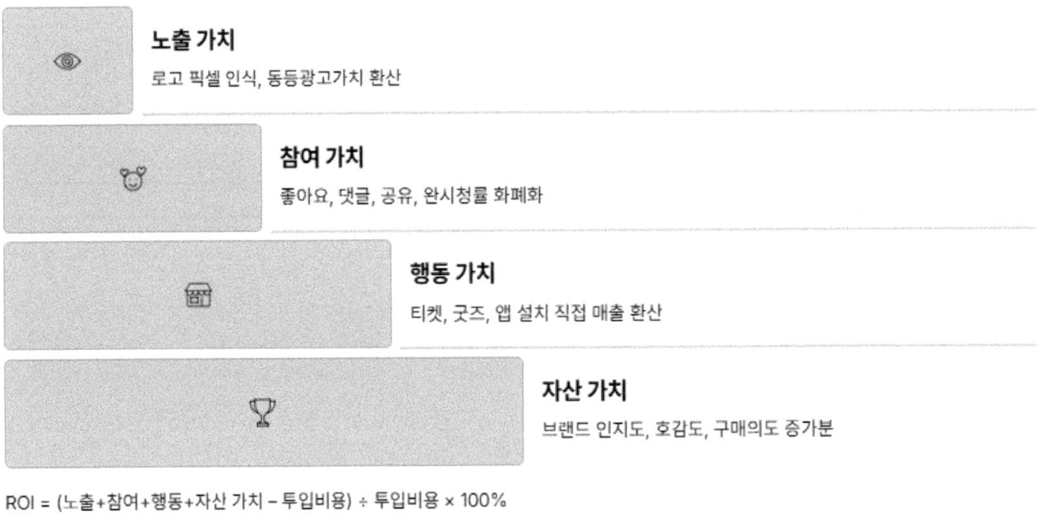

그림 5-8 스폰서십ROI측정

ROI =(노출 가치 + 참여 가치 + 행동 가치 + 자산 가치 − 투입비용) ÷ 투입비용 × 100 %

표 5-1 스폰서 ROI 측정사례

<table>
<tr><th colspan="2">골든스테이트 워리어스 × Rakuten</th></tr>
<tr><td>계약 개요</td><td>• 기간: 2017년~(최초 3년 계약 후 2021·2022년 재계약, 만기 연도 비공개)
• 규모: 연간 약 2,000만 달러(Apex Marketing·ESPN 보도)
• 권리: 유니폼 패치, 연습시설 네이밍("Rakuten Performance Center"), 홈경기 입장 연출("Rakuten Runway"), 체이스센터 내 옥외·디지털 사이니지, 글로벌 이커머스/콘텐츠 파트너십 포함</td></tr>
<tr><td>ROI분해</td><td>① 노출 가치(Exposure)
- 2017-18 시즌 첫해 광고가치(EMV) 약 3,200만~3,700만 달러로 추정(Apex Marketing Group).
- 체이스센터 내 디지털 사인·중계 연계 확대로 시즌별 노출 재평가 예정(금액 비공개).
② 참여 가치(Engagement)
- 공식 자료에 "디지털·소셜·라이브 통합 캠페인 강화" 명시(정량 수치 비공개).
③ 행동 가치(Action/Commerce)
- Rakuten 회원 대상 워리어스 MD 최소 10 % 캐시백, 'Rakuten Runway' 등으로 팬 구매전환 유도.
④ 자산·브랜드 가치(Brand Asset)
- 미국 내 Rakuten 인지도 상승(정량 수치 비공개).
- APAC 시장(일본·대만·싱가포르) 파트너십을 통한 글로벌 인지도 강화.</td></tr>
<tr><td>핵심
인사이트</td><td>• 패치 단일 노출 → 통합 스폰서십 모델로 진화: 유니폼 + 시설 + 디지털 + 리테일 + 입장연출 결합으로 팬 접점 확장.
• 브랜딩 + 퍼포먼스 결합: 단순 노출이 아니라 Rakuten 리워즈·캐시백·이커머스와 직접 연동되는 퍼포먼스형 스폰서십.
• 글로벌 파트너십 확장: APAC 영업권 협력 및 공동 콘텐츠 제작으로 브랜드 국제화.
• 장기 관계 구축: 2017 → 2021/2022 재계약을 통해 안정적 파트너십 지속, 커뮤니티·CSR 활동까지 연결.</td></tr>
<tr><th colspan="2">LA 레이커스 × Bibigo</th></tr>
<tr><td>계약 개요</td><td>• 기간: 2021 ~ 2028(보도 기준 7년, 공식 문서엔 'multi-year global partnership' 표기)
• 규모: 미 언론 보도에 따르면 총 1억 달러 이상, 연간 약 1,500만 달러 수준으로 추정(Benzinga 2021).
• 권리: 유니폼 왼쪽 가슴 패치(Jersey Patch) + 글로벌 마케팅 권한 + 콘텐츠 제작 및 소셜 캠페인 활용 권리 + 코트사이드 LED·A-보드 노출 권한.
• 주요 활동: Bibigo 브랜드를 활용한 "Healthy K-Food" 테마 콘텐츠 캠페인, 팬 이벤트 및 글로벌 리테일 프로모션 실시</td></tr>
<tr><td>ROI분해</td><td>① 노출 가치(Exposure) - 글로벌 중계·SNS·언론을 통해 Bibigo 로고가 유니폼 및 경기장에 노출. 정확한 금액 비공개이나 Wish 스폰서십(전기 약 4,200만 달러 가치 추정) 대비 '브랜드 인지도 및 글로벌 노출 증가'로 평가됨.(Front Office Sports 보도)
② 참여 가치(Engagement) - 레이커스 공식 채널·SNS에서 Bibigo 캠페인 콘텐츠 공유, 2023 시즌 '#BibigoKFoodChallenge' 참여율 상승 보고(정량 수치 비공개).
③ 행동 가치(Action) - 미국 내 Bibigo 만두 매출 전년 대비 18 % 성장(Nielsen 2022 데이터 보도). 레이커스 협업 시점 이후 제품 구매율과 리테일 유통망 확대 동반.
④ 자산 가치(Brand Asset) - 'Healthy Asian Food' 브랜드 포지셔닝 강화, NBA 팀과의 파트너십으로 K-푸드 이미지 현대화 및 인지도 확장 효과 보고.</td></tr>
<tr><td>핵심
인사이트</td><td>• 글로벌 브랜딩 전환: CJ 제일제당 이 Bibigo를 'K-푸드 글로벌 플래그십'으로 포지셔닝하며 NBA를 활용한 브랜드 현지화 및 인지도 확장 전략.
• 문화 결합 마케팅: 한류·K-푸드 트렌드와 NBA 글로벌 팬 베이스의 문화적 접점을 활용한 '브랜드 문화 융합형 스폰서십'.
• 미디어 ROI 강화: 전 세계 중계 및 SNS 노출 로 비용 대 효과 높은 '브랜드 리콜 확장형 글로벌 스폰서십' 으로 평가됨.
• 성과 요약: 5년간 Bibigo 미국 시장 매출 18 % 상승(Nielsen) → 스폰서십 이후 '브랜드 노출 → 제품 판매' 선순환 모델 입증.</td></tr>
</table>

(3) 빅데이터 기반 스폰서 매칭

인공지능 추천 엔진은 구단과 리그의 팬 인구통계, 소셜네트워크 관심사, 지역 경제 데이터와 스폰서 후보의 브랜드 개성을 매칭하여 브랜드 적합성 점수를 산출한다. 이를 통해 e스포츠 성향이 강한 18-24세 팬 비중이 60% 이상인 구단과 게이밍 기어 브랜드와 같이 상호 시너지가 큰 조합을 신속하게 식별한다.

3) 광고·마케팅 자동화

(1) 리타게팅 및 AI 기반 마케팅 자동화

구단 애플리케이션에서 상품 페이지만 조회하고 이탈한 팬에게는 24시간 내에 할인 쿠폰 알림을, 경기장 와이파이에 접속했던 방문객에게는 다음 홈경기 티켓 프로모션 메일을 자동으로 발송한다. 머신러닝 모델은 클릭 패턴, 구매력, 이탈 위험도를 종합하여 발송 시간을 개인별로 최적화하고, 전환 가능성이 높은 팬부터 우선적으로 타깃팅한다.

(2) 개인화된 콘텐츠 추천 기술

스트리밍 플랫폼은 실시간 시청 데이터와 과거 선호도를 기반으로 전반 종료 후 하이라이트, 스폰서 광고 영상, 팀 다큐멘터리 프리뷰와 같은 맞춤형 큐레이션을 제안한다. 추천 알고리즘은 콘텐츠 소비가 광고 시청과 상품 구매로 이어지는 다중 목표 최적화를 수행하여, 팬 만족도와 수익 지표를 동시에 향상시킨다.

메이저리그베이스볼의 스탯캐스트 시스템은 추천 엔진과 연동하여 전반 종료 후 팬이 선호하는 팀의 하이라이트, 스폰서 영상, 팀 다큐멘터리 프리뷰 순으로 자동 큐레이션을 제공한다. 다중 목표 최적화 모델이 팬 만족도 점수와 광고 시청 완료율을 동시에 극대화한 결과, OTT 플랫폼 평균 체류 시간이 18% 증가하였다.

2025 챔피언스리그는 증강현실 기술을 활용하여 국가별 언어와 환율에 맞춰 가격과 로고를 실시간으로 변경하는 커스텀 광고 오버레이를 도입하였다. 동일한 경기, 동일한 슬롯임에도 불구하고 지역별로 클릭률이 최대 2.3배 차이를 기록하여 글로벌 동시중계와 현지화 모델의 효과를 입증하였다.

5 사례 분석: 데이터로 성공한 스포츠 마케팅

1. 국내 사례

(1) 프로야구 구단의 팬 세분화 마케팅

2013년 창단한 KT Wiz는 관중 기반이 취약한 신생 구단의 한계를 데이터 기반 마케팅으로 극복한 대표적 사례이다. 구단은 멤버십, 티켓, 굿즈, 애플리케이션 로그 데이터를 SAS Visual Analytics 플랫폼에 통합하여 관람 빈도, 구매력, 소셜 영향력이라는 세 축을 기준으로 팬들을 다섯 개 군집으로 세분화하였다.

이러한 데이터 분석을 바탕으로 구단은 각 팬 그룹에 맞춤화된 마케팅 전략을 수립하였다. 가족층에게는 평일 야구교실 초청 프로그램을, 헤비 팬들에게는 시즌권 업셀링 전략을, 라이트 팬들에게는 입문자용 패키지 상품을 제공하였다. 이러한 세밀한 접근법의 결과로 2017-18시즌 재방문율이 18%에서 29%로 상승하였고, 시즌권 업그레이드율은 2.4배 증가하였다. 이는 신생 구단도 체계적인 데이터 분석을 통해 안정적인 관중 기반을 구축할 수 있음을 보여주는 성공 사례가 되었다.

그림 5-9 kt Wiz의 Wizzap 어플리케이션

출처: kt홈페이지 (본 이미지는 교육적 목적으로 인용되었다.)

(2) SNS 챌린지 기반 마케팅 성과

2024시즌 기아 타이거즈의 '삐끼삐끼' 바이럴 댄스는 팬이 주도하는 자발적 콘텐츠 생성의 마케팅 파워를 극명하게 보여준 사례이다. 치어리더의 19초짜리 응원 댄스 영상이 틱톡과 인스타그램에서 8,000만 뷰 이상을 기록하며 해외 유명인사들까지 참여하는 글로벌 밈으로 확산되었다.

구단의 대응 전략이 바이럴 효과를 극대화하는 핵심 요인이었다. 인기 영상을 즉시 리그램과 리포스트하여 공식 채널의 신뢰성을 부여하고, 경기장 대형 스크린에 팬들이 제작한 사용자 생성 콘텐츠를 실시간으로 노출하여 현장과 온라인의 경계를 허물었다. 댄스 버즈 직후 홈경기 평균 관중이 두 자릿수 비율로 상승하였고, 응원봉과 응원 티셔츠 등 관련 굿즈 매출도 동반 상승하였다. 이 사례의 핵심은 팬이 자발적으로 만든 콘텐츠를 공식 채널이 적극적으로 증폭함으로써 바이럴 확산 속도를 기하급수적으로 가속화했다는 점이다.

그림 5-10 기아타이거즈 '삐끼삐끼' 바이럴 댄스

출처: 유튜브'엠빅뉴스' 썸네일 (본 이미지는 교육적 목적으로 인용되었다.)

2) 해외 사례

(1) 유럽 축구 리그의 디지털 팬 분석 전략

유럽의 주요 축구 리그들은 데이터 기반의 실시간 시각화 기술을 도입하여 팬들의 시청 경험과 몰입도를 한층 강화하고 있다.

프리미어리그(Premier League) 는 2021년 Oracle Cloud Infrastructure(OCI)와의 공식 파트너십을 통해 'Match Insights Powered by Oracle Cloud' 시스템을 도입하였다. 이 시스템은 인공지능 알고리즘을 활용하여 경기 중 승리 확률(Win Probability), 공격 위험도(Attacking Threat), 선수 평균 포지션(Average Position) 등을 계산하고, 이러한 통계를 중계 화면과 리그 공식 앱에 실시간으로 시각화한다. 이를 통해 팬들은 경기 흐름을 단순한 감정적 반응이 아니라 데이터 중심의 인사이트로 이해하게 되었고, 리그는 시청 몰입도와 앱 체류 시간을 크게 개선한 것으로 보고된다.

분데스리가(Bundesliga)는 Amazon Web Services(AWS)와 협력하여 더욱 정교한 데이터 분석 시스템을 구축하였다. 경기장에는 12대 이상의 고속 트래킹 카메라가 설치되어 있으며, 초당 약 25프레임의 속도로 선수의 좌표·속도·거리 등을 수집한다. AWS의 머신러닝 알고리즘은 이 데이터를 분석해 예상 득점(Expected Goals), 슛 속도(Shot Speed), 압박 지수(Most Pressures) 등 다양한 지표를 산출하고, 이를 방송 및 디지털 플랫폼에 10초 이내에 송출한다.

이러한 기술적 혁신으로 팬들은 경기 중 다양한 인사이트를 즉시 확인할 수 있으며, 리그는 데이터 기반 콘텐츠 소비를 통해 팬 경험(Fan Experience)을 향상시키고 있다. AWS와 분데스리가의 공식 보고에 따르면, 이 시스템은 팬들의 경기 이해도를 높이고 디지털 참여율을 개선했으며, 스폰서십 및 광고 가치 상승에도 기여한 것으로 평가된다.

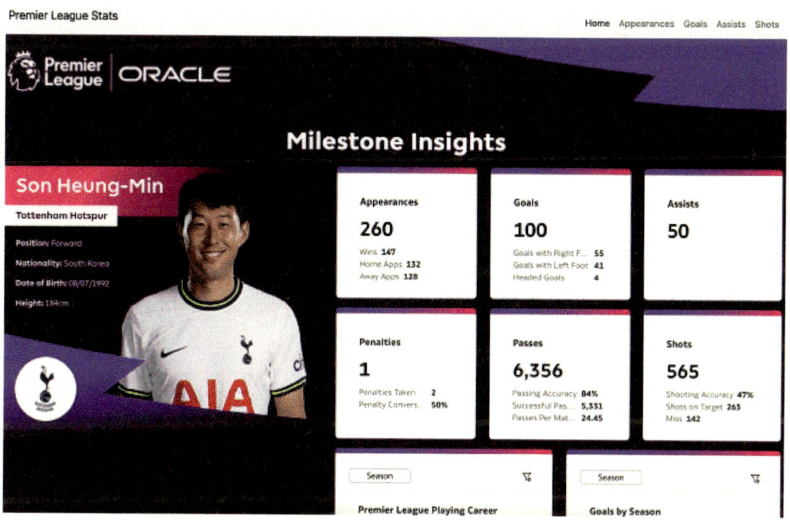

그림 5-11 프리미어리그 스탯 대시보드의 손흥민 선수 데이터

출처 : 프리미어리그 (본 이미지는 교육적 목적으로 인용되었다.)

(2) 미국 NBA의 데이터 마케팅 활용

2017-18시즌부터 팀 유니폼에 스폰서 로고 패치 부착을 공식적으로 허용하였다. 이는 리그 차원에서 스폰서십 자산을 다양화하고, 디지털·데이터 기반 가치 측정 시스템을 본격적으로 도입한 사례로 평가된다. 대표적으로 골든스테이트 워리어스(Golden State Warriors)는 일본의 글로벌 기업 라쿠텐(Rakuten)과 유니폼 패치 파트너십을 체결하였으며, 해당 계약은 연간 약 2,000만 달러 규모로 알려져 있다.

이후 NBA는 단순한 노출 중심의 스폰서십 평가를 넘어, 디지털·소셜 데이터 분석을 활용한 광고 가치 측정 체계를 확립해왔다. 리그는 방송 중 노출 프레임 수, 경기 하이라이트 영상 조회 수, 소셜미디어 상의 브랜드 언급 및 참여도 등을 종합적으로 분석하여 브랜드 가치 산출 모델을 고도화하였다. 일부 분석기관의 자료에 따르면, 2024-25시즌 기준 워리어스와 라쿠텐의 저지 패치 노출 가치는 약 1억 6,100만 달러, 노출 횟수는 약 40억 회에 달하는 것으로 추정된다. 비록 이 수치는 공식 리그 발표가 아닌 산업 분석 자료 수준에 머무르지만, 데이터 기반 스폰서십 가치 평가가 기존의 단순 노출 지표를 대체하고 있음을 보여주는 사례로 볼 수 있다.

이와 같은 시스템 도입은 구단과 스폰서 모두가 투자 효율성과 브랜드 노출 효과를 정량적으로 확인할 수 있는 환경을 조성하였으며, 스포츠 마케팅의 핵심이 '데이터를 통한 가치 창출'로 이동하고 있음을 시사한다.

6 시사점과 미래 전망

팬 데이터는 단순한 마케팅 참고자료의 범위를 넘어서 스포츠 산업의 비즈니스 모델 자체를 변화시키는 핵심 자산으로 진화하였다. 향후 3-5년간 예상되는 변화를 팬덤 경제의 확대, 데이터 기반 브랜드 전략의 진화, 인공지능과 마케팅 자동화의 결합이라는 세 가지 관점에서 전망한다.

1) 팬 데이터를 통한 팬덤 경제 확장

팬 데이터는 단순한 마케팅 참고자료를 넘어 스포츠 산업의 비즈니스 모델을 바꿔가는 핵심 자산으로 부상했다. 향후 3-5년의 변화는 ① 팬덤 경제의 확대, ② 데이터 기반 브랜드 전략의 고도화, ③ 인공지능(AI)·마케팅 자동화의 결합에서 두드러질 전망이다.

첫째, 팬 참여 플랫폼 시장은 2024년 약 59억 달러로 추정되며 2034년까지 연평균 16.3% 성장이 예상된다. 팬 토큰 분야에서는 Socios.com이 약 75개 구단/리그와 제휴하고 약 250만명 사용자를 보유하는 등 생태계가 확장되고 있다. 다만 팬 토큰의 섹터 전체 시가총액은 수억 달러대로 집계되는 만큼(시점·집계처에 따라 변동), 총 10억 달러 이상으로 인용하는 서술은 주의가 필요하다. 클럽의 누적 수익 2억 달러 이상(2021년 기준)은 다수 보도로 확인되지만, 최신 누적치는 공식 공시가 제한적이다. 디지털 수집품(NFT)은 NBA Top Shot의 누적 거래액이 2022년 10억 달러를 돌파하는 등 시장 잠재력을 보여주었으나, 연간 거래 규모는 경기·시장 사이클에 따라 크게 변동한다.

2) 데이터 기반 스포츠 브랜드 전략의 진화

데이터 주도형 브랜드 운영과 DTC(Direct-to-Consumer) 전환이 가속화되고 있다. 2025년 스포츠굿즈 산업 보고서는 개인화·DTC가 핵심 성장 동력임을 지적한다. 콘텐츠·스폰서 자산 관리에서도 AI 태깅·배포 자동화를 제공하는 ScorePlay가 2025년 시리즈A 1,300만 달러를 유치하고 200개+ 조직으로 고객 기반을 확대한 사례가 주목된다(MLS 차원의 활용 확대 포함). 이는 콘텐츠를 '데이터 자산'으로 관리하는 관점이 경쟁력의 핵심으로 부상했음을 보여준다.

3) AI와 마케팅 자동화의 결합

콘텐츠 생성·전환 예측·동적 광고 삽입·대화형 고객응대 등에서 상용 단계에 도달했다. 특히 가상 보드 광고 교체(VBR) 는 유럽 대형 대회 중계에서 시청 지역별로 상이한 스폰서 광고를 실시간 합성해 송출하는 방식이 확산되며, 재고(인벤토리)의 지역별 세분화·가치 극대화를 가능하게 한다. 다만 "가격 최대 ○배"와 같은 정량적 단가 상승 폭은 신뢰 가능한 공식 수치 확인 후 인용하는 것이 바람직하다. 한편 일부 플랫폼/구단은 이탈 사용자에게 쿠폰을 발송하는 등의 자동 룰을 실험하고, 시청·구매 데이터를 통합한 하이라이트→스폰서 영상→쇼핑 큐레이션으로 전환 효율을 높이고 있다. 향후에는 생성형 AI가 하이라이트·해설·광고의 초개인화 제작을 통합해 제공하는 흐름이 가속화될 전망으로, 데이터·AI 인프라 부재 시 팬 접점 상실 리스크가 커질 수 있다.

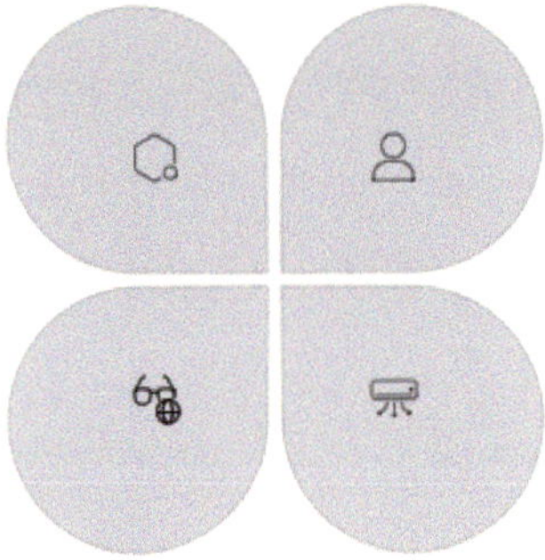

그림 5-12 AI와 초개인화

학습 요약

스포츠 마케팅은 열정과 감성 중심의 전통적 접근법에서 데이터 기반의 과학적 방법론으로 근본적인 전환을 겪고 있다. 이러한 변화는 단순한 마케팅 기법의 개선을 넘어서 스포츠 산업 전체의 비즈니스 모델을 재편하고 있다.

팬들이 온라인과 오프라인을 넘나들며 생성하는 방대한 데이터는 마케팅 전략의 핵심 자원이 되었다. 구단 애플리케이션, 소셜미디어, 경기장 체크인 등 모든 접점에서 수집되는 데이터를 통해 개별 팬의 관심사 예측과 콘텐츠 개인화가 가능해졌으며, 마케팅 의사결정은 경험과 직감에서 객관적 근거 기반으로 전환되었다.

소셜네트워크 서비스는 홍보 창구를 넘어 팬 경험 설계와 수익 창출의 핵심 엔진으로 진화하였다. 플랫폼별 특성을 활용한 차별화된 전략과 정교한 분석 기법을 통해 실시간 소통과 사용자 생성 콘텐츠가 브랜드 가치 창출의 새로운 동력이 되고 있다.

스포츠 광고 영역에서도 노출 중심 측정에서 전환과 브랜드 가치까지 포괄하는 다층적 성과 측정 체계가 확립되었다. 가상 보드 교체 기술과 인공지능 기반 개인화 광고는 지역과 개인별로 차별화된 경험을 제공하여 마케팅 효율성을 극대화하고 있다.

06 Chapter
스포츠 미디어와 데이터

>> 학습 목표

1. 스포츠 미디어의 개념과 발전 과정을 이해한다.
2. 스포츠 미디어에서 생성되는 데이터의 유형과 활용 구조를 분석한다.
3. OTT 및 방송 데이터 분석을 통해 미디어 성과를 평가할 수 있다.

1 스포츠 미디어의 개념

스포츠가 단순한 경기라는 물리적 사건을 넘어 대중문화와 비즈니스 영역으로 확장될 수 있었던 가장 큰 동력은 미디어이다. 스포츠 미디어는 관중이 직접 경기장을 찾지 않아도 수천 킬로미터 떨어진 팬이 동일한 순간을 공유할 수 있게 하는 핵심 장치이며, 오늘날 스포츠 산업의 가장 중요한 수익 파이프라인 역할을 하고 있다. 이 장에서는 스포츠 미디어의 개념과 진화 과정, 그리고 각 매체의 가치 창출 및 분배 메커니즘을 체계적으로 살펴본다.

1) 스포츠 미디어의 정의

스포츠 미디어는 스포츠 경기, 정보, 문화적 맥락을 생산하고 가공하여 전달하는 모든 커뮤니케이션 매체와 플랫폼을 포괄하는 개념이다. 여기에는 중계권을 보유한 전통적인 방송사뿐만 아니라, 경기 데이터를 재가공하여 제공하는 데이터 회사, 선수와 구단의 SNS 채널, 팬이 제작하는 2차 콘텐츠 플랫폼까지 포함된다. 스포츠 미디어의 핵심은 '경험의 확장'에 있다. 즉, 선수가 뛰는 현장을 시간적·공간적으로 확장하여 팬에게 새로운 시청 경험과 참여 기회를 제공하는 것이다.

2) 발전 단계별 특징

스포츠 미디어의 발전은 크게 세 단계로 구분할 수 있다.

지상파(아날로그) 시대에는 전파 독점 구조로 인해 한정된 채널만이 경기 중계를 담당할 수 있었다. 이 시기에는 시청률이 유일한 성과 지표였으며, 팬의 경험은 단방향적 수용에 가까웠다.

케이블·위성(디지털) 시대에 들어서면서 채널 수가 급증하였고, 이에 따라 리그별·스포츠별 전문 채널이 등장하기 시작하였다. 고화질(HD) 방송과 다중 카메라 도입으로 시청 품질이 크게 향상되었으나, 여전히 방송사 중심의 편성 구조를 벗어나지는 못하였다.

OTT·디지털 스트리밍 시대는 인터넷 기반의 '탈편성' 환경을 특징으로 한다. 언제, 어디서나, 어떤 기기로도 시청이 가능한 환경이 조성되었다. 사용자 로그, AI 추천, 실시간 상호작용 등 데이터 중심의 운영이 가능해지면서, 콘텐츠 제작과 마케팅, 수익 모델이 실시간으로 검증되고 개선되는 선순환 구조가 형성되었다.

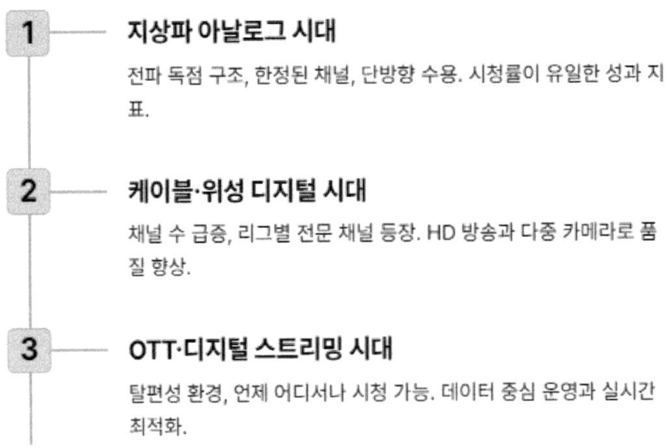

그림 6-1 미디어 발전의 3단계

3) 미디어 가치 사슬

스포츠 미디어의 가치 사슬은 콘텐츠 제작, 전달, 소비의 세 단계로 구성된다. **콘텐츠 제작 단계**에서는 경기 자체가 1차 콘텐츠 역할을 한다. 여기에 해설, 그래픽, 데이터 시각화, 다큐멘터리, 숏폼 등의 2차·3차 콘텐츠를 결합하여 완성된 스토리를 구성한다.

전달(Distribution) 단계에서는 방송, 케이블, OTT, 소셜미디어의 멀티플랫폼 전략을 통해 팬과의 접점을 최대화한다. 이 과정에서 스트리밍 인프라, CDN(Content Delivery Network), 센서 데이터 전송 등의 기술적 투자가 가치 사슬의 병목 현상을 해소하는 핵심 요소가 된다.

소비(Consumption) 단계에서 팬들은 단순한 시청을 넘어 실시간 채팅, SNS 공유, 베팅, 굿즈 구매 등의 다양한 행동을 보인다. 플랫폼은 이러한 데이터를 다시 제작 단계로 환류시켜 콘텐츠 기획과 타깃 광고를 정교화하는 데 활용한다.

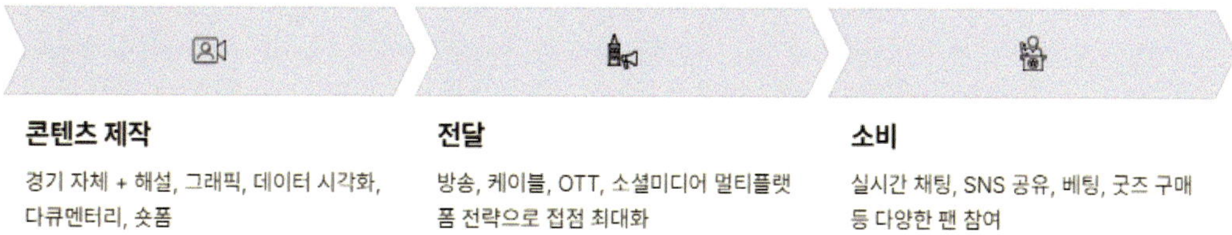

그림 6-2 미디어 가치 사슬

4) 매체 유형별 장단점(방송, OTT, SNS 등)

전통 방송은 월드컵이나 올림픽과 같은 대형 이벤트를 가장 광범위하게 전파할 수 있는 능력을 가지고 있으며, 수십 년간 구축된 전송망을 바탕으로 안정적인 화질과 음향을 제공한다. 그러나 고정된 편성 시간에 제약되어 모바일 세대의 이탈이 가속화되고 있으며, 패널 기반의 시청률 조사만으로는 개별 시청자의 세부적인 행동 패턴을 파악하기 어렵다는 한계가 있다.

OTT 플랫폼은 시간과 장소, 기기에 구애받지 않는 시청 환경을 제공하며, 모든 클릭과 시청 패턴이 로그로 기록되어 개인화된 추천 서비스나 가격 정책 실험을 정밀하게 수행할 수 있다. 반면, 네트워크 지연이 발생할 경우 팬의 즉시 이탈 위험이 크고, 높은 스포츠 판권료가 수익성 확보의 주요 걸림돌로 작용한다.

SNS와 디지털 커뮤니티는 해시태그, 숏폼, 밈을 통해 팬들이 직접 콘텐츠를 확산시키는 구조로, 참여도와 바이럴 효과가 폭발적으로 나타날 수 있다. 그러나 무단 클립 유통이나 가짜 정보 확산 등의 저작권 및 신뢰성 문제가 상존하며, 조회수가 직접적인 매출로 연결되는 안정적인 수익 구조가 아직 확립되지 않았다.

표 6-1 매체별 특성 비교

매체 유형	장점	한계
전통 방송 (지상파·케이블)	• 광범위한 도달 범위 • 고화질·안정적 중계 기술 축적	• 편성 의존적·실시간 시청 강제 • 시청 행동 데이터 부족
OTT 플랫폼	• 온디맨드·다중 기기 접근성 • 세분화된 로그 데이터 기반 개인화	• 네트워크 품질에 따른 편차 • 콘텐츠 라이선스 비용 부담
SNS·디지털 커뮤니티	• 실시간 소통·바이럴 효과 • 팬 생성 콘텐츠(UGC)로 참여 확대	• 저작권·페이크 콘텐츠 관리 필요 • 수익화 구조 미확립 사례 다수

현대 스포츠 미디어 전략의 핵심은 방송의 대규모 도달력과 안정성, OTT의 데이터 기반 개인화 서비스, SNS의 실시간 참여와 확산 효과를 적절히 결합하여 도달 범위(Reach), 통찰력(Insight), 참여도(Engagement)를 동시에 극대화하는 것이다.

결론적으로, 현대 스포츠 미디어 환경은 다층적 매체 생태계로 진화하였으며, 각 매체가 보유한 기술적 역량과 데이터 활용 능력이 스포츠 비즈니스의 성패를 결정하는 핵심 요소로 작용하고 있다.

2 스포츠 미디어에서의 데이터

스포츠 미디어가 단순히 콘텐츠를 제공하는 단계를 넘어 측정하고 개선하는 플랫폼으로 진화한 배경에는 다양한 데이터 흐름이 자리 잡고 있다. 데이터는 어디서 수집되고, 어떤 형태로 저장되며, 어떻게 가공되어 비즈니스 가치로 전환되는가? 이는 수집원, 형태, 처리, 활용의 네 가지 측면으로 체계적으로 분석할 수 있다.

1) 데이터 수집원

스포츠 미디어 데이터는 다음과 같은 주요 수집원을 통해 획득된다. 시청 패널은 전통 방송의 피플미터와 셋톱박스를 통해 가구 단위의 시청률 데이터를 수집한다. 서버 로그는 OTT, 웹, 모바일 서비스에서 발생하는 모든 재생, 정지, 버퍼링, 클릭 행동을 초 단위로 기록한다. 센서 및 트래킹 시스템은 경기장 카메라, GPS, IMU(Inertial Measurement Unit)를 통해 선수 위치와 볼 속도 등을 실시간으로 전송한다. 소셜미디어와 커뮤니티에서는 해시태그 빈도, 댓글, 동시 채팅 등의 팬 반응 데이터가 API와 크롤러를 통해 집계된다.

시청 패널
피플미터와 셋톱박스를 통한 가구 단위 시청률 데이터

서버 로그
OTT·웹·모바일의 모든 재생, 정지, 클릭 행동을 초 단위 기록

센서·트래킹
경기장 카메라, GPS, IMU로 선수 위치와 볼 속도 실시간 전송

소셜미디어
해시태그, 댓글, 채팅 등 팬 반응 데이터 API 집계

그림 6-3 데이터 수집원 종류

2) 데이터 형태

하나의 경기에서도 화면에 표시되는 득점 숫자부터 SNS에서 확산되는 밈(meme)까지 서로 다른 형태의 데이터가 동시에 생성된다. 스포츠 미디어가 이러한 데이터를 효과적으로 활용하려면 각 형태의 특성을 이해하고 맞춤형 저장 및 분석 방식을 구축해야 한다.

정형 데이터는 행과 열이 명확히 구분되는 숫자 형태의 데이터이다. 전광판의 스코어, 플레이-바이-플레이 로그, 시청률 패널 표본값, 광고 매출표가 대표적이다. 이러한 데이터는 관계형 데이터베이스(RDB)나 데이터 웨어하우스(DWH)에 저장되어 SQL을 통한 즉시 집계가 가능하므로, 편성 회의나 광고 단가 책정 같은 의사결정용 리포트를 신속하게 생성할 수 있다.

반구조화 데이터는 필드는 존재하지만 열이 고정되어 있지 않은 형태이다. 사용자가 재생 버튼을 누른 시각, 일시정지나 버퍼링이 발생한 지점, 이용 기기 정보 등이 주로 JSON 파일 형태로 저장된다. 경기장 센서가 1초마다 전송하는 선수의 좌표와 속도 정보, 트위터 API로 수집한 해시태그와 멘션도 이 범주에 속한다. 이러한 데이터는 주로 S3나 HDFS 같은 데이터 레이크에 원본 그대로 저장된 후, 필요에 따라 스키마를 적용하여 분석된다. 개인화 추천과 실시간 품질 모니터링 등 즉각적인 피드백이 필요한 영역에서 주로 활용된다.

비구조화 데이터는 형식이 정해지지 않은 정보로, 생중계 및 VOD 영상, 선수 인터뷰 음성, 팬이 업로드한 사진, GIF, 댓글 텍스트 등이 해당된다. 이들은 용량이 크고 형식이 다양하므로 대용량 객체 스토리지와 콘텐츠 전송망(CDN)에 저장된 후, 컴퓨터 비전(CV)과 자연어 처리(NLP) 기술을 통해 의미를 추출한다. 이를 통해 AI가 자동으로 하이라이트를 편집하거나 실시간 채팅에서 급상승하는 밈을 탐지하여 중계 화면에 표시하는 몰입형

서비스가 구현된다.

최근에는 이 세 가지 형태를 시간축으로 통합하여 멀티모달 데이터를 구축하는 시도가 활발하다. 예를 들어, 영상 프레임에 볼 궤적 좌표(센서 데이터)와 득점 이벤트(정형 데이터)를 동기화하면, 사용자가 타임라인 상에서 원하는 그래픽 레이어를 자유롭게 선택할 수 있는 인터랙티브 중계 서비스가 가능해진다. AR 그래픽, VR 경기장, AI 리플레이 등 차세대 팬 경험의 핵심 요소가 바로 이 멀티모달 데이터이다.

표 6-2

데이터 형태	스포츠 미디어의 대표 예시	수집·저장 특징	주요 활용
정형 (Structured)	• 실시간 스코어보드 • 플레이-바이-플레이(득점, 파울, 교체 로그 등) • TV 패널 시청률 표본값 • 광고 인벤토리·매출 테이블	RDB·DWH에 행·열 구조로 저장 → SQL 집계·리포팅에 최적	성과 리포트, 편성·광고 단가 조정, 경기 메타데이터 태깅
반구조화 (Semi-structured)	• OTT 재생 로그(JSON) — start/stop 타임스탬프, 기기·계정 ID • 경기장 센서 패킷(좌표·속도·가속도 in XML or JSON) • SNS API 샘플(트윗 JSON)	데이터 레이크(S3, HDFS)에 파일 그대로 적재 후, 스키마-온-리드로 분석	개인화 추천, 실시간 품질(QoE) 모니터링, 트래킹 시각화
비구조화 (Unstructured)	• 생중계·VOD 영상과 음성 트랙 • 사진·GIF·밈(meme) 이미지 • 실시간 채팅 텍스트·이모티콘	대용량 객체 스토리지·CDN에 저장 → 컴퓨터 비전·NLP로 특징 추출	자동 하이라이트 생성, 밈 트렌드 분석, 음성 합성 해설
멀티모달 (Multi-modal) (정형+영상+센서 융합)	• AI - 리플레이: 영상 프레임 + 볼 궤적 좌표 • 인터랙티브 타임라인: 플레이-바이-플레이 + 하이라이트 클립 섬네일	파이프라인에서 동기화 (Timecode 기준) 필요	AR 그래픽 오버레이, 팬이 직접 선택하는 멀티뷰 서비스

정형 데이터에서 멀티모달 데이터로 갈수록 데이터의 풍부함은 증가하지만 저장과 분석의 복잡성도 급격히 높아진다. 따라서 스포츠 미디어 기업은 데이터 레이크와 웨어하우스를 병행하여 각 형태별 특성을 최적화하고, 실시간 스트리밍 파이프라인을 통해 이질적 데이터를 통합된 팬 경험으로 구현하는 것이 경쟁력의 핵심이 된다.

3) 데이터 처리 파이프라인

데이터 처리 파이프라인은 다음과 같은 단계로 구성된다. 수집(Ingestion) 단계에서는 CDN 엣지와 메시지 큐(Kafka, Kinesis)를 통해 실시간 데이터 수집이 이루어진다. 저장(Storage) 단계에서는 원시 데이터를 데이터 레이크(S3, HDFS)에, 집계된 데이터를 데이터 웨어하우스(BigQuery, Snowflake)에 저장한다.

분석 및 모델링 단계는 세 가지 방식으로 구분된다. 배치 처리는 일간 및 주간 리포트, 시청률 및 매출 집계에 활용된다. 스트림 처리는 30초 이내의 동시 시청자 수와 품질(QoE) 모니터링에 사용된다. 머신러닝은 추천 엔진, 이탈(Churn) 예측, 실시간 하이라이트 추출 등에 적용된다.

시각화 및 알림 단계에서는 대시보드와 알림봇을 통해 편성팀과 운영팀에게 분석 결과를 즉시 공유한다.

01

수집

CDN 엣지와 메시지 큐(Kafka, Kinesis)로 실시간 데이터 수집

02

저장

원시 데이터는 데이터 레이크, 집계 데이터는 웨어하우스에 저장

03

분석·모델링

배치 처리, 스트림 처리, 머신러닝으로 다층 분석

04

시각화·알림

대시보드와 알림봇으로 편성팀·운영팀에 즉시 공유

그림 6-4 데이터 처리 파이프라인

4) 활용 영역

콘텐츠 기획 분야에서는 가장 많이 리플레이된 구간을 분석하여 다큐멘터리와 숏폼 콘텐츠의 주제를 선정한다. 팬 경험 향상을 위해서는 실시간 트래킹 데이터를 활용하여 AR 그래픽과 다각도 카메라 서비스를 제공해 몰입도를 높인다. 마케팅 영역에서는 코호트별 시청 패턴을 바탕으로 맞춤형 푸시 알림과 이벤트 캠페인을 실행한다. 수익 모델 다변화를 위해서는 개인화 광고(Addressable Ad), 티어형 구독 서비스, 데이터 API 라이선싱을 통해 매출원을 확대한다.

콘텐츠 기획
가장 많이 리플레이된 구간 분석으로 다큐멘터리와 숏폼 주제 선정

팬 경험 향상
실시간 트래킹 데이터로 AR 그래픽과 다각도 카메라 서비스 제공

마케팅
코호트별 시청 패턴 기반 맞춤형 푸시 알림과 이벤트 캠페인

수익 모델 다변화
개인화 광고, 티어형 구독, 데이터 API 라이선싱으로 매출원 확대

그림 6-5 데이터 활용 영역

3 OTT플랫폼

1) OTT 등장 배경과 시장 현황

스포츠 시청 방식은 케이블 박스에서 스마트 TV와 모바일 앱 아이콘으로 중심축이 이동하였다. 4K 스마트 TV의 확산과 고속 모바일 네트워크의 발전으로 팬들은 더 이상 고정된 편성표에 맞추어 시청하지 않고, 자신이 원하는 경기와 콘텐츠를 온디맨드(On-Demand) 방식으로 선택하게 되었다. 이러한 변화는 스포츠 미디어 산업의 전반적 패러다임 전환을 이끌며, 방송 중심의 일방향 모델에서 데이터 기반의 양방향 스트리밍 모델로 구조가 재편되고 있다.

시장조사기관 Reports Insights에 따르면, 글로벌 스포츠 스트리밍 플랫폼 시장 규모는 2024년 약 339억 달러(US $ 33.9 billion)로 평가되며, 2030년까지 연평균 약 12 % 대의 성장률이 예상된다. 이는 스마트 TV 보급, 모바일 기반 콘텐츠 소비 확대, 실시간 데이터 시각화 기술 도입이 결합한 결과로 분석된다.

OTT(Over-The-Top) 시장은 전 세계적으로 여전히 성장 단계에 있다. 초기에는 대형 콘텐츠 투자를 통해 저렴한 요금제로 가입자를 확보하는 전략이 주를 이루었으나, 2023년 이후 적자 누적에 따라 대부분의 플랫폼이 콘텐츠 투자를 조정하고 구독료를 인상하는 수익성 개선 국면으로 전환하였다. 이러한 흐름은 스포츠 OTT 시장에서도 동일하게 나타나며, 시장 점유율 확보 중심의 성장 전략이 수익 구조 개선을 목표로 변화하고 있다.

투자 지출 측면에서도 변화가 뚜렷하다. 2025년 기준 글로벌 스트리밍 플랫폼들의 스포츠 중계권 지출 규모는 약 125억 달러(US $ 12.5 billion)로 예상되며, 이 중 DAZN이 약 33 %를 점유하고, Amazon Prime Video와 YouTube 가 뒤를 잇는 구조를 보인다. 이러한 투자는 콘텐츠 독점 확보와 글로벌 시장 진입 전략의 핵심 수단으로 작용하고 있다.

지역별로 살펴보면, 미국에서는 ESPN+가 2025년 1분기 기준 약 1,240만 명의 유료 가입자를 확보하고 있으며, 한국에서도 쿠팡플레이와 티빙 등이 스포츠 중계권 확보를 통해 월간 활성 이용자(MAU)를 크게 확대하고 있다. 이는 로컬 플랫폼이 자국 리그 및 국제 대회 중계 권리를 전략적으로 활용함으로써 콘텐츠 경쟁력과 브랜드 충성도를 높일 수 있음을 보여주는 사례이다.

결국 스포츠 스트리밍 시장은 기술·데이터·소비 패턴이 결합한 융합형 플랫폼 산업으로 성장하고 있으며, 방송 사업자·스포츠 리그·빅테크 기업이 새로운 미디어 생태계의 주도권을 두고 경쟁하는 다극화 시대에 진입하고 있다.

그림 6-6 쿠팡플레이 스포츠 중계

출처: 쿠팡플레이 (본 이미지는 교육적 목적으로 인용되었다.)

그림 6-7 Tving 야구 독점 중계

출처: TVING (본 이미지는 교육적 목적으로 인용되었다.)

2) 스포츠 OTT의 주요 서비스 특징

스포츠 OTT 플랫폼은 다음과 같은 차별화된 서비스 특징을 제공한다. 라이브 스트리밍 서비스는 최소 지연 시간(2~5초)과 다중 화질 전송을 통해 경기의 동시성을 유지한다. 고품질/저지연 전송을 위한 ROI 기반 실시간 분산 인코딩 기술과 인터랙티브 Live 스트리밍 프로토콜/서버 기술이 핵심 기술 요소로 활용되며, CDN(Content Delivery Network)은 인터넷을 통해 콘텐츠를 전달하는 전 세계에 위치한 서버 네트워크로, 액세스 포인트가 여러 개 있어 시청자를 실제 위치에 가장 가까운 서버에 연결하여 대기 시간을 줄일 수 있다.

VOD 다시보기 기능은 풀매치, 하이라이트, 선수별 클립을 자동 챕터링하여 제공한다. AI 기반 자동 편집 기술을 통해 주요 장면을 실시간으로 추출하고, 사용자의 관심사에 맞춰 개인화된 하이라이트를 생성한다.

멀티뷰 및 다각도 카메라 서비스는 사용자가 즉시 시점을 전환할 수 있도록 하며 실시간 통계 오버레이를 호출할 수 있다. 멀티플랫폼용 고품질/저지연 인터랙티브 VR 플레이어 기술과 인터랙티브 VR 콘텐츠를 위한 UI/UX 기술이 차세대 스포츠 시청 경험의 기반이 되고 있다.

인게이지먼트 기능은 채팅, 투표, 베팅, 실시간 커머스 연동을 통해 시청하면서 동시에 참여하는 경험을 확장한다. 이러한 기능들은 단순한 시청을 넘어 팬들이 경기에 직접 참여할 수 있는 몰입형 환경을 조성한다.

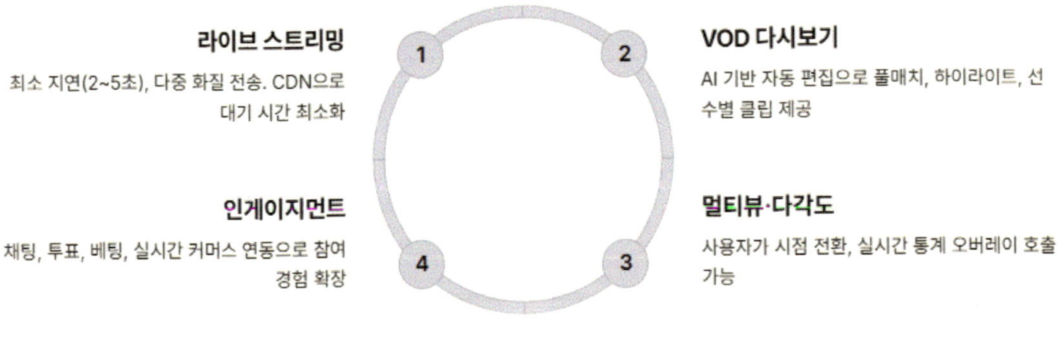

그림 6-8 OTT 핵심 서비스

3) OTT 시청 데이터

OTT 플랫폼은 다양한 형태의 시청 데이터를 수집하고 분석한다. 재생 로그는 시작, 일시정지, 버퍼링, 종료 시점과 함께 기기, 운영체제, 네트워크 정보를 밀리초 단위로 수집한다. 이러한 세밀한 데이터 수집은 사용자의 시청 패턴과 선호도를 정확히 파악하는 데 핵심적인 역할을 한다.

완주율(Completion Rate)은 에피소드, 쿼터, 세트별로 끝까지 시청한 비율을 측정하여 콘텐츠의 몰입도를 평가한다. 스포츠 콘텐츠의 경우 경기 진행 상황과 완주율 간의 상관관계를 분석하여 팬들의 관심도를 실시간으로 측정할 수 있다.

이탈(Churn) 지표는 취소율, 구독 사이클, 휴면 기간 등을 머신러닝을 통해 예측하여 리텐션 캠페인을 실행하는 데 활용된다. 품질 관리(QoE, Quality of Experience) 측면에서는 사용자 관점에서 서비스 수준의 엔드 투 엔드 성능을 측정하고 시스템이 사용자의 요구를 얼마나 잘 충족시키고 있는지를 나타내는 지표들이 활용된다.

4) 데이터 기반 개인화·추천 시스템

OTT 플랫폼은 협업 필터링, 콘텐츠 기반 필터링, 딥러닝 시퀀스 모델을 혼합하여 차세대 콘텐츠, 카메라 각도, 하이라이트를 실시간으로 추천한다. 재생 로그, 검색어, 시청 속도, 좋아요 패턴 등이 벡터화된 팬 프로필로 저장되어, 동일한 경기라도 사용자마다 다른 썸네일과 UI 레이아웃이 노출된다.

그림 6-9 개인화 추천 시스템

이러한 개인화 시스템은 사용자의 과거 행동 패턴과 실시간 상호작용을 종합적으로 분석하여 최적화된 시청 경험을 제공한다. 특히 스포츠 콘텐츠의 경우 팀 선호도, 선수 관심도, 경기 유형별 시청 패턴 등을 복합적으로 고려하여 맞춤형 콘텐츠를 제공한다.

5) OTT의 데이터 활용 전략

OTT 플랫폼은 수집된 데이터를 다각도로 활용하여 서비스를 최적화한다.

A/B 테스트를 통해 버튼 색상, 푸시 알림 타이밍, 가격 쿠폰을 동시 다변량 실험하여 미세한 전환율 차이까지 검증한다. 계층별 가격 정책(Tiered Pricing)은 기본(광고 포함), 프리미엄(광고 제거), 시즌 패스(리그별) 등으로 구획을 세분화하고, 코호트별 생애가치(LTV) 분석을 통해 요금 인상의 충격을 최소화한다.

수익 모델의 다변화가 중요한 전략으로 부상하고 있다. SVOD(구독 비디오 온디맨드)는 특정 서비스 가입에 가입한 소비자가 액세스할 수 있는 콘텐츠로 월별 정액 요금으로 원하는 만큼 얼마든지 볼 수 있다. AVOD(광고 기반 비디오 온디맨드)는 스트리밍 비디오 내 광고를 표시하는 VOD 형식이다. TVOD(거래 비디오 온디맨드) 콘텐츠는 페이 퍼 뷰(pay-per-view) 모델을 통해 구매한다. 광고를 시청하면 온라인동영상서비스(OTT)를 저렴하게 구독할 수 있는 '광고형 요금제(AVOD)' 경쟁이 치열해지고 있다.

콘텐츠 포트폴리오 최적화에서는 경기별 비용 대비 분당 시청 시간을 비교하여 비인기 종목은 클립 중심으로 축소하거나, 인기 종목은 독점 중계권 확보에 투자하는 전략을 수립한다. 실시간 운영 측면에서는 버퍼링이 증가하면 즉시 화질 단계를 조정하고, 동시 시청자가 급증하면 CDN 엣지를 자동 확장하여 지연 시간을 최소화하는 품질 관리를 실시한다.

글로벌 확장 전략도 주요한 성장 동력이다. 웨이브(Wavve)는 코코와(Kocowa)를 통해 글로벌 시장에 진출했다. 북미 지역에 이어 2024년 4월에는 유럽 39개국에서 서비스를 시작했다. 왓챠는 2018년부터 해외 시장에 진출해 K-콘텐츠를 확장하는 전략을 펼치고 있다.

결론적으로, OTT 플랫폼은 데이터 수집에서 알고리즘 적용, 서비스 개선에 이르는 즉시 피드백 루프를 구축하여 라이브, VOD, 멀티뷰 서비스를 개인화함으로써 시청 완주율을 높이고 이탈률을 낮추는 통합적 구조를 완성하고 있다.

4 방송 데이터

1) 전통 시청률 계측

지상파와 케이블 방송의 시청률은 주로 피플미터(People-meter)라는 장치를 설치한 표본 가구를 통해 측정된다. 가구원이 리모컨 버튼을 눌러 시청자를 등록하면 장치가 채널과 시청 시간을 기록하여 시청률(Rating)과 점유율(Share)을 산출한다. 닐슨, BARB 등 글로벌 패널의 규모는 대략 5천~4만 가구 수준이다. 2024년 닐슨은 아웃-오브-홈 패널을 모든 주로 확대하여 스포츠 시청률의 신뢰도를 향상시키고 있다.

표 6-3

피플미터 시스템	한계와 보정
표본 가구에 장치 설치, 가구원이 리모컨으로 시청자 등록 – 채널과 시청 시간 기록 – 시청률(Rating)과 점유율(Share) 산출 – 닐슨, BARB 등 5천~4만 가구 규모	**표본 기반의 구조적 한계** – 대표성 문제 : 가중치 왜곡 가능 – 실시간성 부족 – 셋톱박스 데이터, ACR 기술, 모바일 로그 결합으로 보정

2) 패널 데이터의 한계와 보정

표본 기반 측정 방식은 대표성과 실시간성 측면에서 구조적 한계를 가지고 있다. 인구 구성, 지역, 플랫폼별 가중치가 적절하지 않으면 결과가 왜곡될 수 있으며, 순간적인 시청 변동을 추적하기 어렵다는 문제가 있다. 이러한 한계를 극복하기 위해 닐슨과 Comscore는 빅데이터를 활용한 보정 방식을 도입하고 있다. 셋톱박스 데이터, ACR(Automatic Content Recognition) 기술, 모바일 로그 등을 기존 패널 데이터와 결합하는 하이브리드 모델을 통해 측정 정확도를 높이고 있다.

3) 방송사 내부 운영·광고 데이터

방송 산업에서는 광고 인벤토리와 스폿 단가, 매출, 편성 로그 등이 실시간 수준으로 관리되며, 데이터 기반 운영의 정교화가 빠르게 진행되고 있다. 과거에는 시청률과 시간대별 노출을 중심으로 광고 단가가 책정되었으나, 최근에는 스마트TV·셋톱박스 기반의 시청 데이터를 활용하여 광고를 세밀하게 타깃팅할 수 있는 어드레서블(Addressable) 광고 기술이 도입되고 있다.

대표적으로 Vizio와 DirecTV는 가구 단위의 시청 데이터를 기반으로 한 어드레서블 광고 인벤토리를 공급하며, 광고주가 특정 지역·연령·소득 수준 등의 세그먼트를 설정하여 개별 가구 단위로 맞춤형 광고 송출을 수행할 수 있게 되었다. 이를 통해 광고주는 동일한 예산으로 더 높은 도달률과 전환율을 확보하고, 방송사는 유휴 인벤토리의 재고 효율성과 eCPM(유효 천 회 노출당 비용)을 극대화할 수 있게 되었다.

DirecTV의 2024년 보고서에 따르면, 주소 지정 TV 광고는 이미 미국 광고 시장 내에서 '필수 구매 매체(Must-Buy Media)'로 인식되고 있으며, 2023년 대비 두 자릿수 성장세(+19%)를 기록하고 있다. 특히 광고 노출을 가구 기반으로 세분화하고, 프로그램틱 거래 시스템과 연동함으로써 선형 TV(linear TV) 광고가 가지는 비효율성을 상당 부분 개선하였다.

이처럼 방송 광고의 중심은 시청률 중심의 일괄 판매에서 벗어나 데이터 기반 실시간 운영 모델로 전환되고 있다. 광고 단가와 인벤토리, 매출 로그가 정밀하게 관리되는 환경에서, 방송사는 더 높은 광고 수익을 창출하는 동시에 광고주는 효율적 예산 집행과 정량적 성과 측정을 가능하게 하고 있다.

4) 방송-디지털 통합 분석

현대의 팬들은 TV, 모바일, CTV(Connected TV)를 자유롭게 넘나들며 스포츠 콘텐츠를 소비하고 있다. 이에 따라 방송사들은 전통적인 시청률 중심의 분석을 넘어, 선형 방송과 디지털 플랫폼을 아우르는 통합 시청 지표(Total TV Metric)를 구축하고 있다. 이러한 통합 지표는 시청자의 중복을 제거하고 실제 도달 범위를 정량적으로 산출함으로써, 방송-디지털 간 광고 효율과 콘텐츠 성과를 일관된 기준으로 평가할 수 있도록 한다.

영국의 BARB(Broadcasters' Audience Research Board) 는 이러한 변화를 선도적으로 반영하여, Dovetail Fusion 시스템을 운영하고 있다. 이 프로그램은 패널(panel) 기반 시청률 데이터와 디바이스에서 직접 수집되는 센서스(census) 데이터를 결합해 다중스크린 환경에서의 실제 시청 규모를 추정한다. 패널 데이터가 제공하는 심층적 분석력과 디지털 로그의 전수 데이터를 융합함으로써, 시청자 중복을 최소화하고 총체적 도달 범위를 보다 정확하게 파악할 수 있게 되었다.

또한 글로벌 미디어 분석 기업인 Nielsen은 2023년부터 'Total TV' 측정 체계를 도입하여, 선형 TV·CTV·모바일 플랫폼에서 발생하는 광고 노출을 단일 기준으로 통합 관리할 수 있는 데이터 프레임워크를 구축하였다. 이를 통해 광고주는 플랫폼별로 분리되어 있던 예산을 통합적으로 운영하고, 매체 간 중복 노출을 줄이는 전략적 의사결정을 수행할 수 있다.

뉴질랜드의 TVNZ(Television New Zealand)는 2025년 SureFire 광고 서버를 도입하여, 선형 방송과 디지털 인벤토리를 하나의 대시보드에서 통합 관리하고 있다. 이 시스템은 광고 슬롯 중복 판매나 재고 비효율 문제를 해결하며, 방송과 디지털 캠페인을 동시에 최적화하는 새로운 광고 운영 모델을 제시하였다.

결국 현대의 방송사는 표본(panel) 기반 데이터의 정밀성과 로그(log) 기반 데이터의 확장성을 결합하여, 정교한 타깃 광고·콘텐츠 가치 평가·멀티플랫폼 편성 전략을 동시에 구현하고 있다. 이러한 통합 분석 체계는 방송 산업이 데이터 기반 미디어 생태계로 이행하는 핵심 인프라로 기능하고 있다.

5 시청률과 성과 측정

스포츠 콘텐츠의 성과를 평가할 때 두 가지 핵심 질문이 존재한다: "얼마나 많은 사람에게 도달했는가(Reach)?" 그리고 "얼마나 효율적으로 수익을 창출했는가(Efficiency)?"이다. 전통적으로 방송(선형 TV)과 디지털(OTT·모바일) 영역은 서로 다른 지표 체계를 사용해왔다. 방송은 패널 기반의 시청률 · 점유율 중심이었고, 디지털은 로그 기반의 이용자 참여·완료율·구매전환 중심이었다.

최근에는 이 두 영역이 빠르게 융합되고 있으며, 통합된 측정모델이 확산되고 있다. 예컨대 Nielsen ONE은 선형 방송과 스트리밍·모바일을 아우르는 **크로스-플랫폼 측정 솔루션(Cross-Platform Measurement Solution)**으로서, 중복 시청자를 제거하고 도달(Reach) 및 빈도(Frequency)를 통합 분석한다.

아래는 각 지표군의 요약이다.

1) 기본 시청률 지표

시청률(Rating)과 점유율(Share)은 전통적인 방송 콘텐츠 성과 분석의 핵심 지표이다. 시청률(Rating)은 전체 TV 보유 가구 중 특정 프로그램을 시청한 가구의 비율로, 콘텐츠의 절대적 도달 규모(Reach)를 나타낸다. 반면 점유율(Share)은 해당 시간대에 TV를 시청 중인 가구 중 특정 채널을 선택한 비율로, 경쟁 프로그램 간의 상대적 인기도를 측정하는 지표이다.

이 두 지표는 방송 시장에서 콘텐츠의 광고 가치와 편성 전략을 결정하는 근간이 된다. 예를 들어, 2024년 WNBA 정규시즌은 ESPN 플랫폼 기준 평균 약 119만 명의 시청자를 기록하며 전년 대비 약 170% 증가하였다. 이러한 시청률 상승은 단순히 노출 규모의 증가뿐 아니라, 리그의 브랜드 인지도 및 여성 스포츠 콘텐츠의 시장 경쟁력이 확대되고 있음을 보여주는 대표적 사례로 평가된다.

2) 광고 효과 지표

광고 효과를 측정하는 핵심 지표로는 GRP(Gross Rating Point)와 CPM(Cost Per Mille)이 대표적이다. GRP는 특정 기간 동안의 시청률과 노출 횟수를 곱한 값으로, 광고 캠페인이 목표 시청자에게 얼마나 자주 도달했는지를 나타내는 총노출률이다. 반면 CPM은 1,000회 노출당 비용을 의미하며, 광고 집행의 비용 효율성(Cost Efficiency)을 측정하는 지표이다.

방송과 디지털 광고 모두에서 CPM은 공통적으로 사용되지만, 거래 기준과 산출 방식에는 차이가 있다. 방송 광고에서는 주로 GRP를 기반으로 노출가치를 평가하고 이를 CPM으로 환산하는 방식을 취하는 반면, 디지털 광고에서는 CPM을 기준으로 집행 효율성을 관리하고, 캠페인 리포팅 단계에서 GRP로 환산하여 비교 분석하기도 한다.

이 두 지표는 광고 단가 책정, 타깃 전략 수립, 캠페인 예산 운영 등 스포츠 미디어 비즈니스 전반의 수익 모델을 결정하는 핵심 변수로 기능한다.

3) 디지털 대체 지표(MAU, Watch Time, Completion Rate)

OTT와 모바일 플랫폼이 주요 시청 채널로 부상하면서, 시청 지속성과 참여도 중심의 디지털 지표가 중요하게 활용되고 있다.

대표적으로 MAU(Monthly Active Users)는 월간 활성 이용자 수를 의미하며, 플랫폼의 전체 이용 규모와 시장 점유율을 파악하는 기본 지표이다. Watch Time(시청 시간)은 사용자가 콘텐츠에 머문 시간으로 몰입도와 콘텐츠 충성도를 나타내며, Completion Rate(완료율) 은 콘텐츠를 처음부터 끝까지 시청한 비율로 영상 품질과 광고 수용도를 평가한다.

이와 함께 플랫폼 운영 관점에서는 Churn Rate(이탈률)과 ARPU(Average Revenue Per User, 사용자당 평균 수익) 등을 결합하여 서비스의 건전성과 성장 가능성을 평가한다. 예를 들어, 완료율이 높고 이탈률이 낮은 콘텐츠는 장기 구독 유지에 기여하며, MAU 대비 ARPU 상승으로 이어진다.

결국 이러한 디지털 지표들은 팬의 체류 시간과 재방문 빈도, 소비 전환율을 데이터로 계량화함으로써, 스포츠 콘텐츠의 실질적인 가치와 팬 생태계의 활성화를 측정하는 핵심 수단이 되고 있다.

4) 크로스플랫폼 통합 시청률(Cross-Platform Reach)

현대의 시청자들은 TV, CTV(Connected TV), 모바일 기기를 넘나들며 콘텐츠를 소비하기 때문에, 시청 데이터의 통합 측정이 방송 및 광고 산업의 핵심 과제가 되었다.

이에 따라 측정 기관들은 패널 기반 시청률 데이터와 디바이스 로그 데이터를 결합한 하이브리드 분석 모델을 도입하고 있다.

대표적으로 영국의 BARB(Broadcasters' Audience Research Board) 는 Dovetail Fusion 시스템을 통해 패널 데이터와 센서스(census) 데이터를 융합하여 중복을 제거한 총 도달 범위(Total Reach)를 산출한다. 또한 Nielsen ONE은 선형 TV, 스트리밍, 모바일 등 다양한 플랫폼에서 발생한 광고 노출 데이터를 단일 기준으로 통합해 플랫폼별 중복 시청자를 제거한 고유 도달(Unique Reach)을 제공한다.

이러한 통합 시청률 분석은 광고 예산을 플랫폼별로 효율적으로 분배하고, 캠페인의 실제 성과를 전체적으로 파악할 수 있게 해준다. 즉, 방송과 디지털의 경계를 허무는 데이터 융합형 평가체계가 스포츠 미디어 산업의 표준으로 자리 잡고 있다.

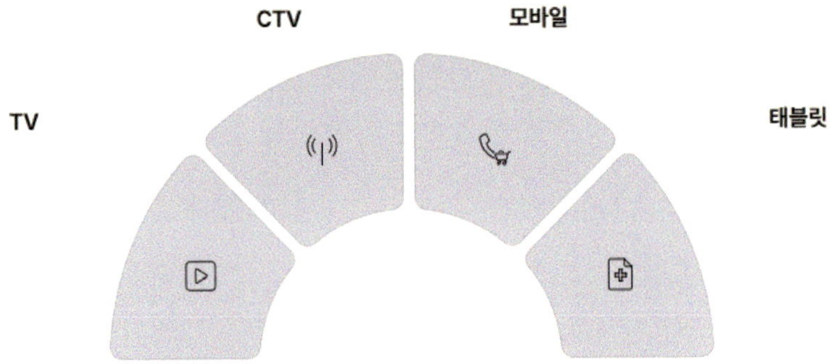

그림 6-10 크로스 플랫폼의 측정 디바이스 종류

5) 시청률 데이터의 비즈니스 활용

시청률 데이터는 단순한 통계 자료를 넘어, 스포츠 산업의 전략적 의사결정 도구로 활용되고 있다. 먼저 편성 최적화 측면에서는 시간대별·경기 유형별 시청률 예측 데이터를 기반으로 중계권 가치를 극대화할 수 있는 시간대에 주요 경기를 배치하고, 저시청률 시간대는 유연하게 재편성한다.

광고 단가 책정에서는 GRP와 CPM이 높게 형성되는 경기나 이벤트(예: 결승전, 라이벌전 등)에 프리미엄 광고 단가를 적용하여 수익을 극대화한다.

중계권 협상에서는 OTT 및 방송 플랫폼이 시청 시간, 완료율, 크로스플랫폼 도달 데이터를 근거로 리그 가치 제고에 대한 기여도를 수치화하여 독점 중계권이나 클립 사용권 협상에서 우위를 점한다.

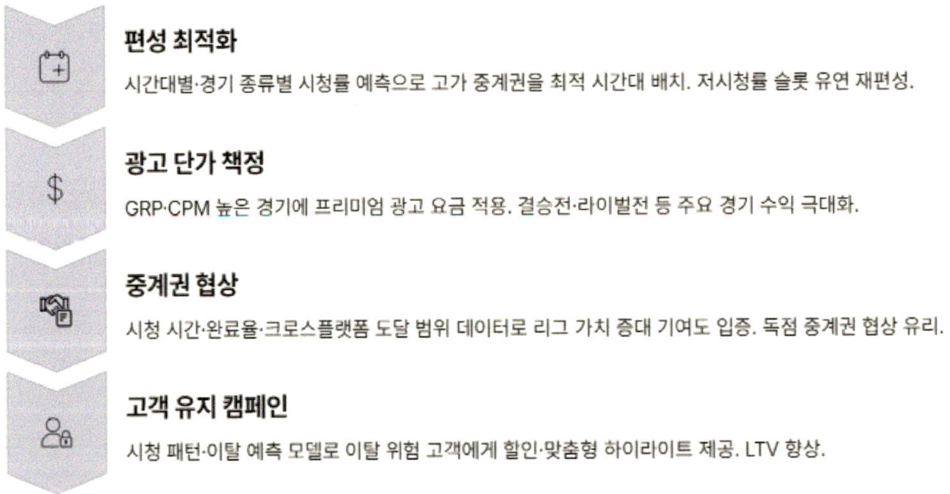

그림 6-11 시청률 데이터의 비즈니스 활용

또한 고객 유지 캠페인에서는 스트리밍 서비스가 시청 패턴과 이탈 예측 모델을 활용해 이탈 위험이 높은 이용자에게 할인 혜택이나 개인 맞춤형 하이라이트를 제공함으로써, 고객 생애가치(Lifetime Value, LTV)를 높이고 구독 지속률을 향상시킨다.

결국 시청률 데이터는 콘텐츠 전략, 광고 영업, 구독 모델 등 스포츠 미디어 전반의 비즈니스 의사결정을 정량화하고 고도화하는 핵심 자산으로 기능하고 있다.

학습 요약

스포츠 미디어는 단순한 경기 중계에서 데이터 기반의 지능형 플랫폼으로 진화하고 있다. 지상파 아날로그 시대의 단방향 수용에서 시작하여 케이블·위성 디지털 시대를 거쳐 현재 OTT·디지털 스트리밍 시대의 탈편성 환경에 이르는 발전 과정에서 데이터는 핵심적 역할을 담당하고 있다.

데이터 활용 측면에서 스포츠 미디어는 시청 패널, 서버 로그, 센서 트래킹, 소셜미디어 등 다양한 수집원에서 생성되는 정형, 반구조화, 비구조화 데이터를 실시간 처리 파이프라인을 통해 콘텐츠 기획, 팬 경험 향상, 마케팅 최적화, 수익 모델 다변화로 연결하는 선순환 구조를 구축하고 있다. 특히 멀티모달 데이터는 AR 그래픽, VR 경기장, AI 리플레이 등 차세대 팬 경험의 기반을 제공한다.

OTT 플랫폼의 부상은 가장 주목할 만한 변화이다. 편성표에 구속되지 않는 온디맨드 환경을 통해 라이브 스트리밍, VOD 다시보기, 멀티뷰 서비스, 인게이지먼트 기능을 제공하며, 데이터 기반의 개인화 추천 시스템과 실시간 품질 관리를 통해 사용자 중심의 서비스 최적화를 실현하고 있다.

전통 방송 영역에서도 패널 기반 시청률 측정의 한계를 극복하기 위한 빅데이터 하이브리드 모델이 도입되고 있으며, 어드레서블 광고를 통한 정밀 타깃팅과 방송-디지털 통합 분석을 통한 크로스플랫폼 성과 측정이 가능해졌다.

현대 스포츠 미디어의 경쟁력은 각 매체의 기술적 역량과 데이터 활용 능력에 의해 결정된다. 방송의 대규모 도달력, OTT의 개인화 서비스, SNS의 실시간 참여 효과를 적절히 결합하여 도달 범위, 통찰력, 참여도를 동시에 극대화하는 것이 성공의 핵심이다.

앞으로 스포츠 미디어는 신기술 도입과 함께 더욱 지능화되고 개인화된 서비스를 제공할 것이며, 팬들은 관람자에서 적극적 참여자로 역할이 확대될 것이다. 궁극적으로 스포츠 미디어와 데이터의 결합은 팬 경험 혁신과 비즈니스 가치 창출을 동시에 달성하며, 스포츠 산업의 디지털 전환을 이끄는 새로운 패러다임을 제시하고 있다.

07 Chapter

스포츠 비즈니스와 데이터 활용

>> 학습 목표

1. 데이터 기반 티켓·가격 전략의 원리를 이해한다.
2. 스마트 경기장 운영과 데이터 인프라의 상호작용을 분석한다.
3. 데이터 기반 신규 수익 모델과 스폰서십 전략을 설계할 수 있다.

1 데이터 기반 티켓·가격 전략

1) 동적 가격 및 수요 예측

(1) 개념 정의

동적 가격 책정은 항공권이나 호텔 요금 결정 방식과 유사하게, 남은 좌석에 대한 수요를 실시간으로 예측하여 가격을 자동으로 조정하는 시스템이다. 이 시스템은 머신러닝 모델을 활용하여 경기력, 상대팀과 선발 투수, 요일과 시간, 날씨, 예매 속도 등 다양한 변수를 종합적으로 분석한다. 48시간에서 72시간 단위로 수요를 재계산하며, 예측치가 변동될 때마다 가격을 몇 달러씩 조정한다.

표 7-1

단계	설명	핵심 지표
① 수요 예측 (Forecasting)	머신러닝(Gradient Boosting, XGBoost, Prophet 등)으로 D시간 후 남을 좌석 수요 Q^t를 예측. 입력 변수는 ① 경기력(최근 승률·ERA·골득실), ② 경기 맥락(라이벌전·플레이오프), ③ 캘린더(요일·공휴일·19:00 이후), ④ 날씨(기온·강수확률), ⑤ 실시간 예매 속도(분당 판매량)	MAE·MAPE
② 가격 최적화 (Optimization)	목표 함수를 Max [기대매출 = Σ p_i × min(Q_i,p_i 수요)]로 두고, • 하한선(시즌권 가격), 상한선(시장 가격 저항) • 잔여 좌석 임계치("80 % 미만 공실 발생 시 추가 할인") 를 제약 조건으로 선형·정수계획법 또는 강화학습(RL)으로 가격 p_i 산출	예상 매출·객단가
③ 실시간 반영 (Execution)	API → 판매 플랫폼(구단 앱·웹·POS)에 가격을 15~60분 단위로 적용. 가격 변경 로그는 다시 모델 학습 데이터로 축적해 루프를 완성	공실률·업셀링율

동적 가격 책정의 주요 목적은 두 가지로 구분된다. 첫째는 잔여 좌석의 공실률을 최소화하는 것이고, 둘째는 고객 1인당 평균 매출인 객단가를 극대화하는 것이다. 이를 통해 구단은 수익성과 좌석 점유율을 동시에 향상시킬 수 있다.

(2) MLB 사례

샌프란시스코 자이언츠는 2009년 MLB에서 가장 먼저 동적 가격 책정(Dynamic Pricing) 시스템을 도입한 구단이다.

초기에는 외야석과 상층석 약 2,000석을 대상으로 시범 운영을 실시했으며, 언론 보도에 따르면 이 기간 동안 약 2만 5,000장의 티켓이 추가 판매되어 약 50만 달러의 추가 매출을 기록했다.

성공적인 결과를 바탕으로 구단은 2010 시즌부터 전 경기·전 좌석으로 시스템을 확대 적용하였다.

현재 자이언츠는 Qcue의 서비스형 소프트웨어(SaaS)를 활용해 판매 추이, 경기 일정, 날씨, 상대팀 등 다양한 요인을 분석하여 실시간 또는 당일 단위로 가격을 조정하며 시장 변화에 대응하고 있다.

(3) 앱 실시간 업그레이드

휴스턴 애스트로스는 MLB 공식 앱(Ballpark App)에 통합된 Pogoseat 기술을 활용해 프리미엄 좌석 업그레이드 서비스를 운영하고 있다.

팬들은 스마트폰에서 몇 번의 터치만으로 빈 프리미엄 석을 구매·결제할 수 있으며, 서비스 도입 초기에는 출시 90 분 만에 약 400 석이 판매되었다는 보도도 있다.

업그레이드 구매 데이터는 구단의 CRM 시스템과 자동으로 연동되어, 다음 경기 티켓 가격 추천이나 개인화 푸시 알림에 활용된다.

이 사례는 모바일 기술과 CRM 데이터를 결합해 팬 경험과 수익 최적화를 동시에 실현한 모범적 모델로 평가된다.

2) 판매 채널 다각화

(1) 1st-Party 지갑

토트넘 홋스퍼는 시즌권과 멤버십 티켓을 모바일 전용 디지털 패스 형태로 운영하며, 모든 티켓은 Apple Wallet, Google Wallet 또는 구단 공식 앱의 디지털 티켓으로만 발급된다.

각 티켓은 입장 게이트에서 한 번만 스캔할 수 있으며, 한 번 사용된 패스는 재입장이나 복제 사용이 불가능하다. 이로써 QR 코드 스크린샷이나 타인 전달을 통한 부정 입장·불법 재판매를 원천적으로 차단한다.

시즌권자나 멤버가 경기 참석이 어려울 경우, 'Ticket Exchange'(재판매) 또는 'Ticket Share'(양도) 기능을 통해서만 구단의 공식 전자 티켓팅 계정 내에서 거래가 가능하다. 이를 통해 중개업체 수수료를 없애고 모든 거래 기록을 구단 데이터베이스로 통합 관리할 수 있다.

(2) 지능형 재판매

FC 바르셀로나는 시즌권자가 경기 관람이 어려울 경우, 자신의 좌석을 구단의 공식 플랫폼인 'Seient Lliure(세이엔트 리브레, 자유석 제도)'를 통해 재판매할 수 있도록 하고 있다.

이 시스템은 시즌권자가 해당 경기의 좌석 사용권을 클럽에 반환하면, 클럽이 그 좌석을 일반 판매 티켓으로 전환하여 구단 공식 채널을 통해 재판매하는 방식이다.

티켓이 판매되면 수익은 구단과 시즌권자가 일정 비율로 분배되며, 판매되지 않을 경우 좌석 권리는 자동으로 시즌권자에게 다시 돌아간다.

이 제도를 통해 FC 바르셀로나는 좌석 점유율을 높이고, 팬들이 보다 유연하게 시즌권을 활용할 수 있도록 하고 있다.

(3) 멀티-터치 푸시

유럽 주요 구단들은 예매율이 낮은 경기에 대해 앱 푸시, 이메일, 문자 등 멀티채널 마케팅을 실시한다.

각 채널별로 다른 메시지나 쿠폰을 실험(A/B 테스트)하여 전환율이 높은 캠페인을 즉시 확대함으로써, 데이터 기반의 실시간 판매 최적화를 달성하고 있다.

3) 팬 맞춤 패키지 설계

(1) 군집별 번들

수요 예측 모델이 도출한 관람 목적과 가격 민감도 기반 세그먼트에 따라 차별화된 상품을 구성한다. 패밀리 콤보는 주말 경기와 어린이 굿즈, 패밀리존 좌석을 결합하고, 애프터-6 패키지는 평일 오후 7시 이후 직장인을 위한 할인권을 제공한다. C-레벨 스위트 번들은 바이어 접대용 프리미엄 스위트와 케이터링을 결합한다. 이러한 상품 구성 차별화를 통해 좌석 점유율과 객단가를 동시에 향상시킬 수 있다.

표 7-2

군집	특징	번들 예시	기대 효과
가족(Family)	30~40대 · 주말 · 3인 이상	Family Combo : 주말 3석 + 어린이 굿즈 + 탄산 리필	좌석 회전 · 굿즈 교차 판매
MZ · F&B	20대 · 야간 · SNS 활발	After–6 패키지 : 19시 이후 30 % 할인 + 바(bar) 바우처	주중 공실률 ↓
기업 · VIP	단가 높은 스위트	Hospitality Suite : 프리미엄 박스 + 케이터링 · 주차	객단가 ↑

(2) 멤버십 등급 차등

KT 위즈는 경기 관람 횟수와 구매 내역에 따라 팬 등급을 분류하는 '위즈 멤버십 리워드 프로그램'을 운영하고 있다.

상위 등급 회원에게는 다음 시즌권 선구매 우선권과 티켓·상품 할인 쿠폰 등을 제공하며, 특정 기간에는 등급별 초청 이벤트 또는 좌석 업그레이드 프로모션도 함께 운영된다.

이러한 등급 기반 혜택 제도를 통해 구단은 고객 충성도와 재방문율을 높이고, 시즌권 갱신률을 향상시키고 있다.

(3) 실시간 프로모션

일부 구단은 경기 당일 잔여 좌석 데이터를 실시간으로 모니터링하며, 판매 속도에 따라 할인 쿠폰을 자동 발행하거나 종료하는 '다이내믹 쿠폰' 전략을 운영한다.

예를 들어 MLB 구단은 Qcue 시스템을, 유럽 클럽들은 SAP Sports One 등을 통해 좌석 재고와 예매 속도 데이터를 수분 단위로 분석해, 수요가 낮을 때는 즉시 한시적 할인 쿠폰을 발행하고 매진 임박 시 자동 종료한다.

이는 항공·호텔의 수익관리 테이블 개념을 스포츠 티켓 재고 관리에 적용한 대표 사례다.

2 데이터 기반 경기장 운영 최적화

현대의 스포츠 경기장은 팬이 인식하지 못하는 사이에도 수천 개의 센서, 카메라, 판매시점관리시스템(POS), 모바일 로그를 수초 단위로 수집하며, 이를 통해 경기장을 하나의 실시간 데이터 네트워크로 전환하고 있다. 이렇게 축적된 데이터는 혼잡 완화, 팬 서비스 개선, 비용 절감으로 이어지는 선순환 구조를 만든다.

1) 현장 혼잡 예측과 자원 배분

토트넘 홋스퍼 스타디움은 좌석 하단에 설치된 약 1,600개의 Aruba 액세스 포인트와 매점 POS 데이터를 통합하여 관중 이동과 구매 패턴을 실시간 예측한다.

예측 수요가 일정 기준을 넘으면 현장 인력 및 POS 단말기를 자동 증편하고, 전광판과 앱을 통해 대기시간이 짧은 푸드존을 안내한다.

이 시스템은 60개 이상의 매점이 전면 무현금 결제로 운영되면서도 결제 대기시간을 크게 줄이는 성과를 보였다.

디트로이트 레드윙스의 리틀 시저스 아레나는 인공지능 기반 군중 계수 솔루션 WaitTime을 도입해, 카메라 한 대당 ±3명 오차 범위로 줄 길이를 추정하고 전광판에 대기시간을 표시한다. 그 결과, 매점 인력 운영이 효율화되어 식음료 매출이 두 자릿수 퍼센트 증가했다고 보고되었다.

NFL 샌프란시스코 49ers는 SAP HANA 기반 'Executive Huddle' 시스템을 통해 약 7만 명의 관중, 3천 명의 직원, 1만 5천 대의 차량 데이터를 30초 이내로 통합한다.

혼잡 경고가 발생하면 운영팀이 즉시 안내 동선을 변경하고 POS 및 청소 인력을 재배치하여 팬 체류시간을 단축한다.

2) 환경·서비스 실시간 모니터링

암스테르담의 요한 크루이프 아레나는 허니웰(Honeywell)의 빌딩관리시스템과 4,200장의 태양광 패널, 148개의 전기차 배터리를 통합한 에너지 관리 플랫폼을 구축했다.

이 2 MW급 배터리 시스템은 피크 시간대 전력망 부하를 완화하고 냉난방 에너지 사용량을 약 15 % 절감하였다. 49ers는 Executive Huddle에 전기·가스·수도 계량기를 연동해 누수나 과다 사용을 실시간 감지하며, 2023시즌에는 공공요금 비용이 약 7 % 절감된 것으로 보고되었다.

탄소배출 절감 데이터는 구단의 ESG 리포트에 반영되어 운영 효율과 지속가능성을 동시에 강화했다.

3) 운영 KPI 대시보드와 비용 관리

데이터를 효율적으로 활용하기 위해 구단들은 운영 KPI 대시보드를 구축한다. Executive Huddle은 관중 대기시간, 순추천지수(NPS), 1인당 식음료 매출, 인건비 대비 매출비율, 전력 사용량 등의 핵심성과지표(KPI)를 실시간으로 업데이트한다.

SAP HANA 시스템을 도입한 49ers는 이러한 데이터 기반 의사결정을 통해 식음료 매출 증가와 인건비 절감, 팬 만족도 향상을 동시에 달성했다고 밝혔다.

토트넘 홋스퍼 역시 POS 데이터와 센서 네트워크 투자를 수년 내 회수 가능한 수준으로 평가하며, 에너지 절감·추가 매출·인건비 효율 개선 효과를 종합적으로 산정하고 있다.

3 디지털 기반 신규 수익 모델

데이터가 고도화되면 경기당 매출을 넘어서 24시간 365일 지속되는 수익 흐름을 설계할 수 있다. 핵심은 콘텐츠를 직접 판매하고, 디지털 자산을 발행하며, 데이터 자체를 상품화하여 팬과 기업, 플랫폼에 동시에 판매하는 것이다.

1) 자체 OTT 및 구독 서비스

구단이 직접 운영하는 자체 OTT 서비스는 콘텐츠·결제·시청 데이터를 모두 구단이 통제할 수 있다는 점에서 높은 가치를 지닌다.

토트넘 홋스퍼의 SpursPlay(2022 출시) 나 FC 바르셀로나의 Barça TV +(2020 출시) 처럼, 연간 구독료를 받고 프리시즌 경기·다큐멘터리·분석 영상 등을 독점 제공한다. OTT 시청 데이터는 구단의 고객관계관리(CRM) 시스템과 연계되어 티켓·굿즈 추천이나 멤버십 업그레이드 시점을 정교하게 조정하는 데 활용된다.

구독료 외에도 이용 데이터를 바탕으로 한 맞춤형 광고 및 부가 판매가 새로운 매출원으로 부상하고 있다. 다국어 자막과 현지 가격 정책을 적용하면 즉시 글로벌 팬을 대상으로 확장할 수 있다는 점도 장점이다.

2) 팬 토큰·NFT·디지털 수집품

블록체인 기반 팬 참여 자산은 '소유 + 참여'를 결합한 신규 상품이다. 팬 토큰은 토큰 보유자에게 유니폼 디자인 투표, 클럽 행사 참여 등의 권한을 부여하며, 활동 데이터가 CRM에 축적되어 팬 세분화 마케팅에 활용된다.

NFT 디지털 수집품은 NBA 탑샷(NBA Top Shot) 과 같이 희소성이 있는 하이라이트 클립을 토큰화하여 1차 판매와 2차 거래 로열티로 수익을 창출한다. 이러한 디지털 자산은 팬에게 새로운 소유 경험을 제공하고, 구단에는 투명한 온체인 거래 데이터를 남긴다.

다만, 증권성 판단·저작권 및 상표권 관리·AML / KYC 규제 등 법적 리스크에 대비한 사전 설계가 필수적이다.

3) 데이터 라이선싱 및 API 판매

경기장 및 리그 시스템에서 생성되는 트래킹 데이터는 새로운 B2B 상품으로 활용되고 있다.

예를 들어 Sportradar 와 Stats Perform은 밀리초 단위의 프리미엄 피드를 베팅 업체에, 가공 통계·히트맵 등의 파생 데이터를 중계 방송사에, 역사적 데이터 세트를 연구기관에 판매한다.

데이터 상품의 가격은 지연 시간(latency)과 가용성(uptime) 보장 수준에 따라 차등 책정되며, 일반적으로 99 % 이상의 가용성을 유지하는 것이 경쟁력으로 평가된다. 개인정보 비식별화와 저작권 정리 같은 법적 조건이 선결되어야 하며, 위반 시 계약 해지 또는 과징금 리스크가 발생할 수 있다.

4 데이터-driven 스폰서십 세일즈

스폰서십은 더 이상 로고와 연간 단가로 끝나는 단일 가격표가 아니다. 구단과 리그는 노출도, 팬 반응, 브랜드 적합도를 실시간으로 측정하여 계약을 설계하고, 방송과 지역, 팬 세그먼트마다 가격을 세분화하여 판매한다. 이러한 과정은 세 단계로 구성된다.

1) AI 노출 측정과 가치 산정

비전 엔진이 중계 영상과 SNS 클립의 모든 프레임을 스캔해 로고 픽셀, 노출 시간, 화면 위치를 계산하고, 득점 장면·하이라이트 여부를 가중치로 반영해 미디어 등가 가치(EMV)로 환산한다.

여기에 좋아요·댓글·공유 등 팬 참여 데이터와 링크 클릭·쿠폰 사용률 등 행동 데이터를 결합해 노출 가치와 실제 매출 간 상관관계를 분석한다. 스폰서는 대시보드에서 로고 1회 노출당 단가를 실시간 확인하고, 구단은 이를 다음 시즌 가격 책정의 근거로 활용한다.

2) Brand-Fit 매칭 알고리즘

팬의 연령, 지역, 관심사, 소비 데이터를 기반으로 구단 팬 프로필을 정의하고, 브랜드의 산업·핵심 가치·커뮤니케이션 톤을 동일 차원에서 분석해 브랜드 적합도(Brand Fit Score)를 산출한다.

적합도가 높은 브랜드를 중심으로 스폰서 패키지를 설계하면, 구단은 제안 단계에서 성과 예측치(예: 적합도 20점 상승 → 노출 10 % 증가 추정)를 제시할 수 있다.

3) 가상 LED·지역별 CPM 차등화

가상 LED 광고 교체 기술을 활용하면 같은 경기 장면이라도 방송국·지역별 피드에서 서로 다른 광고가 노출된다.

예를 들어 유럽에는 맥주 브랜드, 중동에는 무알코올 음료, 아시아에는 전자상거래 로고가 표시된다. 리그와 구단은 지역의 소비력과 팬 규모를 기준으로 CPM(천 회 노출당 단가)을 차등 책정하여 동일 경기의 인벤토리를 복제하듯 판매할 수 있다.

또한 실시간 시청률과 클릭률 데이터를 기반으로 가격을 즉시 조정해 광고주의 투자 효율을 높인다.

5 사례 연구 및 재무 임팩트 비교

데이터 기반 운영과 수익화는 단순한 기술 혁신을 넘어 스포츠 산업의 핵심 경쟁력으로 자리 잡았다.

국내외 구단과 리그는 데이터를 활용해 가격 전략·디지털 구독·스폰서십 모델을 고도화하며, 경기장 내외의 모든 접점을 수익 흐름으로 전환하고 있다. 아래의 사례들은 데이터가 어떻게 실제 재무 지표 개선으로 이어졌는지를 보여준다.

1) 국내 사례

(1) 티켓 및 가격 전략 – NC 다이노스

창원을 연고로 한 NC 다이노스는 2022 시즌 KBO 리그 최초로 AI 기반 동적 가격 책정(Dynamic Pricing)을 전 좌석에 도입했다.

알고리즘은 상대팀·요일·날씨·예매 속도 등 여러 변수를 분석해 경기 3일 전후의 수요를 예측하고 가격을 자동 조정한다. 팬은 예매 화면에서 변동 가격을 실시간으로 확인할 수 있으며, 보도에 따르면 도입 첫 시즌 매출이 약 18 %, 판매량이 10 % 가량 증가했다. 이후 구단은 2023 시즌부터 전 경기 상설 운영 제도로 전환했다.

이 사례는 데이터 기반 가격 정책이 실제 매출 증가와 팬 참여 확대로 연결된 대표적 국내 사례다.

(2) 디지털 수익 모델 – KBO 중계 유료 구독 전환

KBO는 2024년 지상파 무료 중계에서 벗어나 온라인 플랫폼 TVING과 제휴하여 월 5,500원 유료 구독제를 도입했다.

로그인과 결제 과정에서 수집되는 시청 데이터는 CRM 시스템과 연동되어 개인별 하이라이트 추천, 티켓 할인 푸시, 굿즈 프로모션 등에 활용된다.

KBO는 무료 시범 기간 이후 16만 명의 유료 전환 가입자를 공식 발표하며, 디지털 구독이 새로운 매출 축으로 부상했음을 밝혔다. 이는 국내 리그에서 자체 OTT형 모델을 성공적으로 적용한 사례로 평가된다.

2) 해외 사례

(1) 티켓 및 가격 전략 – 휴스턴 애스트로스

메이저리그 구단 휴스턴 애스트로스는 기술 파트너 Pogoseat과 협력하여 MLB 공식 앱 내 좌석 업그레이드 기능을 도입했다.

팬은 경기 당일 스마트폰에서 남은 프리미엄 좌석으로 즉시 이동할 수 있고, 결제는 모바일로 완료된다. 업그레이드 데이터는 구단 CRM에 즉시 연동되어 향후 가격 추천과 개인화 마케팅에 활용된다. 이 시스템은 앱 기반 실시간 업셀링 을 통해 좌석 활용률과 팬 경험 모두를 향상시킨 대표 사례다.

(2) 경기장 운영 최적화 – 토트넘 홋스퍼 스타디움

잉글랜드 프리미어리그 토트넘 홋스퍼는 62,000 석의 신구장을 개장하면서 전면 무현금 결제 시스템과 통합 운영 플랫폼을 도입했다.

1,600여 개의 Wi-Fi 액세스 포인트와 IoT 센서를 활용해 POS 데이터·관중 흐름·혼잡도를 실시간 분석하며, AI가 대기열을 예측해 인력과 매장 운영을 조정한다.

그 결과 결제 속도가 30 % 가량 단축되고 매출이 증가하는 성과를 거두었으며, 이 경기장은 유럽 최초의 '완전 연결형(fully connected)' 스마트 스타디움으로 평가된다.

(3) 디지털 수익 모델 – FC 바르셀로나 바르사 TV 플러스

스페인 라리가 FC 바르셀로나는 2020년 자체 OTT 플랫폼 Barça TV Plus를 출시해 전 세계 팬에게 독점 콘텐츠를 구독형으로 제공한다. 다큐멘터리·하이라이트·아카이브 영상 등을 140여 개국에 서비스하며, 클럽 연차보고서에는 OTT·이커머스·팬 데이터 활용을 통합한 디지털 매출 구조의 성장이 언급된다.

이 플랫폼은 스폰서십 캠페인, 티켓, 굿즈 판매까지 연동되는 디지털 생태계의 핵심으로 자리 잡았다.

(4) 스폰서십 전략 – 유럽축구선수권대회 2024 가상 보드 교체

UEFA는 2024 유럽축구선수권대회(EURO 2024)에 Supponor의 가상 LED 광고 기술을 공식 적용했다. AI 영상 합성 시스템이 국가별 중계 피드에 서로 다른 브랜드를 실시간 삽입해, 주류 광고가 제한된 지역에는 무알코올 음료, 아시아 지역에는 전자상거래 로고를 노출한다.

이 기술은 단일 경기에서도 국가별 맞춤 스폰서 노출을 가능하게 하여 글로벌 광고 효율을 극대화한 대표 사례로 평가된다.

6 전략적 시사점과 미래 로드맵

앞서 살펴본 사례들은 데이터를 수집하고 분석하여 즉시 실행하는 조직이 티켓, 식음료, 스폰서, 온라인 동영상 서비스의 모든 단계에서 매출을 증대시키고 비용을 절감한다는 사실을 보여주었다. 이제 남은 과제는 팬 생애가치를 최대한 확장하고, 데이터 거버넌스로 조직 전반의 투명성과 민첩성을 확보하며, 인공지능에게 반복적 의사결정을 점진적으로 이양하는 것이다.

1) 팬 LTV 극대화 전략

(1) 다층 지갑 구조 구축

티켓·멤버십·OTT 시청·디지털 자산 등 팬 접점을 단일 Fan-ID 기반 CDP/CRM으로 통합하고(예: 데이터 레이크/레이크하우스), 시청·구매·참여 로그를 한 화면에서 조회해 LTV 시뮬레이션과 '다음 베스트 오퍼' 설계를 정교화한다.

(2) 경험과 금융 서비스의 결합

토큰·NFT 기반 리워드·스테이킹은 참여를 구매·재방문으로 전환하는 수단이 될 수 있으나, MiCA 등 규제 준수(발행 백서, KYC/AML, 소비자 보호) 프레임 속에서 설계·운영해야 한다.

(3) 이탈 예측 및 고객 유지 엔진

시청/구매/참여 로그에 서바이벌 분석 + 순환/트랜스포머 기반 시퀀스 모델을 결합해 이탈 확률을 실시간 추정하고, 고위험군에 쿠폰·업그레이드·UGC 과제를 자동 제공한다(인프라: CDP → 마테크/푸시 시스템 연동)

2) 운영·재무 데이터 거버넌스

(1) 단일 데이터 계층 채택

경기장 센서, 판매시점관리시스템, 고객관계관리시스템, 온라인 동영상 서비스, 블록체인 로그까지 모두 Delta Lake나 Iceberg 같은 ACID 속성과 스트리밍을 지원하는 레이크하우스로 통합하는 것이 전제이다. 파편화된 데이터 마트, 스프레드시트, CSV 파일이 남아 있으면 핵심성과지표 계산이 부정확해지고 인공지능 학습 데이터 품질도 저하된다.

(2) 실시간 재무 핵심성과지표

운영·재무 KPI(매출·인건비·에너지·NPS)를 단일 대시보드로 통합해 현장·재무 조직이 동일 데이터에 기반한 의사결정을 수행한다(예: 49ers의 SAP HANA 기반 'Executive Huddle').

(3) 정책 및 규제 컴플라이언스

데이터 카탈로그에 개인정보·결제·위치·온체인 지갑 주소 등 민감 항목을 스키마 수준으로 태깅하고, 정책 기반 접근제어(ABAC) + DLP/마스킹을 적용한다. 암호자산·토큰 연계 서비스는 MiCA/AML에 부합하도록 백서 등록, KYC/거래모니터링, 관할 규정 준수를 전제로 한다.

3) AI 자율 가격·운영의 도래

(1) 강화학습 기반 가격 파일럿

규칙·수요모형 중심의 DP에서 강화학습(RL) 기반 정책으로 전환하면, **수익·점유율·만석률(또는 불만 지표)**을 다목표로 동시 최적화할 수 있다. 초기에는 샌드박스/시뮬레이션 + 제한된 블록 A/B 테스트로 검증 후 단계적 확대가 권장된다.

(2) 자율 운영 시스템

혼잡 예측·스태핑·HVAC·가상광고 슬롯 운용 등은 권고→승인 기반 자동화 단계부터 도입하고, 안전·윤리 체크리스트를 통과한 후 선택적 자동 집행(예: 저위험 정책)을 적용한다.

(3) 시뮬레이션 및 디지털 트윈

고해상도 디지털 트윈(BIM+IoT+운영 데이터)을 구축해 시나리오 시뮬레이션(주말 우천·더비전 등)과 운영 파라미터(게이트·스태핑·HVAC·F&B라인) 최적화를 사전 검증한다. 이미 SoFi Stadium 등에서 운영용 디지털 트윈이 상용 가동 중이다.

학습 요약

스포츠 비즈니스에서 데이터 활용은 전통적인 수익 구조를 혁신하며 새로운 가치를 창출하고 있다.

첫째, 데이터 기반 티켓 및 가격 전략은 실시간 수요 예측과 동적 가격 조정을 통해 좌석 점유율과 객단가를 동시에 향상시켰다. 예컨대 국내 구단인 NC 다이노스는 2022 시즌부터 AI 기반 전 좌석 동적가격 제도를 도입했고, 언론 보도 기준으로 첫해 매출 약 18 % 증가, 판매량 약 10 % 상승을 기록했다. 북미 구단인 휴스턴 애스트로스도 앱 기반 좌석 업그레이드 시스템을 통해 업셀링 전환율을 대폭 개선했다.

둘째, 경기장 운영 최적화는 수천 개의 센서와 인공지능을 활용해 혼잡 예측과 자원 배분을 실시간으로 수행함으로써 운영비용을 절감하고 팬 만족도를 높인다. 예컨대 토트넘 홋스퍼 스타디움은 결제 속도를 약 30 % 단축했으며, 샌프란시스코 49ers는 식음료 매출을 한 자리수 이상 증가시켰다.

셋째, 디지털 기반 신규 수익 모델은 경기 당일 매출 중심에서 벗어나 24시간 365일 구독·디지털 자산·데이터 라이선싱으로 시간 제약을 넘어선 수익 흐름을 설계한다. 예컨대 KBO는 유료 구독 가입자 16만 명을 확보했고, FC 바르셀로나는 자체 OTT 플랫폼을 통해 디지털 매출 구조를 강화했다. 팬 토큰·NFT는 소유와 참여를 상품화하며, 데이터 라이선싱은 경기장 데이터 자체를 고마진 상품으로 전환한다.

넷째, 데이터 기반 스폰서십 영업은 브랜드 노출과 참여 데이터를 측정해 스폰서십이 단순 광고에서 데이터 기반 마케팅 솔루션으로 진화하고 있음을 보여준다. 예컨대 UEFA Euro 2024에서는 광고 인벤토리의 지역별 최적화와 실시간 데이터를 기반으로 상업권 수익이 전회 대비 약 15 % 증가했다.

궁극적으로 데이터 기반 스포츠 비즈니스는 팬 경험의 개인화, 운영 효율성의 극대화, 새로운 수익원의 창출이라는 세 축이 상호 작용하며 스포츠 산업의 지속가능한 성장 동력을 제공한다. 이러한 변화는 단순한 기술 도입을 넘어 비즈니스 모델의 근본적 진화를 의미하며, 데이터를 전략적 자산으로 활용하는 조직만이 미래 경쟁에서 우위를 점할 수 있을 것이다.

PART 3

스포츠 데이터 분석 기획과 모델링

08 Chapter
스포츠 데이터 분석 기획

>> 학습 목표

1. 스포츠 데이터 분석의 사고 구조와 스토리텔링 과정을 이해한다.
2. 빅데이터 분석 기획의 핵심 요소와 절차를 설계할 수 있다.
3. 스포츠 데이터 프로젝트의 운영 체계와 협업 방식을 적용할 수 있다.

1 분석적 사고와 스토리텔링

스포츠 구단, 리그, 미디어 기업은 일상적으로 세 가지 핵심 질문에 직면한다. “무엇이 일어나고 있는가?”, “왜 그런 일이 벌어졌는가?”, “그래서 우리는 무엇을 해야 하는가?”이다. 이러한 질문에 답하기 위해서는 방대한 경기 기록, 선수 트래킹 데이터, 팬 행동 로그, SNS 감정 데이터 등을 숫자에서 인사이트로, 인사이트에서 행동으로 번역하는 체계적인 사고 체계가 필요하다.

이러한 사고 체계의 핵심은 분석적 사고(Analytical Thinking)와 스토리텔링(Storytelling)이다. 분석적 사고는 데이터를 통해 현상을 해부하고 논리적으로 설명하는 기본 역량이며, 스토리텔링은 그 논리를 이해관계자들이 실제 행동으로 옮길 수 있도록 설득하는 커뮤니케이션 기술이다. 두 능력이 결합될 때 데이터는 단순한 보고서를 넘어 전술, 마케팅, 경영 의사결정을 가속화하는 엔진 역할을 수행한다.

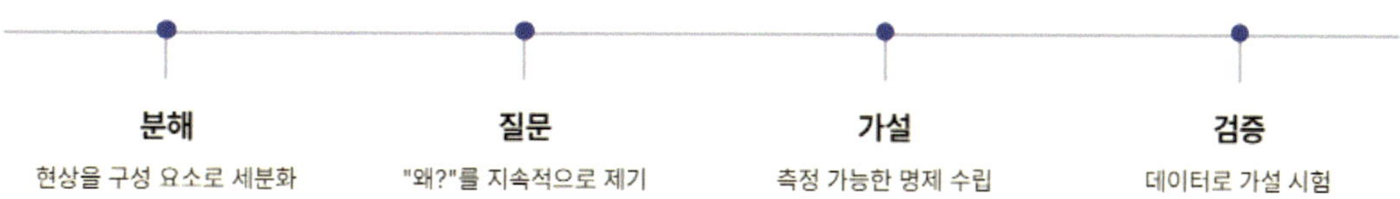

그림 8-1 분석적 사고의 정의

1) 분석적 사고(Analytical Thinking) 정의

분석적 사고는 복잡한 현상을 세분화하고(Decompose), 이를 질문으로 전환하며(Question), 가설을 수립하고(Hypothesis), 데이터를 통해 검증하는(Validate) 일련의 논리적 활동을 의미한다. 이 과정의 핵심은 "왜?"라는 질문을 지속적으로 제기하고, 그 답을 측정 가능한 지표로 전환하는 능력이다.

예를 들어, "홈경기 관중이 감소하였다"는 현상을 발견했을 때 분석적 사고는 다음과 같이 전개된다. 먼저 현상을 분해하여 관중 감소가 특정 요일, 시간대, 상대팀에서 두드러지게 나타나는지 데이터를 세분화하여 분석한다. 다음으로 "평일 저녁 경기의 관중 감소율이 주말 경기보다 높은가?"와 같은 구체적인 질문을 도출한다. 이어서 "퇴근 시간 교통체증으로 인한 경기장 접근성 저하가 원인일 것이다"라는 가설을 설정한다. 마지막으로 교통 지표와 관중 수치 간의 상관관계를 분석하고, 대중교통 개선 후의 변화를 측정하여 가설을 검증한다.

(1) 데이터-질문-가설-검증 순환 고리

분석적 사고는 다섯 단계의 정교한 구성 요소가 유기적으로 연결된 순환 구조를 형성한다.

첫 번째 단계는 데이터 관찰이다. 원시 데이터를 면밀히 검토하여 패턴과 이상치를 식별한다. 예를 들어, 농구팀의 슛 차트(Shot Chart)를 분석하다가 왼쪽 코너 3점슛의 성공률이 유독 낮다는 사실을 발견할 수 있다. 두 번째 단계는 질문 설정이다. 관찰에서 그치지 않고 "왜 그런 현상이 나타나는가?"를 구체적인 문장으로 구성한다. "왼쪽 코너 3점슛 성공률이 낮은 이유는 무엇인가?"와 같이 원인을 탐구하는 질문을 체계적으로 정리한다.

세 번째 단계는 가설 수립이다. 가능한 원인들을 'If-Then' 구조로 가설화한다. "만약 수비 압박 강도가 높다면, 코너 3점슛 성공률이 저하될 것이다"와 같이 검증 가능한 명제로 정의한다. 네 번째 단계는 검증 실행이다. 데이터 수집 범위와 분석 방법론을 결정한다. 슛 위치, 수비자와의 거리, 시간대별 정보를 회귀분석을 통해 수비 압박이 성공률에 미치는 영향을 정량화한다.

다섯 번째 단계는 인사이트 도출이다. 분석 결과가 가설을 지지한다면 "왼쪽 코너에서는 슛보다 컷인 플레이를 증가시키자"와 같이 실행 가능한 제안을 도출한다. 만약 결과가 가설을 반박한다면, 새로운 가설을 수립하여 순환 구조를 재가동한다. 이 순환 고리를 빠르게 돌릴수록 '데이터 → 행동' 전환 속도가 빨라진다.

표 8-1

단계	핵심 질문	산출물	스포츠 예시
데이터 관찰	무슨 패턴·이상치가 보이나?	현상 메모	슛 성공률이 특정 구역에서 낮다
질문 설정	왜 이런 현상이 일어났을까?	분석 질문 리스트	"왼쪽 윙 슛 정확도가 낮은 이유는?"
가설 수립	어떤 요인이 가장 유력한가?	If-Then 가설	"수비 압박 강도가 높아서일 것이다."
검증 실행	가설을 어떻게 시험할까?	분석 방법·지표	슛 위치·수비자 거리 데이터를 회귀 분석
인사이트 도출	결과가 시사하는 바는?	통찰·제안	왼쪽 윙에서 슛 대신 컷인 전술 강화

(2) MECE 원칙 · Six-Thinking-Hats 적용

① MECE(Mutually Exclusive, Collectively Exhaustive) 원칙

MECE는 문제를 상호 배타적이면서 전체를 포괄하는 방식으로 구조화하는 기법이다. 예를 들어, 관중 감소 원인을 경기 관련 요인, 접근성 요인, 팬 혜택 요인, 마케팅 노출 요인으로 분류하면 각 범주가 겹치지 않으면서도 전체 원인을 포괄적으로 다룰 수 있다.

그림 8-2 MECE원칙

② Six Thinking Hats(에드워드 드 보노의 6색 사고모자)

이는 서로 다른 색상의 모자로 상징되는 여섯 가지 시각을 통해 사고의 다각화를 도모하는 기법이다. 흰색 모자는 사실과 정보에, 빨간색 모자는 감정과 직관에, 검은색 모자는 위험과 주의사항에, 노란색 모자는 긍정적 측면에, 녹색 모자는 창의적 대안에, 파란색 모자는 사고 과정의 조정에 초점을 맞춘다.

분석팀 워크숍에서 이 순서대로 의견을 개진하면, 숫자 중심의 사고에서 놓치기 쉬운 감정적 요소, 위험 요소, 창의적 대안까지 균형 잡힌 결론에 도달할 수 있다.

표 8-2 시즌권 인상 논의 예시

모자 색	사고 모드	스포츠 예시
흰색	사실·데이터	"지난 5년 평균 물가 상승 4 %, 구단 운영비 6 %↑"
빨간색	감정·직관	"팬들은 가격 인상을 '배신'으로 느낄 수 있다"
검은색	위험·비관	"빈 경기장 TV 중계는 스폰서 노출에 악영향"
노란색	긍정·이득	"추가 수익으로 스타 선수 재계약 가능"
녹색	창의·대안	"평일 경기만 할인하는 변동 요금제 도입"
파란색	조정·결론	"1단계 3 % 인상 + 변동 요금제 실험"

(3) 데이터 리터러시 · 비판적 사고 · 창의적 시각의 교차

분석가에게 요구되는 세 가지 핵심 역량은 상호 보완적 관계를 형성하며 입체적 사고를 구축한다.

데이터 리터러시는 숫자를 해석하고 시각화하여 효과적으로 전달할 수 있는 기본 역량이다. 예를 들어, 야구의 OPS(On-base Plus Slugging)나 축구의 xG(Expected Goals)와 같은 복합 지표를 코치진이나 마케팅 팀에게 명확하고 이해하기 쉽게 설명하는 능력이 이에 해당한다.

비판적 사고는 "정말 그러한가?"라는 의문을 지속적으로 제기하는 역량이다. 표본의 충분성, 상관관계와 인과관계의 구분, 대안 모형의 존재 여부 등을 끊임없이 점검하여 분석 오류를 최소화한다.

창의적 시각은 데이터 간의 예상치 못한 연결고리를 발견하는 능력이다. GPS 위치 기반 열지도와 팬들의 SNS 감성 지도를 결합하여 '흥행 존(Zone)'을 식별하는 것처럼, 기존 데이터에 새로운 관점의 질문을 제기한다.

표 8-3

요소	설명	스포츠 실무 적용
데이터 리터러시	데이터를 읽고 해석하며 시각화할 수 있는 기본 역량	야구 OPS·축구 xG 같은 복합 지표를 현장 코치에게 설명
비판적 사고	가설·결과의 허점을 찾아 반증 데이터를 요구	"표본 크기가 작아 우연일 수 있다"는 시나리오 점검
창의적 시각	데이터에서 예상치 못한 연결고리를 발견	GPS 열지도 + 팬 SNS 감성 지도를 겹쳐 '흥행 존(Zone)' 발견

이 세 가지 역량이 교차하는 지점에서 혁신적인 전략이 탄생한다. 예를 들어, "스마트폰 라이트 쇼를 통한 경기장 분위기 개선"이라는 창의적 아이디어를 데이터 리터러시를 통해 관중 반응과 SNS 버즈 분석으로 검증하고, 비판적 사고를 통해 화재 안전이나 시야 방해 등의 위험 요소를 점검하면 실행 가능성을 크게 향상시킬 수 있다.

2) 스포츠 문제 구조화 3-Step

효과적인 데이터 분석은 문제의 정확한 정의에서 출발한다. 현상 파악, 가설 수립, 검증 설계의 3단계 구조화 과정은 문제를 직감이 아닌 증거 기반으로 체계화하는 방법론을 제공한다.

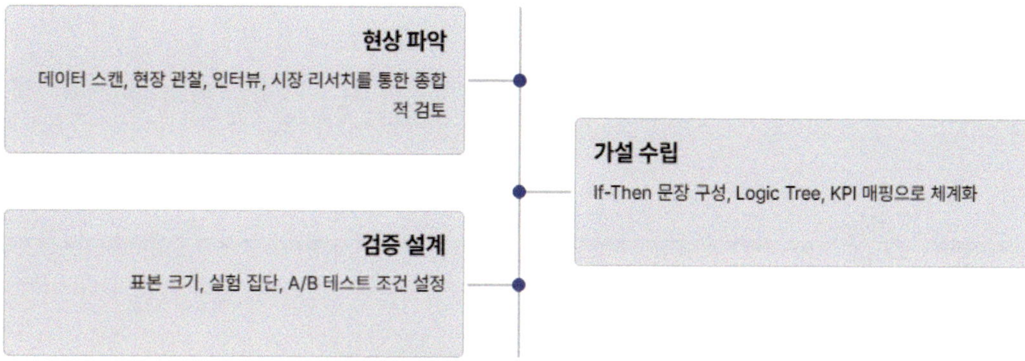

그림 8-3 스포츠 문제 구조화 3-Step

(1) 현상 파악 — 관찰 · 인터뷰 · 시장 리서치

현상 파악 단계에서는 데이터, 인적 자원, 시장이라는 세 가지 축을 종합적으로 검토해야 한다. 이러한 다각적 접근은 '숫자상으로는 이상이 없으나 현장에서는 불만이 폭발하는' 상황과 같은 정보 비대칭을 방지할 수 있다. 이는 데이터상 이상이 없더라도, 현장 인터뷰나 팬 설문을 통해 '숫자에 드러나지 않는 불만'(예: 서비스 경험, 접근성)을 발견할 수 있게 한다.

데이터 축에서는 정량적 지표를 통해 현상의 규모와 추이를 파악한다. 인적 자원 축에서는 선수, 코치진, 팬, 직원들과의 인터뷰를 통해 정성적 정보를 수집한다. 시장 축에서는 경쟁사 동향, 산업 트렌드, 외부 환경 변화를 조사하여 맥락적 이해를 높인다.

표 8-4

요소	설명	스포츠 실무 적용
데이터 스캔	데이터를 읽고 해석하며 시각화할 수 있는 기본 역량	야구 OPS·축구 xG 같은 복합 지표를 현장 코치에게 설명
현장 관찰	가설·결과의 허점을 찾아 반증 데이터를 요구	"표본 크기가 작아 우연일 수 있다"는 시나리오 점검
인터뷰	가설·결과의 허점을 찾아 반증 데이터를 요구	"표본 크기가 작아 우연일 수 있다"는 시나리오 점검
시장 리서치	데이터에서 예상치 못한 연결고리를 발견	GPS 열지도 + 팬 SNS 감성 지도를 겹쳐 '흥행 존(Zone)' 발견

(2) 가설 수립

① If-Then 문장 구성

가설은 조건과 결과를 명확히 연결하는 If-Then 구조로 작성한다. 예를 들어, "만약 평일 19시 킥오프 시간이 유지된다면, 20대 관중 비중은 10% 이하로 감소할 것이다"와 같이 구체적이고 측정 가능한 형태로 표현한다.

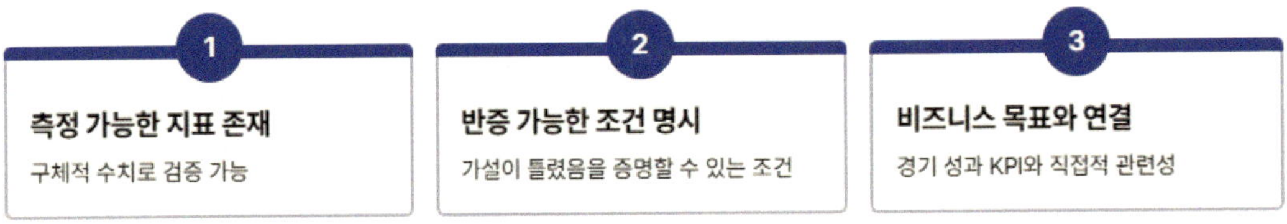

그림 8-4 가설 수립: If-Then구조

② Logic Tree 구성

Logic Tree는 문제를 계층적으로 분해하는 도구이다. 관중 감소라는 상위 문제를 시간 요인, 가격 요인, 콘텐츠 요인으로 1차 분해한 후, 시간 요인을 다시 경기 시작 시각과 교통 혼잡으로 세분화한다. 이러한 구조화를 통해 분석 과정에서 발생할 수 있는 누락이나 중복을 시각적으로 확인할 수 있다.

③ KPI 매핑

각 가설에 대응하는 핵심성과지표(KPI)를 설정한다. 시간 요인 가설의 경우 평일 관중 수, 평균 입장 시각, 교통 체증 지수를 KPI로 설정하여 검증 논리를 명확히 한다. 이는 가설 검증의 객관성과 일관성을 보장한다.

④ Good Hypothesis Checklist

효과적인 가설이 갖추어야 할 조건은 다음과 같다. 첫째, 측정 가능한 지표가 존재해야 한다. 둘째, 반증 가능한 조건이 명시되어야 한다. 셋째, 비즈니스 목표나 경기 성과 KPI와 직접적으로 연결되어야 한다. 이러한 조건을 충족하는 가설만이 실질적인 의사결정에 기여할 수 있다. 즉, 좋은 가설은 '검증 가능성과 실행 가능성'을 동시에 가져야 한다.

(3) 검증 설계 — 데이터 필요량 · 실험 집단 설정 · 조건(AB/수준)

검증 설계 단계에서는 표본 크기, 변수 통제 방법, 분석 기법을 명확히 문서화한다. 이러한 체계적 문서화는 결과의 재현성을 보장하며, 향후 다른 구단이나 리그로 분석 방법론을 확산할 때 표준 템플릿으로 활용할 수 있다.

표본 크기는 통계적 유의성을 확보할 수 있는 수준으로 설정하며, 실험 집단과 대조 집단을 명확히 구분한다. A/B 테스트나 다수준 비교 실험 등의 방법론을 통해 변수들 간의 인과관계를 정확히 파악할 수 있도록 실험 조건을 설계한다. 예를 들어, '19시 경기 vs 18시 경기'의 관중 변화율을 비교하는 A/B 테스트를 설계하여, 시간대 변경이 실제 수요에 미치는 인과 효과를 확인한다 또한 외생 변수(날씨, 팀 순위, 상대팀 인기 등)의 영향을 최소화하기 위한 통제 방안을 사전에 수립한다.

표 8-5

요소	설명	구체적 설정 예시
데이터 필요량	통계적 유의성 · 검정력(80 %↑) 확보	관중 집계 × 20경기 = 샘플 ≥ 30,000 필요
실험 집단	대상 · 기간 · 무작위 배정 여부	2026시즌 평일 경기 10경기 (실험) vs 2025 대비군
조건(AB/수준)	변동 요인의 수준 · 대안 수	A 19:00 킥오프, B 20:00, C 19:30 (삼수준 실험)
분석 방법	차이에 적합한 통계 · ML	ANOVA → 후속 Tukey HSD, Churn 예측은 XGBoost

3) 데이터 기반 스토리텔링 4단계

데이터 스토리텔링은 숫자를 사람의 인지, 감정, 행동까지 전달하는 종합적 과정이다. 이 과정은 맥락(Context), 인사이트(Insight), 메시지(Message), 행동(Action)이라는 네 개의 연속적 단계로 구성된다. 각 단계는 독립적으로 존재하지 않으며, 자연스러운 이야기의 흐름을 통해 유기적으로 연결되어야 한다.

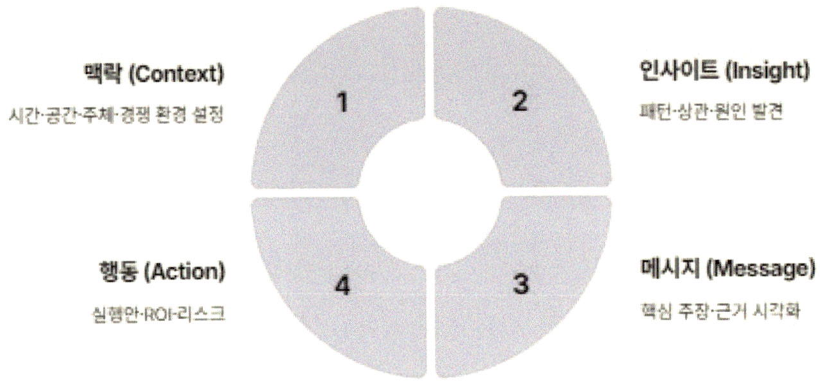

그림 8-5 데이터 기반 스토리텔링

표 8-6

단계	개념 정의	왜 필요한가?	핵심 질문	필수 산출물	성공 기준
맥락(Context)	숫자가 나온 시간·공간·주체·경쟁 환경	숫자에 좌표계를 부여해 해석 가능하게 함	"언제·어디·누구에게서 나온 숫자인가?	상황 요약 + 비교 레퍼런스	배경을 모르는 초심자도 큰 그림을 이해
인사이트(Insight)	패턴·상관·원인 힌트 등 새로 알게 된 사실	문제·기회를 명확히 해 행동 동기를 부여	"숫자 속 숨은 갈등·기회는?"	패턴 그래프 + 한 줄 인사이트	사실 → 행동 사이 논리 점프가 없음
메시지(Message)	인사이트를 한 문장·한 그래프로 압축한 주장	5초 만에 기억·공유 가능	"핵심 주장을 한 줄로 말하면?"	제목 = 행동형 문장 + 근거 그래프 + ROI	청중이 5초 내 메시지를 파악
행동(Action)	누가·언제·어떻게 실행 + ROI·리스크	분석이 보고서로 끝나지 않고 실행으로 전환	"내일 아침 내가 할 일은?	실행 체크리스트 + KPI/ROI 시뮬레이션	담당·일정·예산이 명료 → 실행 착수

(1) 맥락(Context) — 시즌 · 경쟁 환경 · 팬 트렌드

모든 데이터는 특정한 상황적 맥락 속에서 생성되며, 이러한 맥락 정보 없이는 올바른 해석이 불가능하다. 예를 들어, "평균 관중 2만 5천 명"이라는 수치가 의미를 갖기 위해서는 해당 수치가 평일 야간 경기에서 발생했는지 주말 오후 경기에서 나타났는지, 라이벌 팀과의 경기였는지 일반 시합이었는지, 기상 조건은 어떠했는지 등의 배경 정보가 필수적으로 수반되어야 한다.

스포츠 환경에서 맥락은 네 가지 차원으로 구성된다. 시간적 차원에서는 시즌의 진행 상황, 라운드별 특성, 경기 내 시간 구간별 특성을 고려한다. 공간적 차원에서는 홈과 어웨이 구분, 경기장 내부의 구체적 위치, 그리고 텔레비전, OTT, 모바일 등 다양한 시청 플랫폼을 포함한다. 주체적 차원에서는 선수와 팀의 컨디션, Z세대, 가족 관중, 해외 시청자 등으로 세분화된 팬 집단을 분석한다. 경쟁 환경 차원에서는 동일 시간대의 다른 스포츠 경기나 문화 행사, 사회적 이슈나 트렌드의 영향을 파악한다.

이러한 맥락 설정은 서사 문학의 배경 묘사와 같은 역할을 수행하며, 수용자로 하여금 데이터가 생성된 구체적 상황을 이해하고 공감할 수 있도록 돕는다.

(2) 인사이트(Insight) — 패턴 · 상관 · 원인 발견

맥락이 설정되면 수용자는 자연스럽게 "그래서 무슨 일이 발생했는가?"에 대한 궁금증을 갖게 된다. 인사이트는 이러한 질문에 대한 답으로서, 데이터 내부에 숨겨진 패턴, 변화, 특이점을 발견하는 과정이다.

효과적인 인사이트는 기대된 흐름과 다른 변화를 포착하여 주목할 만한 발견을 제시한다. 예를 들어, "평일 홈경기의 관중은 전년 대비 8% 감소하였으나, 19시 킥오프 경기에서만 15%의 감소를 보였다"는 분석은 전체적 패턴과 특정 시간대의 집중적 감소라는 특이점을 동시에 드러낸다.

진정한 인사이트가 되기 위해서는 이러한 특이점과 함께 "왜 그러한 현상이 나타나는가?"에 대한 원인적 단서가 제공되어야 한다. "19시 퇴근 시간대 교통 혼잡 지수와 −0.62의 역상관 관계를 보인다"와 같은 정량적 근거가 바로 그러한 역할을 수행한다.

(3) 메시지(Message) — 핵심 주장 · 근거 시각화(1-slide)

스토리 구조에서 메시지는 주인공이 얻은 교훈이자 독자에게 전달하고자 하는 핵심 내용이다. 따라서 데이터 메시지는 단일하고 명확한 주장의 형태를 취해야 하며, 수용자가 메시지를 접한 즉시 다음 단계의 행동을 연상할 수 있도록 구성되어야 한다.

효과적인 메시지의 예시는 다음과 같다. "평일 경기 킥오프 시간을 30분 지연시키면 관중이 5% 증가하고, 매출이 1억 2천만 원 상승한다." 이러한 메시지는 구체적 수치, 제안되는 행동, 예상 효과를 모두 포함한다.

메시지는 시각적 요소와 결합될 때 더욱 강력한 효과를 발휘한다. 핵심 주장을 제목으로 설정하고, 관중 변화 그래프와 매출 증가 계산 과정을 함께 제시하면 최고경영자나 코치진과 같은 의사결정자들이 짧은 시간 내에 핵심 내용을 파악할 수 있다.

(4) 행동(Action) — 실행안 · ROI · 리스크 · 우선순위

우수한 이야기가 독자의 감정을 움직이는 것처럼, 효과적인 데이터 스토리는 조직의 실질적 행동을 이끌어낸다. 행동 단계에서는 실행 주체, 시기, 방법, 예산, 위험 요소에 대한 구체적이고 완전한 계획이 제시되어야 한다.

실행 계획의 구성 요소는 다음과 같다. 담당 부서와 책임자를 명확히 지정한다. 예를 들어, 마케팅팀이 실행을 담당하고 운영총괄이 최종 승인한다. 구체적 일정을 수립한다. 다음 시즌 전반기 5경기를 대상으로 파일럿 프로그램을 실시하고, 그 결과를 바탕으로 후반기 전면 시행 여부를 결정한다. 실행 방법을 상세히 기술한다. 킥오프 시간을 19시 30분으로 조정하고, 교통 애플리케이션과 연동한 푸시 알림, SNS 리마인드 캠페인을 병행한다.

예산과 투자수익률을 산정한다. 운영비 200만 원을 투입하여 1억 2천만 원의 매출 증대를 기대하므로 투자수익률은 6배이다. 위험 요소와 대응 방안을 수립한다. 경기 종료 시간이 22시 30분으로 늦어져 대중교통 이용에 불편이 예상되므로, 지하철 운행 시간 1시간 연장에 대해 관련 기관과 협의를 진행한다.

이러한 세밀한 행동 계획을 통해 시즌 종료 후 사후 평가(After-Action Review)를 실시하여 당초 분석의 정확성을 검증하고, 향후 의사결정의 기초 자료로 활용할 수 있는 체계를 구축한다.

4) 좋은 스포츠 스토리텔링 체크리스트

분석이 현장에서 실질적 영향력을 발휘하려면, 프레젠테이션이 종료되는 순간 수용자가 즉시 구체적인 다음 행동을 떠올릴 수 있도록 구성되어야 한다. 실무에서 성공적으로 활용된 데이터 스토리를 분석해보면, 일관성, 적시성과 맞춤형 구성, 그리고 데이터 신뢰성이라는 세 가지 공통 원칙이 발견된다.

(1) 일관성(논리 흐름) · 간결성(3 Key-Point)

효과적인 데이터 스토리텔링의 첫 번째 원칙은 논리적 일관성과 간결성의 조화이다. 첫 문장에서 제기된 문제의식이 마지막 슬라이드까지 일관되게 유지될 때, 수용자는 메시지를 명확히 기억하고 이를 행동으로 연결할 수 있다.

이러한 일관성을 확보하기 위해서는 각 슬라이드마다 S-C-Q-A(상황-문제-질문-답변) 구조와 같은 명확한 논리적 뼈대를 유지해야 한다. 동시에 핵심 메시지는 3개 이하로 제한하여 수용자의 인지적 부담을 최소화한다. 과도한 그래프나 세부적 수치는 오히려 수용자의 주의를 분산시키고 핵심 메시지를 희석시킨다.

예를 들어, '19시 30분 킥오프 시행 = 관중 5% 증가'라는 명확한 제목과 이를 뒷받침하는 2개의 핵심 그래프만을 제시했을 때, 스토리는 최대의 설득력을 발휘한다. 이러한 간결함은 메시지의 명확성을 높이고 의사결정자의 빠른 이해와 판단을 돕는다.

(2) 타이밍(경기 · 이슈 적기) · 수용자 맞춤(코치 · CMO · 선수)

두 번째 원칙은 적절한 타이밍과 수용자별 맞춤화이다. 아무리 우수한 분석이라도 발표 시점이 시즌 종료 이후라면 실질적 의사결정에 활용될 수 없다. 따라서 코치 미팅, 스폰서 협상, 프런트 오피스 예산 회의 등 실제 의사결정이 이루어지는 핵심 시점에 맞추어 자료를 준비해야 한다.

또한 동일한 분석 결과라도 수용자에 따라 제시 방식을 달리해야 한다. 코치진에게는 전술적 활용이 가능한 히트맵을, 최고마케팅책임자(CMO)에게는 투자수익률 그래프를, 선수들에게는 직관적 이해가 가능한 영상 클립을 제공하는 것이 효과적이다. 데이터 스토리텔러는 분석가이면서 동시에 각기 다른 전문 영역의 언어로 번역하는 역할을 수행해야 한다.

(3) 데이터 신뢰성(출처 · 샘플) · 재현성(코드 · 프로세스)

세 번째 원칙은 데이터의 신뢰성과 분석 과정의 재현성 확보이다. 출처와 방법론이 불분명한 수치는 현장에서 즉시 신뢰성을 잃고 의사결정에 활용되지 못한다. 따라서 데이터셋의 명칭, 표본 크기, 분석 기간, 통계적 유의수준(p-value), 모델의 정확도는 물론 관련 코드나 SQL 쿼리에 대한 접근 링크까지 명시해야 한다.

이러한 투명성은 동료 연구자나 의사결정자가 언제든 결과를 재현하고 검증할 수 있는 환경을 조성한다. 발표 중 "이 수치의 근거는 무엇인가?"라는 질문에 즉시 관련 URL이나 데이터베이스 링크를 제시할 수 있을 때, 스토리는 신뢰를 획득하고 실제 실행될 가능성이 크게 높아진다. 이러한 검증 가능성은 데이터 기반 의사결정 문화의 정착에도 중요한 기여를 한다.

2 빅데이터 분석 기획

분석적 사고와 스토리 구조를 습득한 후에는 어떤 데이터를 어떻게 설계하고 투입하며 관리할 것인지에 대한 전사적 관점의 설계가 필요하다. 빅데이터 분석 기획은 목표, 데이터, 모델, 운영이라는 네 가지 축을 통합한 실행 설계도이다.

1) 문제 정의 및 KPI 설정

분석 기획의 출발점은 "무엇을 달성할 것인가?"에 대한 명확한 규정이다. 목표가 모호하면 아무리 정교한 모델을 구축해도 조직의 방향성을 제시할 수 없다. 스포츠 조직에서 목표를 설정하는 방법론은 다양하지만, 현장에서 가장 빈번하게 활용되는 접근법은 SMART, OKR, North-Star Metric이다.

(1) SMART · OKR · North-Star Metric 비교 설명

SMART 방법론은 목표를 구체적(Specific), 측정 가능(Measurable), 달성 가능(Achievable), 관련성(Relevant), 시한 설정(Time-bound)이라는 다섯 가지 기준으로 검증한다. 이는 누구나 명확히 이해할 수 있고 수치로 측정 가능하며 구체적 일정이 명시된 과제를 생성한다. 예를 들어, "2026 시즌 홈경기 승률을 60%로 향상시킨다(12월 31일까지)"는 SMART 기준을 모두 충족하는 목표이다. 현장 직원에게는 구체적이고 실행 가능하지만, 조직 전체를 동기부여할 만큼 도전적이지 못할 수 있다는 한계가 있다.

반면 OKR(Objective & Key Results)은 "팬 몰입도 혁신"과 같은 야심찬 목표를 먼저 설정하고, 이후 "앱 일일 활성 사용자 40% 증가", "SNS 공유 2배 증가"와 같은 구체적 결과 지표를 결합하여 도전적 목표를 촉진한다. SMART와의 핵심 차이점은 성공 기준에 있다. SMART는 100% 달성 여부로 평가하지만, OKR은 70% 달성을 성공으로 간주한다. 이는 실패를 용인하되 도전적 과제 시도를 장려하는 조직 문화를 전제로 한다.

North-Star Metric은 제품이 팬에게 제공하는 핵심 가치를 단일 지표로 표현한다. OTT 서비스의 경우 경기당 평균 시청 시간이, 구단 마케팅팀의 경우 경기당 평균 체류 시간이 해당될 수 있다. 전 조직이 이 '북극성' 지표를 공통 목표로 삼아 움직이도록 하는 방식이다. North-Star Metric은 방향성을 제시하지만, 구체적 전략 수립을 위해서는 하위 지표로의 분해가 필요하다.

실무적으로는 세 방법론을 계층적으로 결합하는 것이 효과적이다. 예를 들어, "평균 체류 시간"을 North-Star 지표로 설정하고, 이를 20분에서 23분으로 향상시키겠다는 SMART 목표를 중간 단계로 두며, "팬 몰입도 혁신"이라는 OKR을 상징적 구호로 설정하면 방향성, 명확성, 열정을 모두 확보할 수 있다.

(2) 정량(KPI) vs 정성(OKI) 지표 차별화

목표 설정 후에는 적절한 지표 선정이 필요하다. 수치로 직접 측정 가능한 정량 KPI(승률, 고객당 평균 수익, 이탈률)와 설문조사나 인터뷰를 통해 수집하는 정성 OKI(팬 감정, 브랜드 인지도)를 구분해야 한다. 정량 KPI는 진행 속도를, 정성 OKI는 진행 방향을 제시한다. 시즌 종료 후 "승률은 향상되었으나 팬 불만이 폭발하는" 상황은 두 종류의 지표를 통합적으로 관찰하지 않을 때 발생한다.

(3) Lagging · Leading · Coincident 지표 구분

시간적 관점에서 지표는 세 가지로 분류된다. 후행(Lagging) 지표는 결과 발생 후에 수치가 확정된다(시즌 승률, 연간 매출). 선행(Leading) 지표는 결과를 예측할 수 있는 사전 신호를 제공한다(xG 차이, 슛 직전 패스 성공률). 동행(Coincident) 지표는 결과와 거의 동시에 나타난다(실시간 동시 시청자 수). 핵심은 후행 KPI만 관찰하면 대응이 늦어지고, 선행 KPI를 잘못 선정하면 잘못된 방향으로 나아갈 수 있다는 점이다. 많은 구단이 xG 차이와 선수 피로도 지수 같은 선행 지표를 경기별로 모니터링하여 시즌 후반 성과 저하를 예방한다.

(4) KPI-Tree / Driver Tree 작성 예시

목표와 지표를 시각적으로 연결하는 방법이 KPI Tree 또는 Driver Tree이다. 최상위 North-Star 지표를 뿌리로 설정하고, 이를 영향을 미치는 요인들을 가지처럼 확장하는 구조이다. 예를 들어, '평균 체류 시간'을 뿌리에 두고, 이를 '좌석 체류'와 '컨코스 체류'로 분기하며, 좌석 체류를 다시 '좌석 편의성'과 '경기 몰입도'로 세분화한다. 이러한 구조화를 통해 "체류 시간 감소"라는 추상적 문제를 "AR 그래픽 몰입도 저하"와 같은 실행 가능한 단위로 분해할 수 있다.

빅데이터 분석 기획의 첫 단계는 대담하면서도 측정 가능하고 시간 축을 고려한 목표를 설정한 후, 정량과 정성을 포괄하는 지표 세트를 후행, 선행, 동행 관점으로 배치하고,

이를 KPI Tree를 통해 시각화하는 것이다. 목표의 좌표가 명확해질수록 데이터, 모델, 운영 설계는 훨씬 수월해진다.

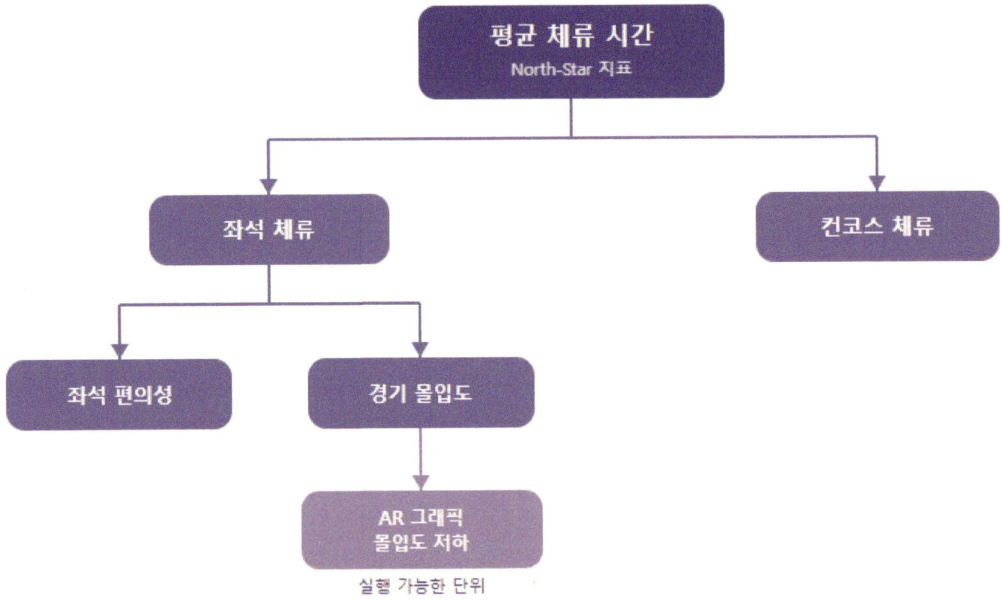

그림 8-6 KPI-Tree 작성 예시

2) 데이터 요건 설계

목표와 KPI가 확정되면, 다음 과제는 "어떤 데이터를 언제, 어디서, 어떻게 수집해야 목표를 측정하고 개선할 수 있는가?"이다. 이를 체계화하는 과정이 데이터 요건 정의이다.

(1) 데이터 맵 : 소스 · 주기 · 소유 · 비용 · 품질

첫 번째 단계는 내부와 외부 데이터를 종합적으로 파악하는 데이터 맵 작성이다. 경기 트래킹 데이터, 웨어러블 생체 정보, CRM 및 티켓 판매 데이터, 머천다이즈 판매 기록, OTT 로그, 소셜미디어 감정 분석, 기상 및 교통 API 등의 데이터 소스와 갱신 주기, 소유 부서, 데이터 형식을 표로 정리하면 누락 영역이 식별된다. 이러한 공백은 데이터 격차를 의미한다. 예를 들어, "팬 감정 데이터가 경기일로부터 3일 후에 수집된다"면 실시간 의사 결정이 불가능하다는 신호이다.

(2) 품질 기준 : 정합성 · 중복 · 결측 · 시간 지연 SLA

데이터 품질 관리는 세 가지 측면에서 접근한다. 일관성(Consistency)은 결측치와 이상치의 허용 범위, 단위와 스키마의 표준화를 포함한다.

완전성(Completeness) 은 경기당 데이터 누락률, 트래킹 좌표의 초당 프레임 유지율 등을 평가한다.

시의성(Timeliness) 은 라이브 스트리밍 품질을 30초 이내, 매출 집계를 T+1일 이내로 처리하는 등 서비스 수준 협약(SLA)으로 명시한다.

(3) 보안 · 접근 : RBAC, GDPR/개인정보보호법 체크

보안 체계는 역할 기반 접근 제어(RBAC)를 통해 구축한다. 코치진은 경기 및 훈련 데이터에만, 마케팅팀은 CRM 및 SNS 데이터에만 읽기 권한을 부여한다. 개인식별정보(PII) 마스킹을 통해 GDPR 및 개인정보보호법을 준수하며, 선수의 민감한 생체 정보는 암호화하여 저장한다. 감사 로그를 통해 데이터 조회와 변경 시점을 자동 기록하여 규정 감사에 대비한다.

(4) 메타데이터 · 데이터 카탈로그 구축(데이터셋 명세, 계보 Lineage)

데이터셋 명칭, 컬럼 설명, 업데이트 주기, 관련 코드 및 대시보드 URL을 데이터 카탈로그(Amundsen, DataHub 등)에 등록한다. 메타데이터가 공개되면 "어디에 어떤 데이터가 있는지 모르는" 상황으로 인한 중복 작업이 줄어들고, 신입 직원이나 타 부서 직원도 자율적 탐색이 가능해진다.

(5) 저장 · 처리 아키텍처 – 레이크 vs 웨어하우스, 배치 vs 스트리밍

스포츠 조직의 데이터는 원본(raw) 단계부터 집계(aggregated), 실시간(stream) 요구사항까지 다양하다. 단일 스토리지나 처리 방식으로는 이질적인 요구를 모두 충족할 수 없으므로, 용도에 따라 계층을 분리하여 배치한다.

데이터 레이크는 원천 데이터를 그대로 저장하는 저장소이다. S3, GCS, HDFS와 같은 오브젝트 스토리지가 대표적이다. 초당 50프레임의 GPS 좌표, 4K 중계 영상, 센서 원시 패킷과 같은 대용량, 비정형, 다중 형식 데이터를 스키마 적용 없이 신속하게 적재할 수 있다. 연구 및 머신러닝 팀은 여기서 직접 파생 변수를 추출하고, 영상 AI 모델은 프레임 단위로 접근한다.

데이터 웨어하우스(DWH)는 레이크에서 추출한 핵심 컬럼을 정형 테이블로 변환하여 집계, 조인, BI 쿼리를 고속으로 처리하는 용도이다. BigQuery, Snowflake, Redshift

와 같은 컬럼형 데이터베이스가 주요 기술이다. '경기별 xG', '일자별 매출', '캠페인별 ARPU'와 같은 KPI 리포트가 여기서 생성된다. 즉, 레이크가 연구자들의 실험실이라면 DWH는 현업의 보고서 공장이다.

스트리밍 레이어는 Kafka, Kinesis와 같은 메시지 큐를 통해 데이터가 실시간으로 흐르는 파이프라인이다. OTT 동시 시청자 급증, 경기장 Wi-Fi 트래픽, 스트리밍 지연과 같은 즉시 대응이 필요한 이벤트를 처리한다. 모니터링 시스템은 스트림을 구독하여 'CDN 노드 자동 확장'이나 '품질 저하 알람'을 트리거한다.

이러한 삼단 구조를 통해 원시 데이터 보존(재현성), 집계 속도(분석 효율성), 실시간 대응(운영 민첩성)을 모두 달성할 수 있다. "저장 비용은 레이크에, 분석 성능은 웨어하우스에, 운영 민첩성은 스트림에"라는 원칙이다.

표 8-7

계층	기술 스택	사용 목적	스포츠 예시
데이터 레이크	S3, GCS, HDFS	원본 JSON·영상·센서 Raw 적재	초당 50프레임 GPS, 4K VOD 파일
DWH	BigQuery, Snowflake, Redshift	집계·조인·BI 쿼리	경기별 xG, 일자별 매출 리포트
스트리밍	Kafka, Kinesis	실시간 모니터링·알람	동시 시청자 급증 → CDN Auto Scale

(6) 데이터 거버넌스 운영 체계

효과적인 데이터 거버넌스는 세 가지 구성 요소로 이루어진다. 데이터 스튜어드(Data Steward)는 각 데이터 소스별 품질에 대한 책임을 진다. 거버넌스 위원회(Governance Committee)는 보안, 표준, SLA 정책을 주기적으로 검토한다. 데이터 운영 CI/CD(Data Ops CI/CD)는 스키마 변경 자동 알림과 파이프라인 테스트를 수행한다.

3) 분석·모델 로드맵

목표와 데이터 준비가 완료되면, 분석이 어떤 경로를 통해 성숙하여 제품, 전략, 의사결정 과정에 통합될지에 대한 로드맵을 수립해야 한다. 이 로드맵은 단계별 산출물, 모델 계층, 특징 엔지니어링, AutoML 및 Feature Store 도입 판단, 그리고 POC에서 MVP를 거쳐 확산에 이르는 단계적 발전 과정으로 구성된다.

(1) 단계별 산출물

그림 8-7 분석·모델 로드맵

분석 프로젝트의 진행 과정에서 세 가지 핵심 산출물이 순차적으로 생성된다.

EDA(EDA: Exploratory Data Analysis, MVP: Minimum Viable Product(최소 기능 제품)) 리포트는 프로젝트 시작 후 2주 이내에 작성한다. 데이터 분포, 결측치, 이상치, 초기 패턴을 종합적으로 정리하여 "데이터가 본격적으로 분석되기 전에 분석가가 사전 통찰을 확보할 수 있도록" 지원한다. 이해관계자들은 이 리포트를 검토하여 모델링 단계 이전에 데이터 격차를 보완할 수 있다.

모델 카드(Model Card)는 Mitchell et al., 2019의 Model Cards 제안에 의거해서 첫 번째 모델 베이스라인이 완성되는 시점인 4-6주차에 작성한다. 모델의 목적, 사용된 데이터셋, 성능 지표, 편향 테스트 결과, 가정과 한계점을 한 페이지에 요약하여 '모델의 신원 증명서' 역할을 수행한다.이를 통해 모델의 특성과 적용 범위를 명확히 파악할 수 있다.

MVP 대시보드는 모델이 현업 의사결정 프로세스에 실시간으로 연결되는 첫 번째 접점이다. 핵심 KPI, 예측값, 오류율, 알람 기능을 포함하여 "누구나 클릭 3회 이내에 원인을 파악할 수 있는" 직관적 레이아웃으로 설계한다.

(2) 모델 계층

모델링 접근법은 복잡성과 성능에 따라 세 단계로 구분된다.

통계 모델(OLS/GLM)은 데이터와 업무를 가장 신속하게 이해할 수 있게 해주는 기초 단계 모델이다. 득점에 영향을 미치는 주요 변수 탐색이나 관중 감소의 유의미한 변수 확인 등에 활용된다. 해석이 용이하고 구현이 빠르다는 장점이 있다.

머신러닝 모델(Random Forest, XGBoost)은 비선형성과 변수 간 상호작용을 자동으로 포착하여 예측 성능을 향상시킨다. 시즌권 구매자 이탈 예측, 실시간 시청자 수 예측 등 대부분의 KPI 예측에서 실질적 성과를 보여준다.

딥러닝 모델(LSTM, Graph NN)은 시간적 의존성과 관계적 정보를 동시에 처리할 때 필수적이다. 선수 이동 궤적과 패스 네트워크를 결합한 'Expected Threat' 계산이나 하이라이트 자동 편집과 같은 영상 프레임 처리에서 진가를 발휘한다.(xT·패스 네트워크·GNN 기반 연구에서 관계 구조가 득점 위협 예측에 유효함이 입증됨.)

실무 적용 원칙은 "가능한 한 단순하게 시작하되, 설명력에 한계가 나타나면 상위 단계로 발전시킨다"이다.

(3) 특징 엔지니어링

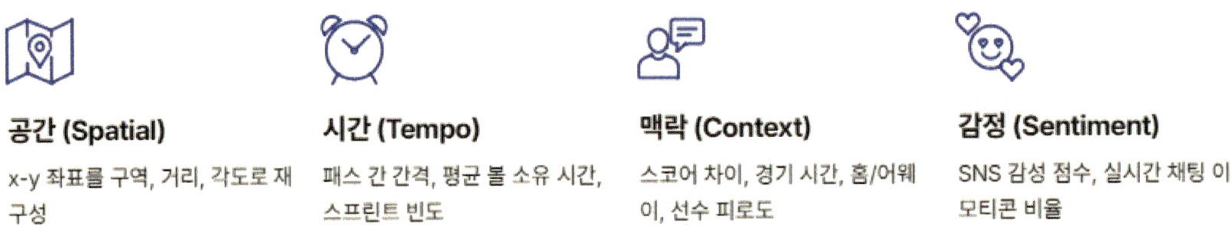

그림 8-8 특징 엔지니어링 네 가지 차원

효과적인 특징 엔지니어링은 네 가지 차원에서 접근한다.

공간(Spatial) 특징은 x-y 좌표를 구역, 거리, 각도로 재구성하여 모델이 공간적 개념을 학습할 수 있도록 지원한다. 경기장의 특정 구역별 성과 차이나 선수 간 거리 정보 등이 이에 해당한다.

시간(Tempo) 특징은 패스 간 간격, 평균 볼 소유 시간, 스프린트 빈도 등 경기 리듬 관련 변수를 추가하여 경기 흐름을 파악할 수 있게 한다.

맥락(Context) 특징은 스코어 차이, 경기 시간, 홈/어웨이 여부, 선수 피로도 등 상황적 변수를 포함하여 예측 오차를 대폭 감소시킨다.

감정(Sentiment) 특징은 SNS 감성 점수, 실시간 채팅의 이모티콘 비율 등을 결합하여 팬 몰입도 예측을 가능하게 한다.

(4) AutoML/Feature-Store 도입 타당성

AutoML은 모델 파이프라인을 거의 자동으로 구성해주지만, 데이터에 대한 이해도가 낮은 팀에서는 블랙박스에 대한 우려가 클 수 있다. 실험 모델이 5개 이상이고 튜닝에 소요되는 시간이 전체 개발 시간의 30% 이상일 때 도입을 고려한다.(이 기준은 운영 휴리스틱이며, AutoML 벤치마크에서 시간·성능 트레이드오프가 확인됨.)

Feature Store는 여러 팀이 동일한 특징을 재사용할 수 있는 공통 저장소이다.(Uber Michelangelo·Google Feast 등 MLOps 사례에서 중복 계산 감소 및 일관성 확보 효과 입증.) 프로젝트가 다수 팀과 다양한 종목으로 확장될 때 중복 계산을 줄이고 일관성을 확보하는 데 유용하다.

(5) POC(2-4 주) → MVP(1 분기) → Scale-out(다팀/다종목)

그림 8-9 POC → MVP → Scale-out

체계적인 확산 전략은 세 단계로 구성된다. POC(Proof of Concept) 단계는 일반적으로 2 ~ 4주 동안 문제, 데이터, 가치에 대한 검증을 수행한다. 1 ~ 2경기 혹은 한 코호트를 대상으로 '실현 가능성'을 확인한다.(기간은 조직 규모나 문제 복잡도에 따라 조정될 수 있다.) 이 단계에서는 완전한 솔루션보다는 핵심 아이디어의 검증에 집중한다.

MVP(Minimum Viable Product) 단계는 1분기 동안 최소 기능 제품을 개발한다. 핵심 KPI에 모델을 연결하여 실제 현업 프로세스에 적용한다. 이 과정에서 버그, 운영 비용, 사용자 피드백을 체계적으로 측정하고 개선점을 파악한다.

Scale-out 단계에서는 성능과 투자수익률이 입증된 후 파이프라인을 템플릿화하여 다른 팀(야구에서 농구로)이나 다른 조직(프로에서 아마추어로)으로 복제한다.

이러한 3단계 접근법을 통해 "3년 대작 프로젝트가 현업에 적용되지 못하는" 위험을 방지하고, 작은 성공을 거두어 빠르게 확장하는 애자일 데이터 문화를 정착시킬 수 있다.

4) 프로젝트 운영 구조

데이터 프로젝트의 성공적 완수를 위해서는 목표와 기술적 도구보다 사람과 프로세스가 핵심적 역할을 한다. 2주 단위 스프린트를 통한 신속한 가설 검증, 명확한 역할 분담을 위한 RACI 매트릭스, 총소유비용 계산과 위험 관리를 통해 현실적 실행력을 담보해야 한다.

(1) 애자일 2-주 스프린트

효과적인 프로젝트 운영을 위해 2주 단위의 애자일 스프린트 체계를 적용한다. 첫째 날에는 목표(Story), 지표, 세부 작업(Tasks)을 구체화하는 계획 수립을 진행한다. 2일차부터 9일차까지는 데이터 수집, 모델링, 시각화 등의 실제 실행 작업을 수행한다. 10일차 오전에는 데모, 성능 지표 검토, 의사결정자 피드백을 포함한 리뷰를 실시한다. 10일차 오후에는 성과, 개선점, 실행 과제를 도출하는 회고를 진행한다. 이 일정은 팀 규모·업무 복잡도에 따라 ±조정 가능하다

실무 적용 시에는 "스프린트마다 최소 하나의 배포(모델 카드, 대시보드, 알림 봇)를 완료한다"는 완료 정의(Definition of Done)를 설정하여 프로젝트가 발표 자료에만 머무르지 않도록 한다.

(2) RACI 매트릭스

데이터 프로젝트의 원활한 진행은 "이 업무를 최종적으로 누가 담당하여 완수하는가?"를 명확히 규정하는 데 달려 있다. RACI 매트릭스는 이러한 역할과 책임을 사전에 명시하는 관리 도구로서, 각 작업에 대해 네 가지 관여 방식을 구분한다.

책임자(Responsible)는 실제로 업무를 실행하는 담당자이다. 코드 작성, 데이터 수집, 대시보드 제작 등을 수행하는 현장 실무자가 해당된다. 예를 들어, '실시간 시청자 예측 모델' 과제에서는 데이터 사이언티스트가 모델 학습과 API 배포까지 담당한다.

승인자(Accountable)는 결과에 대한 최종 책임을 지는 담당자이다. 모델이 목표 오차 범위 내에 도달했는지 판단하여 다음 단계 진행을 결정한다. 일반적으로 프로덕트 매니저나 데이터 리더가 이 역할을 맡는다. 책임 소재의 명확성을 위해 한 작업당 반드시 한 명만 배정한다.

자문자(Consulted)는 필요시 전문적 조언을 제공하는 담당자들이다. 데이터 엔지니어는 배포 환경과 파이프라인 관련 조언을, 방송 운영팀은 현장 운영 경험을 공유한다. 이들은 의견을 제시하지만 의사결정권은 갖지 않으며, 승인자가 최종 결론을 내린다.

정보 수신자(Informed)는 진행 상황 통보만 받으면 되는 담당자들이다. 임원이나 마케팅팀과 같이 결과 진행 상황만 파악하면 되는 이들에게는 주간 리포트나 메신저 알림으로 충분하며, 모든 회의에 참석할 필요는 없다.

RACI 매트릭스는 세 가지 주요 효과를 제공한다. 첫째, 승인자가 명확하므로 "상급자 승인이 추가로 필요한가?"와 같은 지연이 발생하지 않아 의사결정 속도가 향상된다. 둘째, 책임자와 승인자를 명시함으로써 책임 전가를 방지한다. 셋째, 자문자와 정보 수신자를 구분하여 회의, 이메일, 메신저 대상을 줄임으로써 커뮤니케이션 효율성을 높인다. 넷째, 책임자(Responsible)와 승인자(Accountable)는 원칙적으로 동일 인물이 되어서는 안 되며, 승인자는 해당 작업에 대해 최종 단일 책임자(one person only)로 지정되어야 한다.

실무 적용 방법으로는 스프레드시트에 작업을 세로축에, RACI 역할을 가로축에 배치하여 담당자 이니셜을 기입한다. 스프린트마다 신규 작업에 대한 RACI를 업데이트하고, 한 사람이 책임자와 승인자를 동시에 맡지 않도록 주의한다. 자문자는 조언 제공자이지 공동 의사결정자가 아니므로, 최종 선택은 승인자가 담당한다는 원칙을 유지한다.

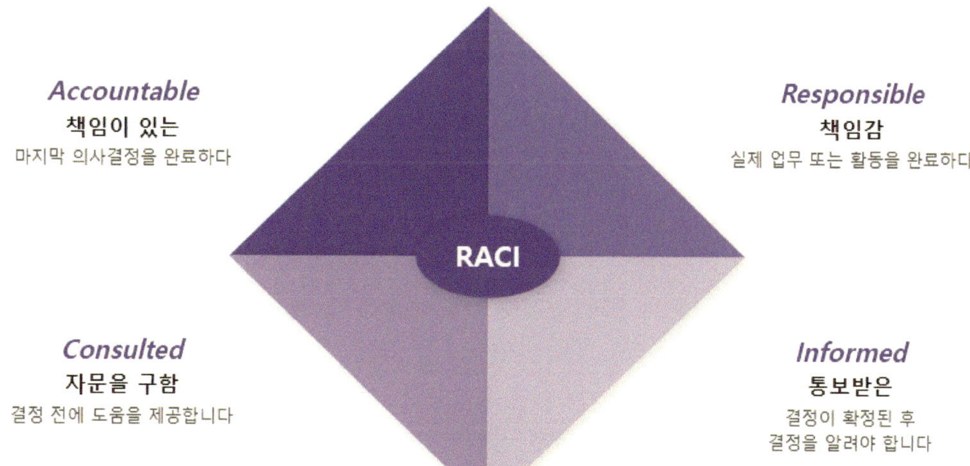

그림 8-10

(3) 예산(TCO)

프로젝트 예산은 네 가지 주요 영역으로 구성된다. 클라우드 인프라(IaaS/PaaS)에는 GPU 노드, 스트림 처리 노드, 스토리지 비용이 포함되며, 월 사용량과 예약 할인 모델을 고려하여 산정한다. 라이선스 비용에는 트래킹 데이터(StatsPerform), 야구 Statcast API, 시각화 도구(Tableau) 등이 해당된다. 데이터 구매 비용은 SNS 데이터 스트림(Full Archive) 등 외부 데이터의 호출량 기반 비용을 포함한다. 컨설팅 비용에는 MLOps 컨설턴트와 보안 감리 등이 포함된다.

총소유비용(TCO) 계산 시에는 자본적 지출(데이터 플랫폼 구축), 운영비(월별 통신 및 저장 비용), 지원 인건비를 모두 연평균 및 연간 누적비용 기준으로 환산하여 숨겨진 비용을 정확히 파악해야 한다.

(4) 위험관리(스코프 크리프, 직무 공백, 데이터 지연)

프로젝트 위험 요소는 세 가지 주요 영역으로 분류된다.

범위 확장(Scope Creep)은 이해관계자가 프로젝트 중간에 지속적으로 요구사항을 추가하는 현상이다. 이에 대한 대응책으로는 스프린트 백로그를 동결하고, 변경 요청은 다음 스프린트로 연기하는 정책을 적용한다.

핵심 인력 공백은 데이터 사이언티스트나 데이터 엔지니어 등 핵심 인력이 시즌 중에 이탈하는 상황이다. 이를 방지하기 위해 코드와 데이터에 대한 문서화를 주차별로 의무화하고, 개인별 업무에 대한 백업 체계를 구축한다.

데이터 지연은 API 다운이나 센서 장애로 인한 파이프라인 중단을 의미한다. 서비스 수준 협약(SLA) 모니터링과 대체 데이터 경로 확보, 지연 발생 시 즉시 알림 체계를 통해 대응한다.

위험 관리의 효율성을 위해 영향도와 발생 확률을 기준으로 한 위험 매트릭스를 주기적으로 갱신하여 우선순위가 높은 위험에 집중적으로 대응한다.

위험 관리의 효율성을 위해, 영향도와 발생 확률을 기준으로 한 위험 매트릭스를 주기적으로 갱신하여 우선순위가 높은 위험에 집중적으로 대응한다.

범위 확장 (Scope Creep)

대응: 스프린트 백로그 동결, 변경 요청은 다음 스프린트로 연기

핵심 인력 공백

대응: 주차별 문서화 의무화, 개인별 업무 백업 체계 구축

데이터 지연

대응: SLA 모니터링, 대체 데이터 경로 확보, 즉시 알림 체계

그림 8-11 위험 관리

학습 요약

스포츠 산업에서 데이터 분석은 단순한 통계 집계를 넘어 전략적 의사결정의 핵심 엔진으로 진화하고 있다. 본 장에서 다룬 분석적 사고와 스토리텔링, 그리고 빅데이터 분석 기획의 체계적 접근법은 스포츠 조직의 데이터 중심 문화 전환에 필수적인 토대를 제공한다.

분석적 사고는 데이터–질문–가설–검증의 순환 구조를 통해 복잡한 스포츠 현상을 논리적으로 분해하고 측정 가능한 지표로 전환하는 핵심 역량이다. 데이터 리터러시, 비판적 사고, 창의적 시각의 통합을 통해 혁신적 전략 도출이 가능하다.

스토리텔링은 맥락–인사이트–메시지–행동의 4단계 구조를 통해 분석 결과를 실제 행동으로 연결하는 가교 역할을 수행한다. 일관성과 간결성, 적시성과 맞춤화, 데이터 신뢰성과 재현성의 세 원칙을 준수할 때 최대의 설득력과 실행력을 발휘한다.

빅데이터 분석 기획에서는 목표–데이터–모델–운영의 네 축 통합이 중요하다. SMART, OKR, North–Star Metric을 통한 명확한 목표 설정과 데이터 레이크–웨어하우스–스트리밍의 삼단 아키텍처를 통해 다양한 분석 니즈를 효율적으로 충족할 수 있다. POC–MVP–Scale–out의 3단계 확산 전략은 애자일 데이터 문화의 정착을 가능하게 한다.

프로젝트 운영에서는 2주 스프린트와 RACI 매트릭스를 통한 명확한 역할 분담, 체계적 위험 관리가 성공적 완수를 담보한다.

스포츠 데이터 분석의 성공은 첨단 기술이나 방대한 데이터가 아닌 체계적인 사고 프로세스, 효과적인 커뮤니케이션, 그리고 실행력을 뒷받침하는 조직 문화의 변화에 있다. 데이터는 도구일 뿐이며, 이를 활용하여 팬과 선수, 조직 모두에게 가치를 창출하는 것이 진정한 스포츠 데이터 분석의 목표이다.

09 Chapter
스포츠 데이터 분석 접근법

>> 학습 목표

1. 스포츠 데이터 분석의 전 과정(7단계)을 이해하고 적용할 수 있다.
2. 스포츠 데이터 분석 프로젝트의 전략적 접근 방법을 설계할 수 있다.
3. 성과·결과·학습 루프와 모듈화 설계를 활용하여 지속 가능한 분석 체계를 구축할 수 있다.

1 빅데이터 분석 단계

스포츠 데이터 분석에서 한 경기의 챔피언은 마지막 순간에 결정되지만, 분석 프로젝트의 성공 여부는 문제 정의 단계에서 80퍼센트가 결정된다. 다음의 7단계는 숨어 있는 경기력을 발굴하여 현장 의사결정까지 연결하는 완전한 분석 사이클을 구성한다. 각 단계가 단절되면 모델의 정확도보다는 현장에서 체감하는 가치가 사라진다는 점을 반드시 기억해야 한다.

1) 문제 정의

스포츠 데이터 분석의 첫 번째 단계는 비즈니스 목표를 구체적인 분석 질문으로 번역하는 것이다. 예를 들어 축구 구단에서 "득점 기회를 늘려라"라는 요청이 있다면, 이를 "우리 팀이 미드필드에서 전진 패스를 통해 슈팅을 만드는 확률은 얼마인가"라는 측정 가능한 분석 질문으로 구체화해야 한다.

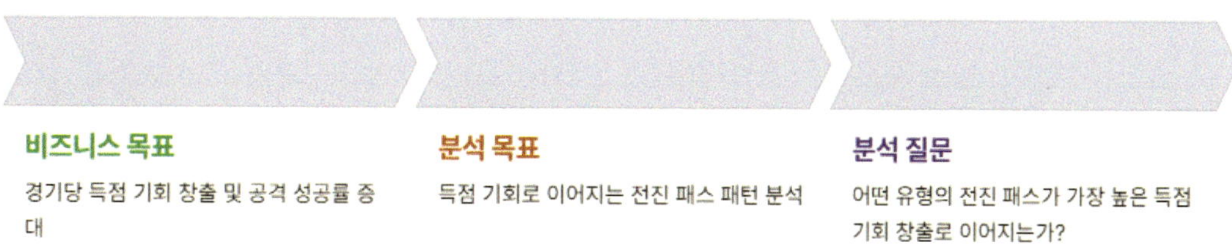

그림 9-1 스포츠 데이터 분석의 3 단계

문제 정의 과정에서는 측정 단위(Unit of Measurement)를 명확히 설정해야 한다. 분석 대상의 특성에 따라 데이터 유형이 달라지므로, 이를 미리 고려하여 분석 방향을 설계해야 한다.

예를 들어 이벤트 기반 데이터(Discrete Event: 패스, 슈팅 등)는 개별 사건 단위로 기록되는 반면, 연속 트래킹 데이터(Continuous Tracking: 좌표, 속도 등)는 시간 흐름에 따른 움직임을 포착한다.

또한 팬 감정과 같은 비정형 데이터(Unstructured Sentiment Data: 텍스트, 댓글 등)는 자연어 처리 과정을 거쳐야 분석에 활용될 수 있다.

아울러 "후반 30분 이후 체력 저하로 역습 성공률이 감소한다"와 같은 검증 가능한 가설(Testable Hypothesis)을 설정하고 우선순위를 정해야 한다.

나아가 실험 설계가 가능한 경우, A/B 테스트 환경을 도입해 전략의 효과를 비교·검증할 수 있도록 한다. 예를 들어, 홈 경기에서 음악 볼륨 강도를 달리 조정(A/B Test) 하여 팬의 체류시간 변화를 측정하면, 이는 단순한 경기 전략 분석을 넘어 스포츠 마케팅과 관중 경험 분석까지 확장할 수 있는 사례가 된다.

실제 스포츠 현장에서는 감독이 전방 압박 실패의 원인을 묻는 경우, 분석팀은 "압박 강도 지표를 5 이하로 낮출 때 실점 위험이 12% 감소한다"는 정량적 가설(Quantitative Hypothesis)을 설정하여 이를 검증한다.

검증 결과 유의성이 확보되면, 해당 지표를 KPI(Key Performance Indicator)로 설정하고 경기 후 코칭 리포트에 반영한다.

2) 데이터 수집

스포츠 현장에서 수집되는 데이터는 경기 기록, 구단 재무 및 마케팅 지표, 트래킹 좌표, 웨어러블 센서 데이터, 경기 영상, 팬들의 SNS 게시물 등 다양한 형태로 존재한다. 경기 기록에는 득점, 파울, 패스 횟수와 같이 전광판에 실시간으로 표시되는 기록들이 포함되며, 구단 재무 및 마케팅 지표에는 티켓 판매량, 상품 매출, 고객관계관리 정보가 포함된다.

트래킹 좌표와 웨어러블 센서 데이터는 실제 분석에 활용하기 위해서는 시간과 개체 축을 정렬하는 전처리 과정이 필요하다. 선수 위치가 매초 25Hz로 기록된다면, 이를 이벤트 시간과 선수 ID로 정렬하여 다른 이벤트 기록과 동기화해야 분석의 일관성을 확보할 수 있다. 경기 중 실시간으로 생성되는 서버 로그와 Kafka, Kinesis 등의 스트리밍 데이터도 마찬가지로 전처리가 필요하다.

경기 영상, 중계 오디오, 팬들의 SNS 게시물, 코치와 선수의 인터뷰 등은 전처리 과정에서 컴퓨터 비전이나 자연어 처리 기술을 거쳐 숫자 벡터 형태로 변환되어야 하며, 이후 모델링 단계에서 다른 데이터와 결합하여 활용할 수 있다.

표 9-1

데이터 유형	수집 도구	전처리 방식	분석 활용 예시
경기 이벤트	API, 수기 기록	시간·선수 ID 정렬	득점·패스 성공률 분석
트래킹 데이터	카메라, GPS 센서	좌표 보정·필터링	이동 거리, 전술 패턴
영상 데이터	CCTV, 중계	객체 탐지(Object Detection)	전술 시각화, 자동 하이라이트
SNS 데이터	크롤링, API	감정분석, 토큰화	팬 반응 예측, 브랜드 평가

실무에서는 이러한 다양한 유형의 데이터를 API 풀링, 스트림 수집, 배치 적재 등의 혼합 전략으로 수집하며, 수집 시점, 버전, 저작권 정보를 메타데이터로 함께 저장한다. 특히 선수의 생체 정보와 같은 민감한 데이터의 경우 GDPR, 국내 개인정보보호법, 선수단 내부 가이드라인을 모두 준수해야 한다.

표 9-2

구분	주요 원천	특징
구조화된 데이터	경기 기록(득점, 파울), 티켓 판매, 머천다이즈 매출	일관된 스키마, 바로 SQL 활용
반구조화된 데이터	트래킹 좌표, 웨어러블 센서 CSV, 로그 파일	시간·개체(Key) 축 정렬 필요
비정형 데이터	경기 영상, SNS 게시물, 인터뷰 음성	NLP·CV 전처리 필수

데이터 수집 단계에서는 다중 소스 통합 전략(Multi-Source Integration Strategy)을 통해 경기, 선수, 팬 데이터를 동시에 확보한다.

주요 방식으로는 Opta나 Stats Perform과 같은 API 풀(Pull) 방식, Kafka나 Kinesis를 이용한 실시간 스트리밍(Stream) 방식, S3나 GCS를 활용한 배치 덤프(Batch Dump)

방식이 있다.

실시간 스트리밍은 경기 중 AI 전략 조정, 부상 위험 감지, 팬 실시간 반응 예측 등 즉각적인 의사결정에 활용되며, 배치 덤프는 경기 후 성과 분석 및 장기적 트렌드 파악에 적합하다.

예를 들어 KBO 트래킹 시스템은 경기 중 20대 이상의 카메라를 통해 선수와 공의 위치를 초당 30프레임으로 수집하고, 이를 AWS Kinesis를 통해 중앙 분석 서버로 전송한다.

또한 NBA의 Second Spectrum 시스템은 모든 코트 움직임을 실시간으로 분석하여 팀별 AI 전술 추천 시스템에 반영한다.

수집된 데이터의 재현성(Reproducibility)을 확보하기 위해서는 수집 시점, 버전, 출처, 센서 ID, 수집정책(예: Sampling Rate), 저작권 정보를 메타데이터(Metadata)로 함께 기록해야 한다. 이러한 메타데이터 관리체계는 분석의 일관성을 유지하고, 연구 간 비교와 검증을 가능하게 한다.

한편, 스포츠 데이터는 개인 운동 생체정보(Heart Rate, GPS, 근전도 등)를 포함하므로 민감도가 높다. 따라서 GDPR, 국내 개인정보보호법령, 선수단 내부 동의 절차 등 데이터 거버넌스(Data Governance) 기준을 철저히 준수해야 하며, 데이터 접근·활용 권한(Role-based Access Control)을 명확히 구분하는 관리체계가 필요하다.

특히 데이터 공유 시 선수 본인의 데이터 주권(Data Ownership)을 인정하고, 연구 및 상업적 활용 범위에 대한 명시적 동의(Explicit Consent) 절차를 거치는 것이 바람직하다.

3) 데이터 정제·통합

데이터 품질 관리는 완전성(Completeness), 일관성(Consistency), 정확성(Accuracy), 적합성(Relevance)의 네 가지 기준을 따른다.

엔티티 매핑(Entity Mapping) 단계에서는 좌표 데이터와 이벤트 데이터를 선수 ID(Player ID)와 경기 시간(Timestamp)을 기준 키로 조인(Join)한다. 또한 볼 소유권 ID(Ball Possession ID)를 생성하여 플레이 단위(Play Unit) 분석을 가능하게 한다.

특성 공학(Feature Engineering) 과정에서는 이동거리(Distance)와 스프린트 횟수(Sprint Count)를 누적 부하 지표(Cumulative Load Index)로 변환하고, SNS 해시태그 빈도를 기반으로 실시간 팬 몰입 점수(Fan Engagement Score)를 산출한다.

데이터는 원본 데이터(Raw Data), 가공 데이터(Processed Data), 데이터 마트(Data Mart), 특성 저장소(Feature Store)로 구성된 계층 구조를 통해 데이터 레이크(Data Lake)와 데이터 웨어하우스(Data Warehouse)에서 통합 관리된다.

주의할 점은 트래킹 데이터의 25Hz 주파수와 이벤트 데이터의 1Hz 주파수를 동기화하지 않으면, 패스 좌표가 실제 위치에서 수 미터씩 밀려나는 위성 오차(Position Drift)와 같은 문제가 발생할 수 있다는 것이다.

이러한 시차 보정(Time Synchronization) 작업은 신호 재샘플링(Resampling), 보간법(Interpolation), 스무딩(Smoothing) 등을 통해 수행된다.

실제 K리그 데이터 분석 프로젝트에서도, 카메라 프레임(25Hz)과 경기 이벤트 로그(1Hz) 간 시간차로 인해 슈팅 이벤트가 실제보다 2~3미터 뒤에서 기록되는 오류가 발견된 바 있다. 이처럼 정확한 동기화(Synchronization)는 모델의 예측력보다도 현장 신뢰도에 더 큰 영향을 미친다.

4) 탐색적 분석(EDA)

탐색적 데이터 분석(Exploratory Data Analysis) 단계에서는 통계 요약과 이상치 탐지를 통해 데이터의 품질과 분포를 점검한다.

박스플롯(Box Plot), Z-점수(Z-Score), 사분위수 범위(IQR: Interquartile Range)를 활용해 이상치를 탐지하며, 이 과정에서 센서 배터리 문제, GPS 신호 끊김, 센서 태그 오류 등을 즉시 파악할 수 있다.

관계 시각화(Relational Visualization)에서는 패스 네트워크 그래프(Pass Network Graph)의 노드 중심성(Node Centrality)을 계산해 팀 내 플레이메이커(Playmaker)를 식별하고, 히트맵(Heatmap)으로 슈팅 위치 분포와 예상 득점(Expected Goals, xG)을 중첩 표시한다.

특성과 목표 변수 간 연관성 탐색(Feature-Target Relationship Analysis)에는 크래머의 V(Cramér's V), 상호정보량(Mutual Information), 부분 의존성 플롯(Partial Dependence Plot) 등을 활용하여 모델링 전에 설명력을 확보한다.

탐색적 분석 결과를 바탕으로 가설을 수정·보완하는 반복적 피드백 루프(Iterative Feedback Loop)를 수행한다.

예를 들어 "우리 팀은 좌우 측면 크로스에서 헤더 성공률이 낮다"는 가설이 데이터 분석 결과에서 통계적으로 유의하지 않다면, 가설을 "중앙 지역에서의 공중볼 경쟁률이 낮다"로 수정한다. 이러한 과정은 데이터 기반 학습형 접근(Data-Driven Hypothesis Refinement)의 핵심이다.

5) 모델링

모델을 선택할 때는 해결하고자 하는 목적에 따라 네 가지 범주로 구분하여 접근한다. 예측 모델은 결과 변수가 연속형이거나 시계열 데이터일 때 활용한다. 예상 득점(xG)처럼 슈팅이 득점으로 이어질 확률을 수치로 예측할 경우에는 Random Forest나 XGBoost 등 앙상블 회귀 모델이 주로 사용된다. 경기 흐름이나 선수의 피로도를 시간 축으로 모델링할 때는 LSTM(Long Short-Term Memory) 또는 Temporal CNN을 적용할 수 있다.

분류 모델은 결과 변수가 범주형(Categorical)일 때 사용한다. 로지스틱 회귀(Logistic Regression)는 빠르게 기준 모델(Baseline)을 구축하기에 적합하며, CNN(Convolutional Neural Network)은 이미지나 영상 기반의 포지션 식별,하이라이트 검출에 효과적이다. 또한 BERT 계열 모델(Bidirectional Encoder Representations from Transformers)은 문장 감성 분석이나 팬 피드백 분류에 자주 활용된다. 실시간성이나 리소스 제약이 있는 경우 DistilBERT 같은 경량화 모델(Lightweight Models)을 선택하기도 한다.

군집 모델은 정답 레이블이 없는 탐색적 과제에 적합하다.예를 들어 관중을 가족 관람형, 열혈 팬, 원정 팬으로 분류하거나, 선수를 통계 패턴에 따라 그룹화할 때 K-means나 DBSCAN을 사용한다. 이 결과는 마케팅 세그먼트 정의나 유사 선수 발굴, 전술 매칭 의사결정의 근거로 활용된다.

최적화 모델은 의사결정을 자동화·강화하기 위해 활용된다. 대표적 사례가 티켓 동적 가격(Dynamic Pricing)이다. 수요, 경기 상황, 상대 팀 인기도, 날씨 등의 변수를 실시간으로 반영하여 최적 가격을 산출하기 위해 강화학습(Reinforcement Learning) 또는 컨텍스트 밴딧(Contextual Bandit) 알고리즘이 사용된다. 최근에는 구단의 재정 목표(매출 극대화)와 팬 만족도(공실률 최소화)를 동시에 충족시키는 다목적 최적화 강화학습(Multi-Objective Reinforcement Learning) 연구도 진행되고 있다.

실무에서는 네 가지 모델 범주(예측, 분류, 군집, 최적화)를 단순히 성능 지표(Accuracy, AUC, RMSE)만으로 선택하지 않는다. 스포츠 데이터 분석에서는 모델의 성능뿐 아니라 데이터의 양과 특성(Volume & Variety), 계산 자원과 예산(Resource & Budget), 현장에서의 해석 가능성(Explainability), 배포 주기 및 운영 환경(MLOps Cycle) 등의 현실적 제약 조건(Operational Constraints)을 함께 고려하여 최종 모델을 결정한다.

특히 감독, 코치, 마케팅 담당자 등 다양한 이해관계자가 결과를 실제로 이해하고 행동으로 옮길 수 있는지(Interpretability in Practice)가 핵심 기준이 된다.

모델 학습 단계에서는 데이터의 시간적 특성을 반영한 분할 전략이 중요하다. 시계열 데이터는 무작위 분할(Random Split)을 사용하면 미래 정보가 유출될 위험이 있으므로, 시계열 분할(Time-Series Split) 또는 슬라이딩 윈도우(Sliding Window) 방식을 적용해 훈련 세트와 검증 세트를 순차적으로 구성한다. 이러한 접근은 모델이 경기 흐름의 변동성을 더 정확히 학습하도록 돕는다.

평가 지표(Evaluation Metrics)는 모델의 목적에 따라 달라진다. 예상 득점(xG) 모델에서는 브라이어 점수(Brier Score)와 보정 곡선(Calibration Curve)을 활용해 예측 확률의 정합성과 신뢰도를 검증하고, 티켓 가격이나 수익 모델에서는 평균 절대 백분율 오차(MAPE)와 수익 증대율(Revenue Lift)을 통해 모델의 경제적 효과를 평가한다.

하이퍼파라미터 탐색(Hyperparameter Tuning)에는 격자 탐색(Grid Search), 베이지안 최적화(Bayesian Optimization), 하이퍼밴드(Hyperband) 등의 자동화 기법이 사용되며, GPU 가속 환경을 적용해 탐색 효율을 높인다.

또한 스포츠 데이터의 고유한 특성 중 하나는 선수-경기 불균형(Player-Match Imbalance) 문제다.

일부 선수나 이벤트의 데이터가 과도하게 많고, 득점이나 부상 같은 희귀 이벤트는 표본이 적기 때문에 모델이 다수 클래스(예: 비득점 상황)에 과도하게 편향될 수 있다. 이를 완화하기 위해 가중 손실(Weighted Loss)을 적용하거나, 소수 클래스 데이터를 인공적으로 증강하는 SMOTE(Synthetic Minority Over-Sampling Technique) 기법을 활용한다.

이러한 데이터 균형화(Data Balancing) 과정은 모델의 일반화 성능과 공정성을 동시에 확보하고, 예측 결과의 왜곡(Prediction Bias)을 최소화하여 현장 적용 신뢰도를 높인다.

표 9-3

목적	기법	예시
예측	Random Forest, XGBoost, LSTM	xG (예상 득점), 부상 위험 예측
분류	Logistic, CNN	팬 긍·부정 감성, 하이라이트 장면 검출
군집	K-means, DBSCAN	관중 세그먼트, 선수 유형 분류
최적화	Reinforcement Learning	티켓 동적 가격 (Dynamic Pricing) 정책

6) 해석·시각화

모델의 해석 가능성(Explainability)은 스포츠 현장에서 데이터 분석 결과가 실제 행동으로 이어지기 위한 핵심 요소이다.

AI가 제시한 결과를 코치나 선수가 이해할 수 있어야 전략적 의사결정이 가능하다. 이를 위해 SHAP(Shapley Additive Explanations), LIME(Local Interpretable Model-Agnostic Explanations), 순열 중요도(Permutation Importance) 등의 기법을 활용하여, "왜 이 선수가 이 구역에서 슈팅해야 하는가"와 같은 질문에 대한 근거를 시각적으로 제시한다.

스토리보드형 시각화(Storyboard Visualization)는 "데이터(Data) → 인사이트(Insight) → 행동(Action)"의 세 단계로 구성한다. 첫 번째 슬라이드에서는 주요 데이터 포인트를, 두 번째에서는 인사이트 요약을, 세 번째에서는 전략적 행동 제안을 제시하여 현장 이해관계자가 분석의 흐름을 직관적으로 파악할 수 있도록 한다.

인터랙티브 대시보드(Interactive Dashboard)는 실시간 분석 결과를 공유하는 데 활용된다. Plotly Dash, Tableau, Looker 등의 시각화 도구를 이용해 경기 전광판, 코치 태블릿, 분석실 모니터 등 다양한 채널에서 핵심성과지표(KPI, Key Performance Indicator)를 실시간으로 확인할 수 있다.

또한 내러티브 데이터 스토리텔링(Narrative Data Storytelling) 기법을 통해, 단순 숫자가 아닌 시각적 스토리로 데이터를 전달한다. 예를 들어 패스 하이라이트 GIF, 히트맵 애니메이션, 트래킹 라인 오버레이를 활용하여 선수의 움직임 흐름과 팀의 전술 패턴을 감각적으로 보여준다.

이러한 시각화는 데이터를 이해하는 속도를 높이고, 코치-선수 간 커뮤니케이션 효율을 극대화한다.

7) 검증·배포(MLOps)

모델의 가치는 현장에서 재현 가능하고 지속적으로 작동할 때 완성된다. 이를 위해 MLOps(Machine Learning Operations) 개념을 도입하여, 모델 개발부터 배포, 재학습, 모니터링까지의 전 과정을 자동화한다.

파이프라인 자동화(Pipeline Automation)는 Git, Docker, Argo를 활용한 지속적 통합·배포(CI/CD) 체계를 통해 구현된다.

모델이 재학습된 후에는 쿠버네티스(Kubernetes) 클러스터 환경에서 실시간 서빙(Serving)된다. 모델 모니터링(Model Monitoring) 단계에서는 개념 드리프트(Concept Drift)와 데이터 드리프트(Data Drift)를 지속적으로 감시한다.

예를 들어 예상 득점(xG)과 실제 득점 간의 분산 차이를 비교하여 모델의 성능 변화를 감지하고, 센서 펌웨어 업데이트 이후 측정값의 범위가 달라지면 데이터 분포 변화를 자동 감지한다.

새로운 알고리즘을 검증할 때는 A/B 테스트(A/B Test) 또는 챔피언-챌린저(Champion-Challenger) 방식을 활용한다. 예를 들어 티켓 가격 추천 알고리즘의 신버전을 홈경기 절반에만 적용하여 평균 객단가(Average Revenue per User)와 좌석 점유율(Occupancy Rate)의 변화를 비교한다.

이러한 검증 과정은 모델이 단순히 높은 예측력을 갖는 것을 넘어, 실제 수익·팬 만족도 등 비즈니스 성과로 이어지는지를 판단하는 기준이 된다.

재현성(Reproducibility) 확보를 위해 DVC(Data Version Control)와 MLflow를 활용하여 데이터 버전, 코드, 모델 아티팩트(Artifacts)를 함께 관리한다.

마지막으로 피드백 루프(Feedback Loop)를 구축해 코치의 피드백, 팬 반응 데이터를 특성 저장소(Feature Store)에 재반영하고, 이를 다음 에포크(epoch)의 학습 데이터로 활용한다.

이 과정을 통해 모델은 시간이 지날수록 실제 환경에 적응하며 진화한다.

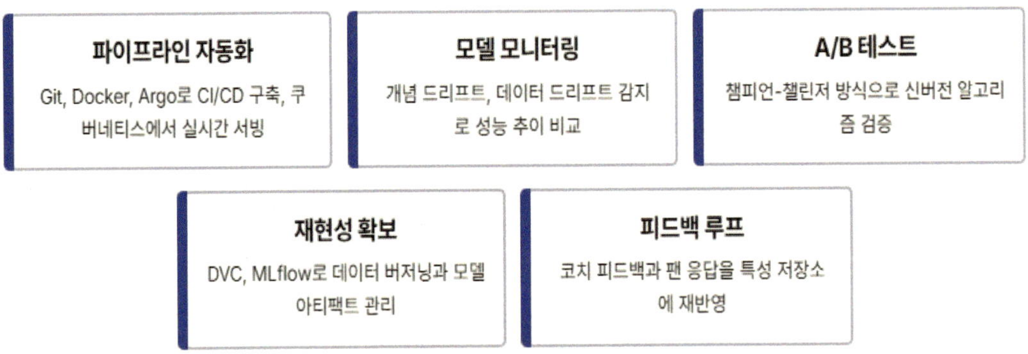

그림 9-2 검증 · 배포(MLOps)

2 분석 과제 기획을 위한 전략적 접근 방법

데이터를 수집하고 알고리즘을 실행하는 것만으로는 경쟁력을 창출할 수 없다. 진정한 데이터 전략은 "어떤 문제를 어떻게 해결해야 조직이 즉시 행동으로 옮길 수 있는가"까지 설계하는 것이다. 스포츠 데이터 분석에서는 기술적 우수성보다 현장 적용 가능성(Field Applicability)이 프로젝트의 성패를 좌우한다.

1) 비즈니스 라인·현장 이해관계자 인터뷰

(1) 다층 욕구 분해와 이해관계자 매핑

이해관계자 인터뷰는 분석 과제의 성공을 결정하는 핵심 단계이다. 스포츠 조직의 구성원은 목표(Goal), 필요(Need), 희망(Wish)을 혼재하여 표현하는 경우가 많다.

- **목표**: 조직 차원의 구체적 성과 지표(예: 관중 10% 증가, 굿즈 매출 15% 성장)
- **필요**: 현재 업무에서 겪는 실질적 문제(예: 팬 이탈 원인 분석 부족)
- **희망**: 이상적으로 기대하는 미래 상태(예: 데이터 기반 의사결정 문화 정착)

이 세 층위를 구분한 뒤, "왜(Why)"라는 질문을 다섯 번 반복하는 5 Whys 기법을 통해 근본 원인을 탐색한다.

직접적인 데이터 사용자(감독, 코치, 분석관)뿐 아니라, 데이터의 영향을 받는 방송 제작팀, 원정 매니저, 티켓 판매팀, 머천다이징팀, 팬 서비스팀 등 간접 이해관계자까지 포함해야 한다.

예를 들어 선수 부상 예측 모델을 개발할 때, 피지컬 코치나 의료진의 요구만 수용하면 부족하다. 감독(교체 의사결정자)과 운영팀(일정 조정자)의 의견을 함께 반영해야 모델이 실제 경기 운영 단계에서 활용될 수 있다.

또한 많은 스포츠 조직은 여전히 경험과 직감(Intuition)에 기반한 의사결정을 유지하고 있다. 따라서 기존 흐름을 무시하지 않고, 데이터 기반 인사이트가 자연스럽게 통합될 수 있는 접점을 설계하는 것이 중요하다.

(2) 체계적인 실행 방법론

분석 과제의 실행은 보통 반나절(½ Day) 동안 진행되는 발견 워크숍(Discovery Workshop)으로 시작된다. 이 워크숍은 포스트잇과 온라인 협업 도구(Miro, Notion 등)를 활용하여 현재의 의사결정 흐름(Decision Flow)을 시각화하고, 의사결정권자, 정보 제공자, 실행자, 그리고 영향을 받는 사람들 간의 관계와 소통 채널을 명확히 파악하는 데 목적이 있다.

참여자들은 자신의 역할과 책임, 현재 겪고 있는 어려움, 기대하는 개선 사항을 구체적으로 표현함으로써 현장의 실제 문제 인식과 데이터 분석 과제 간의 간극을 좁혀 나간다.

워크숍 이후에는 그림자 관찰(Shadowing)과 현장 관찰(Field Observation)을 통해 데이터가 어디에서 생성되고, 어떻게 전달되며, 어느 지점에서 단절되는지를 직접 확인한다. 분석팀은 벤치 뒤, 판매소, 방송 부스, 콜센터 등 다양한 현장을 동행하며 공식적인 업무 매뉴얼과 실제 현장 간의 차이를 체계적으로 기록한다.

예를 들어, 경기 중 실시간 통계가 벤치에 전달되더라도 코치들이 경기 흐름에 집중하느라 해당 데이터를 즉시 활용하지 못하는 경우가 있다.

이처럼 발견된 단절 지점(Disconnection Point)은 분석 결과가 왜 실행되지 못하는지를 설명하는 중요한 단서가 된다. 이후 단계에서는 공감 지도(Empathy Map)와 해야 할 일 프레임워크(Jobs-To-Be-Done)를 활용하여 핵심 의사결정자(감독, 단장, 마케팅 임원 등)의 일상 업무 흐름을 시각화한다.

이들이 하루 중 언제, 어떤 데이터를 보고, 누구와 소통하며, 어떤 결정을 내리는지를 4칸 캔버스 형태로 정리함으로써, 데이터 인사이트가 기존 업무 흐름에 자연스럽게 통합될 수 있는 최적의 시점과 형태를 파악한다.

이러한 일련의 과정은 단순히 데이터를 수집하고 분석하는 단계를 넘어, 데이터가 실제 조직의 의사결정과 행동 변화로 이어질 수 있도록 설계하는 전략적 실행 설계 단계라 할 수 있다.

(3) 문제 정의 및 가설 설정

복잡한 현상을 명확히 이해하고 분석의 방향을 잡기 위해서는 먼저 문제를 구조적으로 분해해야 한다. 이를 위해 문제 분석 트리(Issue Tree)를 활용하여 포괄적인 질문을 점진적으로 세분화한다.

예를 들어 "왜 노쇼(No-Show)가 발생하는가?"라는 질문은 날씨, 상대팀, 가격, 교통, 경기 시간, 프로모션과 같은 주요 요인으로 나뉠 수 있다.

각 요인은 다시 하위 원인으로 세분화되며, 이 과정에서 "킥오프 24시간 전 악천후 예보가 주요 방아쇠로 작용한다"와 같이 측정 가능하고 검증 가능한 형태의 가설(Testable Hypothesis)로 정리된다.

가설을 설정할 때는 반드시 측정 지표(Metric)와 임계값(Threshold)을 명시해야 한다. 단순한 현상 진술이 아니라, 데이터로 검증할 수 있는 문장으로 표현하는 것이 중요하다.

예를 들어 "강수 확률이 70% 이상일 때 노쇼율이 평균 대비 15% 증가한다"와 같이 정량적 수치를 포함하면 가설이 분석 설계의 중심축으로 작동한다.

이렇게 명확하게 정의된 가설은 이후 데이터 수집과 분석 단계에서 어떤 변수를 중점적으로 관찰해야 하는지, 어떤 모델을 적용해야 하는지를 결정하는 나침반(Compass) 역할을 한다.

즉, 문제 정의와 가설 설정은 단순한 분석의 출발점이 아니라 전체 프로젝트의 전략적 방향성과 성공 가능성을 결정짓는 설계 행위라 할 수 있다.

사례 1 유럽 축구 클럽의 시즌티켓 홀더 분석

유럽의 한 프로 축구 구단 및 관련 연구에서는 시즌티켓 홀더의 방문 결정에 있어 표면적 문제인 팀 성적 외에 교통 접근성, 경기 시작 시간, 동반 가족의 일정 등의 운영적 맥락이 중요할 수 있다는 인사이트가 제시되었다. 예컨대, 스위스 클럽을 대상으로 한 분석에서는 거주지와 경기장 간 거리, 연령, 티켓 가격이 노쇼(no-show) 행동의 주요 예측변수로 관찰되었으며, 이는 단순히 경기 승패보다 팬의 접근성 및 일상 맥락(Context)을 강화하는 전략이 필요하다는 점을 시사한다.

이를 바탕으로 구단은 개인화된 경기 추천 시스템, 교통 정보 제공, 가족 단위 관람에 적합한 일정 구성 등 운영 전략을 설계할 수 있다. 이와 같은 전략은 분석 결과를 단순히 "몇 % 증가했다"에 머무르지 않고, 현장 적용 가능한 행동 설계(Actionable Insight)로 전환하는 중요한 단계이다.

2) 데이터·기술·인력(3 As: Assets, Algorithms, Analysts) 매핑

그림 9-3 3As 프레임워크

(1) 포괄적 역량 진단 체계

분석 프로젝트의 성공은 데이터 자산(Assets), 알고리즘(Algorithms), 분석가(Analysts) — 이른바 3As의 균형과 상호작용에 달려 있다.

이 세 요소는 독립적으로 존재하지 않으며, 어느 하나의 약점도 전체 프로젝트의 성과를 제약할 수 있다. 따라서 조직은 세 영역을 체계적으로 진단하고 매핑하여, 프로젝트 수행 능력의 강점과 취약점을 명확히 파악해야 한다.

우선 자산 준비도 지수(Asset Readiness Index)는 데이터의 품질과 활용 가능성을 종합적으로 평가하는 지표이다. 데이터의 완전성(Completeness)은 필수 필드의 누락 정도를, 정합성(Consistency)은 동일 개념 간 데이터 일치도를 의미한다. 또한 권한(Authorization)은 접근 및 활용에 대한 법적·윤리적 제약을, 지속성(Sustainability)은 데이터 수집과 갱신 주기의 안정성을 평가한다.

각 항목은 프로젝트 특성에 맞게 0~5점 척도로 평가되며, 중요도에 따라 가중치를 부여하여 종합 점수를 산출한다. 예를 들어 좌표 데이터가 10% 이상 누락되거나 선수 개인정보 활용 동의서가 미비한 경우, 자산 준비도 점수가 크게 낮아진다. 이 지수는 프로젝트 착수 전에 데이터 기반 역량을 객관적으로 진단할 수 있는 '기초 체력 지표' 역할을 한다.

다음으로 알고리즘 성숙도 매트릭스(Algorithm Maturity Matrix)는 기술의 안정성과 구현 복잡도를 동시에 고려해 조직의 기술 수준을 평가한다. 상용 패키지(Commercial Package)는 안정성과 지원이 뛰어나지만 비용이 높고 커스터마이징에 제약이 있다. 반면 오픈소스 안정판(Open Source Stable Release)은 유연성이 크지만 기술 지원이 부족할 수 있다. 연구개발 단계(R&D Alpha)의 기술은 혁신적인 성과를 기대할 수 있으나 불확실성이 높으며, 논문 프로토타입(Research Prototype)은 차별화된 경쟁우위를 제공하더라도 상용화까지는 상당한 시간과 노력이 필요하다. 따라서 프로젝트 성격에 따라 안정성과 혁신성 사이의 균형점을 찾아야 한다.

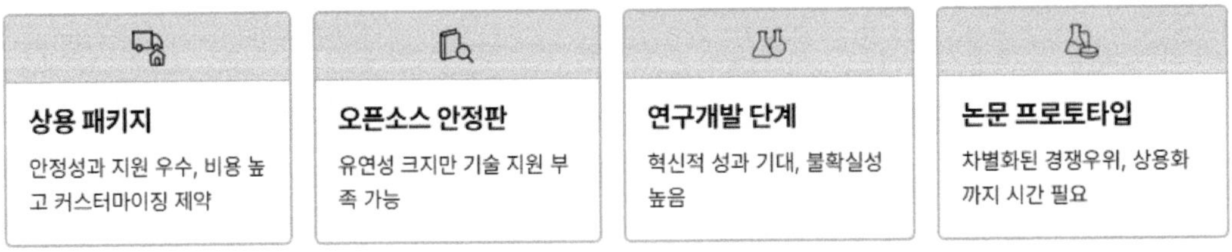

그림 9-4 알고리즘 성숙도 매트릭스

마지막으로 분석가 역량 히트맵(Analyst Competency Heatmap)은 인력을 도메인 지식(Domain Knowledge)과 기술적 스킬(Technical Skill)의 두 축으로 평가한다. 도메인 지식에는 스포츠 규칙 이해, 전술적 통찰력, 선수 평가 경험, 팬 심리 파악 등이 포함되며, 기술적 스킬에는 통계 분석, 머신러닝, 데이터 시각화, 클라우드 인프라 활용 능력 등이 포함된다. 이 두 역량이 모두 높은 인력은 프로젝트 리더로 배치하고, 한쪽이 강한 인력은 해당 분야의 전문가로 지정한다. 양쪽 모두 부족한 인력은 교육 및 멘토링 대상으로 분류하여 장기적인 역량 개발 계획을 수립한다.

이처럼 3As 프레임워크는 데이터 품질(Assets), 기술 성숙도(Algorithms), 인력 역량(Analysts)의 세 축을 유기적으로 평가함으로써 조직의 분석 수행 능력을 다층적으로 진단할 수 있게 한다. 이 진단은 단순한 평가를 넘어, 향후 투자 우선순위와 인력 배치, 기술 도입 전략을 결정하는 전략적 나침반(Strategic Compass) 역할을 한다.

(2) 체계적 실행 전략

체계적 실행 전략은 조직의 데이터·기술·인력 역량을 실제 프로젝트 환경에 맞게 정렬하고, 지속 가능한 실행 체계를 구축하기 위한 과정이다. 이 전략은 데이터 카탈로그 스프린트, 알고리즘 라이브러리 정책, 역량 격차 해소의 세 가지 축으로 구성된다.

그림 9-5 체계적 실행 전략의 3가지 축

먼저 데이터 카탈로그 스프린트(Data Catalog Sprint)는 1주일간 집중적으로 진행되는 데이터 자산 정리 및 표준화 작업이다. 모든 데이터 소스에 대한 메타데이터를 수집하고 자동화된 태깅 시스템을 통해 데이터 분류체계(Taxonomy)를 구축한다. 이 과정에서 중복되거나 접근이 제한된 데이터를 식별해 정리하고, 데이터의 생성·변환 이력을 계보 추적(Lineage Tracking)으로 문서화함으로써 데이터 자산의 투명성과 재현성을 높인다. 이는 프로젝트의 출발점에서 데이터 품질을 확보하는 핵심 단계이다.

다음으로 알고리즘 라이브러리 정책(Algorithm Library Policy)은 조직 내에서 사용할 수 있는 기술의 범위와 조건을 명확히 규정하는 체계이다. 사용 가능 목록(Approved List)에는 안정적이고 검증된 기술이, 제한 목록(Restricted List)에는 특정 조건에서만 허용되는 기술이, 금지 목록(Prohibited List)에는 보안이나 라이선스 문제로 인해 사용할 수 없는 기술이 포함된다. 이러한 정책을 통해 기술 선택의 일관성을 유지하고, 각 기술에 대한 가이드라인·모범 사례·주의사항을 문서화하여 개발자와 분석가가 신속하게 참고할 수 있는 내부 표준을 마련한다.

마지막으로 역량 격차 해소(Capability Gap Bridging)는 인적 자원의 불균형을 보완하는 단계이다. 단기적으로는 외부 전문가와의 자문 계약을 통해 즉각적인 전문성을 확보하고, 현직 스포츠 과학자나 전직 프로선수, 스포츠 저널리스트 등 현장 경험이 풍부한 인력을 참여시켜 분석 결과의 현실성을 검증한다. 중기적으로는 내부 인력을 대상으로 4주간의 집중 부트캠프(Bootcamp)를 운영하여 컴퓨터 비전, 강화학습, 시뮬레이션 등 고급 기술을 교육하고 팀의 자립 역량을 강화한다.

결국 이러한 세 단계의 전략은 데이터를 정리하고(Assets), 기술을 표준화하며(Algorithms), 인적 역량을 고도화하는(Analysts) 과정을 하나의 선순환 구조로 연결한다. 즉, 체계적 실행 전략은 3As의 균형을 유지하며 조직이 분석 프로젝트를 지속적으로 발전시킬 수 있는 기반을 마련하는 통합적 관리 메커니즘이라 할 수 있다.

(3) 정량적 진단 사례

실제 프로젝트 진단 결과를 살펴보면, 자산 준비도 지수는 평균 13/20점으로, 권장 기준인 18점 이상에 미달하는 경우가 많다.

주요 문제는 좌표 데이터 누락률 10% 초과, 이벤트-트래킹 데이터 시간 동기화 오차, 선수 개인정보 활용 동의서 미비 등이다. 알고리즘 준비도는 레벨 2(오픈소스 안정판 단계)에 머무는 경우가 대부분으로, 실시간 배포와 대규모 처리에는 추가적인 최적화가 필요하다.

특히 컴퓨터 비전 기반 영상 분석, 실시간 예측 모델의 경우 성능 튜닝과 인프라 확장성 확보가 필수적이다.

분석가 역량 히트맵에서는 강화학습 분야 점수가 평균 0.5점으로, 동적 가격 책정

(Dynamic Pricing), 최적 라인업 구성, 실시간 전술 조정 등 고도화된 분석 과제 수행에 제약이 나타난다.

따라서 단기적으로는 벤더의 PoC(Proof of Concept)를 통해 외부 역량을 활용하고, 장기적으로는 내부 인력의 지속적 역량 강화 계획을 병행해야 한다. 또한 머신러닝옵스(MLOps) 역량 역시 평균 2.1점으로 낮은 수준을 보인다.

이는 모델의 지속적 운영과 성능 모니터링에 어려움을 초래하며, 데이터 드리프트 감지, 모델 재학습 자동화, A/B 테스트 인프라 구축 등 운영 단계의 기술 내재화가 시급하다.

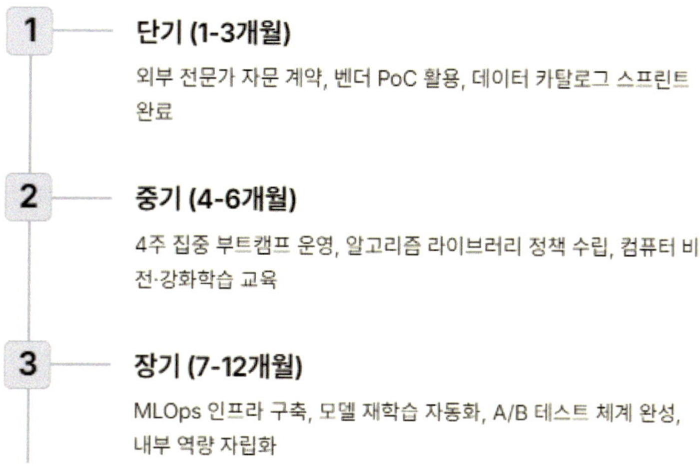

그림 9-6 정량적 진단 실행 로드맵 예시

3) 단계별 의사결정 게이트(Gate Review) 설정

(1) 체계적인 프로젝트 관리 프레임워크

프로젝트를 추진할 때는 분석과 실행 사이에서 의사결정 지연이나 방향 오류가 리스크로 작용할 수 있다. 이를 관리하기 위해서는 프로젝트를 여러 구간(Stages)으로 나누고, 각 구간 사이마다 게이트(Gate)를 설정하여 "계속(Go)·보완(Hold)·중지(Stop)" 여부를 공식적으로 결정하는 구조가 필요하다.

이 방식은 일반적인 폭포수(Waterfall) 모델의 단계적 통제 장치와, 짧은 주기로 검증·학습하는 애자일(Agile) 방식의 반복성을 결합할 수 있게 해준다.

예컨대 프로젝트를 여섯 개의 주요 구간으로 나누고, 각 구간은 명확한 목적과 평가 기준을 설정한다. 각 구간 내에서는 1~2주 단위의 스프린트(Sprint)를 운영해 작은 가설을 검증하고 결과를 리뷰하며, 실시간으로 진척을 점검하도록 한다.

(2) 세부 단계별 실행 방안

첫 번째는 착수 단계다. 핵심 이해관계자(감독, 단장, 마케팅 책임자, 분석팀 등)가 참여하는 워크숍에서 "왜 이 프로젝트가 필요한가", "무엇을 달성할 것인가", "어떻게 진행할 것인가"라는 세 가지 질문에 대해 합의한다. 이 결과를 캔버스 형태로 문서화하고, 경영진의 승인(예: C-레벨 서명)을 게이트 0 통과 조건으로 삼아 자원 투입 전에 방향성과 우선순위를 확정한다.

다음은 데이터 진단 및 탐색적 분석 단계로, 원천 데이터 수집·품질 점검 후 탐색적 데이터 분석(EDA)을 통해 누락·오류·잠재 인사이트를 빠르게 발견한다. 이 과정은 1주 단위로 계획-실행-리뷰를 반복하며, 게이트 1 통과 기준에는 단순한 통계 요약을 넘어 "현장 실무자가 실제 사용 가능하다고 인식할 수 있는 인사이트" 최소 1~2건이 제시되어야 한다.

이어지는 모델 프로토타입 개발 단계에서는 베이스라인 모델을 빠르게 구축하고, 이후 특성공학·설명가능한AI(Explainable AI) 기법을 적용해 모델의 예측근거를 시각화한다. 게이트 2 통과 기준으로는 "기존 방식 대비 실질적 가치 개선이 확인되었는가"라는 조건을 명시한다.

그 다음 파일럿 배포 및 A/B 테스트 단계에서는 실제 운영 환경에 모델을 적용하되 처음에는 제한된 범위에서 실험을 실시한다. 실험 설계는 표본 크기, 기간, 통계적 검정력 등을 사전에 확보하고, 게이트 3에서는 "핵심 지표가 유의미하게 개선되었는가"를 기준으로 전면 도입 여부를 결정한다.

마지막으로 확산 및 운영 자동화 단계에서는 성공한 솔루션을 조직 전체로 확대하고, 지속적 통합·배포(CI/CD) 체계, 셀프서비스(Self-Service) 사용을 정착시킨다. 게이트 4의 기준은 현장 부서가 데이터팀의 개입 없이도 솔루션을 일상적으로 활용할 수 있는 상태다.

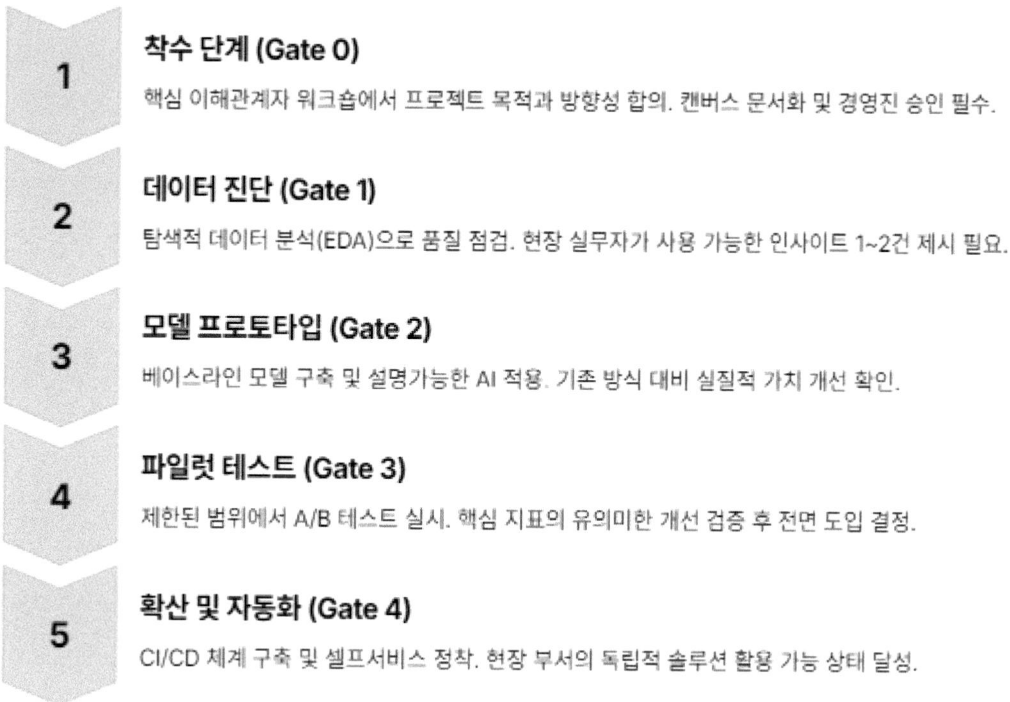

그림 9-7 5단계 실행 프로세스

(3) 위험 관리 및 거버넌스 체계

게이트 리뷰 구조를 운영하면서 동시에 위험과 거버넌스를 병행해야 한다. 게이트에서의 "통과 여부" 판단은 리스크·자원·우선순위 등을 고려한다.

위험 관리 방안으로는 RACI 매트릭스를 통해 역할과 책임을 명확히 정하고, 각 게이트에 최대 투입 자원(예: 예산·인시)를 제한하는 '킬 예산(Kill Budget)'을 설정하여 과도한 리소스 투입을 막는 것이 효과적이다. 또한 스프린트별 신호등 보고서(Traffic-Light Report)를 통해 상태를 시각적으로 공유하고, 반복되는 적색 상태는 긴급 검토로 이어지도록 설계한다.

기술적 위험, 조직적 위험, 외부 환경 위험 등을 분류하고, 발생 확률 및 영향도를 평가해 대응 우선순위를 설정함으로써 프로젝트 전 주기 동안 모니터링이 가능하다.

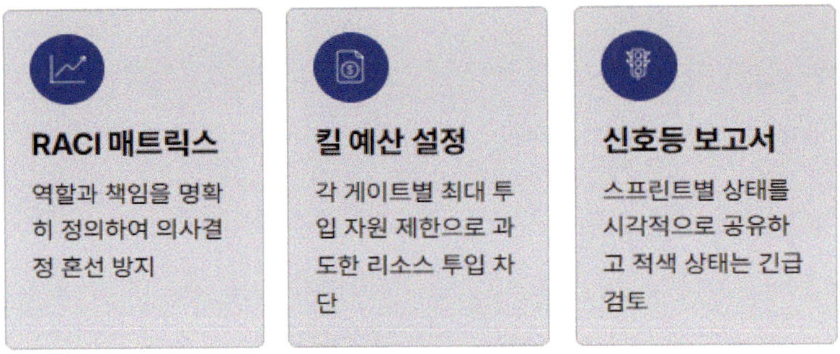

그림 9-8 위험 관리 체계

4) 성과(KPI)–결과(Outcome)–학습(Learning) 루프 구축

(1) 성과 측정 체계의 정교화

성과지표는 허영 지표와 엄격히 구분되어야 한다. 허영 지표는 수치가 커 보여도 실제 성과와 인과적으로 연결되지 않는 지표를 뜻하며, 소셜 조회수·앱 설치 수·대시보드 접속 횟수 등이 그 예다. 이런 지표에 의존하면 의사결정이 왜곡된다. 반대로 좋은 KPI는 조직의 핵심 목표와 직접 연결되고 행동 변화를 유도한다. 이 원칙은 경영·마케팅 분야에서 오래 강조돼 온 바다.

성과지표는 선행지표와 후행지표의 균형으로 설계한다. 선행지표는 미래 성과를 예고하고 조기 개입을 돕는 입력·행동 지표이며, 후행지표는 이미 발생한 결과를 평가하는 산출 지표다. 두 유형을 함께 설계·추적하는 것이 표준적 권고사항이다.

결과에서 학습으로의 연결은 정기 리듬으로 운영한다. 예를 들어 30·60·90일 주기의 리뷰를 통해 단기 운영 이슈(30일), 중기 개선안(60일), 전략적 재평가(90일)를 구분해 다룰 수 있다. 이러한 주기적 학습 루프는 밸런스드 스코어카드·성과관리 문헌이 권장하는 방식과 일치한다.

(2) 실행 인프라 구축

계측 계획은 데이터 수집에서 의사결정까지 전 여정의 측정 접점을 식별·맵핑하는 일이다. 전광판 POS, 모바일 앱 로그, 실내 위치 기술(비콘 등), SNS API 데이터를 하나의 통합 스키마로 연결하고, 각 소스의 수집 주기·지연·품질 수준을 명시해 실시간 분석의 한계를 투명하게 관리한다. 대형 스포츠 이벤트에서 실내 위치 기반 트래킹과 실시간 메시징을 결합해 관중 동선을 분석한 실무 사례가 보고되어 있다.

A/B 테스트 팩토리는 실험을 표준화·자동화하는 플랫폼이다. 실험 전 표본크기·효과크기·유의수준·검정력 산정과 런타임 계획, 동시 실험 간섭 점검, 윤리 검토를 체크리스트로 관리하며, Optimizely·GrowthBook 등은 표본 산정·검정력 분석과 실험 설계 가이드를 제공한다. 또한 즉시 롤백이 가능한 온·오프 스위치(킬 스위치)에 대한 모범사례를 문서화한다.

결과 검증 체계는 분석팀과 현업의 교차 검증을 제도화한다. 재무·팬서비스 등 관련 부서가 단일 채널에서 성과 데이터를 동기화·검증하고 불일치 시 알림으로 조기 대응하는 것은 데이터 거버넌스·실험 운영의 보편적 모범사례다.(이 부분은 특정 수치가 아닌 운영 원칙이므로 일반 가이드에 준한다.)

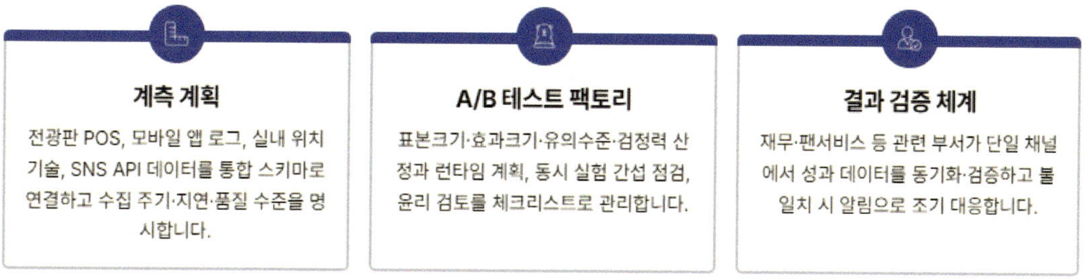

그림 9-9 성과 측정 체계 실행 인프라 구축방법

(3) 학습 고도화 방법론

정기 학습 회고는 성과 점검을 넘어 조직의 학습 능력을 강화한다. 5 Whys로 근본 원인을 추적하고, 피시본 다이어그램으로 다요인 관계를 시각화하는 방식이 권장된다. 회고 결과는 다음 사이클 백로그로 즉시 전환되어야 하며, 개인·팀·조직 3수준으로 학습 항목을 분류해 관리하면 전략-실행 간 정렬이 개선된다. 이러한 리그레시브·프로그레시브 지표의 결합과 전략 맵 기반 학습은 성과관리 문헌에서 반복적으로 제시되어 왔다.

설명가능한 AI는 현장 채택을 촉진한다. 스포츠 영역에서도 설명 대시보드 도입이 심판·코치 등 현장 주체의 신뢰와 의사결정 속도 향상에 기여한 연구·사례가 보고되고 있다.(예: WT 생태계에서 대시보드 기반 협업을 통한 의사결정 시간 단축과 신뢰 제고 보고)

푸시 알림 타이밍 등 메시지 효과는 맥락 의존적이지만, 다수 연구·산업 리포트에서 아침·점심·이른 저녁 등 특정 시간대의 효과가 관찰된다. 다만 서비스·세그먼트별 차이가 크므로 반드시 사전 전제(세그먼트·시간대 가설)와 전용 A/B 테스트로 검증해야 한다.

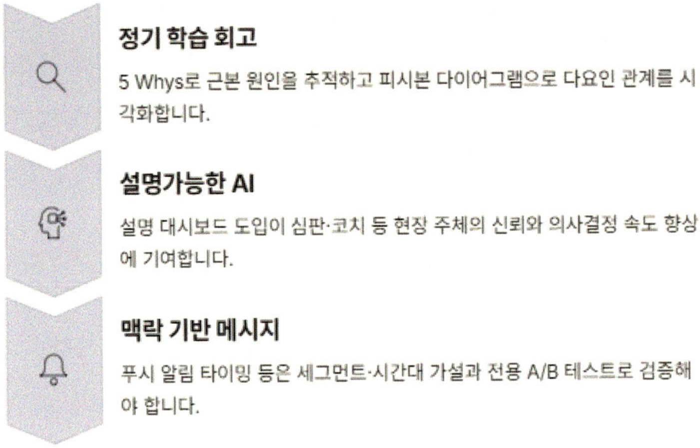

그림 9-10 학습 고도화 방법론

(4) 다층 지표 운영 사례

운영에서는 성과지표 개선이 실제 비즈니스 결과로 이어지는지 확인해야 한다. 예를 들어 추천가격 정확도(선행지표)와 앱 리마인더 열림률(선행지표)이 개선되었다면, 노쇼율·좌석 점유율·경기당 매출과 같은 후행지표의 유의미한 변화로 연결되는지 사전 정의한 의사결정 규칙(성공 기준)으로 판정한다. 이때 알림 타이밍 최적화와 같은 캠페인 전술은 시간대·세그먼트·콘텐츠의 상호작용 효과가 크므로, 통계적 검정력과 런타임을 확보한 실험으로만 결론을 내린다.

코칭 현장 적용에서는 모델의 점수 자체보다 근거와 대응 가이드를 함께 제공하는 형식(예: 위험 요인 요약·권장 대응 체크리스트)이 채택과 실행을 높인다. 이는 설명가능한 AI가 사용자 신뢰와 행동 변화를 촉진한다는 최근 스포츠·디지털헬스 연구의 결론과도 합치한다.

5) 확장·재사용을 고려한 모듈화 설계

(1) 아키텍처 설계 원칙

도메인 주도 데이터 아키텍처는 복잡한 스포츠 조직의 다양한 업무 영역을 명확히 구분해 관리하는 접근법이다.

경기 성과 분석, 마케팅 및 팬 관리, 재무 및 운영의 세 가지 핵심 경계 컨텍스트(Bounded Context)로 데이터 레이어를 분리하여 각 영역이 독립적인 데이터 모델과 비즈니스 로직을 갖되, 명확히 정의된 인터페이스를 통해 상호 연동하도록 한다.

이러한 설계는 최근 확산되고 있는 데이터 메시(Data Mesh) 및 도메인 주도 설계(DDD)의 기본 원칙과 일치한다.

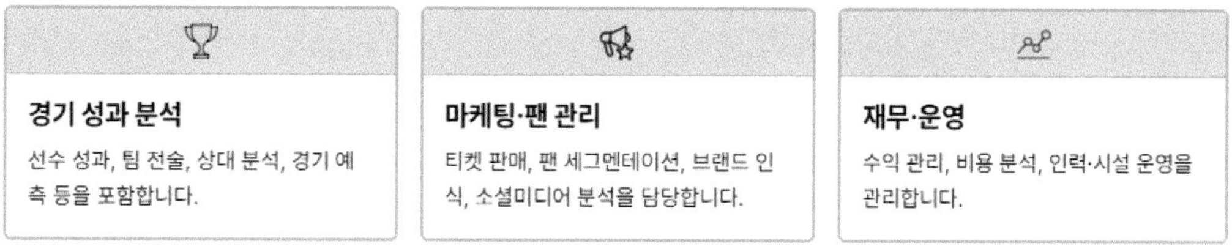

그림 9-11 도메인 주도 데이터 아키텍처

- 경기 성과 분석 도메인에는 선수 성과, 팀 전술, 상대 분석, 경기 예측 등이 포함된다.
- 마케팅·팬 관리 도메인에는 티켓 판매, 팬 세그멘테이션, 브랜드 인식, 소셜미디어 분석이 포함된다.
- 재무·운영 도메인에는 수익 관리, 비용 분석, 인력·시설 운영이 포함된다.

이러한 구분은 각 도메인의 전문성을 강화하면서 전체 데이터 품질과 일관성을 유지하는 데 기여한다. 또한 분석 결과물을 일회성 산출물이 아닌 데이터 제품(Data Product)으로 관리하는 사고가 필요하다.

모델, 피처(Feature), 대시보드 등 모든 산출물은 버전 관리, 로드맵, 유지보수 책임자와 지원 정책을 갖춰야 하며, 이는 분석 결과의 품질과 재현성을 보장하는 핵심 원칙이다. (참고: Netflix, Spotify, Uber 등의 데이터 플랫폼에서도 동일한 제품 관리 접근을 채택하고 있다.)

(2) 기술적 구현 방안

특성 저장소(Feature Store)는 공통 변수를 재사용·표준화하기 위한 핵심 시스템이다. 변수명은 도메인_개체_지표_구간 규칙(예: perf_player_distance_90m)으로 정의해 변수 의미를 명확히 하고, 3곳 이상에서 재사용되는 변수에는 핵심 태그를 부여해 관리 강도를 높인다.

핵심 변수 변경 시에는 영향도 분석(Impact Analysis)을 수행하고, 활용률이 낮은 변수는 정기적으로 폐기하는 데이터 거버넌스(Data Lifecycle Management) 체계를 유지한다.

이 원칙은 Uber의 Michelangelo Feature Store, Google Cloud의 Feast 아키텍처에서 검증된 바 있다. 서비스 구현은 API 게이트웨이(Kong)와 서비스 메시(Istio)를 결합한 마이크로서비스 구조로 구축한다.

예상 득점 계산, 동적 가격 책정, 부상 위험 평가 등 각 분석 기능을 독립 API로 개발해 필요한 부서가 선택적으로 사용할 수 있도록 한다.

게이트웨이는 외부 트래픽을 관리하고 인증·권한·로깅·사용량 제한을 일관되게 처리하며, 서비스 메시는 내부 마이크로서비스 간 통신을 안정화한다.

각 API는 버전 관리를 통해 하위 호환성을 보장하고, 사용량 모니터링을 통해 성능 개선 우선순위를 결정한다. 이 설계는 Google, Red Hat, CNCF의 표준 가이드라인에 부합한다.

(3) 자동화 및 운영 효율화

인프라 코드(IaC)와 지속적 통합·배포(CI/CD) 자동화는 분석 환경의 재현성과 안정성을 보장한다. Terraform을 이용해 클라우드 인프라를 코드로 정의하고, GitHub Actions나 Jenkins를 통해 코드 변경부터 배포까지 자동화한다.

파이프라인에는 코드 품질 검사, 단위 테스트, 통합 테스트, 보안 스캔, 성능 테스트 단계를 포함하며, 각 단계 실패 시 자동 롤백이 수행된다. 새 버전은 카나리 배포(Canary Deployment)로 소규모 트래픽에 점진 적용해 위험을 최소화한다.(배포 시간 목표는 조직별 SLO에 맞춰 정의한다.)

분석 프로젝트의 생산성을 높이기 위해 재사용 가능한 노트북 템플릿 라이브러리를 구축한다. 이 템플릿에는 데이터 로딩·전처리·시각화·모델링의 표준 패턴이 포함되며, 마크다운 설명과 코드 셀이 분리되어 있어 신규 분석가도 쉽게 활용할 수 있다.

예측 모델링, 세그멘테이션, A/B 테스트용 템플릿을 별도로 관리하며, 실제 사용 경험을 바탕으로 분기별 업데이트한다.

일부 글로벌 기업에서는 이러한 템플릿화를 통해 신규 프로젝트 착수 리드타임을 약 30~50% 단축한 사례가 보고되었다.(정확한 효과는 조직 규모와 프로세스에 따라 다르므로 내부 측정 필요.)

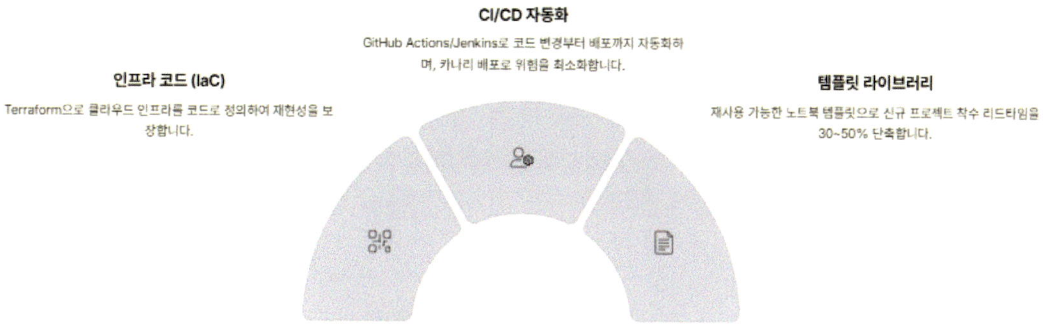

그림 9-12 자동화 및 운영 효율화

(4) 장기적 가치 창출

모듈화 설계는 장기적으로 조직의 민첩성과 데이터 성숙도를 높인다. 반복 작업의 자동화로 프로젝트 착수 리드타임이 단축되고, 중복 파이프라인 관리 비용이 줄어 분석가가 핵심 분석 업무에 집중할 수 있게 된다.

표준화된 코드와 문서화는 인력 교체 시 지식 이전을 용이하게 해 조직의 연속성을 강화한다. 이와 같은 재사용 기반 아키텍처는 데이터 리터러시 향상과 셀프서비스 분석 문화 확산으로 이어지며, 스포츠 조직 전체의 데이터 기반 의사결정(Data-Driven Decision Making) 역량을 성장시키는 토대가 된다.

민첩성 향상

반복 작업 자동화로 프로젝트 착수 리드타임이 단축되고, 분석가가 핵심 업무에 집중할 수 있습니다.

비용 절감

중복 파이프라인 관리 비용이 줄어들고, 표준화된 코드로 유지보수 효율이 높아집니다.

지식 이전 용이

표준화된 문서화로 인력 교체 시 조직의 연속성이 강화됩니다.

데이터 문화 확산

셀프서비스 분석 문화가 확산되어 조직 전체의 데이터 기반 의사결정 역량이 성장합니다.

그림 9-13 장기적 가치 창출

학습 요약

스포츠 데이터 분석에서 성공의 핵심은 기술적 우수성보다는 현장 적용 가능성에 있다. 아무리 정교한 모델을 개발하더라도 현장에서 활용되지 않으면 의미가 없으며, 조직의 의사결정 과정에 자연스럽게 통합되어야 진정한 가치를 창출할 수 있다.

본 장에서 제시한 전략적 접근 방법은 이해관계자 인터뷰부터 모듈화 설계까지 일관된 원칙을 바탕으로 한다. 첫째, 문제 정의 단계에서부터 현장의 실질적 니즈를 정확히 파악하고 측정 가능한 가설로 구체화해야 한다. 둘째, 데이터-기술-인력의 삼박자가 균형을 이루어야 지속가능한 분석 체계를 구축할 수 있다. 셋째, 단계별 게이트 설정을 통해 리스크를 조기에 식별하고 관리해야 자원 낭비를 방지할 수 있다.

특히 성과-결과-학습 루프는 단순한 성과 측정을 넘어서 조직 차원의 학습 능력을 향상시키는 핵심 메커니즘이다. 실패 사례조차 값진 학습 자료로 활용하여 지속적 개선을 도모해야 한다. 또한 모듈화 설계를 통해 개별 프로젝트의 성과를 조직 전체의 역량으로 축적하고 확산시킬 수 있다.

궁극적으로 스포츠 데이터 분석의 목표는 데이터 자체가 아니라 더 나은 의사결정을 통한 성과 향상이다. 기술적 도구는 수단일 뿐이며, 조직 구성원들이 데이터를 신뢰하고 활용할 수 있는 환경을 조성하는 것이 진정한 디지털 전환의 출발점이다. 본 장에서 제시한 체계적 접근법을 통해 스포츠 조직은 데이터의 잠재력을 현실의 경쟁 우위로 전환할 수 있을 것이다.

PART 4

스포츠 데이터 분석

10 Chapter

통계 기반 스포츠 데이터 분석

>> 학습 목표

1. 스포츠 통계의 개념과 핵심 통계량을 이해한다.
2. 스포츠 데이터의 측정과 통계 분석 절차를 적용할 수 있다.
3. 통계 기반 스포츠 분석 결과를 해석하고 실무에 적용할 수 있다.

1 스포츠 통계의 개념 및 통계량

1) '숫자로 읽는 스포츠'의 의의

현대 스포츠에서는 득점, 패스 거리, 선수의 생체·위치 데이터, 팬의 디지털 반응 등 다양한 형태의 수치 데이터가 실시간으로 생성된다. 스포츠 통계학은 이 방대한 데이터를 요약하고 시각화하여 선수, 코치, 구단 운영진, 팬들이 공통의 언어로 이해할 수 있도록 연결하는 융합 학문이다.

통계는 복잡한 경기 현상을 평균, 백분율, 백분위수 등으로 단순화하여 의사결정을 돕고, 서로 다른 시즌·팀·선수를 객관적으로 비교할 수 있는 기준점을 제공한다. 또한 회귀분석이나 예측모델을 통해 경기 결과의 원인 규명과 미래 전망을 가능하게 한다.

2) 통계량(statistics)과 모수(parameters)의 구분

통계학에서 모수(parameter)는 모집단 전체의 참값을 의미하며, 일반적으로 그리스 문자인 μ(평균)나 σ^2(분산)으로 표시된다.

반면 통계량(statistic)은 실제 관측된 표본 데이터에서 계산된 값으로, $\bar{x}$(표본평균)이나 s^2(표본분산) 등으로 나타낸다. 스포츠 경기에서는 모든 상황을 반복 측정할 수 없기 때문에 모수를 직접 구하기 어렵다.

따라서 실제로는 일부 경기나 시즌 데이터를 표본으로 삼아 통계량을 계산하고, 이를 통해 모수를 추정한다. 이때 표본 편향(bias)과 불확실성(uncertainty)을 함께 고려해야 하며, 대표성 있는 표본 설계가 스포츠 통계 해석의 핵심이 된다.

3) 핵심 통계량의 체계적 분류

스포츠 경기에서 생성되는 수치 데이터를 체계적으로 이해하기 위해 다음의 여섯 가지 통계 관점으로 접근할 수 있다.

이는 단순히 수치를 나열하는 것이 아니라, 데이터를 분석 목적에 따라 빈도-위치-산포-분포-관계-파생의 여섯 단계로 점진적으로 해석하기 위한 실무적 틀이다. 각 단계는 상호보완적이며, 결합될 때 경기력과 전술, 나아가 비즈니스 의사결정까지 연결된다.

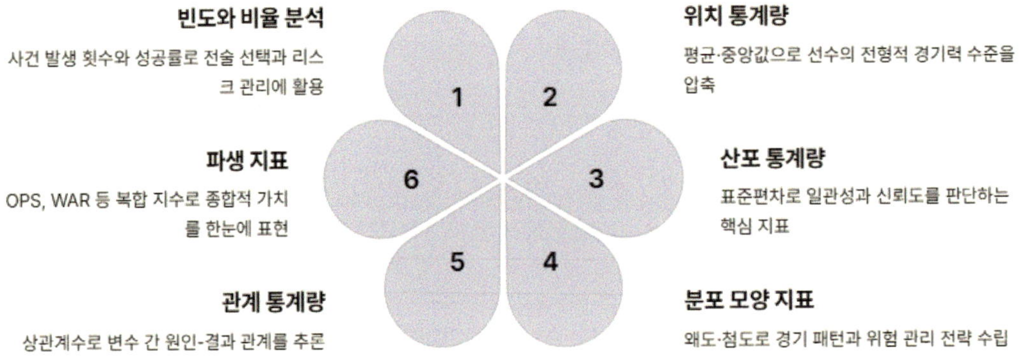

그림 10-1 핵심 통계량의 6가지 관점

(1) 빈도와 비율 분석(Frequency & Ratio Analysis)

스포츠 통계의 출발점은 사건의 발생 빈도와 비율을 파악하는 것이다. 이는 경기 내 사건이 몇 번 일어났는지, 그 중 성공이 얼마나 있었는지를 수치로 표현한다.

예를 들어 농구팀이 3점슛을 30회 시도하여 12회 성공했다면, 단순히 '12회 성공'이라는 절대값뿐 아니라 '성공률 40%'라는 비율을 함께 해석해야 한다. 이 두 수치는 공격 시도의 양과 효율성을 동시에 보여준다.

빈도와 비율 지표는 전술 선택과 경기 리스크 관리에 즉각적으로 활용된다. 감독은 특정 구간에서 3점슛 성공률이 낮으면 돌파 중심 전술로 전환할 수 있고, 선수 개인은 자신의 슛 성공률 추이를 통해 컨디션 변화를 판단할 수 있다. 단순한 숫자이지만, 전략적 의사결정의 가장 빠른 신호가 된다.

(2) 위치 통계량(Measures of Central Tendency)

위치 통계량은 데이터를 대표하는 중심값(average level)을 보여주는 지표로, 팀이나 선수의 전형적인 경기력 수준을 압축한다. 평균(mean), 중앙값(median), 최빈값(mode)이 여기에 속한다. 예를 들어 한 타자의 시즌 타율이 0.312라면, 이는 단순한 숫자 이상의 의미를 가진다.

그 선수가 대부분의 타석에서 3할을 넘는 안정된 퍼포먼스를 유지했음을 시사하며, 팀 전체에서 신뢰할 만한 핵심 자원이라는 판단 근거가 된다. 위치 통계량은 스카우팅, 연봉 협상, 포지션 배치 등에서 비교 기준선(baseline)으로 사용되며, 선수 평가의 첫 단계이자 다른 모든 분석의 기준점이 된다.

(3) 산포 통계량(Measures of Dispersion)

평균만으로는 경기력의 '기복'을 이해할 수 없다. 이때 필요한 것이 산포 통계량이다. 산포는 데이터가 평균을 중심으로 얼마나 퍼져 있는지를 나타내며, 범위(range), 분산(variance), 표준편차(standard deviation)가 대표적이다.

예를 들어 한 투수의 평균 구속이 시속 150km/h일 때, 표준편차가 4km/h라면 경기마다 147~153km/h로 안정적인 투구를 하고 있다는 의미다. 반면 표준편차가 12km/h라면 경기마다 140~160km/h까지 넓은 폭으로 흔들리고 있음을 나타낸다.

이는 일관성(consistency)과 신뢰도(reliability)를 판단하는 핵심 지표로, 포스트시즌 선발 로테이션이나 클로저 선택과 같은 전략 수립에 중요한 기준이 된다. 결국 산포 통계량은 "얼마나 잘했는가"뿐 아니라 "얼마나 안정적으로 했는가"를 설명한다.

(4) 분포 모양 지표(Shape Statistics)

데이터의 전체적인 분포 형태(distribution shape)를 파악하면 평균과 산포로는 알 수 없는 경기 특성을 해석할 수 있다. 대표 지표는 왜도(skewness)와 첨도(kurtosis)이다.

왜도는 분포의 비대칭성을 의미한다. 예를 들어 100m 달리기 기록이 오른쪽으로 긴 꼬리를 가진 양의 왜도(+)를 보인다면, 소수의 매우 빠른 선수가 전체 평균을 끌어내리고 있음을 뜻한다.

첨도는 분포의 뾰족한 정도를 의미하며, 값이 높을수록 극단적인 성과가 자주 나타난다는 신호다. 팀의 득점 분포에서 높은 첨도가 나타난다면, 대부분의 경기에서는 평범하지만 특정 경기에서 폭발적인 득점이 일어나는 패턴으로 해석할 수 있다.

코칭 스태프는 이러한 분포 특성을 근거로 위험 관리(risk management)나 훈련 강도 조정 전략을 세운다.

(5) 관계 통계량(Correlation & Covariance)

스포츠에서는 하나의 지표가 단독으로 의미를 가지기보다는 다른 변수들과의 관계 속에서 의미를 갖는다. 이를 정량적으로 분석하는 지표가 공분산(covariance)과 상관계수(correlation coefficient)이다.

예를 들어 축구에서 볼 점유율과 슛 시도 횟수 간 상관계수가 0.85라면, 점유율이 높을수록 공격 기회가 늘어난다는 강한 정(+)의 관계를 의미한다.

반면 농구에서 경기당 출장시간과 턴오버의 상관계수가 −0.4라면, 출전시간이 길어질수록 실수가 줄어드는 경향을 시사한다. 이처럼 관계 통계량은 단순 비교를 넘어 원인-결과 관계를 추론하는 기초 단계로 활용된다. 이를 토대로 회귀분석이나 머신러닝 모델링으로 확장하면, '무엇이 경기력 향상에 영향을 주는가'를 체계적으로 규명할 수 있다.

(6) 파생 지표(Derived Metrics)

마지막 단계는 여러 기본 통계량을 조합하여 복잡한 경기 상황을 하나의 수치로 요약하는 파생 지표(Composite Index)이다. 이는 분석 목적에 따라 맞춤형으로 만들어지며, 선수나 팀의 종합적 가치를 한눈에 보여준다.

야구의 OPS(On-base Plus Slugging)는 출루율과 장타율을 더해 타자의 공격력을 직관적으로 표현한다. 또한 WAR(Wins Above Replacement)은 리그 평균 선수 대비 팀 승리에 얼마나 기여했는지를 회귀계수를 이용해 추정한다. 축구에서는 xG(Expected Goals), 농구에서는 PER(Player Efficiency Rating)이 같은 역할을 한다.

이러한 파생 지표는 스카우팅, 연봉 협상, 경기 중계, 팬 커뮤니케이션 등 스포츠 산업의 모든 이해관계자에게 공통 언어(common language)를 제공한다.

즉, 수많은 데이터를 하나의 지표로 축약해 스포츠 비즈니스의 투명성과 효율성을 동시에 높이는 역할을 한다.

표 10-1

범주	대표 통계량	직관적 의미	스포츠 예시
빈도·비율	횟수, %, 득점 빈도	얼마만큼 일어났나	슛 유형별 성공 %
위치(중심)	평균, 중앙값, 최빈값	'전형적' 수준	시즌 평균 득점
산포(흩어짐)	범위, 분산, 표준편차	변동성·일관성	타자 타율 SD
분포 모양	왜도, 첨도	치우침·꼭대기	스프린트 속도 분포
관계	공분산, 상관계수	함께 움직임	패스 수 ↔ 점유율
파생 지표	OPS, PER, WAR 등	도메인 맞춤 종합값	선수 가치 지수

Tip

위치 통계량, 산포 통계량, 관계 통계량을 통합한 것을 기술통계라 하며, 이를 기반으로 추정과 검정을 수행하는 것을 추론통계 단계라고 한다.

4) 스포츠 현장의 활용 스냅샷

스포츠 통계는 현장의 다양한 영역에서 실시간 의사결정과 전략 수립에 활용된다. 예컨대 벤치 코칭에서는 실시간 득점 기댓값(expected points value) 그래프나 상황별 확률 분석을 통해 전술을 수정할 수 있다.

선수 육성 과정에서는 경기력의 변동 폭과 일관성 지표를 추적하여 훈련 강도를 조절하고, 마케팅 분야에서는 관중 행동의 빈도·비율을 세그먼트별로 시각화하여 팬 유형별 맞춤 전략을 수립한다. 이러한 통계적 접근은 경기력 향상뿐 아니라 팬 경험, 수익 구조, 운영 효율성을 동시에 개선하는 기반이 된다.

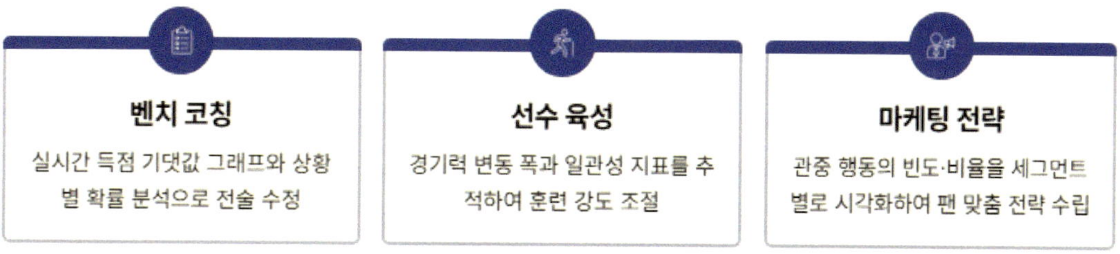

그림 10-2 스포츠 현장 활용

2 변수의 측정과 척도

1) 스포츠 변수의 정의와 분류

스포츠 현장에서 발생하는 다양한 현상들을 과학적으로 분석하기 위해서는 관찰 가능한 변수로 전환하는 과정이 필요하다. 경기장에서 일어나는 이벤트인 득점과 점유율, 선수의 신체적 및 심리적 상태인 심박수와 피로도, 팬의 행동 양상인 재관람 의도 등을 명확하게 규정된 속성으로 변환해야 한다. 추상적 개념인 슛 효율과 같은 용어는 작동 정의를 통해 시도 대비 성공률처럼 측정 가능한 구체적 변수로 변환된다. 이러한 작동 정의는 연구자들 간의 일관된 이해와 재현 가능한 측정을 보장한다.

변수는 연구에서의 역할에 따라 독립변수(원인·예측요인), 종속변수(결과·반응), 그리고 조절·통제변수(혼란요인이나 맥락변수)로 구분할 수 있다. 예컨대 훈련 시간은 독립변수가 될 수 있고, 경기력 지수는 종속변수가 될 수 있다. 구장 규모나 날씨 조건 등은 조절 또는 통제변수로 설계 단계에서 고려되어야 한다.

변수는 자료의 성격에 따라서도 분류할 수 있다. 질적 변수와 양적 변수로 구분되는데, 코칭 전술과 같이 범주형 성격을 갖는 질적 변수와 스프린트 속도처럼 연속적 수치를 갖는 양적 변수로 나뉜다. 또한 시간적 관점에서 시계열 자료와 횡단면 자료로 구분되기도 한다. 훈련 주차별 파워 변화는 시계열 자료에 해당하고, 특정 시점의 리그 전력 분포는 횡단면 자료에 해당한다. 이러한 자료 유형에 따라 적용해야 할 분석 기법이 달라진다. 변수를 정의하는 단계에서는 무엇을 측정해야 연구하고자 하는 현상의 본질을 놓치지 않을 것인가를 먼저 검토해야 한다는 점이 중요하다.

2) 측정 척도의 네 단계

측정 척도는 데이터가 보유할 수 있는 수학적 특성에 따라 네 단계로 구분되며, 척도 수준이 높아질수록 적용 가능한 산술 연산과 통계기법의 범위가 확대된다

- **명목척도(Nominal)**: 범주 구분만 가능, 순서나 간격 없음.
  예: 팀 이름, 포지션 코드.
- **서열척도(Ordinal)**: 순위는 가능하나 간격이 균등하지 않음.
  예: 리그 랭킹 1위, 2위, 3위.

- **등간척도(Interval)**: 간격이 균등하나 절대 영점이 없음.
  예: 섭씨온도, 만족도 리커트 척도.

- **비율척도(Ratio)**: 간격이 균등하고, 영점이 '없음'을 의미함.
  예: 100 m 기록, 체중, 볼 점유율.

측정 척도를 정확히 파악하면 카이제곱검정, t검정, 회귀분석 등 어떤 통계기법을 적용해야 할지 결정하는 데 도움이 된다.

3) 척도별 스포츠 사례와 코딩 전략

명목 데이터는 수학적으로 처리하기 위해 더미 코딩을 통해 0과 1의 이진 변수로 벡터화해야 한다. 범주 간의 독립성은 카이제곱 검정을 통해 확인할 수 있다.

서열 데이터는 순서 정보를 포함하지만 간격이 균등하지 않으므로 스피어만 상관계수나 만-휘트니 검정 등 비모수 통계 기법(non-parametric test)을 사용하는 것이 적절하다. 단, 순위 데이터를 등간 수준처럼 간주하여 회귀분석이나 분산분석에 활용하려는 경우에는 순위 간 간격이 실제로 균등하다는 가정이 타당한지를 검토해야 한다.

예컨대 리그 순위(1위, 2위, 3위)는 서열척도이지만, 1위와 2위 간 실력 차이가 2위와 3위 간 차이와 같다고 볼 수 없기 때문에, 이러한 데이터를 등간척도로 단순 변환해 분석하는 것은 신중해야 한다.

등간 데이터는 평균과 표준편차가 의미를 가지므로 분산분석이나 선형 회귀분석에 직접 활용할 수 있다. 비율 데이터는 척도 차이를 줄이기 위해 로그 변환이나 표준화 과정을 거쳐 회귀분석, t검정, 클러스터링 등에 활용된다.

4) 운동-현장 계측의 노하우

추상적인 능력을 측정 가능한 구체적 행동으로 변환하는 작동 정의(operational definition)가 필요하다. 이는 연구 개념을 실제 측정 가능한 변수로 구체화하여, 연구자 간의 일관성과 반복 측정을 가능하게 한다는 점에서 중요하다.

예를 들어 '지구력'이라는 추상적 개념을 '요요 간헐적 회복 테스트 거리'로 치환하면,

같은 종목·환경에서도 객관적 비교가 가능해진다. 측정 도구의 선정은 연구 목적과 측정 특성에 따라 달라진다. 레이더건은 속도 측정의 정밀도와 반응속도에 강점을 가지며, 웨어러블 관성측정장치(IMU)는 가속도·각속도 등 다차원적 데이터를 제공하여 현장 적용성이 높다.

이러한 장비는 가격, 설치 시간, 데이터 품질, 현장 적용성을 종합적으로 평가해 선택해야 하며, 측정 환경(온도, 습도, 시간대)과 피험자 조건(휴식, 피로도)을 통제하는 것은 재현 가능성(reproducibility)을 확보하기 위한 기본 요건이다. 즉, 작동 정의와 계측 설계가 명확해야 측정의 신뢰도와 타당도가 동시에 확보되며, 데이터가 '현상의 정확한 대리값(proxy)'으로 기능할 수 있다.

5) 신뢰도와 타당도

신뢰도(Reliability)는 동일 조건 하에서 반복 측정했을 때 결과가 얼마나 일관성 있게 나오는가를 의미한다. 예컨대 크론바흐 알파(Cronbach's α) 계수나 측정자간 일치도(ICC, Intraclass Correlation) 등이 사용된다.

타당도(Validity)는 측정값이 연구하려는 개념을 얼마나 정확히 반영하는가를 뜻하며, 내용타당도, 기준타당도, 구성타당도가 대표적이다. 신뢰도가 확보되지 않으면 타당도 평가 자체가 의미가 없기 때문에 두 가지는 함께 관리되어야 한다.

6) 데이터 전처리: 척도 맞춤 가공

z점수($z = (x - \mu)/\sigma$)나 최솟값-최댓값 정규화(Min-Max scaling)를 통해 단위가 다른 변수 간 차이를 흡수하는 스케일링(scaling) 과정이 필요하다. 이러한 정규화는 회귀계수의 해석을 용이하게 하고, 거리 기반 알고리즘(K-means, KNN 등)의 안정성을 높인다. 명목 변수 k개는 k - 1개의 0과 1로 구성된 열로 확장하여 선형 모델에 투입할 수 있도록 더미화(dummy coding) 변환을 수행한다.

순위 데이터(ranking data)를 선형 척도로 변환해 등간 수준에서 분석하려는 시도는 신중해야 한다. 순위 간 간격이 실제로 균등하다는 가정이 충족될 때만 적절하며, 그렇지 않다면 비모수 통계기법(non-parametric test)을 사용하는 것이 더 타당하다.

예를 들어, 골프 페덱스컵 포인트 시스템처럼 각 순위에 일정한 점수를 부여해 등간적 간격을 인위적으로 설계한 경우에는 등간척도 분석이 가능하지만, 단순한 리그 순위(1위, 2위, 3위)는 서열척도이므로 간격이 일정하지 않다는 점을 유념해야 한다.

7) 측정 오류·편향 관리

센서 보정(calibration)과 반복 측정을 통한 평균화(averaging)는 무작위오차(random error)를 줄이는 대표적인 방법이다. 무작위오차는 일관된 방향 없이 우연히 발생하는 오차로, 반복 측정을 통해 평균값을 구하면 그 영향이 감소한다.

반면 체계오차(systematic error)는 측정장비의 편향이나 평가자의 주관 등 일정한 방향성을 가진 오류로, 사전 보정과 블라인드 절차를 통해 최소화해야 한다.

예를 들어 심판의 평가는 블라인드(blind) 방식으로 진행해 평가자 기대효과를 차단하고, 설문조사에서는 역문항(reverse-coded items)과 중립적 표현(neutral wording)을 사용하여 사회적 바람직성 편향(social desirability bias)을 완화해야 한다.

또한 측정 프로토콜(measurement protocol), 측정 조건(measurement conditions), 보정 공식(calibration equations) 등을 체계적으로 기록하여 후속 연구자나 현장 분석가가 동일한 절차를 재현할 수 있도록 해야 한다.

이러한 데이터 관리 체계는 연구의 투명성(transparency)과 신뢰성(reliability)을 높이는 기반이 되며, 스포츠 현장 데이터의 품질을 과학적으로 검증할 수 있는 데이터 계보(data lineage) 구축의 출발점이 된다.

3 평균·분산·표준편차

평균, 분산, 표준편차는 어느 정도의 실력과 경기력의 일관성을 한눈에 파악할 수 있는 가장 기본적인 통계량이다. 표본 데이터만 있으면 즉시 계산할 수 있어, 선수 스카우팅 리포트·훈련 모니터링·팬 대상 경기 분석 기사 등 모든 스포츠 데이터 해석의 출발점이 된다.

1) 평균(Mean)

평균은 n개의 기록을 모두 합한 뒤 이를 동등하게 나눈 값으로, 선수나 팀의 전형적인 경기력 수준을 나타낸다.

예를 들어 야구 타자의 시즌 타율이 0.312라면, 10번의 타석 중 약 3번 안타를 친다는 직관적인 이미지를 준다.

하지만 평균은 극단값에 민감하다. 대부분 평범한 기록 속에서 한 경기의 폭발적 활약(예: 홈런 3개)은 평균값을 크게 왜곡시킬 수 있으므로, 중앙값이나 최빈값과 함께 해석하는 것이 바람직하다.

$$\overline{X}=\frac{\sum_{i=1}^{n} X_i}{n}$$

X_i: I번째 개체의 측정값, $\overline{X}$: 집단의 평균

2) 분산(Variance)

분산은 각 기록이 평균으로부터 얼마나 떨어져 있는지를 나타내는 편차 제곱의 평균이다. 표본 분산의 계산식은

$$S^2=\frac{\sum_{i=1}^{n}(x_i-\overline{x})^2}{n-1}$$

으로, 분모의(n-1)은 베셀 보정(Bessel's correction)이라 불리며 표본으로 모집단 분산을 추정할 때의 편향을 줄인다.

분산값이 클수록 경기력의 기복이 크고, 작을수록 안정적임을 의미한다. 단, 단위가 제곱 형태로 변하므로(예: 초^2, kg^2) 직관적 해석이 어려워 표준편차로 보정하여 활용한다.

3) 표준편차(Standard Deviation, SD)

표준편차는 분산의 제곱근으로, 원래 단위를 그대로 유지하면서 데이터의 일관성(consistency)을 표현한다.

정규분포를 따르는 데이터에서는 ±1SD 구간에 전체 관측치의 약 68%, ±2SD에는 95%, ±3SD에는 99.7%가 포함된다. 표준편차가 작으면 경기력이 안정적이고, 크면 성과의 편차가 크다는 의미다.

$$S = \frac{\sum_{i=1}^{N} x_i}{N}$$

표 10-2 스포츠 활용

상황	평균이 같아도 SD 차이가 주는 의미	전략적 판단
투수 구속	A·B 모두 150 km/h 평균, SD_A = 3, SD_B = 9	A는 안정적, B는 '폭발력 + 불안정성'
농구 3점 성공률	두 슈터 모두 40 %, SD 2 % vs 8 %	2% = 꾸준형 / 8% = 변동형

현장에서는 SD ≥ 평균의 25%이면 하이리스크-하이리턴형으로 간주하기도 한다. 또한 5경기 단위의 롤링 표준편차(rolling SD)를 그래프로 표시하면 피로 누적, 폼 저하, 컨디션 이상을 조기 감지할 수 있다.

4) 평균과 SD를 동시에 읽는 실전 절차

평균은 '수준(level)', 표준편차는 '일관성(stability)'을 의미한다.

두 팀의 경기력 비교 시,

$$|Mean_A - Mean_B| > (SD_A + SD_B)$$

이면 예측 가능한 경기, 반대면 접전 가능성이 높다고 본다.

또한 개인의 평균이 상승하고 SD가 감소하는 패턴은 성장(stable improvement)을, 평균이 하락하고 SD가 커지는 패턴은 슬럼프(performance instability)를 시사한다.

5) 확장 지표: 변동 계수(CV)와 5계수 통계

(1) 변동계수(CV)

단위가 서로 다른 체력 지표(속도·심박수 등)의 변동성을 동일 척도에서 비교할 수 있다. CV가 높을수록 평균 대비 변동폭이 크며, 불안정한 요소를 시사한다.

$$CV = \frac{SD}{Mean} \times 100\%$$

(2) 5계수 통계(Five-number summary)

최솟값(Min), 1사분위수(Q1), 중앙값(Median), 3사분위수(Q3), 최댓값(Max)으로 구성되며, 사분위수 범위(IQR = Q3 - Q1)는 중앙 50% 구간의 데이터 밀집도를 보여준다.

박스플롯(box plot)으로 시각화하면 이상치(outlier)와 분포의 형태를 한눈에 파악할 수 있다. 표준편차는 극단값에 민감하지만, 5계수 통계는 분포의 안정성과 이상치 존재를 함께 보여주는 장점이 있다.

4 통계적 가설 검정

1) 가설 검정의 사고 구조

통계적 가설 검정은 귀무가설(null hypothesis)과 대립가설(alternative hypothesis)을 설정하여 체계적으로 추론하는 과정이다.

귀무가설은 "두 팀의 득점 평균이 같다"처럼 변화가 없다고 가정하는 기본 상태를 의미하고, 대립가설은 "홈팀이 더 많이 득점한다"처럼 차이가 있다고 주장하는 연구자의 가설이다.

검정 과정은 검정통계량을 산출한 후 p값(p-value)을 확인하여 미리 정한 유의수준(α)과 비교하는 순서로 진행된다. 일반적으로 α는 0.05를 사용하며, p값은 '귀무가설이 참일 때, 현재 관측된 결과 이상으로 극단적인 값이 나올 확률'을 의미한다.

따라서 p값이 α보다 작으면 귀무가설을 기각하고, 관찰된 차이가 우연으로 보기 어려울 만큼 통계적으로 유의하다고 판단한다. 반대로 p값이 α보다 크거나 같으면 귀무가설을 채택하거나 보류하며, 관찰된 차이는 우연에 의한 변동일 가능성이 높다고 해석한다.

예를 들어, 새로운 전술 적용 후 평균 슛 수가 12개에서 15개로 증가하고 p값이 0.03이라면, "전술 변화가 없다는 전제하에 이런 차이가 우연히 나타날 확률이 3%에 불과하다"는 뜻이다. 즉, 전술 변화가 실제 경기력 향상에 기여했을 가능성이 높다고 해석할 수 있다.

2) 오류와 검정력

통계 검정에서는 두 가지 종류의 오류가 발생할 수 있다. 제Ⅰ종 오류(Type I error)는 실제로 변화가 없는데 있다고 판단하는 실수로, 유의수준(α)로 표현된다. 예를 들어 실제 성능 차이가 없는 새 유니폼을 '속도가 빨라졌다'는 잘못된 근거로 도입하면 장비와 예산을 낭비하게 된다.

제Ⅱ종 오류(Type II error)는 실제로 변화가 있는데 없다고 간과하는 실수로, β(beta)로 표현된다. 혁신적인 훈련법이 선수 기록을 분명히 개선했음에도 '통계적으로 유의하지 않다'며 기존 방식을 고수한다면 이러한 오류에 해당한다.

검정력(power)은 실제로 차이가 있을 때 이를 올바르게 탐지할 확률로, 1-β로 계산된다. 검정력은 표본 수(sample size), 효과 크기(effect size), 유의수준(α), 데이터의 변동성(variance)에 의해 결정된다. 일반적으로 표본이 많거나 효과크기가 클수록, 그리고 데이터 변동이 작을수록 검정력이 높아진다.

그러나 시즌 중 실험은 선수 안전상 표본 수 확보가 어렵기 때문에, 효과크기 보고(effect size reporting)를 통해 통계적 유의성과 실무적 의미를 함께 고려해야 한다.

예를 들어 p값이 0.08로 유의하지 않더라도 Cohen's d = 0.6이라면, 실제 경기에서는 중간 수준의 의미 있는 향상으로 해석할 수 있다.

표 10-3

유형	의미	스포츠 예시
제Ⅰ종 오류(α)	사실은 차이 없음인데 "있다" 판정	무의미한 장비 교체로 예산 낭비
제Ⅱ종 오류(β)	실제 차이 있는데 "없다" 판정	효과적인 훈련법을 놓치고 구 방식 유지
검정력(1 - β)	진짜 차이를 발견할 확률	샘플 수↑·효과크기↑ → 파워 상승

3) 대표 검정 선택 가이드

적절한 검정 방법은 데이터의 형태와 연구 질문에 따라 결정된다. 두 팀의 평균 득점처럼 연속형 수치를 두 집단에서 비교할 때는 독립 t-검정을 사용한다. 비교 대상이 세 개 이상인 경우, 예를 들어 세 포지션의 최대산소섭취량(VO_2max)을 비교한다면 일원 분산분석(One-Way ANOVA)을 적용한다. 같은 팀을 시즌 전후로 반복 측정하여 변화를 확인하려면 대응 구조이므로 대응 t-검정(paired t-test)을 사용하고, 데이터가 비정규분포라면 윌콕슨 부호순위검정(Wilcoxon signed-rank test)을 적용한다.

데이터가 범주형일 경우, 슛 형태(헤더/발)와 득점 성공 여부처럼 두 범주형 변수 간 관계를 살펴볼 때는 카이제곱 독립성 검정(χ^2 test of independence)을 사용한다.

척도가 순위형이거나 분포가 심하게 왜곡된 경우에는 비모수 검정이 보다 안전하다. 예를 들어 FIFA 랭킹처럼 순위만 있고 간격이 균등하지 않은 자료는 스피어만 순위상관(Spearman's ρ) 또는 만-휘트니 검정(Mann-Whitney U)이 적절하다. 파라메트릭 검정(parametric test)은 정규성(normality)과 등분산성(homoscedasticity)을 전제로 하며, 이를 만족하지 않으면 대응되는 비모수 검정(non-parametric test), 즉 윌콕슨(Wilcoxon) 또는 크루스칼-왈리스(Kruskal-Wallis) 검정을 사용한다.

표 10-4

연구 질문(예시)	데이터 성격	적합 검정	효과크기
홈·원정 평균 득점 차이	연속·정규	독립 t-검정	Cohen's d
3개 포지션 VO_2max 비교	k > 2 집단	일원 ANOVA	η^2
룰 변경 전·후 파울 수	대응·비정규	Wilcoxon 부호순위	r
슛 형태(헤더/발)×득점 성공	범주×범주	카이제곱 독립성	Cramer's V

데이터가 연속형·정규분포라면 평균 기반의 t검정·ANOVA를,서열형·비정규라면 순위 기반의 비모수 검정을, 범주형이라면 빈도 기반의 카이제곱 검정을 선택한다. 각 검정 결과와 함께 효과크기(Cohen's d, η^2, r, Cramer's V)를 함께 보고하면 실질적 영향력을 정량적으로 해석할 수 있다.

4) 가설 검정 절차 - 5 단계 실전 체크리스트

첫 번째 단계는 문제를 정의하는 것이다. 예를 들어 '체지방률 감소가 40미터 스프린트에 영향을 주는가?'라는 연구 질문을 설정한다.

두 번째 단계는 귀무가설과 대립가설을 설정하는 것이다. 귀무가설(H_0)은 '평균 스프린트 시간 차이가 0이다', 대립가설(H_1)은 '차이가 0이 아니다'로 설정한다.

세 번째 단계는 적절한 검정 방법을 선택하는 것이다. 두 시점의 동일 그룹을 비교하므로 대응 t-검정(paired t-test)을 사용한다.

네 번째 단계는 통계량 계산과 의사결정이다. t값이 2.35이고 p값이 0.024로 0.05보다 작으므로 귀무가설을 기각한다. 즉, 체지방률 감소 후 스프린트 속도가 유의하게 개선되었다고 판단한다.

다섯 번째 단계는 결과 보고이다. "8주간 체지방이 2% 감소한 뒤 40m 스프린트 기록이 평균 0.07초 단축되었으며, t(18) = 2.35, p = .024, Cohen's d = 0.52로 중간 정도의 효과(medium effect)가 나타났다."와 같이 기술한다.

효과크기(effect size)는 단순한 유의성 여부를 넘어 실질적인 영향력의 크기를 나타낸다. 일반적으로 Cohen's d = 0.2는 작은 효과(small), 0.5는 중간 효과(medium), 0.8 이상은 큰 효과(large)로 해석한다. 즉, 통계적으로 유의한 차이가 나왔더라도 효과크기가 매우 작다면 실제 현장에서 의미 있는 변화로 보기 어렵다.

5) p값 해석의 3대 금기 사항

첫 번째 금기는 p값이 0.05보다 작다고 해서 실무적 의미까지 크다고 해석하는 것이다. p값은 단순히 "귀무가설이 참일 때, 관측된 데이터 이상이 나올 확률"일 뿐이며, 효과의 크기나 중요성을 의미하지 않는다. 따라서 효과크기(effect size)나 신뢰구간(confidence interval) 없이 p값만 해석하면 과대평가될 위험이 있다.

두 번째 금기는 p값이 0.051처럼 0.05를 약간 초과했다고 해서 아무 의미가 없다고 단정하는 것이다. 통계적 유의성은 절대적 기준이 아니라 연속적 스펙트럼이므로, 효과크기와 추세를 함께 고려해야 한다.

세 번째 금기는 다중 비교에 대한 보정을 하지 않는 것이다. 여러 변수를 동시에 검정하면 우연히 '유의'하게 나올 확률(제 I 종 오류 누적)이 기하급수적으로 증가한다.

예를 들어 20개의 변수를 각각 α = 0.05로 검정하면, 최소 한 번 이상 '우연히 유의'할 확률은 약 64%에 달한다. 따라서 분산분석 후에는 사후 검정(post-hoc test)이나 거짓 발견률(FDR, False Discovery Rate) 보정을 적용해야 한다.

*p값은 "있다/없다"를 결정하는 신호일 뿐, 효과의 크기와 실질적 의미를 함께 해석해야 한다.

6) 스포츠 현장 적용 팁

실시간 경기 판단에서는 z검정(z-test)을 통해 특정 선수의 슛 효율이 경기 평균을 벗어나는지를 판단할 수 있다. z값은$(x-\mu)/\sigma$(x-μ)/σ로 계산되며, $|z| > 1.96$이면 95% 신뢰수준에서 평균을 벗어났다고 본다.

예를 들어 한 슈터의 슛 성공률 z값이 2.1이라면, 평균 대비 2표준편차 이상 높아 교체 신호를 보류할 근거로 활용할 수 있다.

장비나 영양제 평가에서는 교차 실험 설계(crossover design)와 혼합효과모델(mixed-effects model)을 사용해 개인차를 통제한다. 팬 마케팅에서는 경기일별 할인 정책에 대한 A/B 테스트를 실시하고, 카이제곱 검정(χ^2 test)으로 구매율 차이를 검정한다. 통계 검정은 연구실뿐 아니라 현장 의사결정의 근거 도구로 활용될 수 있다.

7) 새로운 접근 방법 - 베이지안 검정과 부트스트랩

베이지안 접근법(Bayesian inference)은 '새로운 데이터가 들어올 때 믿음의 정도를 갱신하는 방식'으로, "새 전략이 득점을 증가시킬 확률이 87%"처럼 직관적 확률 진술(probabilistic statement)을 제공한다.

또한 누적 데이터가 쌓일수록 결과 확률이 지속적으로 업데이트되어, 시즌 중 실시간 분석에도 적합하다.

부트스트랩(bootstrap)은 분포 가정을 두지 않고 원자료에서 재표집(resampling)을 수천 번 반복하여 평균 차이의 신뢰구간(confidence interval)을 추정하는 방법이다.

예를 들어 1,000회 부트스트랩을 통해 득점 차이의 95% 신뢰구간이 [1.2, 3.4]로 산출된다면, 실제 차이가 존재할 가능성이 높다는 시각적 근거를 제공한다.

두 기법 모두 표본이 작거나 정규성 가정을 만족하기 어려운 스포츠 데이터에 유용하며, 특히 베이지안 검정은 확률적 해석의 직관성을, 부트스트랩은 데이터 기반 신뢰성 검증의 유연성을 제공한다.

5 χ^2(카이제곱) 검정

1) 개념

카이제곱(χ^2) 검정은 범주형 자료(categorical data)에서 실제 출현 빈도(관측빈도, O)와 우연히 기대되는 빈도(기대빈도, E)가 얼마나 다른지를 하나의 수치로 요약하는 통계 기법이다. 검정통계량은 다음 식으로 계산된다.

$$\chi^2 = \Sigma \frac{Ei\,(O_i - E_i)^2}{E_i}$$

χ^2 값이 클수록 관측 빈도와 기대 빈도의 차이가 크며, 이는 단순한 우연 이상의 유의한 패턴이 존재할 가능성이 높다는 것을 의미한다.

2) 종류와 가설 설정

카이제곱 검정은 세 가지 유형으로 구분된다. 적합도 검정은 한 변수의 빈도 분포가 특정 비율을 따르는지를 확인한다. 예를 들어 슈팅 유형별 득점 비율이 5대3대2인지 검정할 때 사용하며, 귀무가설은 해당 비율을 따른다는 것이다.

독립성 검정은 두 범주 변수가 서로 연관되어 있는지를 확인한다. 슈팅 부위와 득점 성공 간의 관계를 분석할 때 사용하며, 귀무가설은 두 변수가 독립적이라는 것이다.

동질성 검정은 여러 집단이 동일한 분포를 공유하는지를 확인한다. 세 팀 모두 파울 종류 비율이 같은지 검정할 때 사용하며, 귀무가설은 모든 집단의 분포가 동일하다는 것이다.

표 10-5

유형	주로 묻는 질문	귀무가설(H_0)예시	대립가설(H_1)예시
적합도 검정 (Goodness-of-Fit)	한 변수의 빈도 분포가 특정 비율을 따르는가?	슈팅 유형별 득점 비율이 5:3:2이다.	슈팅 유형별 득점 비율이 5:3:2가 아니다.
독립성 검정 (Test of Independence)	두 범주 변수가 서로 관련이 있는가?	슈팅 부위와 득점 성공 여부는 독립이다.	슈팅 부위와 득점 성공 여부는 관련이 있다.
동질성 검정 (Test of Homogeneity)	여러 집단의 분포가 동일한가?	세 팀의 파울 종류 비율이 동일하다.	세 팀의 파울 종류 비율이 다르다.

3) 계산절차

(1) 기대빈도(E_{ij}) 설정

독립성 또는 동질성 검정의 경우, 각 셀의 기대빈도는 다음 식으로 계산한다.

$$E_{ij} = \frac{(\text{행 합계}_i) \times (\text{열 합계}_i)}{\text{전체 합계}}$$

(2)검정통계량

각 셀의 관측빈도(O_{ij})와 기대빈도(E_{ij})의 차이를 제곱한 뒤 기대빈도로 나누어 모두 더한다.

$$\frac{X^2 = \sum(O_{ij} - E_{ij})^2}{E_{ij}}$$

(3) 자유도(df) 계산

적합도 검정은 df = k - 1, 독립성/동질성 검정은 df =(행-1) ×(열-1)로 계산한다.

(4) 유의성 판정

계산된 χ^2값과 자유도(df)에 따른 p값을 비교하여, $p < 0.05$이면 귀무가설을 기각하고 범주 간 유의한 차이가 있다고 결론 내린다.

4) 효과크기 - Cramer's V

χ^2 검정이 유의하더라도 "얼마나 강한 관계인가"를 판단하려면 효과크기(effect size)를 함께 봐야 한다. Cramer's V는 표본 크기(N)와 교차표의 작은 차원(min(r−1, c−1))을 고려해 표준화한 값이다.

$$V = \sqrt{\frac{\chi^2}{n(k-1)}}$$

일반적인 해석 기준은 0.1이면 작은 효과, 0.3이면 중간 효과, 0.5면 큰 효과로 본다. 이는 범주 수에 따라 달라질 수 있는 일반적인 지침이다.

5) 스포츠 현장 활용 시나리오

(1) 전술 패턴 분석(독립성 검정)

헤더, 왼발, 오른발 슛이 득점 성공에 같은 영향을 주는지를 분석할 수 있다. 3×2 교차표로 슛 유형(3)과 성공/실패(2)를 정리해 χ^2 독립성 검정을 수행한다.

p값이 0.01보다 작고 Cramer's V = 0.34라면, 슛 유형과 득점 성공 간 관계가 통계적으로 유의하며 중간 정도의 효과를 갖는다는 의미다. 특히 헤더 성공률이 높게 나타났다면 코너킥 전술 강화의 근거로 활용할 수 있다.

(2) 심판 판정 편향 탐지(독립성 검정)

홈팀과 원정팀에 따라 파울 종류(경고, 퇴장)의 비율이 다른지를 분석한다. 결과가 유의($p < 0.05$)하고 Cramer's V가 큰 경우, 팀 위치와 판정 유형 간의 상관관계가 존재한다는 의미이므로 리그 공정성(issue of fairness) 검증의 근거 자료로 활용할 수 있다.

(3) 팬 세그먼트 마케팅(동질성 검정)

연령대(10대·20대·30대 이상)에 따라 굿즈 구매 유형(의류·응원도구·기념품 등)의 분포가 동일한지를 χ^2 동질성 검정으로 확인한다. 집단 간 차이가 유의하게 나타난다면, 연령별로 선호 상품 구성이 다르다는 뜻이므로 세대별 맞춤 상품 전략(personalized marketing strategy)을 수립하는 근거로 사용할 수 있다.

6 상관관계 분석

1) 개념과 목적

상관관계는 두 변수가 함께 증가하거나 감소하는 정도를 -1부터 +1까지의 범위로 요약한 수치이다. 양의 상관관계는 한쪽 변수가 커질수록 다른 쪽도 증가하는 관계로, 점유율이 증가하면 슛 수도 증가하는 경우가 해당된다. 음의 상관관계는 한쪽이 커질수록 다른 쪽은 감소하는 관계로, 체지방률이 증가하면 스프린트 속도가 감소하는 경우이다. 0에 가까운 값은 직선형 동조가 없음을 의미한다.

상관관계 분석 결과는 전력 분석, 훈련 모니터링, 마케팅 세분화에서 첫 번째 탐색 지도 역할을 한다.

2) 공분산 vs. 상관계수

공분산은 두 변수의 동조 정도를 원래 단위로 나타낸 값이고, 상관계수는 이를 표준화하여 -1부터 +1 사이의 값으로 변환한 것이다. 공분산이 0이면 선형 동조가 없음을 의미하지만, 단위 차이 때문에 크기를 직접 비교하기 어렵다. 상관계수는 규모나 단위에 관계없이 강도를 비교할 수 있다는 장점이 있다.

3) 세 가지 대표 계수

피어슨 상관계수는 연속형이면서 정규분포를 따르고 선형 관계를 갖는 데이터에 적용되며, 직선형 관계의 강도를 측정한다. 점유율과 슛 수 간의 관계 분석에 주로 사용된다.

스피어만 상관계수는 서열 척도이거나 비정규분포, 단조 관계를 갖는 데이터에 적용되며, 순위 동조 정도를 측정한다. FIFA 랭킹과 스폰서료 간의 관계 분석에 활용된다. 켄달 타우는 서열 척도이면서 표본이 작은 경우에 사용되며, 쌍 비교 일치율을 측정한다. 심판 판정의 일관성 분석에 적합하다.

일반적인 해석 기준은 절댓값 기준으로 0.1 정도면 약한 관계, 0.3 정도면 중간 관계, 0.5 이상이면 강한 관계로 본다. 다만 이 기준은 연구 분야에 따라 유연하게 적용해야 한다.

표 10-6

계수	가정·데이터	해석 키워드	스포츠 예시
피어슨 r	연속·정규·선형	'직선형 관계'	점유율 ↔ 슛 수
스피어만 ρ	서열·비정규·단조	'순위 동조'	FIFA 랭킹 ↔ 스폰서료
켄달 τ	서열·소표본	'쌍 비교 일치율'	심판 판정 일관성

4) 부분·다중 상관

부분상관은 제3변수의 영향을 통제한 후 두 변수 간의 순수한 관계를 추정하는 방법이다. 예를 들어 나이의 영향을 제거한 후 훈련량과 부상 위험 간의 순수한 관계를 파악할 수 있다.

상관 행렬과 다중공선성 검토는 회귀분석 전에 설명변수들 간의 상관이 너무 높은지 확인하여 분산팽창지수를 통해 문제가 되는 변수를 제거하는 과정이다.

5) 시계열 상관(지연·반복 패턴)

자기상관은 동일한 변수의 시간대별 관계를 분석하는 것으로, 선수의 심박변이도가 일주일 주기로 변동하는지 확인할 수 있다. 교차상관은 서로 다른 변수들 간의 시차별 관계를 분석하는 것으로, 외부 온도 변화가 경기 속도에 몇 분 후 영향을 주는지 파악하여 시차 전략을 수립할 수 있다.

6) 시각화 & 해석 습관

산점도를 통해 패턴과 이상치를 미리 확인해야 한다. 상관 히트맵을 사용하면 다수의 변수를 한눈에 비교할 수 있다. 95퍼센트 신뢰구간을 함께 제시하여 표본 변동성을 표기하는 것이 중요하다. 상관관계가 인과관계를 의미하지 않는다는 점을 명시하여 코치나 구단 운영진의 오해를 방지해야 한다.

7) 스포츠 적용 스냅샷

표 10-7

질문	결과 해석	실무 결정
훈련 부하 ↔ 부상 위험 r = 0.62	강한 양(+)의 선형 동조	피크 부하 한도 설정
평균 관중수 ↔ SNS 팔로어 ρ = 0.28	약·중간 순위 동조	SNS 강화 → 관중 증가 '가능성' 탐색
피치 속도 ↔ ERA r = −0.48 (CI −0.65 ~ −0.27)	속도 ↑ ERA ↓, 중간 음(−) 관계	유망주 구속 프로그램 투자 정당화

8) 한계와 편향 체크리스트

허위 상관은 숨어있는 공통 요인인 날씨나 부상 등이 두 변수에 동시에 영향을 주어 발생할 수 있다. 비선형 관계의 경우 상관계수가 0에 가깝더라도 곡선이나 임계점 효과가 존재할 수 있으므로 스플라인이나 회귀트리로 재확인해야 한다.

이상치의 영향으로 1개나 2개의 극단적인 경기 기록이 상관계수를 왜곡할 수 있으므로 로버스트 상관이나 윈저화 기법을 검토해야 한다. 표본 크기가 작으면 상관계수 값이 과장되거나 과소평가될 수 있으므로 신뢰구간 보고가 필수적이다.

7 요인 분석

1) 개념과 목적

요인 분석은 관찰 가능한 여러 변수들이 실제로는 소수의 잠재적 요인들이 결합하여 나타난다고 가정하는 통계 기법이다. 주요 목표는 데이터 축소와 구조 발견이다. 데이터 축소는 설문 20문항을 충성도와 만족도라는 2개 축으로 압축하는 것이고, 구조 발견은 체력 8개 지표를 근지구력과 파워라는 2개 축으로 구조화하는 것이다.

탐색적 요인 분석은 요인의 수나 구조를 미리 알지 못할 때 사용하고, 확인적 요인 분석은 이론적 모형을 검증할 때 활용한다.

2) 전제 확인

요인 분석을 실시하기 전에 몇 가지 전제 조건을 확인해야 한다. 표본 크기는 변수 1개당 최소 5명에서 10명, 전체 표본 수는 100명 이상이 권장된다.

상관 매트릭스의 적합성을 확인하기 위해 KMO 지수가 0.6 이상이고 바틀렛 구형성 검정의 p값이 0.05보다 작아야 요인 분석이 가능하다는 신호이다. 다변량 정규성과 선형성 가정이 심하게 위배되면 로버스트 추정이나 다단계 분석을 고려해야 한다.

3) 추출(Extraction)

주성분 분석(PCA)은 분산을 극대화하는 수학적 축을 찾는 방법으로, 데이터 축소에 초점을 맞추며 공통성 추정 과정이 없다. 공통 요인 분석은 공분산의 공통 부분만을 모델링하여 이론적 잠재 변수를 탐색하는 탐색적 요인 분석에 적합하다. ML요인도 방법을 사용하여 추정과 검정이 가능하며, 확인적 요인 분석과 모형 비교, 통계 검정에 활용된다.

표 10-8

방법	핵심 아이디어	특징·적용
주성분 분석 (PCA)	분산 극대화하는 수학적 축	'데이터 축소' 초점·공통성 추정 無
공통 요인 분석	공분산의 공통 부분만 모델	이론적 잠재 변수 탐색(EFA)
ML 요인	최대우도, 추정·검정 가능	CFA·모형 비교, 통계 검정 활용

4) 요인 선정 & 회전(Rotation)

요인 개수를 결정할 때는 고유값이 1보다 큰 기준, 스정보 다이어그램(Scree Plot), Parallel Analysis 을 종합적으로 고려한다.

회전을 통해 해석력을 향상시킬 수 있다. 직교(Varimax):는 요인 간 독립성을 가정하며 변수의 단순 구조를 만든다. 사선(Promax/Oblimin)은 요인 간 상관을 허용하여 처음에는 독립적이지만 실제로는 연관된 경우에 사용한다.

5) 해석 — '숫자 띄어남새'에 이름 붙이기

요인적재량(Factor Loading) ≥ |0.4|이면 해당 변수가 요인과 실제로 연결되어 있다고 해석한다. 교차 적재(두 요인에 동시 0.4↑)는 변수 제거나 합병을 고려해야 한다.

요인 명명은 공통된 스포츠 도메인 언어를 사용하여 공격 효율이나 정신적 회복탄력성과 같은 직관적 명칭을 부여하는 과정이다.

6) 신뢰도 & 타당도 평가

공통성(Communality) ≥ 0.5이면 변수의 설명력이 양호하다고 판단한다. 각 요인별 Cronbach α ≥ .7 이상이면 내적 일관성이 확보되었다고 본다. CFA 진행 시 적합도 지수(CFI ≥ 0.90, RMSEA ≤ 0.08 등)로 모델을 검증한다.

7) 스포츠 실전 적용 스냅샷

표 10-9

데이터 출발점	요인 구조	실무 효과
팬 경험 설문 (20문항)	'경기 품질'·'시설 쾌적성'· '엔터테인먼트' 3요인	마케팅 예산 3축 우선순위 배분
재활 피트니스 지표 (10변수)	'근지구력'·'코어 안정성' 2요인	개인별 결손 요인 타깃 훈련
SNS 행동 (좋아요·댓글·공유·시청시간)	'참여 강도'·'확산 파워' 2요인	브랜드 협찬 가치 산정 지표 개발

8) 주의 & 체크리스트(Quick Scan)

표본 수 대 변수 수 비율(N/K 비율)이 5 이상인지 확인해야 한다. 회전 후 단순 구조가 확보되었는지 점검하고 교차 적재를 고려해야 한다. 과소 또는 과다 요인 해석에 주의해야 하며, 요인점수를 활용할 때는 회귀 방법이나 바틀렛 방법 등 표준화 방식을 명시해야 한다.

8 회귀 분석

1) 개념

회귀 분석은 결과 변수의 변동이 여러 설명 변수들과 어떻게 함께 움직이는지를 수학적 모델로 표현하는 통계 기법이다. 주요 목적은 설명과 예측이다. 설명은 어떤 요인이 얼마나 영향을 주는지를 회귀계수의 부호와 크기를 통해 파악하는 것이고, 예측은 새로운 입력값을 사용하여 미래 결과값을 추정하는 것이다.

선형 모델이 기본 출발점이지만, 링크 함수와 확률분포를 변경하여 확률, 횟수, 시간 등 다양한 형태의 결과 변수를 다룰 수 있다.

2) 주요 유형과 스포츠 쓰임새

표 10-10

유형	Y 형태	스포츠 예시	해석 포인트
단순·다중 선형	연속	구속·회전수·존 높이 → 피안타율	$\beta_1 = -0.015$ ⇒ 구속 1 km/h ↑당 피안타율 0.015 ↓
로지스틱	0/1 사건	페널티킥 성공(1)·실패(0)	OR = 2.1 → 왼발 킥이 오른발의 2.1배 성공 가능성
포아송/음이항	횟수	경기 득점 수, 코너킥 수	χ = 1.7 골/경기
시바이벌(Cox)	시간-사건	시즌 중 첫 부상까지 주수	HR = 0.64 → 월 휴식 일수 1일 ↑마다 부상 위험 36% ↓
혼합효과(랜덤)	군집 내 상관	선수 반복 측정, 여러 리그 데이터	팀별 랜덤절편 → 팀 효과 추출
규제(Lasso / Ridge)	p ≫ n 예측	웨어러블 센서 수백 변수 → 피로 지수	불필요 변수 자동 0화

Tip

결과 형태에 맞춰 GLM(Generalized Linear Model) 틀 안에서 링크와 분포를 바꾸면 '선형 사고'만으로도 폭넓게 확장된다.

3) 모델링 절차

먼저 탐색적 데이터 분석을 통해 산점도와 상관 히트맵으로 선형성과 오차 패턴을 탐색한다. 다음으로 변수 선택과 상호작용항, 다항항의 필요 여부를 결정하여 모델을 지정한다.

추정 단계에서는 최소제곱법, 최대우도법, 규제 추정 등을 사용하며 튜닝 매개변수를 조정한다. 가정 진단에서는 잔차의 정규성, 등분산성, 독립성과 다중공선성을 점검한다.

성능 검증은 훈련-테스트 분할, k-겹 교차검증, 시계열 롤링 교차검증을 통해 실시한다. 마지막으로 회귀계수와 신뢰구간, p값, 예측 오차를 해석하고 실무 권고사항을 보고한다.

4) 전제와 진단

선형성은 설명변수와 결과변수의 산점도나 잔차 플롯에서 S커브가 나타나는지 확인하며, 위반시 다항 회귀나 스플라인을 고려한다. 독립성은 시계열 데이터에서 더빈-왓슨 통계량으로, 클러스터 데이터에서는 혼합효과 모델로 전환한다.

등분산성은 잔차 대 적합값 플롯의 퍼짐을 확인하며, 위반시 가중 회귀나 로그 변환을 적용한다. 정규성은 QQ플롯이나 샤피로 검정으로 확인하며, 심하게 위반되면 로지스틱이나 포아송 회귀를 검토한다. 다중공선성은 분산팽창지수가 5를 초과하면 변수 제거나 규제 모델을 사용한다.

5) 계수 해석 및 실무 적용

회귀계수의 부호는 방향성을, 크기는 영향 강도를 나타내며 단위를 맞춰 비교해야 한다. p값과 신뢰구간은 통계적 확실성을 보여주고, 표준화 계수는 척도가 다른 변수들 간의 우선순위를 파악할 수 있게 한다.

상호작용항은 조건부 효과를 나타내며, 체중과 나이의 상호작용이 속도에 미치는 영향을 분석할 수 있다. 예를 들어 체지방률의 회귀계수가 -0.042이고 p값이 0.008이라면, 체지방 1퍼센트포인트 감소당 40미터 스프린트가 0.042초 단축되며 신뢰도가 높으므로 감량 프로그램을 권장할 수 있다.

6) 모델 평가·비교

결정계수와 수정된 결정계수는 설명력을 나타내지만 변수가 많아지면 과대추정될 수 있으며 선형모델에만 적용된다. 평균제곱근오차와 평균절대오차는 원래 단위의 예측 오차를 보여주며, 평균제곱근오차는 극단값의 영향을 더 크게 받는다.

정보 기준인 AIC와 BIC는 모델 간 정보 손실을 비교하며 값이 낮을수록 우수하다. 동일한 데이터에서만 비교 가능하다. ROC-AUC와 로그손실은 이진 분류 모델에서 사용되며 컷오프와 독립적인 평가를 제공한다.

표 10-11

지표	목적	주의점
R^2 / Adjusted R^2	설명력	p 많아지면 덜 증가, 선형모델만
RMSE / MAE	예측 오차 (원 단위)	극단값 영향(RMSE) 체크
AIC / BIC	모델 간 정보 손실	값 낮을수록 우수, 동일 데이터 비교
ROC-AUC, LogLoss	0/1 모델	Cut-off 독립적 평가

k-fold CV 평균 RMSE가 0.32라면 실제 예측에서 ±0.32 단위의 오차가 예상된다고 해석할 수 있다.

7) 스포츠 현장 적용 스냅숏

승리 확률 모델은 이닝, 주자 상황, 점수 차이를 설명변수로 하여 경기 승리 확률을 로지스틱 회귀로 예측하며, 중계 그래픽과 전술 결정에 활용된다.

팬 이탈 예측은 앱 활동, 구매 이력, 경기장 방문을 통해 로지스틱 회귀로 이탈 가능성을 예측하여 고위험 팬에게 푸시 캠페인을 전개한다.

부상 위험 모델은 훈련 부하, 수면, 심박변이도를 사용한 생존분석이나 콕스 회귀를 통해 위험비가 1.0보다 작은 요인을 발견하여 로드 관리에 활용한다.

연봉 모델은 WAR, 연차, 포지션 더미변수를 사용한 다중 선형회귀를 통해 WAR의 회귀계수가 0.45억원이라면 WAR이 1 증가할 때마다 4500만원 상승한다는 근거를 제공한다.

8) 한계와 주의

인과관계 혼동은 무작위 실험이나 패널 데이터 없이는 관계가 원인을 의미하지 않는다는 점에 주의해야 한다. 과적합은 변수가 많고 표본 수가 적을 때 발생하므로 규제나 교차검증을 사용한다.

외삽은 관측 범위를 벗어난 설명변수값으로 예측하는 것으로 위험하다. 동시성 편향은 경기 내에서 선후관계가 뒤섞이는 상황으로, 지연 변수나 그랜저 검정을 사용해야 한다.

학습 요약

현대 스포츠는 데이터의 시대를 맞고 있다. 경기장에서 쏟아지는 수천 개의 수치들은 더 이상 단순한 기록이 아니라, 선수의 잠재력을 발견하고 전술을 개발하며 팬과 소통하는 핵심 자산이 되었다. 스포츠 통계 분석의 여정은 변수의 정의와 측정에서 시작된다. 추상적인 개념인 경기력이나 팬 만족도를 구체적이고 측정 가능한 변수로 변환하는 작업은 모든 분석의 토대가 되며, 측정 척도에 대한 정확한 이해는 적절한 통계 기법을 선택하는 나침반 역할을 한다.

평균과 분산, 표준편차라는 기초 통계량은 선수나 팀의 실력 수준과 일관성을 한눈에 파악할 수 있게 해준다. 여기에 가설 검정을 통해 관찰된 차이가 우연인지 의미 있는 변화인지를 구분할 수 있으며, 카이제곱 검정은 범주형 데이터에서 패턴을 발견하게 하고, 상관관계 분석은 변수들 간의 연관성을 탐색하는 첫 번째 관문이 된다. 요인 분석을 통해 복잡한 다차원 데이터를 몇 개의 핵심 요인으로 압축할 수 있으며, 회귀 분석은 이러한 관계를 구체적인 예측 모델로 발전시킨다. 각 기법은 독립적이면서도 상호 보완적인 역할을 하며, 전체적으로는 데이터에서 인사이트까지의 완전한 분석 파이프라인을 구성한다.

스포츠 현장에서 통계 분석이 성공하려면 몇 가지 핵심 원칙을 준수해야 한다. 분석 목적의 명확화가 첫 번째로, 선수 스카우팅, 전술 개발, 부상 예방, 팬 마케팅 등 목적에 따라 적절한 기법과 해석 방향이 달라진다. 데이터 품질의 확보도 중요하며, 아무리 정교한 통계 기법을 사용하더라도 부정확하거나 편향된 데이터로는 의미 있는 결과를 얻을 수 없다. 또한 도메인 지식과의 결합이 필수적이다. 통계적 유의성이 반드시 실무적 의미를 보장하지는 않으므로, 스포츠 전문가의 경험과 통계 분석 결과가 조화를 이룰 때 진정한 가치가 창출된다.

통계 기반 스포츠 데이터 분석은 계속해서 진화하고 있다. 머신러닝과 인공지능 기법의 도입으로 더욱 정교한 예측 모델이 개발되고 있으며, 실시간 데이터 처리 기술의 발전으로 경기 중 즉석 분석이 가능해지고 있다. 그러나 기술이 아무리 발전하더라도 통계학의 기본 원리와 올바른 해석은 여전히 중요하다. 전통적인 통계 기법들은 새로운 기술의 토대가 되며, 결과를 검증하고 해석하는 기준점 역할을 한다. 궁극적으로 통계 기반 스포츠 데이터 분석은 단순히 숫자를 다루는 기술이 아니라, 스포츠의 본질을 더 깊이 이해하고 발전시키는 도구이다. 데이터 속에 숨어있는 이야기를 발견하고, 그것을 현실의 변화로 이어가는 것이 바로 이 분야의 진정한 가치이다.

11 Chapter
머신러닝과 스포츠 데이터 분석

>> 학습 목표

1. 머신러닝의 기본 개념과 스포츠 산업 적용 배경을 이해한다.
2. 스포츠 데이터 전처리와 모델링 과정을 설계하고 적용할 수 있다.
3. AutoML·MLOps를 활용한 스포츠AI분석 시스템을 구축할 수 있다.

1 머신러닝 개요

1) 머신러닝·딥러닝·통계 분석 비교

머신러닝과 딥러닝은 예측 정확도 최적화를 일차 목표로 하는 반면, 전통적인 통계 분석은 모수 추정과 가설 검증을 토대로 해석 가능성을 우선시한다는 점에서 근본적인 차이를 보인다.

통계 분석은 관계 규명과 가설 검증을 목적으로 하며, 상대적으로 작은 샘플 크기에서도 유의미한 결과를 도출할 수 있다. 모델 구조는 주로 선형이고 저차원적이며, 결과 해석이 용이하고 검증 체계가 명확하다는 장점을 갖는다. 그러나 복잡하고 비선형적인 패턴을 포착하는 데에는 한계가 있다.

머신러닝은 예측, 분류, 최적화를 목적으로 하며 비교적 큰 데이터를 필요로 한다. 모델 구조는 의사결정트리, 서포트 벡터 머신, 앙상블 기법 등 다양하며, 비선형적이고 상호작용이 복잡한 패턴을 포착할 수 있고 자동화가 용이하다. 다만 데이터 의존성이 높고 과적합의 위험이 존재한다.

딥러닝은 대규모 비정형 데이터 학습을 목적으로 하며, 영상이나 텍스트와 같은 대용량 데이터를 처리한다. 합성곱 신경망이나 순환 신경망과 같은 다층 신경망 구조를 사용하며, 특징 추출이 자동으로 이루어지고 최고 수준의 성능을 달성할 수 있다. 하지만 블랙박스적 특성으로 인한 해석의 어려움과 높은 연산 자원 및 시간 소모가 단점이다.

표 11-1

구분	목적	데이터 요구	모델 구조	장점	한계
통계 분석	관계 규명·가설 검증	샘플 기반 (작아도 가능)	선형·저차원	결과 해석 용이, 검증 체계 명확	복잡·비선형 패턴 한계
머신러닝	예측·분류·최적화	비교적 큰 데이터	의사결정트리, SVM, 앙상블 등	비선형·상호작용 포착, 자동화 용이	데이터 의존성 ↑, 과적합 위험
딥러닝	대규모 비정형 데이터 학습	대용량 (영상·텍스트 등)	다층 신경망 (ConvNet, RNN)	특징 추출 자동, 최고 수준 성능	'블랙박스', 연산 자원·시간 소모 ↑

머신러닝은 통계학에서 출발하였지만, 목적 함수가 설명에서 예측으로 이동하면서 모델의 복잡성이 급격히 증가하였다. 딥러닝은 머신러닝의 하위 집합이지만, 구조와 연산량 측면에서 사실상 별도의 패러다임으로 취급된다. 스포츠 현장에서는 통계적 해석과 머신러닝 예측을 동시에 활용하는 투트랙 전략을 통해 인사이트와 정확도를 동시에 확보하는 것이 대세가 되고 있다.

2) 지도·비지도·강화학습 개념 지도

지도학습은 입력과 출력의 쌍으로 구성된 레이블이 있는 데이터를 학습하여 경기 결과 예측이나 선수 퍼포먼스 추정 등에 활용된다. 예를 들어, 득점 확률 예측 모델은 경기 중 특정 포지션과 위치 정보를 입력받아 즉시 득점 확률을 산출하는 방식으로 작동한다.

비지도학습은 레이블 없이 데이터에서 패턴이나 군집을 찾아내며, 팬 세그먼트 분류, 선수 유형 분류, 연관 상품 추천 등에 활용된다. 팬 행동 로그를 K-평균 군집화 알고리즘으로 분석하여 앱 클릭과 구매 패턴을 묶어 맞춤형 마케팅에 활용하는 것이 대표적인 예이다.

강화학습은 환경과의 상호작용을 통해 보상을 최대화하는 의사결정을 학습하며, 전략 시뮬레이션이나 전술 최적화에 적합하다. 농구에서 라인업 교체 강화학습 모델은 실시간 경기 상황을 입력받아 승률 기대값을 높이는 라인업 교체 정책을 학습한다.

지도학습과 비지도학습은 데이터에 부착된 레이블의 유무로 구분되며, 강화학습은 보상 신호의 유무로 구분된다. 실무에서는 비지도학습을 통해 지도학습의 특성을 생성하거나, 지도학습 모델을 강화학습으로 미세 조정하는 혼합 파이프라인이 자주 사용된다.

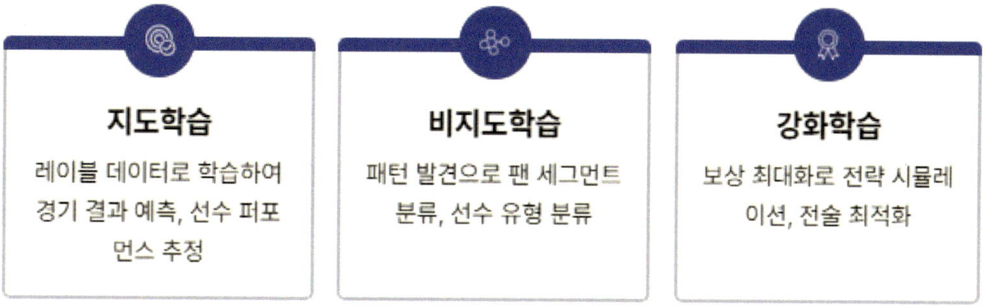

그림 11-1 학습 방법의 세 가지 유형

3) 스포츠 산업에서 ML이 등장하게 된 배경

스포츠 산업에서 머신러닝이 등장하게 된 배경은 데이터의 폭발적 증가, 연산 자원의 민주화, 투자 대비 성과의 증명이라는 세 가지 주요 요인으로 설명할 수 있다.

첫째, 데이터의 폭발적 증가이다. 경기 트래킹 시스템인 옵타나 세컨드 스펙트럼, 웨어러블 및 GPS 센서, 소셜 미디어 로그 등을 통해 정형 데이터와 비정형 데이터가 실시간으로 대량 생산되고 있다. 이러한 데이터의 양과 복잡성은 전통적인 통계 분석 방법으로는 처리하기 어려운 수준에 도달하였다.

둘째, 연산 자원의 민주화가 이루어졌다. GPU와 클라우드 인프라의 보급으로 구단, 리그, 심지어 아마추어 팀도 대규모 모델을 합리적인 비용으로 학습할 수 있게 되었다. 이는 과거 대기업이나 연구 기관에서만 가능했던 고도의 데이터 분석이 스포츠 현장에서도 일반화될 수 있는 기반을 마련하였다.

셋째, 투자 대비 성과가 실증적으로 증명되었다. 메이저리그 베이스볼의 머니볼 사례 이후 승률, 매출, 팬 참여 지표가 계량적으로 개선된 사례들이 다수 보고되면서 경영진을 설득하기가 용이해졌다. 영어 프리미어리그의 일부 클럽들은 머신러닝 기반 선수 리크루팅을 통해 이적료와 연봉 비용 대비 승점 효율을 평균 15퍼센트 이상 개선했다는 내부 보고를 발표하기도 하였다.

추가적으로, 인공지능 규제와 윤리에 대한 논의가 가속화되면서 새로운 과제도 등장하였다. 생체 데이터와 개인정보 이슈가 커지면서 구단과 선수협회, 리그와 규제기관 간의 데이터 거버넌스 체계 수립이 필수 과제로 부상하였고, 이에 따라 머신러닝 모델의 투명성에 대한 요구도 증가하고 있다.

01	02	03
데이터의 폭발적 증가	**연산 자원의 민주화**	**투자 대비 성과 증명**
옵타, 세컨드 스펙트럼 등 트래킹 시스템과 웨어러블 센서로 정형·비정형 데이터 실시간 대량 생산	GPU와 클라우드 인프라 보급으로 구단, 리그, 아마추어 팀도 대규모 모델 학습 가능	머니볼 이후 승률, 매출, 팬 참여 지표 계량적 개선 사례 다수 보고

그림 11-2 스포츠 산업에 ML이 등장한 배경

2 데이터 전처리&특성공학

1) 결측·이상값 처리

스포츠 데이터는 수집 과정에서 필연적으로 누락되거나 잘못된 값이 발생한다. 프로야구 박스스코어에서 투수의 투구 수가 0으로 기록된 경우를 예로 들면, 팬들은 단순한 기록 오류로 인식하지만 머신러닝 모델은 이를 실제 상황으로 받아들여 학습에 반영한다. 이러한 결측값과 이상값은 모델의 예측 성능을 크게 저하시킬 수 있다.

결측값은 데이터가 누락된 상황을 의미하며, 스포츠 데이터에서는 주로 수동 입력 과정에서 발생한다. 리그 경기 로그에서 이닝 정보나 선수 교체 정보가 빠진 경우가 대표적이다. 이런 상황에서는 동일 경기의 다른 정보를 활용하여 논리적 추론을 통해 빈 값을 채우거나, 해당 팀의 시즌 평균값으로 대체하는 방법을 사용한다.

웨어러블 센서 데이터의 경우 GPS 신호가 끊어지는 지점에서 급격한 변화값이 나타나는데, 이를 단순히 선형적으로 보간하면 실제로는 불가능한 급격한 가속이나 감속을 만들어낼 수 있다. 따라서 일정 시간 이상 연속으로 결측이 발생한 구간은 아예 삭제하고, 센서 결함 자체를 하나의 정보로 활용하는 것이 더 효과적이다.

이상값은 정상적인 범위를 크게 벗어난 값을 의미한다. 축구 선수의 시속이 100km를 넘거나 농구 선수의 점프 높이가 5미터로 기록되는 경우가 해당한다. 이러한 값들은 측정 오류나 장비 이상으로 발생하므로 제거하거나 합리적인 값으로 대체해야 한다.

핵심은 실제 경기 상황과 단순한 노이즈를 구분하는 것이다. 이를 데이터 단계에서 명확히 정리해야 모델이 잘못된 패턴을 학습하지 않는다.

2) 스케일링·표준화·원-핫 인코딩

스포츠 데이터는 다양한 측정 단위가 혼재되어 있다. 거리는 미터, 시간은 초, 체중은 킬로그램, 점수는 점으로 표현되며, 여기에 포지션, 국가, 경기장과 같은 범주형 변수가 함께 존재한다. 머신러닝 모델이 이러한 서로 다른 단위의 데이터를 제대로 비교하고 학습하려면 공통된 척도로 변환하는 과정이 필요하다.

(1) 데이터 표준화

표준화는 서로 다른 단위의 수치 데이터를 동일한 척도로 변환하는 과정이다. 가장 일반적인 방법은 Z점수 표준화로, 각 값에서 평균을 빼고 표준편차로 나누어 평균이 0, 표준편차가 1인 분포로 변환한다. 예를 들어 축구 선수의 평균 속도와 최고 속도를 비교할 때, 이 방법을 사용하면 각 선수의 순간 폭발력을 정확히 파악할 수 있다.

티켓 가격처럼 대부분의 값이 낮은 범위에 몰려 있고 일부 극값이 존재하는 경우에는 로그 변환을 먼저 적용한 후 최솟값과 최댓값 사이의 범위로 조정하는 Min-Max 표준화를 사용한다. 이렇게 하면 모델이 극값에 과도하게 영향받지 않고 전체 분포를 고르게 학습할 수 있다.

(2) 범주형 변수 인코딩

포지션, 국가, 구장과 같은 범주형 변수는 문자로 표현되어 있어 수치 계산이 불가능하다. 이를 해결하기 위해 원-핫 인코딩이라는 방법을 사용한다. 예를 들어 축구 포지션을 골키퍼, 수비수, 미드필더, 공격수로 구분한다면, 각 포지션마다 별도의 열을 만들어 해당하는 포지션은 1, 나머지는 0으로 표시한다.

그러나 국가나 구장처럼 범주의 수가 매우 많은 경우 원-핫 인코딩을 사용하면 데이터의 차원이 급격히 증가하여 계산량이 폭증한다. 이런 경우에는 각 범주를 해당 팀의 승률이나 평균 득점과 같은 성과 지표의 평균값으로 대체하는 타겟 인코딩을 사용한다.

데이터 표준화는 서로 다른 수치의 크기를 맞추는 과정이고, 범주형 변수 인코딩은 문자 정보를 숫자로 변환하는 과정이다. 이 두 과정을 통해 모델이 다양한 종류의 정보를 종합적으로 활용하여 정확한 예측을 할 수 있게 된다.

3) 파생 변수 설계 – "숫자 속에 숨어 있는 콘텍스트를 끌어올리다"

원본 데이터가 아무리 많아도 의미 있는 정보로 가공하지 않으면 머신러닝 모델은 단순한 계산기에 불과하다. 스포츠에서는 상황과 맥락이 매우 중요하며, 이러한 맥락을 수치로 표현하는 작업이 바로 특성공학이다.

(1) 위치 데이터에서 의미 있는 지표 추출

GPS로 수집한 선수의 위치 정보는 단순한 좌표에 불과하다. 하지만 이를 시간별 속도로 변환하고, 일정 속도 이상을 달리기로 정의하면 선수의 체력과 경기 패턴을 파악할 수 있다. 축구에서 시속 25km 이상을 스프린트로 정의하여 총 스프린트 횟수, 평균 간격, 최장 지속시간을 계산할 수 있다.

더 나아가 경기 후반 15분 구간만 따로 분석하여 피로 상태에서의 스프린트 능력을 측정하면, 단순한 주행 거리보다 선수의 체력 관리 능력을 더 정확히 평가할 수 있다. 이런 지표는 코치가 선수의 컨디션을 관리하고 교체 시점을 결정하는 데 직접적으로 활용할 수 있다.

(2) 팬 행동 데이터에서 참여도 측정

모바일 앱에서 수집되는 팬들의 로그인, 클릭, 구매 기록도 단순한 이벤트 목록에 불과하다. 하지만 이를 세션 단위로 묶고 행동의 다양성과 구매 전환율을 계산하면 팬의 관심도와 구매 의향을 측정할 수 있다.

특히 경기 당일 전후 3시간의 데이터만 따로 분석하면 실시간 마케팅 효과를 예측할 수 있다. 경기 시작 2시간 전에 앱 활동이 급증하는 팬들에게 티켓 할인 푸시 알림을 보내면 구매 전환율을 높일 수 있다.

(3) 맥락을 담은 변수의 중요성

특성공학의 핵심은 현장에서 실제로 활용할 수 있는 정보를 만드는 것이다. 데이터 과학자가 만든 스프린트 지수는 코치에게는 선수의 체력 상태를 나타내는 신호등 역할을 하고, 팬 참여도 지수는 마케팅 팀에게 최적의 광고 타이밍을 알려주는 지표가 된다.

결국 특성공학은 숨어 있는 패턴과 의미를 발견하여 의사결정에 직접 도움이 되는 정보로 변환하는 과정이다. 이 과정을 통해 단순한 숫자 더미가 실제 경기 운영과 팬 서비스 개선에 활용할 수 있는 가치 있는 정보로 탈바꿈한다.

3 지도학습

전처리 과정을 거쳐 깨끗하고 맥락이 살아난 데이터가 준비되었다면, 이제 모델을 훈련시켜야 한다. 지도학습은 레이블과 특성 사이의 관계를 학습하여 앞으로 일어날 결과나 값을 예측하는 방법이다. 스포츠 현장에서 지도학습은 경기 전에 승부를 예측하고 시즌 전에 팬 수요를 예측하는 핵심 기술로 활용된다.

1) 분류(K-NN, SVM, Random Forest, Gradient Boosting)

분류는 출력이 범주형일 때 사용되는 기법이다. 예를 들어 경기 결과를 승리 또는 패배로 예측하거나, 선수의 포지션을 구분하는 문제가 분류에 해당한다.

K-NN 알고리즘은 새로운 데이터가 입력되었을 때 가장 가까운 K개의 기존 데이터를 찾아서 다수결로 분류를 결정하는 방법이다. 아카데미 유망주를 기존 선수들 중 어떤 유형에 가장 가까운지 분류할 때 활용할 수 있다. 이 방법은 직관적이고 이해하기 쉽지만, 거리를 어떻게 정의할지가 성능을 크게 좌우한다.

SVM은 서로 다른 클래스를 가장 넓은 폭으로 나누는 경계선을 찾는 방법이다. 테니스에서 서브의 속도와 각도를 바탕으로 플랫 서브와 스핀 서브를 구분하는 문제에 적용할 수 있다. 비교적 적은 데이터로도 높은 분류 성능을 보이는 장점이 있다.

Random Forest는 다수의 결정트리를 무작위로 생성하여 다수결로 최종 결과를 결정하는 앙상블 방법이다. 농구에서 선수의 슛 자세를 영상 특징을 바탕으로 코너슛, 윙슛, 탑슛으로 분류하는 데 활용할 수 있다. 각 변수가 분류에 얼마나 중요한지를 측정할 수 있어 코치에게 설명하기 용이하다는 장점이 있다.

Gradient Boosting은 오차를 줄이는 작은 트리를 연속적으로 쌓아가는 방법이다. XGBoost와 LightGBM이 대표적인 구현체이다. 야구에서 투수의 구종을 예측하거나 실시간으로 타석 전략을 지원하는 데 활용된다. 최고 수준의 예측 성능을 보이지만 과적합을 관리하는 것이 중요하다.

표 11-2

알고리즘	한줄 개념	스포츠 활용 포인트
K-NN	가장 가까운 K명의 이웃에게 표를 맡기는 방식	- 아카데미 유망주를 기존 선수 유형(MF·FW 등) 중 어디에 가깝나 분류 - 단순하지만 '거리(metric)' 정의가 중요
SVM	'가장 넓은 폭'으로 클래스를 가르는 초평면	- 서브샷 속도·각도로 테니스 서브 유형(플랫, 스핀) 분류 - 소규모 데이터에서도 높은 분류력
Random Forest	다수의 결정트리를 무작위로 묶어 다수결	- 농구 슛 자세(코너·윙·탑)를 영상 특징으로 분류 - 변수 중요도(Feature Importance)로 코치 설명 가능
Gradient Boosting (XGBoost, LightGBM 등)	오차를 줄이는 작은 트리를 연속적으로 쌓기	- 야구 투수의 구종 예측, 실시간 타석 전략 지원 - 최고 성능·과적합 관리가 관건

알고리즘들 간의 특성을 살펴보면, K-NN 에서 SVM, 그리고 트리 기반 방법으로 갈수록 해석 가능성은 줄어드는 반면 예측력은 높아지는 경향을 보인다. 실제 구단 분석팀에서는 SVM으로 빠른 프로토타입을 만든 후 XGBoost로 최종 모델을 구축하는 단계적 접근법을 자주 사용한다.

2) 회귀(선형, Ridge/Lasso, XGBoost)

회귀는 출력이 연속형 수치일 때 사용되는 기법이다. 선수의 연봉이나 티켓 판매량과 같이 구체적인 숫자를 예측하는 문제가 회귀에 해당한다.

선형 회귀는 입력 변수와 출력 변수 사이의 선형 관계를 모델링하는 가장 기본적인 방법이다. 경기당 득점과 슈팅 수, 유효슈팅 비율 사이의 관계를 분석하는 데 활용할 수 있다. 해석성이 뛰어나 코치가 각 변수의 영향을 직관적으로 이해할 수 있다는 장점이 있다.

정규화 회귀는 과적합을 방지하기 위해 모델의 복잡성에 벌점을 부과하는 방법이다. Ridge 회귀는 모든 계수를 조금씩 줄이는 반면, Lasso 회귀는 불필요한 계수를 0으로 만들어 변수 선택 효과를 나타낸다. 선수 급여 예측 모델에서 Lasso를 사용하면 중요한 지표만 남겨서 협상 논리로 활용할 수 있다.

XGBoost회귀는 분류뿐만 아니라 회귀 문제에도 적용할 수 있다. 비선형적이고 복잡한 상호작용을 자동으로 학습하며, 트리 앙상블의 정밀도를 극대화한다. 티켓 판매량이나 동적 가격 예측에서 선형 회귀 대비 평균 절대 백분율 오차를 두 자릿수 이상 개선한 사례가 일반적이다.

스포츠 데이터는 폭우로 인한 경기 취소나 대량 득점 경기와 같이 드물고 극단적인 값이 자주 나타난다. 이런 경우 분위수 손실이나 Huber 손실과 같은 강건한 손실함수를 사용하면 이상값에 흔들리지 않는 안정적인 모델을 구축할 수 있다.

3) 성능지표(AUC, F1, MAE)와 크로스밸리데이션

모델의 성능을 올바르게 평가하고 검증하는 것은 실제 현장에서 활용 가능한 모델을 만드는 데 필수적이다.

(1) 성능 평가 지표

분류 문제에서는 주로 AUC와 F1 점수가 사용된다. AUC는 임의의 양성 사례와 음성 사례 쌍에서 모델이 양성 사례에 더 높은 점수를 부여할 확률을 나타낸다. 클래스 불균형의 영향을 상대적으로 적게 받지만, 실제 분류를 위한 임계값을 별도로 선택해야 한다는 단점이 있다.

F1 점수는 정밀도와 재현율의 조화평균으로, 두 지표 사이의 균형을 나타낸다. 다중 분류 문제에서는 매크로 평균과 마이크로 평균을 구분하여 사용해야 하며, 극단적인 클래스 불균형이 있는 경우 특히 주의해야 한다.

회귀 문제에서는 평균 절대 오차가 주로 사용된다. 예측값이 실제값에서 평균적으로 얼마나 벗어났는지를 나타내며, 분포가 치우쳐 있거나 이상값이 많은 경우 평균 제곱 오차보다 안정적이다.

표 11-3

문제 유형	대표 지표	직관적 의미	주의점
양·음 예측	AUC(ROC)	임의 양성 vs 음성 쌍에서 모델이 양성을 더 높은 점수로 줄 확률	클래스 불균형 영향 적음, 그러나 임계값 선택 필요
다중 분류	F1(조화 평균)	정밀도와 재현률의 균형	극단적 불균형이면 macro/micro 평균 구분
회귀	MAE(평균 절대 오차)	예측이 실제 값에서 평균 몇 점/명/장을 벗어났나	분포가 꼬리 길수록 MSE보다 안정적

(2) 교차 검증(CV)

교차 검증은 모델의 일반화 성능을 평가하기 위한 방법이다.K-fold CV는 데이터를 K개 그룹으로 나누어 돌아가며 학습과 검증을 수행한다. 분류 문제에서는 각 클래스의 비율을 유지하는 Stratified CV를 사용한다.

경기 결과나 매출과 같이 시간 순서가 중요한 데이터에는 Time-series CV(Forward-chaining)을 사용해야 한다. 이는 과거 데이터로 학습하여 미래 데이터를 예측하는 실제 상황을 충실히 모사한다.

중첩 교차 검증은 하이퍼파라미터 탐색과 성능 추정을 분리하여 과적합된 성능 추정을 방지하는 방법이다. 모델 선택과 성능 평가를 독립적으로 수행함으로써 더 신뢰할 수 있는 성능 추정을 제공한다.

(3) 스포츠 데이터의 특수성

스포츠 현장에서는 경기 날짜 순으로 학습 데이터와 검증 데이터를 나누어야 실제 예측 상황을 정확히 재현할 수 있다. 또한 부상 발생과 같이 드문 사건을 예측하는 경우 극심한 클래스 불균형이 발생하므로, Focal Loss나 SMOTE 오버샘플링과 같은 기법을 활용하여 이를 해결해야 한다.

4 비지도학습&차원축소

지도학습이 정답을 아는 문제를 해결하는 방법이었다면, 비지도학습은 정답이 무엇인지조차 모를 때 숨어 있는 질서를 찾아내는 탐사 작업이다. 팬, 선수, 경기라는 거대한 데이터 속에서 의미 있는 패턴을 발견하는 과정으로 이해할 수 있다.

1) K-Means·DBSCAN 군집

경기장에 모인 수만 명의 팬을 좌석 위치가 아닌 행동 패턴으로 분류할 수 있다면, 마케팅 팀은 같은 할인 쿠폰을 사용하더라도 훨씬 높은 성과를 거둘 수 있다. 이러한 유사한 특성을 가진 데이터를 그룹으로 묶는 작업이 바로 군집(clustering) 분석이다.

K-Means는 미리 정한 K개의 중심점을 설정한 후, 각 데이터를 가장 가까운 중심점에 할당하여 군집을 형성하는 방법이다. 팬들의 모바일 앱 사용 로그에서 방문 빈도, 구매

금액, 댓글 수 등의 데이터를 K-Means에 적용하면 라이트 유저, 콘텐츠 파워유저, 구매 파워유저와 같은 세그먼트가 자연스럽게 구분된다.

이 방법의 장점은 구현이 간단하고 계산이 빠르다는 것이다. 하지만 군집의 개수 K를 사전에 정해야 하고, 원형에 가까운 모양의 군집을 가정한다는 제약이 있다. 따라서 복잡한 형태의 군집이나 밀도가 다른 군집이 섞여 있는 경우에는 적절하지 않을 수 있다.

DBSCAN은 데이터가 조밀하게 분포된 영역을 밀도 기반으로 찾아 군집을 형성하고, 그 외의 데이터는 이상값으로 분류하는 방법이다. GPS 트래킹으로 측정한 선수들의 움직임 궤적을 DBSCAN으로 분석하면, 일반적인 전술 패턴에서 벗어나는 특이한 움직임도 포착할 수 있다. 이는 하위리그에서 숨은 실력의 선수를 발굴하는 데 유용한 기법이다.

DBSCAN의 장점은 군집의 개수를 미리 정할 필요가 없고, 다양한 모양의 군집을 찾을 수 있으며, 이상값을 자동으로 식별한다는 것이다. 하지만 밀도가 크게 다른 군집들이 혼재하는 경우나 고차원 데이터에서는 성능이 떨어질 수 있다.

군집 분석의 결과는 원래 레이블이 없던 데이터에 가상의 레이블을 부여해준다. 이렇게 생성된 팬 유형이나 선수 유형 정보를 이후 지도학습 모델의 입력 변수로 활용하면 예측 성능을 향상시킬 수 있다.

2) 연관규칙(Apriori)

야구장 매점에서 치킨과 맥주가 자주 함께 판매된다는 사실은 직관적으로 알 수 있다. 하지만 수백 종의 굿즈, 간식, 티켓 옵션이 어떤 조합으로 얼마나 자주 함께 판매되는지를 사람의 눈으로 파악하기는 어렵다.

Apriori 알고리즘은 자주 함께 나타나는 아이템 집합을 찾아내는 대표적인 연관규칙 학습 기법이다. 이 알고리즘은 지지도, 신뢰도, 향상도라는 세 가지 지표를 사용하여 아이템 간의 연관성을 평가한다.

지지도는 전체 거래에서 특정 아이템 집합이 나타나는 비율을 의미한다. 신뢰도는 한 아이템이 구매될 때 다른 아이템이 함께 구매될 확률을 나타낸다. 향상도는 두 아이템이 독립적일 때와 비교하여 실제로 얼마나 더 자주 함께 나타나는지를 측정한다.

예를 들어 홈경기 주말 가족 패키지 티켓과 선수 레고 피겨의 향상도가 2.1로 나타난다면, 구단은 패밀리존 예매 시 레고 피겨 20퍼센트 할인 프로모션을 기획하여 매출을 증대시킬 수 있다.

이 기법은 실시간 프로모션에도 활용할 수 있다. 경기 중 휴식 시간에 관중석의 POS 데이터를 실시간으로 분석하여 핫도그와 콜라의 연관성이 가장 높게 나타나면 전광판 광고를 해당 조합으로 변경할 수 있다. 실제로 메이저리그의 일부 구장에서는 2~3분 내에 연관규칙을 계산하여 전광판 메시지를 수정하는 시스템을 운영하고 있다.

3) PCA·t-SNE 시각화로 '포지션 맵' 그리기

선수 한 명을 설명하는 지표가 100개를 넘으면, 코치나 스카우트도 전체적인 그림을 파악하기 어렵다. 차원축소는 많은 변수의 복잡성을 2~3개의 축으로 압축하여 시각적으로 이해할 수 있는 지도로 만들어주는 과정이다.

(1) PCA(주성분분석)

주성분 분석은 데이터의 분산을 가장 크게 설명하는 축을 찾아 데이터를 새로운 좌표계로 변환하는 방법이다. 축구 선수 200명의 패스, 슛, 태클, 스프린트 지표를 주성분 분석으로 2차원 평면에 투영하면, 공격형, 수비형, 박스투박스 미드필더가 자연스럽게 구분되어 나타난다. 선수가 어느 영역에 위치하는지 한눈에 파악할 수 있다.

주성분 분석의 장점은 계산이 빠르고 해석이 비교적 명확하다는 것이다. 또한 차원축소 과정에서 손실되는 정보의 양을 정량적으로 측정할 수 있다. 하지만 선형 변환에 기반하므로 비선형적인 구조를 충분히 포착하지 못하고, 새로운 축의 물리적 의미를 해석하기 어려울 때가 많다.

(2) t-SNE(확률적 이웃 임베딩)

t-SNE는 이웃 간의 거리를 확률로 변환하여 저차원 공간에서도 그 확률 관계를 최대한 보존하는 방법이다. 비선형적이고 복잡한 데이터 구조를 잘 포착할 수 있다.

NBA 선수들의 슈팅 히트맵을 t-SNE로 2차원에 시각화하면, 코너 3점 전문가와 페인트존 득점자 같은 슈팅 특성이 군집 형태로 명확하게 구분되어 나타난다. 이는 각 선수의 고유한 슈팅 DNA를 직관적으로 보여준다.

t-SNE의 장점은 비선형 구조를 잘 보존하고 시각화 결과가 직관적이라는 것이다. 하지만 매개변수 설정에 따라 결과가 크게 달라질 수 있고, 거리의 절대적 크기보다는 상대적 관계에 초점을 맞추므로 정량적 비교에는 부적합하다.

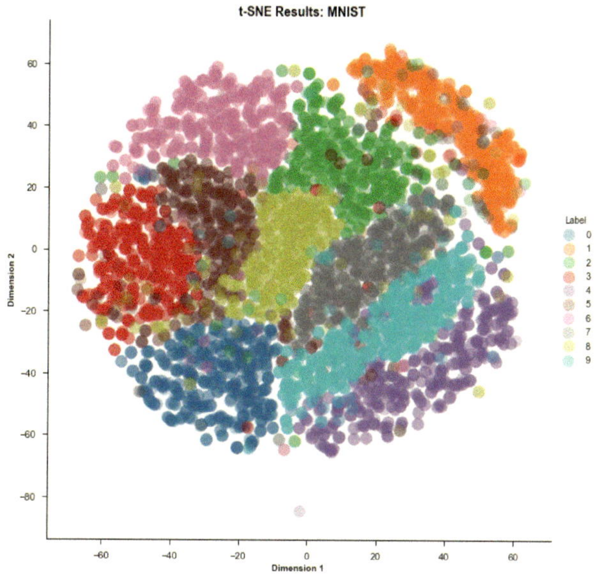

그림 11-3 확률적 이웃 임베딩

출처 : MNIST 데이터셋 (본 이미지는 교육적 목적으로 인용되었다.)

(3) 실무활용

차원축소를 통해 생성된 시각화 결과는 전술 브리핑 자료나 방송 그래픽으로 직접 활용된다. 데이터 과학자는 복잡한 수치 분석을, 코치는 직관적인 그래픽을, 팬은 하이라이트 영상에서 특정 영역의 선수 특성을 동시에 이해할 수 있게 된다. 이러한 시각화는 복잡한 데이터를 다양한 이해관계자가 공통으로 이해할 수 있는 언어로 번역하는 역할을 한다.

5 시계열·딥러닝 예측

시간 축을 제대로 이해해야 다음 경기, 다음 시즌, 다음 행동을 정확히 예측할 수 있다. 스포츠 데이터는 득점 흐름, 티켓 판매, 선수 컨디션, 소셜 미디어 반응까지 모든 것이 연속된 시간 신호의 특성을 갖는다. 시계열 모델은 이러한 시간 의존성을 수학적으로 포착하며, 딥러닝은 그 위에 복잡한 비선형 패턴을 추가하여 예측 정확도를 크게 향상시킨다.

1) ARIMA ↔ RNN/LSTM 비교

시계열 예측에는 크게 ARIMA접근법과 RNN/LSTM 접근법이 있으며, 각각 고유한 장단점을 가지고 있다.

ARIMA는 자기회귀, 차분, 이동평균의 세 가지 요소를 결합한 전통적인 통계 모델이다. 과거 값들의 선형 결합으로 미래를 예측하며, 수학적 의미가 명확하고 비교적 적은 데이터로도 학습이 가능하다.

ARIMA 모델의 가장 큰 장점은 해석 가능성이다. 각 매개변수가 어떤 의미를 갖는지 명확하게 알 수 있으며, 모델이 어떤 논리로 예측을 하는지 추적할 수 있다. 또한 데이터가 많지 않은 상황에서도 합리적인 예측을 제공한다. 하지만 ARIMA는 선형 관계만을 모델링할 수 있다는 근본적인 한계가 있다. 계절성이나 급격한 변화와 같은 복잡한 패턴을 충분히 반영하기 어렵다. 스포츠에서 빅매치나 특별한 이벤트로 인한 급격한 변화를 예측하는데 제한적이다.

RNN/LSTM은 은닉 상태가 순환하면서 긴 시간의 맥락을 누적적으로 학습하는 딥러닝 모델이다. LSTM은 순환 신경망의 발전된 형태로, 장기 의존성 문제를 해결하여 더 긴 시간 범위의 패턴을 학습할 수 있다.

딥러닝 접근법의 가장 큰 장점은 복잡하고 비선형적인 패턴을 학습할 수 있다는 것이다. 또한 입력 길이가 가변적인 데이터도 처리할 수 있으며, 다양한 종류의 정보를 동시에 고려할 수 있다. 하지만 많은 데이터와 연산 자원이 필요하며, 모델의 작동 원리가 불투명하다는 단점이 있다. 특히 예측 결과에 대한 설명이 어려워 의사결정 과정에서 신뢰성 확보에 어려움이 있을 수 있다.

관중 수 예측의 경우 5년간의 데이터를 ARIMA로 분석하여 시즌권 판매량을 빠르게 추정하고 예산 계획을 수립할 수 있다. 반면 GPS와 심박변동 데이터를 LSTM으로 분석하면 선수의 피로도 곡선을 정밀하게 그려서 개인별 휴식 스케줄을 최적화할 수 있다.

두 접근법을 결합하는 방법도 있다. ARIMA로 선형 패턴을 먼저 제거한 후 그 잔차를 LSTM에 입력하면 선형 패턴 제거와 비선형 보정 효과를 동시에 얻을 수 있다.

표 11-4

관점	ARIMA(통계)	RNN/LSTM(딥러닝)
기본 아이디어	과거 값(자기회귀 AR)·오차 (I)·이동평균 (MA)로 미래를 예측	은닉 상태가 '순환'하며 긴 시간 문맥을 누적
장점	수학적 의미 명확, 소규모 데이터도 학습 가능	복잡·비선형·길이 가변 패턴까지 학습
한계	선형 가정, 계절성·충격(빅매치) 반영이 제한적	많은 데이터·연산 자원 필요, '블랙박스'

2) Transformer 기반 시계열(Temporal Fusion Transformer)

전통적인 순환 신경망은 긴 시퀀스를 처리할수록 초기 정보가 희석되는 문제가 발생한다. 트랜스포머는 자기주의 메커니즘을 통해 시퀀스 전체 구간을 동시에 조망함으로써 이러한 한계를 극복했다.

Temporal Fusion Transformer는 고정 특성, 가변 특성, 미래에 알려진 정보까지 한 프레임워크에서 통합적으로 처리하여 다변량 시계열을 예측하는 모델이다. 스포츠 데이터에서 홈 또는 원정 경기, 휴식 일수, 날씨 예보와 같이 미래에 미리 알 수 있는 변수들을 활용하여 다음 주 티켓 수요를 예측하는 데 특히 강력하다.

이 모델의 핵심 장점은 서로 다른 유형의 정보를 구조적으로 통합할 수 있다는 것이다. 과거 데이터에서 학습한 패턴과 미래에 확정된 일정 정보를 동시에 고려하여 더 정확한 예측을 제공한다.

프리미어리그에서 경기력 지표를 바탕으로 다음 라운드의 승점 분포를 예측하여 베팅 시장 분석과 전력 분석에 동시에 활용할 수 있다. 또한 소셜 미디어 언급량과 프로모션 캘린더를 결합하여 굿즈의 실시간 재고를 최적화하는 데도 활용된다. 특히 TFT는 캠페인 일정이 변경되어도 구조적으로 이를 반영할 수 있다.

TFT의 또 다른 장점은 설명 가능성이다. 주의 가중치를 통해 예측에 기여한 날짜와 변수를 순위별로 제시할 수 있어, 마케터나 코치에게 의사결정 근거를 명확하게 제공할 수 있다.

3) 시계열 교차검증·재학습 주기

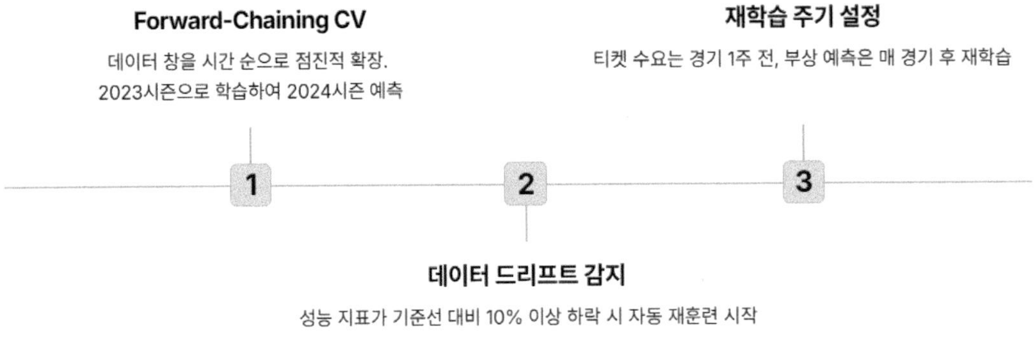

그림 11-4 시계열 교차검증과 재학습

시계열 데이터의 특성상 일반적인 교차 검증 방법을 그대로 적용할 수 없다. 시간의 순서가 중요하므로 미래 정보가 과거 예측에 사용되지 않도록 특별한 주의가 필요하다.

Forward-Chaining 교차 검증은 데이터 창을 시간 순으로 점진적으로 확장하면서 학습과 검증을 수행하는 방법이다. 예를 들어 2023시즌 데이터로 학습하여 2024시즌을 예측하는 방식으로, 미래 누설을 차단하여 실제 예측 성능을 정확히 측정할 수 있다.

이 방법은 실제 운영 환경에서의 성능을 가장 현실적으로 평가할 수 있지만, 검증에 사용할 수 있는 데이터가 제한적이라는 단점이 있다. 따라서 검증 기간의 설정이 매우 중요하다.

스포츠 환경은 끊임없이 변화한다. 선수들의 전술 트렌드나 팬들의 행동 패턴이 바뀌면 입력 데이터의 분포가 달라져 예측 오차가 급격히 증가할 수 있다. 이를 데이터 드리프트라고 한다. 이를 해결하기 위해서는 정기적인 모델 모니터링과 재학습이 필요하다. 평균 제곱 오차나 AUC와 같은 성능 지표가 기준선 대비 10퍼센트 이상 하락하면 자동으로 재훈련을 시작하는 시스템을 구축할 수 있다.

실무에서는 업무의 리듬에 맞춰 재학습 주기를 설정한다. 티켓 수요 예측 모델은 경기 1주 전에 재학습하고, 부상 예측 모델은 매 경기 후에 재학습하는 식이다.

현대적인 시계열 예측 시스템은 데이터 수집부터 모델 훈련, 성능 검사까지 전체 과정을 자동화한다. Kubeflow나 MLflow와 같은 도구를 사용하여 엔드투엔드 파이프라인을 구축하면, 분석팀은 알람을 받았을 때 모델 상태만 확인하고 승인하면 된다.

예측값과 실측값을 위험도 수준으로 시각화하여 코치나 프런트 오피스에게 모바일 대시보드로 전달하면, 재학습 주기가 짧아져도 의사결정 과정은 더욱 간소화된다. 이러한 자동화는 모델의 성능을 지속적으로 유지하면서도 운영 부담을 크게 줄일 수 있다.

6 강화학습

머신러닝과 딥러닝이 미래를 예측하는 도구였다면, 강화학습은 어떤 행동이 장기적으로 가장 큰 이익을 가져다줄지를 스스로 탐색하고 학습하는 방법이다. 경기장의 코치, 구단의 단장, 기업의 추천 시스템이 모두 원하는 최적의 의사결정 능력을 제공한다.

1) MDP 정의·환경설계(경기 시뮬레이터)

강화학습은 문제를 마르코프 결정 과정(MDP)이라는 수학적 틀로 추상화한다. 이는 현재 상황에서 어떤 행동을 선택할지 결정하는 과정을 체계적으로 모델링하는 방법이다. 강화학습의 핵심 구성 요소는 상태, 행동, 보상, 전이 확률로 구성된다.

상태(state)는 현재 상황을 나타내는 모든 정보다. 농구 경기 시뮬레이터에서는 실시간 점수, 남은 시간, 현재 라인업, 각 선수의 파울 상황 등이 상태가 된다. 상태는 의사결정에 필요한 모든 관련 정보를 포함해야 하지만, 너무 복잡하면 학습이 어려워진다. 행동(action)은 주체가 선택할 수 있는 모든 가능한 전략이다. 코치의 경우 타임아웃 호출, 수비 전술 변경, 선수 교체 등이 행동에 해당한다. 행동 공간이 클수록 더 다양한 전략을 시도할 수 있지만, 학습에 필요한 시간도 길어진다.

보상(reward)은 특정 행동을 선택했을 때 얻는 즉각적이거나 지연된 효과다. 득점차 증가, 팀 피로도 감소, 시즌 승률 향상 등이 보상으로 설정될 수 있다. 보상 설계는 강화학습에서 가장 중요한 부분으로, 원하는 행동을 유도하도록 신중하게 설계해야 한다. 전이 확률은 특정 행동 후에 어떤 상태가 나타날 확률 분포다. 실제 경기 데이터와 물리 엔진을 활용하여 추정한다. 예를 들어 특정 전술 변경 후 득점 확률이 어떻게 변하는지를 과거 데이터로부터 학습한다.

강화학습 환경을 설계할 때 가장 중요한 것은 적절한 복잡성 수준을 찾는 것이다. 상태와 보상을 너무 단순화하면 정답이 뻔한 게임이 되어 실용성이 떨어진다. 반대로 너무 복잡하게 만들면 학습이 수렴하지 않아 실제로 사용할 수 없다. 실제 구단에서는 처음에 5~10개의 핵심 지표만 사용하여 시작한다. 득실차, 선수 피로도, 파울 상황, 승률 등 가장 중요한 요소들로 시작해서 학습이 안정되면 점진적으로 변수를 추가하는 방식을 사용한다.

그림 11-5 마르코프 결정 과정(MDP)

2) Q-Learning·Policy Gradient

강화학습에는 크게 두 가지 접근 방식이 있다. 하나는 각 상황에서 행동의 가치를 직접 평가하는 방법이고, 다른 하나는 행동을 선택하는 정책 자체를 학습하는 방법이다.

Q-러닝은 모든 상태와 행동 조합의 가치를 테이블 형태로 학습하는 방법이다. 각 상황에서 어떤 행동이 가장 좋은 결과를 가져올지 점수로 매겨서 저장한다. 야구에서 투수가 타자에게 어떤 구종과 코스를 선택할지 결정하는 문제를 예로 들 수 있다. 각 타자별로 모든 구종과 코스 조합의 효과를 Q-테이블에 저장하고, 경험을 통해 점수를 업데이트해가며 최적의 공략 패턴을 찾는다.

Q-러닝의 핵심은 탐험과 활용의 균형이다. 이미 좋다고 알려진 행동만 계속 선택하면 더 좋은 행동을 놓칠 수 있고, 새로운 행동만 시도하면 비효율적이다. 엡실론-그리디와 같은 기법을 사용하여 이 균형을 조절한다. Q-러닝의 장점은 이론과 구현이 단순하고, 상대적으로 작은 상태 공간에서 효과적이라는 것이다. 하지만 상태나 행동의 수가 많아지면 테이블 크기가 기하급수적으로 증가하여 실용성이 떨어진다.

정책 그래디언트는 행동을 선택하는 정책 자체를 직접 학습하는 방법이다. 매개변수로 표현된 정책을 점진적으로 개선해나가며 최적화한다. REINFORCE, Actor-Critic, PPO와 같은 다양한 알고리즘이 이 범주에 속한다. 축구에서 포메이션을 전후반에 걸쳐 동적으로 변화시키는 전략을 PPO로 학습하여 상황별 기대 득실을 극대화하는 사례가 있다.

정책 그래디언트 방법의 장점은 연속적이고 고차원적인 행동 공간을 처리할 수 있고, 학습이 비교적 안정적으로 수렴한다는 것이다. 하지만 학습에 필요한 데이터 양이 많고, 샘플 효율성이 낮다는 단점이 있다. 일반적으로 작은 규모의 전략 보드게임이나 승패가 명확한 상황에서는 Q-러닝이 적합하다. 반면 실제 전술 운용이나 로봇 제어와 같이 연속적인 조작이 필요한 경우에는 정책 그래디언트 방법이 더 효과적이다.

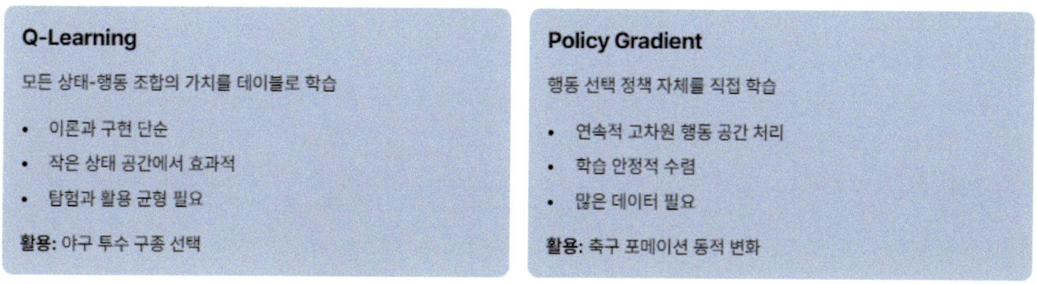

그림 11-6 Q-Learning vs Policy Gradient

3) '시뮬레이션-기반 의사결정' vs. '실전 데이터 Fine-Tuning'

강화학습을 스포츠에 적용할 때는 시뮬레이션 환경에서의 학습과 실제 데이터를 활용한 미세 조정을 결합하는 접근법이 효과적이다. 전력 분석팀은 Unity나 Football Manager API, ML-Agents와 같은 도구를 사용하여 디지털 트윈 경기장을 구축한다. 이 가상 환경에서 수십만 경기를 시뮬레이션하여 강화학습 에이전트를 훈련시킨다.

시뮬레이션의 가장 큰 장점은 안전하고 저렴하게 다양한 상황을 경험할 수 있다는 것이다. 퇴장이나 연장전과 같이 실제로는 드물게 발생하는 상황도 충분히 학습할 수 있다. 또한 실제 경기에서 시도하기 어려운 과감한 전략도 제약 없이 실험할 수 있다. 가상 환경에서 사전 학습된 정책을 기반으로, 실제 시즌 경기 데이터를 사용하여 미세 조정을 수행한다. 시뮬레이션과 실제 상황 사이의 차이를 줄이기 위해 중요도 샘플링이나 오프-정책 보정과 같은 고급 기법을 적용한다.

이러한 하이브리드 접근법을 사용하면 시뮬레이션만 사용한 정책에 비해 실제 승률이나 투자 수익률 예측 오차를 20퍼센트 이상 줄일 수 있다는 연구 결과가 있다. 실제 운영에서는 경기 시작 전에는 시뮬레이션에서 학습한 정책을 기본 참고자료로 사용하고, 하프타임에는 실시간으로 수집된 경기 데이터로 업데이트된 정책으로 전환하는 방식을 사용한다.

하지만 인공지능의 의사결정이 단순한 권고를 넘어 실제 현장에 투입되려면 두 가지 중요한 조건이 필요하다. 첫째는 설명 가능성으로, 왜 특정 행동을 추천하는지 그 이유를 명확하게 제시할 수 있어야 한다. 둘째는 책임 경계의 명확화로, 최종 결정권이 누구에게 있는지 분명히 해야 한다. 강화학습은 복잡한 전략적 의사결정을 자동화할 수 있는 강력한 도구지만, 실제 적용에는 기술적 완성도뿐만 아니라 조직적, 윤리적 고려사항도 함께 해결해야 한다는 점을 명심해야 한다.

7 AutoML&MLOps

모델을 한 번 만들어서 끝내는 시대는 지났다. 이제는 모델을 만들고, 운영하고, 감시하고, 개선하는 전체 과정이 자동으로 연결되어야 한다. 스포츠 조직이 적은 인력으로 수십 개의 모델을 효율적으로 관리하려면 AutoML과 MLOps가 필수적이다. AutoML은 모델 생성 과정을 자동화하고, MLOps는 모델의 전체 생명주기를 체계적으로 관리하는 방법론이다.

1) AutoML 흐름(Hyperparameter Tuning, Feature Search)

전통적으로 머신러닝 모델을 만들 때는 데이터 과학자가 수많은 하이퍼파라미터를 수동으로 조정하고, 어떤 특성을 사용할지 일일이 결정해야 했다. 이 과정은 시간이 많이 걸리고 전문 지식이 필요하다. AutoML은 이러한 반복적이고 전문적인 작업을 자동화하여 누구나 쉽게 고품질 모델을 만들 수 있게 해준다.

하이퍼파라미터 튜닝의 자동화에서 GridSearchCV[1]나 RandomizedSearchCV 같은 전통적인 방법은 모든 조합을 체계적으로 시도하거나 무작위로 선택하는 방식이다. 하지만 탐색해야 할 매개변수가 많아지면 계산 시간이 기하급수적으로 증가한다. 현대적인 접근법인 Optuna나 Hyperopt는 베이지안 최적화를 사용하여 이전 시도의 결과를 바탕으로 가능성이 높은 영역을 우선적으로 탐색한다. 이를 통해 같은 성능을 달성하는 데 필요한 계산량을 5분의 1 수준으로 줄일 수 있다.

특성 선택과 생성의 자동화도 중요한 부분이다. tsfresh나 Featuretools 같은 라이브러리는 시계열 데이터나 관계형 테이블에서 수백 개의 파생 변수를 자동으로 생성한다. 그 후 각 변수의 중요도를 계산하여 최적의 조합만을 선별한다. 예를 들어 축구에서 GPS와 심박 데이터를 입력하면, 알고리즘이 후반 15분 이후의 순간 속도 변화와 같은 고급 지표를 자동으로 추출해낸다.

스포츠 분야에서 AutoML의 실제 활용 사례를 살펴보면, 다이내믹 프라이싱에서는 매 경기 전날 새로 누적된 데이터를 AutoML로 재분석하여 최적의 하이퍼파라미터와 새로운 파생 변수까지 반영한 모델을 자동으로 배포한다. 부상 위험 예측에서는 시즌 초에는 센서 데이터만 사용하다가 시즌이 진행되면서 경기 로그나 이동 거리 변수까지 AutoML이 스스로 추가하여 지속적으로 성능을 유지한다.

하이퍼파라미터 튜닝	특성 선택·생성	실시간 적용
Optuna, Hyperopt로 베이지안 최적화. 계산량 5분의 1로 감소	tsfresh, Featuretools로 수백 개 파생 변수 자동 생성 및 선별	다이내믹 프라이싱, 부상 위험 예측에서 지속적 성능 유지

그림 11-7 AutoML 자동화

2) ML 파이프라인 자동화(Sk-learn Pipeline, Kubeflow)

머신러닝 모델을 실제 서비스에서 사용하려면 단순히 모델을 만드는 것을 넘어서 전체 워크플로우를 체계적으로 관리해야 한다. 이를 위해 파이프라인 자동화가 필요하다. 로컬 환경에서의 프로토타입 개발 단계에서는 Scikit-learn의 Pipeline을 사용한다.

```
python

pipe = Pipeline([
  ('pre', StandardScaler()),
  ('clf', XGBClassifier())
])
```

이는 전처리, 모델 학습, 예측을 하나의 객체로 묶어서 재현 가능성을 100% 보장한다. 예를 들어 표준화와 XGBoost 분류기를 파이프라인으로 연결하면, 새로운 데이터에 대해서도 동일한 전처리 과정을 자동으로 적용할 수 있다.

프로덕션 환경에서는 Kubeflow나 Airflow와 같은 도구를 사용하여 방향성 비순환 그래프 형태로 워크플로우를 관리한다. Kubeflow Pipelines는 데이터 수집, 전처리, 학습, 평가, 배포의 각 단계를 컨테이너로 패키징하여 쿠버네티스에서 실행한다. 이를 통해 각 단계가 독립적으로 실행되면서도 전체적으로 일관된 워크플로우를 유지할 수 있다.

지속적 통합과 지속적 배포 시스템을 구축하면 Git에 코드가 병합될 때마다 자동으로 테스트가 실행되고, 이미지가 빌드되며, 파이프라인이 재실행된다. 스포츠 스타트업이라도 개발 운영 팀원 한두 명만 있으면 이러한 시스템을 운영할 수 있다.

실무에서는 경기 종료 10분 후 로그가 클라우드 저장소에 저장되면 파이프라인이 이를 감지하여 새로운 데이터만으로 증분 학습을 수행한다. 그 후 API 엔드포인트를 새 버전으로 점진적으로 전환하는 그레이 롤아웃을 실행한다. 만약 과정에서 오류가 발생하면 자동으로 이전 버전으로 롤백되고, Slack과 같은 메신저로 즉시 알림이 발송되어 분석팀이 신속하게 대응할 수 있다.

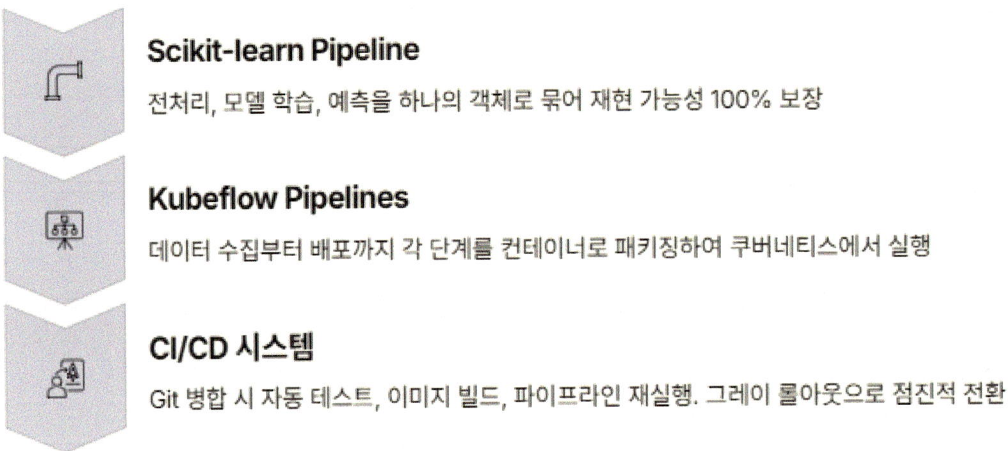

그림 11-8 ML 파이프라인 자동화

3. 모델 모니터링·데이터 드리프트 탐지

운영 중인 모델은 지속적인 감시가 필요하다. 시간이 지나면서 데이터의 특성이 변하거나 모델의 성능이 저하될 수 있기 때문이다.

예측 성능 모니터링에서는 실제 결과가 확인될 때마다 평균 절대 오차나 AUC와 같은 지표를 자동으로 갱신한다. 성능이 기준선 대비 10퍼센트나 15퍼센트 이상 하락하면 경보가 발생한다. Grafana나 Evidently와 같은 대시보드 도구를 사용하면 시간축 그래프로 성능 저하 지점을 한눈에 확인할 수 있다.

데이터 드리프트는 입력 데이터의 분포가 변했을 때 발생한다. 이는 모델이 학습한 패턴과 다른 데이터가 들어왔다는 의미로, 예측 성능 저하의 주요 원인이 된다. Kolmogorov-Smirnov 검정이나 Population Stability Index와 같은 통계적 방법을 사용하여 실시간으로 분포 변화를 감지한다. 예를 들어 주전 골키퍼가 부상으로 백업 골키퍼가 투입되면 상대팀의 슈팅 패턴이 달라질 수 있고, 이런 변화를 드리프트 알람이 즉시 포착한다.

재학습과 버전 관리 시스템에서는 드리프트 알람이 임계값을 초과하면 자동으로 재훈련이 시작된다. 새로 학습된 모델은 모델 레지스트리에 저장되고, 검증 성능이 기존 모델보다 2퍼센트 이상 향상되고 3개월치 검증 데이터에서 안정적인 성능을 보이면 프로덕션 태그가 부여된다. 그 후 API가 새 모델로 전환된다. 이전 버전으로의 롤백 권한은 분석팀 리더에게만 있어 AI 시스템의 책임 경계를 명확히 한다.

그림 11-9 머신러닝 생명주기 관리

이러한 전체적인 AutoML과 MLOps 체계를 통해 스포츠 조직은 적은 인력으로도 다수의 모델을 안정적으로 운영할 수 있다. 모델의 생성부터 폐기까지 전 생명주기가 자동화되어 있어 데이터 과학자들은 반복적인 작업보다는 새로운 문제 해결과 인사이트 발굴에 더 많은 시간을 투자할 수 있게 된다. → API 스위칭, 이전 버전 롤백 권한은 분석팀 리더에게만 있어 AI 책임 경계를 명확히 한다.

학습 요약

머신러닝이 스포츠 산업에 도입된 배경은 데이터의 폭발적 증가, 연산 자원의 보급, 그리고 투자 대비 성과의 실증적 증명에서 비롯된다. 경기 트래킹 시스템과 웨어러블 센서가 생산하는 방대한 데이터는 전통적 통계 분석으로는 감당하기 어려운 수준에 이르렀고, GPU와 클라우드 인프라의 확산은 모든 규모의 팀이 고도화된 분석을 수행할 수 있는 기반이 되었다.

머신러닝과 딥러닝은 예측 정확도의 극대화를, 전통적 통계 분석은 해석 가능성을 중시한다. 스포츠 현장에서는 두 접근을 결합한 투트랙 전략이 일반화되고 있으며, 지도학습은 레이블이 있는 데이터로 예측을 수행하고, 비지도학습은 숨겨진 패턴을 찾아내며, 강화학습은 반복적 시도를 통해 최적의 의사결정을 학습한다.

머신러닝의 성패는 데이터 전처리에 달려 있다. 결측값과 이상값을 처리하고, 서로 다른 단위를 표준화하며, 범주형 변수를 수치로 변환하는 과정이 필수적이다. 또한 GPS 기록에서 스프린트 지수를, 팬 행동 로그에서 참여도 지수를 도출하는 것처럼, 원시 데이터를 현장 의사결정에 의미 있는 특성으로 전환하는 작업이 핵심이다.

지도학습에서는 랜덤 포레스트나 그래디언트 부스팅이 높은 예측력을 보이고, 비지도학습에서는 K-평균과 DBSCAN이 데이터의 자연스러운 구조를 찾아낸다. 차원축소 기법인 PCA와 t-SNE는 복잡한 데이터를 시각화하여 전술 분석과 방송 그래픽에 활용된다. 시계열 데이터는 시간의 흐름을 반영해야 하므로, ARIMA나 LSTM 같은 모델이 활용되며, 최근에는 Temporal Fusion Transformer가 다변량 예측과 설명 가능성을 함께 제공한다.

강화학습은 경기 상황에서 최적의 전략을 스스로 학습하는 데 적합하며, 시뮬레이션 환경에서 훈련된 모델을 실제 데이터로 미세 조정하는 하이브리드 방식이 자주 사용된다. 최근에는 AutoML이 모델 설계와 튜닝을 자동화하고, MLOps가 데이터 수집에서 배포·모니터링·재학습까지 전 과정을 통합 관리하면서 머신러닝 시스템의 효율성을 높이고 있다.

머신러닝의 확산은 스포츠 산업 전반의 패러다임을 바꾸었다. 데이터 기반 의사결정이 선수 영입, 전술 수립, 팬 서비스 등 모든 영역에서 기본 전제가 되었고, 앞으로는 기술적 완성도뿐 아니라 알고리즘의 투명성과 데이터 윤리의 확보가 산업 발전의 새로운 기준이 될 것이다.

12 Chapter
비정형 데이터 분석(텍스트&영상 마이닝)

>> 학습 목표

1. 비정형 데이터의 개념과 스포츠 산업에서의 활용 영역을 이해한다.
2. 텍스트·음성·영상 데이터 분석 기법을 적용할 수 있다.
3. 멀티모달 통합 분석을 통해 텍스트와 영상 데이터를 연계·해석할 수 있다.

1 비정형 데이터와 스포츠

1) 비정형 데이터 정의·특성

데이터는 구조화 정도에 따라 정형 데이터, 반정형 데이터, 비정형 데이터로 구분된다. 정형 데이터는 행과 열이 고정된 표 형태로 구성되어 있어 SQL을 통한 즉시 조회와 통계분석이 가능하다. 선수 연봉이나 경기 스코어가 대표적인 예이다. 반정형 데이터는 JSON이나 XML과 같은 태그나 키-값 쌍을 가지고 있지만 필드 구성이 유동적이다. 경기 트래킹 좌표 로그나 웨어러블 센서 패킷이 이에 해당한다.

비정형 데이터는 고정된 스키마를 갖지 않으며, 의미가 텍스트, 음성, 이미지, 영상 안에 원시 형태로 내재되어 있다. 스포츠 분야에서는 SNS 포스트, 팬 커뮤니티 글, 선수 인터뷰 음성 및 자막, 경기 영상 스트림 등이 대표적이다.

비정형 데이터는 다음과 같은 특성을 가진다. 첫째, 맥락 의존성이 강하다. 동일한 단어나 동작이라도 경기 상황이나 문화권에 따라 의미가 달라진다. 클러치라는 단어는 야구, 농구, e스포츠에서 각기 다른 의미로 해석된다. 둘째, 고차원이며 대용량이다. 90분간의 프로축구 중계 영상 한 경기만으로도 수십 기가바이트에 달하며, 분당 수천 개 프레임의 픽셀 행렬로 표현된다. 셋째, 비선형 정보 구조를 가진다. 골 장면이나 감정 폭발 댓글과 같은 중요한 신호는 전체 데이터의 1퍼센트 미만이지만 예측력은 압도적이다. 전통적인 평균이나 합계 지표로는 이러한 정보에 도달하기 어렵다. 넷째, 실시간성과 흐름성을 가진다. 팬의 트윗은 골 직후 30초 안에 급증하고 5분이면 잦아든다. 모델링할 때 시간 창을 어떻게 설정하느냐가 성패를 좌우한다.

2) 스포츠 현장에서의 비정형 데이터 종류

스포츠 현장에서 활용되는 비정형 데이터는 크게 세 가지로 분류된다.

첫 번째는 SNS와 팬 커뮤니티 데이터이다. 이는 트윗, 댓글, 이모지, 밈 이미지 형태로 나타난다. 이러한 데이터는 실시간 집단 감정 센서 역할을 한다. 선수 영입 루머, 유니폼 공개, 경기 판정 논란에 대한 반응을 분 단위로 포착할 수 있다. 다만 다국어, 은어, 모욕적 표현의 필터링과 봇 계정 구분이 주요 도전 과제이다.

두 번째는 선수와 코치의 인터뷰 텍스트 및 음성 데이터이다. 경기 후 믹스트존 발언, 팟캐스트 출연, 다큐멘터리 클립이 여기에 해당한다. 이러한 데이터는 팀 분위기, 선수 멘털리티, 전술 의도 등 정량화하기 어려운 정성적 신호를 제공한다. 구어체, 은유, 농담의 해석과 발화자 의도인 불만이나 자신감의 자동 라벨링이 주요 도전 과제이다.

세 번째는 경기 영상과 이미지 스트림이다. 중계 VOD, 드론 및 와이어캠, 경기장 CCTV, 하이라이트 리캐핑 영상이 포함된다. 이는 위치 데이터가 부족한 아마추어나 하위 리그에서도 컴퓨터 비전을 통해 선수와 볼 궤적을 추출하여 전술 분석을 가능하게 한다. 카메라 각도, 조명, 가림 현상과 판권 규제가 주요 도전 과제이다.

2 텍스트 마이닝 기초

1) 수집·스크래핑

스포츠 텍스트 분석의 첫 단계는 데이터 수집이다. 가장 효율적인 방법은 각 플랫폼이 제공하는 공식 API를 활용하는 것이다.

공식 API를 통한 수집에서는 Twitter v2 API가 대표적이다. 이 API는 키워드, 해시태그, 기간을 파라미터로 지정하면 실시간 또는 과거 데이터를 JSON 형태로 반환한다. 예를 들어 '#월드컵' 키워드로 검색하면 해당 해시태그가 포함된 모든 트윗과 함께 작성 시간, 작성자 정보, 리트윗 수, 좋아요 수 등의 메타데이터를 함께 얻을 수 있다. 미국 텍사스 A&M 대학의 Hyun-Woo Lee 연구팀은 이 방식으로 2021년 'March Madness' 68개 팀 계정을 일별로 모니터링하여 경기 결과와 직전 라운드 성적이 팔로워 증가폭을 결정하는 주요 요인임을 계량적으로 증명하였다.

공식 API가 제공되지 않는 커뮤니티나 뉴스 포털의 경우 웹 크롤링을 활용한다. 정적 페이지는 requests 라이브러리로 HTML을 가져와 BeautifulSoup으로 파싱하여 필요한 텍스트를 추출한다. 예를 들어 스포츠 뉴스 사이트에서 기사 제목과 본문을 추출할 때는 HTML 태그 구조를 분석하여 〈h1〉 태그에서 제목을, 〈div class="content"〉 태그에서 본문을 가져온다. React나 Vue로 구축된 동적 사이트의 경우 Playwright와 같은 헤드리스 브라우저를 사용하여 자바스크립트 렌더링 후 HTML을 수집한다.

수집된 데이터는 처리 방식에 따라 저장 형태를 달리한다. 실시간 스트리밍 데이터는 Kafka를 통해 MongoDB에 저장하고, 일회성 수집 데이터는 Parquet이나 CSV 형태로 저장하여 후속 분석을 위한 기반을 마련한다.

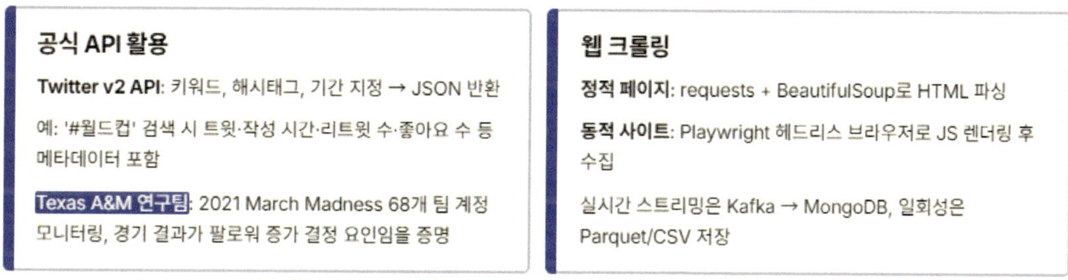

그림 11-10 데이터 수집: API vs 크롤링

2) 전처리

원시 텍스트 데이터에는 분석에 불필요한 요소들이 다수 포함되어 있다. 클린징 과정에서는 URL, 이모지, 반복 문자를 제거하거나 정규화한다. 예를 들어 "우와~~~~ 대박!!!!"은 "우와 대박"으로 변환된다. 다만 소셜미디어 감정 분석에서는 😱, 🔥와 같은 이모지가 감정 표현의 중요한 단서가 되므로 별도의 감정 토큰으로 처리하기도 한다.

한국어 텍스트 처리에서 가장 중요한 과정은 형태소 분석이다. 영어는 공백으로 자연스럽게 단어가 구분되지만, 한국어는 조사와 어미가 결합된 교착어적 특성으로 인해 단어 경계가 모호하다. 예를 들어 “선수들이 열심히 뛰었다”라는 문장에서 “선수들이”는 “선수+들+이”로, “뛰었다”는 “뛰+었+다”로 분해해야 의미 있는 분석이 가능하다.

이를 위해 Mecab-ko, Kiwi, Komoran과 같은 형태소 분석기를 사용한다. 각 분석기마다 분석 결과가 다르며, 이는 최종 분석 성능에 큰 영향을 미친다. 2017년 한국스포츠교육학회지는 Mecab-ko를 활용하여 20년간의 학술 논문 제목과 초록을 분석한 결과, 기존 방법 대비 연구 토픽 분류 오류율을 크게 감소시켰다고 보고하였다. MDPI 응용과학 저널의 연구에서는 다섯 종류의 형태소 분석기를 비교한 결과, 전처리 방법의 선택만으로도 주제 분류의 F1 점수가 최대 9포인트까지 차이가 난다는 것을 확인하였다.

한국어 SNS 텍스트는 띄어쓰기 오류가 빈번하므로 Soyspacing, Pororo와 같은 맞춤법 교정 도구를 활용하여 정확도를 높인다. 예를 들어 “손흥민골넣었다”를 “손흥민 골 넣었다”로 교정한 후 형태소 분석을 수행한다.

3) 핵심기법: 토큰화·TF-IDF·워드임베딩

전처리된 텍스트를 기계학습에 활용하기 위해서는 수치적 표현으로 변환해야 한다.

토큰화는 문장을 분석 가능한 최소 단위로 분해하는 과정이다. “손흥민이 골을 넣었다”는 단어 수준에서 [‘손흥민’, ‘이’, ‘골’, ‘을’, ‘넣었다’]로, 형태소 수준에서는 [‘손흥민’, ‘이’, ‘골’, ‘을’, ‘넣’, ‘었’, ‘다’]로 분해된다. n-gram 방식을 사용하면 “손흥민이”, “이 골을”과 같은 연속된 단어 조합도 하나의 토큰으로 처리할 수 있다.

TF-IDF는 Term Frequency-Inverse Document Frequency의 줄임말로, 특정 문서에서 자주 나타나지만 전체 문서 집합에서는 드문 단어에 높은 가중치를 부여한다. 예를 들어 “손흥민”이라는 단어가 특정 날짜의 트윗에서는 자주 등장하지만 전체 스포츠 트윗에서는 상대적으로 드물다면, 그날 손흥민과 관련된 특별한 사건이 있었음을 추정할 수 있다. TF-IDF 값은 다음과 같이 계산된다: TF-IDF =(단어의 문서 내 빈도) × log(전체 문서 수 / 해당 단어가 포함된 문서 수).

워드 임베딩은 단어를 고차원 벡터 공간의 점으로 표현하여 단어 간 의미적 유사성을 수치로 나타낸다. Word2Vec, FastText, BERT와 같은 방법이 있으며, 비슷한 맥락에서 사용되는 단어들은 벡터 공간에서 가까운 위치에 배치된다. 예를 들어 “손흥민”과 “토트넘"의 벡터는 "손흥민"과 "야구"의 벡터보다 가까운 거리에 위치한다.

2019년 발표된 STEVE 모델은 유럽 축구 12시즌 데이터를 Word2Vec 방식으로 학습하여 팀별 150차원 벡터를 생성하였고, 과거 경기 기록만으로도 팀 스타일과 시장 가치 예측의 설명력을 기존 통계 방법보다 높였다. 벡터 연산을 통해 "손흥민 - 토트넘 + 레알 마드리드 ≈ 비니시우스"와 같은 유추도 가능하다.

4) 감성·의견·토픽 모델링

수치화된 텍스트 데이터에 적용하는 고급 기법들은 텍스트 내 숨겨진 의미를 추출한다. 감성 분석은 텍스트의 감정적 극성을 판단한다. 단순한 긍정-부정 분류를 넘어서 분노, 놀람, 흥분, 실망과 같은 다중 감정을 구분한다. KoSentiLex와 같은 감정 어휘 사전을 활용하는 방법과 KoBERT, KLUE-RoBERTa와 같은 딥러닝 모델을 활용하는 방법이 있다. 예를 들어 "심판 판정이 너무 억울하다"는 문장에서 "억울하다"는 부정적 감정을, "선수들이 정말 멋있게 뛰었다"에서는 긍정적 감정을 추출한다. 2023년 10월 Chiefs–Jets 경기 실시간 분석에서, 경기 중 Kelce–Swift 관련 정치화 콘텐츠가 1,941% 급증했고, Tweet Binder 표본에서는 긍정이 부정보다 4배 이상 많게 나타났다(분석 도구·구간에 따라 감성 비율은 상이).

의견 마이닝은 텍스트에서 특정 대상에 대한 의견을 속성-감정-강도의 삼원 구조로 분석한다. "VAR 판정이 너무 이상해"라는 문장에서 속성은 'VAR 판정', 감정은 '부정', 강도는 '높음'으로 분석된다. 이를 통해 경기 중 어떤 요소가 팬들의 불만을 샀는지, 그 강도는 어느 정도인지를 정량적으로 파악할 수 있다.

토픽 모델링은 문서 집합에서 숨겨진 주제를 자동으로 추출한다. LDA와 같은 전통적 방법에서는 짧은 SNS 문장의 희소성 문제로 인해 Biterm Topic Model이나 BERTopic과 같은 방법이 더 효과적이다. 예를 들어 한 경기에 대한 수천 개의 트윗에서 '심판 판정', '선수 부상', '전술 변경'과 같은 주요 토픽을 자동으로 식별할 수 있다. UNC의 석사 논문 연구에서는 NBA 30경기의 14,440건 트윗을 분석하여 4쿼터 감정 점수와 승패 간의 강한 양의 상관관계를 확인하였으며, 실시간 토픽-감정 대시보드가 경기 결과 예측력을 향상시킬 수 있음을 입증하였다.

그림 11-11 감성 분석 방법

3 선수 인터뷰 텍스트 분석

1) 인터뷰 데이터 특수성

선수와 감독의 인터뷰 데이터는 일반적인 텍스트 데이터와 구별되는 고유한 특성을 가진다. 먼저 구조적 특성을 살펴보면, 인터뷰는 질의응답 형식으로 진행되어 질문자, 답변자, 발화 시점이 메타데이터로 기록된다. 예를 들어 "기자: 오늘 경기 소감은?(14:32)" "선수: 정말 아쉬웠어요...(14:33)"와 같이 시간순 대화 쌍이 구성된다.

언어적 특성 면에서는 구어체 고유의 요소들이 나타난다. 현장 소음, 호흡, 웃음이 텍스트에 "[웃음]", "[한숨]"과 같은 형태로 삽입되며, 이는 감정 분석에 중요한 단서가 된다. 또한 "진짜", "완전", "대박"과 같은 구어체 표현과 축약어, 반말이 빈번하게 등장하여 표준 형태소 분석기의 오류율을 높인다. 예를 들어 "진짜 빡셌어요"는 표준어 "정말 힘들었어요"와 같은 의미이지만 기존 분석 도구로는 정확한 처리가 어렵다.

맥락적 특성으로는 단일 문장보다 전체 대화 맥락이 중요하다는 점이 있다. "그때가 힘들었죠"라는 발화는 앞서 언급된 부상이나 슬럼프 상황을 지칭하므로, 문장 단위가 아닌 대화 전체를 고려해야 정확한 의미를 파악할 수 있다.

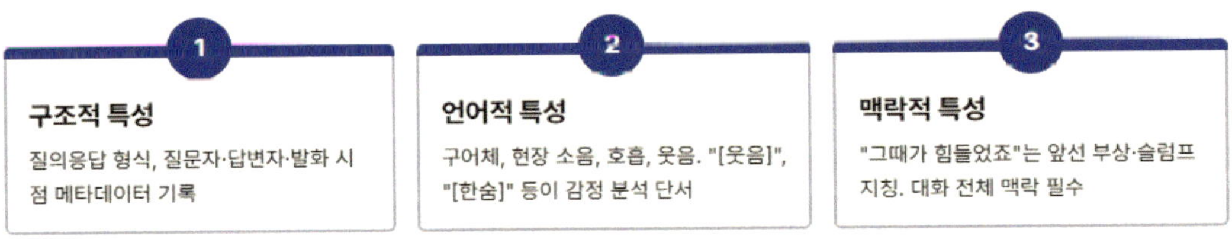

그림 11-12 인터뷰 데이터의 특수성

실제 연구 사례를 통해 이러한 특성이 어떻게 분석되는지 살펴보자. 코넬대 연구팀은 테니스 경기 후 인터뷰 6,467건(≈81,906개의 질문 스니펫)을 분석하여 남녀 선수에 대한 기자의 질문 패턴이 통계적으로 다르다는 결과를 제시하였다. 연구 결과, 기자들이 남자 선수에게는 "서브 속도가 얼마나 향상되었나요?", "백핸드 전략은 어떻게 바뀌었나요?"와 같은 기술적 질문을 더 많이 하는 반면, 여자 선수에게는 "가족들의 응원이 큰 힘이 되나요?", "경기 후 어떻게 휴식을 취하나요?"와 같은 사생활 관련 질문을 더 많이 한다는 통계적 증거를 제시하였다.

이스라엘 공대 및 MIT 공동 연구에서는 NBA 선수들의 사전 인터뷰 5,226건과 경기 중 메트릭을 연계한 데이터셋을 활용해, 인터뷰 언어 사용만으로도 경기 내 행동을 예측 가능함을 보였다.

이러한 연구들이 보여주는 핵심은 인터뷰 텍스트 분석에서 발화 시점, 질문 유형과 같은 메타데이터와 언어적 신호를 함께 모델링해야 구어체의 특수성을 효과적으로 활용할 수 있다는 점이다.

2) 의미망·키워드 공존도 분석

의미망 분석은 선수와 감독이 사용하는 언어 패턴을 시각적으로 파악할 수 있는 강력한 도구이다. 의미망은 단어를 노드로, 단어 간 공존 빈도를 엣지로 하는 네트워크 그래프이다.

구체적인 구현 과정을 단계별로 살펴보자. 첫 번째 단계에서는 인터뷰 텍스트를 형태소 분석하여 명사와 동사를 추출한다. 예를 들어 "선수들이 열심히 뛰어서 좋은 결과를 얻었다"에서 ['선수', '열심히', '뛰다', '좋다', '결과', '얻다']를 추출한다. 두 번째 단계에서는 윈도우 크기를 설정하여 공존 행렬을 생성한다. 윈도우 크기 3을 적용하면 연속된 3개 단어 내에서 함께 나타나는 단어 쌍들을 카운트한다. 예를 들어 '선수-열심히', '열심히-뛰다', '뛰다-좋다'와 같은 쌍들의 빈도를 계산한다. 세 번째 단계에서는 이 공존 행렬을 네트워크 그래프로 변환하고 중심성 지표들을 계산한다.

네트워크 분석에서 사용되는 주요 지표들을 구체적으로 설명하면 다음과 같다. 연결 중심성은 한 노드가 다른 노드들과 직접 연결된 정도를 나타낸다. 예를 들어 '승리'라는 단어가 '노력', '팀워크', '전략', '집중' 등 많은 단어와 함께 사용된다면 높은 연결 중심성을 가진다. 매개 중심성은 다른 노드들 사이의 최단 경로에 위치하는 정도를 측정한다. '감독'이라는 단어가 '전술'과 '선수' 사이, '훈련'과 '경기' 사이를 연결하는 역할을 한다면 높은 매개 중심성을 가진다.

01	02	03
형태소 추출	**공존 행렬 생성**	**네트워크 변환**
"선수들이 열심히 뛰어서 좋은 결과" → ['선수', '열심히', '뛰다', '좋다', '결과', '얻다']	윈도우 크기 3 설정, 연속 3단어 내 쌍 카운트: '선수-열심히', '열심히-뛰다'	연결 중심성, 매개 중심성 등 지표 계산

그림 11-13 의미망 분석 방법

실제 적용 사례를 살펴보자. 핀란드 Åbo Akademi 대학의 석사논문에서는 잉글리시 프리미어리그 감독 60건의 인터뷰를 의미망으로 분석하였다. 승리한 경기 후 인터뷰에서는 "we(우리)-effort(노력)-confidence(자신감)"가 중심 허브를 형성하였다. 구체적으로 "우리가 노력한 결과", "팀의 자신감이 중요했다"와 같은 표현들이 자주 등장하며 서로 연결되었다. 반면 패배한 경기 후에는 "moment(순간)-decision(결정)-mistake(실수)" 허브가 나타났다. "그 순간의 결정이", "실수가 아쉽다"와 같은 표현들이 중심을 이루었다.

앞서 언급한 테니스 성별 편향 연구에서는 동일한 데이터로 성별에 따른 주제망을 비교 분석하였다. 남자 선수 인터뷰의 중심 허브는 "serve(서브)-break(브레이크)-strategy(전략)"으로 구성되어 "서브 게임에서의 전략", "브레이크 포인트 활용"과 같은 기술적 내용이 중심을 이뤘다. 여자 선수 인터뷰는 "fashion(패션)-family(가족)-emotion(감정)"이 허브를 형성하여 "경기 복장에 대한 질문", "가족의 지원", "감정적 경험"이 주요 화제였다. 이 연구 결과는 언론 교육 자료로 배포되어 스포츠 기자들의 질문 패턴 개선에 활용되었다.

의미망 분석의 실용적 가치는 주제 변화와 프레이밍을 정량화하여 즉시 활용 가능한 인사이트를 제공한다는 점이다. 구단의 미디어 담당자는 선수들의 언어 패턴을 파악하여 언론 대응 코칭에 활용할 수 있고, 방송사는 패널 토크의 주제 설정에 이를 반영할 수 있다.

3) 내러티브(스토리라인) 마이닝

내러티브 마이닝은 의미망이 제공하는 정적인 관계 분석을 넘어서, 인터뷰가 시간에 따라 어떤 이야기 구조로 전개되는지를 동적으로 추적한다. 이는 인터뷰 내용의 흐름과 변화를 체계적으로 파악할 수 있게 해준다.

토픽 전환 추적 방법을 구체적으로 살펴보자. 먼저 인터뷰 전체를 시간 순서에 따라 일정한 크기의 슬라이딩 윈도우로 분할한다. 예를 들어 30분 인터뷰를 5분씩 겹치는 구간으로 나누어 각 구간별로 주요 토픽을 추출한다. 이때 BERTopic이나 HDP와 같은 토픽 모델링 기법을 사용하여 각 시간 구간의 주제를 자동으로 식별한다.

실제 예시로 NBA 선수의 시즌 리뷰 인터뷰를 분석해보자. 인터뷰 초반 5분에서는 "시즌-성과-통계" 토픽이 0.7의 확률로 나타났다가, 중반 10-15분 구간에서는 "부상-회복-재활" 토픽이 0.8의 확률로 등장하고, 후반 20-25분에서는 "팀워크-동료-감사" 토픽이 0.6의 확률로 나타나는 패턴을 확인할 수 있다. 이러한 토픽 확률의 시계열 변화를 곡선으로 그리면 인터뷰의 주제 흐름을 한눈에 파악할 수 있다.

그림 11-14 내러티브 마이닝 예시

앞서 언급한 NBA 인터뷰-예측 연구팀은 이러한 토픽 시계열 데이터를 LSTM 신경망에 입력하여 경기 전략을 예측하였다. 예를 들어 선수가 인터뷰에서 "스크린-플레이-움직임" 토픽을 집중적으로 언급한 경우, 다음 경기에서 세트 플레이 비중을 늘릴 확률이 높다는 것을 예측할 수 있었다.

감정 아크 분석은 또 다른 중요한 내러티브 마이닝 기법이다. 이는 인터뷰 전체에 걸쳐 감정의 변화 궤적을 추적한다. 각 문단별로 감정 점수를 계산하고 이를 누적하여 전체적인 감정 곡선을 그린다. 예를 들어 부상에서 회복한 선수의 인터뷰에서는 "좌절(-0.8) → 다짐(-0.2) → 희망(+0.3) → 감사(+0.7)"와 같은 감정 아크가 나타날 수 있다.

구체적인 사례로 《Sport Psychology》 2021년 논문을 살펴보자. 이 연구에서는 엘리트 육상 선수들의 부상 경험 인터뷰를 서사 곡선으로 분석하였다. 연구 결과 대부분의 선수들이 공통적으로 3막 구조를 보였다. 1막에서는 "절망"의 감정이 지배적이었다. "모든 것이 끝났다고 생각했어요", "왜 하필 나에게"와 같은 표현이 집중적으로 나타났다. 2막에서는 "자기 이해"의 단계로 전환되었다. "이 시간을 통해 나 자신을 돌아보게 되었다", "부상도 선수 생활의 일부구나"와 같은 성찰적 표현이 증가했다. 3막에서는 "재도전"의 의지가 표현되었다. "더 강해져서 돌아오겠다", "팬들을 위해 다시 뛰고 싶다"와 같은 긍정적 미래 지향적 언어가 나타났다.

내러티브 마이닝의 실용적 활용 방안은 다양하다. 팀 홍보부서에서는 선수 다큐멘터리 제작 시 감정 아크 분석 결과를 편집 가이드라인으로 활용할 수 있다. 실제 감정 변화와 일치하는 순서로 인터뷰 클립을 배치하면 더욱 자연스럽고 감동적인 스토리텔링이 가능하다. 코칭 스태프는 부상 선수의 복귀 과정 인터뷰를 지속적으로 모니터링하여 심리적 지원이 필요한 시점을 정확히 파악할 수 있다. 예를 들어 감정 아크에서 "절망" 단계가 예상보다 길어지거나 "재도전" 단계로의 전환이 지연될 경우, 전문 스포츠 심리학자의 개입이 필요한 시점으로 판단할 수 있다.

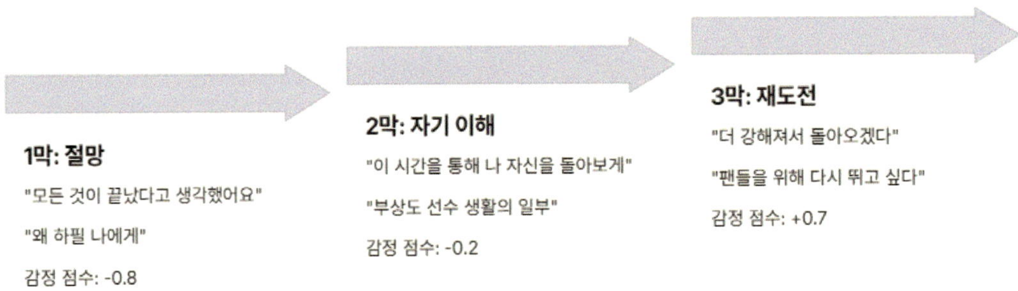

그림 11-15 감정 아크 분석 예시

4 경기 영상 마이닝

1) 컴퓨터 비전·딥러닝 기초(CNN, ViT)

경기 영상은 초당 30프레임 이상, 프레임마다 수백만 개의 픽셀을 포함하는 방대한 시계열 데이터이다. 이러한 대용량 데이터를 효과적으로 분석하기 위해 컴퓨터 비전 및 딥러닝 기술이 필수적으로 활용된다.

우선, CNN(Convolutional Neural Network)은 2차원 합성곱 연산을 통해 한 프레임 내의 공간 패턴, 즉 공, 유니폼, 골대와 같은 정적인 객체들을 인식하는 데 탁월한 성능을 보인다. 여기에 시간축을 더한 3-D CNN이나 I3D 모델은 "슛 → 세이브"와 같이 시간적으로 연속되는 동작 패턴을 한꺼번에 학습할 수 있어, 경기 흐름 속에서 발생하는 복합적인 상황을 이해하는 데 기여한다.

최근에는 Vision Transformer(ViT)가 각광받고 있다. ViT는 픽셀 패치를 토큰화하여 멀티카메라 환경에서 얻어진 여러 프레임의 정보를 병렬적으로 통합 분석한다. 연구자들은 ViT를 활용하여 한 경기를 0.1초 단위의 '행동 토큰' 시퀀스로 변환하고, 이를 통해 골이나 파울과 같은 주요 이벤트 후보를 실시간으로 마킹하는 데 활용하고 있다.

현장 사례를 살펴보면, FIFA 카타르 월드컵 2022에서는 경기장 지붕 하부에 설치된 12대 전용 트래킹 카메라와 볼 내부 센서로 선수당 최대 29개 관절 데이터 포인트와 볼 위치를 초당 약 50회 수집해 오프사이드 판정을 지원했다. CNN·ViT 기반의 알고리즘이 0.5초 안에 오프사이드 선을 계산하여 판정의 정확도와 신속성을 크게 향상시켰다. 또한, 독일 분데스리가 'AWS Match Facts'는 12대+ 카메라로 선수 위치를 초당 25회(25 Hz) 추적하고, 이 데이터를 활용해 실시간 xG 등 지표를 제공한다.

2) 데이터 획득(방송 VOD, 트래킹 데이터)

경기 영상 마이닝의 시작은 고품질의 원천 데이터 확보에 있다. 데이터는 크게 방송 VOD와 경기장 트래킹 데이터로 나눌 수 있다.

방송 VOD는 주로 리그나 방송사와의 계약을 통해 H.264/265 스트림 형식으로 직접 내려받아 활용한다. 이는 일반 시청자들이 접하는 영상과 동일한 형태의 데이터이다.

반면, 경기장 멀티카메라 시스템은 분데스리가와 같이 경기장 지붕 트러스에 12~16대의 카메라를 고정 설치하여 25-50 fps로 모든 선수와 공의 궤적을 정밀하게 추적한다. 이러한 전용 시스템은 높은 정확도의 위치 데이터를 제공한다.

최근에는 센서 융합 기술을 통해 데이터의 신뢰성을 더욱 높이고 있다. FIFA는 광학 트래킹 데이터에 IMU(Inertial Measurement Unit) 칩이 내장된 '커넥티드 볼' 데이터를 결합하여 오프사이드, 볼 인·아웃 판정을 3D 공간에서 더욱 정확하게 보정한다. 이러한 데이터 융합은 오심의 가능성을 줄이고 판정의 객관성을 확보하는 데 기여한다.

나아가, 리그 단위 인프라 확장은 경기 데이터 확보의 중요성을 잘 보여준다. 프리미어리그는 2024-25시즌을 앞두고 구장마다 28대의 AI 카메라를 추가하여 VAR(Video

Assistant Referee) 의사결정 시간을 64초에서 30초로 단축할 계획인데, 이는 데이터 확보 인프라의 확장이 경기 운영의 효율성 증대로 직결됨을 시사한다.

3) 객체·선수 추적, 포즈 추정(OpenPose, MediaPipe)

획득된 영상 데이터에서 의미 있는 정보를 얻기 위해서는 영상 내의 객체(선수, 공 등)를 검출하고 추적하며, 선수들의 신체 자세를 추정하는 과정이 필수적이다.

객체 검출과 다중 추적은 YOLO-v8과 DeepSORT 파이프라인을 통해 이루어진다. 이 파이프라인은 프레임마다 선수들의 고유 ID를 연결하고, Kalman 필터를 사용하여 궤적을 보정함으로써 선수들의 정확한 움직임을 지속적으로 파악한다.

포즈 추정은 선수들의 관절 위치를 파악하여 신체 움직임을 분석하는 기술이다. OpenPose는 2차원 관절 25점을 추출하여 족구, 배구 등 다양한 스포츠에서 널리 활용되고 있다. 반면, MediaPipe BlazePose는 모바일 GPU 환경에서도 33점 스켈레톤을 30 fps 이상으로 추출할 수 있어, 아마추어 경기 분석과 같이 실시간 처리가 요구되는 환경에 적합하다.

실제 연구 사례를 보면, 뮌헨공대-UFMG 연구는 OpenPose로 추정한 바디 오리엔테이션(몸 방향)이 킥/골키퍼 전략 예측에 유의미하게 기여함을 보였으며, 해당 변수 포함 시 전략 예측 정확도가 유의하게 향상되었다.는 유의미한 결과를 보고하며 포즈 추정 기술의 전술적 활용 가능성을 보여주었다. 또한, Second Spectrum은 NBA·EPL 등에서 광학 트래킹 기반 전술 대깅·증강 그래픽을 제공하며 스포츠 분석의 질을 높이고 있다.

4) 이벤트 검출(골, 슛, 파울)·하이라이트 자동생성

경기 영상 마이닝의 최종 목표 중 하나는 경기 중 발생하는 특정 이벤트(골, 슛, 파울 등)를 자동으로 검출하고, 이를 바탕으로 하이라이트 영상을 생성하는 것이다.

이 과정은 개념적으로 다음과 같은 흐름을 따른다. 먼저 Temporal Action Localization 기술은 3-D CNN이나 Transformer 모델을 사용하여 수천 프레임의 영상 중 골이나 파울과 같은 주요 이벤트가 발생했을 것으로 예상되는 후보 구간을 1차적으로 탐지한다. 이후 Precise Event Spotting 단계를 통해 탐지된 후보 클립을 공 중심(ball-centric) 또는 선수 중심(player-centric)으로 미세 조정(±0.5초)하여 이벤트 발생 시점을 정밀하게 특정한다. 마지막으로, 콘텐츠 조합 단계에서는 이렇게 정제된 영상 클립에 음향 피크, 중계 자막, 그리고 관중의 감정 스파이크와 같은 추가적인 정보를 종합하여 흥미로운 하이라이트 영상을 재편집한다.

그림 11-16 이벤트 검출과 하이라이트 생성

산업 사례에서 이러한 기술의 활용을 확인할 수 있다. 또 영상콘텐츠 플랫폼 WSC Sports는 2024년 한 해에 1,000만 건 이상(약 1,020만)의 하이라이트가 자사 플랫폼으로 제작됐다고 밝혔다(약 3.1초당 1개).는 발표를 통해 실시간 영상 마이닝 기술의 확산 속도를 보여준다. 스페인 라리가, NHL(북미 아이스하키 리그), Big 12 컨퍼런스 등 유수의 스포츠 단체가 WSC Sports의 기술을 활용하고 있다. PlayerTV(노르웨이 Eliteserien 관련 연구)는 추적·OCR·색상 분석을 결합해 선수별 하이라이트 자동 생성 프레임워크를 제안했다. 또한, AWS Match Facts는 모델이 산출한 xG, 스프린트 데이터 등을 활용하여 골 장면 전후 15초를 자동 클리핑하고, 이를 OTT 서비스에 '인플레이 하이라이트'로 실시간 노출함으로써 팬들에게 몰입감 있는 시청 경험을 제공하고 있다.

5 멀티모달 통합 분석

데이터의 마지막 퍼즐이라 불리던 텍스트와 영상이 서로 결합하면, 팬의 감정 변화 곡선과 실제 경기 플레이가 동일한 시간 좌표계에 놓이게 된다. 이는 스포츠 데이터를 훨씬 더 풍부하고 심층적으로 이해할 수 있는 기반을 마련한다.

1) 텍스트 + 영상 결합(팬 반응 ↔ 실제 플레이)

텍스트 데이터(주로 팬 반응)와 영상 데이터를 결합하는 과정은 크게 동기화와 연결/상관의 두 단계로 진행된다.

먼저 동기화(Synchronisation)는 서로 다른 시간 기준을 가진 데이터를 일치시키는 작업이다. 방송 영상의 타임코드(프레임 단위)와 소셜 미디어(SNS)의 타임스탬프(초 단위)를 UTC(협정 세계시)를 기준으로 맞추고, 필요에 따라 딜레이 보정을 적용한다. 동기화가 완료되면 텍스트 데이터에는 감정 점수와 토픽 ID를, 영상 데이터에는 이벤트 ID나 xG(Expected Goals) 같은 정보를 태그하여 두 데이터 축이 시간적으로 정렬된 시계열을 형성하게 된다.

다음으로 연결(Linking) 및 상관(Alignment)은 동기화된 두 데이터 간의 의미 있는 관계를 찾아내는 단계이다. 이를 위한 두 가지 주요 방법이 있다. 첫 번째는 이벤트-트리거 규칙을 활용하는 것으로, 예를 들어 "감정 스파이크가 2σ(표준편차) 이상 상승하는 현상"이 "30초 내 골 또는 레드카드"와 같은 영상 내 특정 패턴과 매칭되는지 분석하는 방식이다. 두 번째는 딥러닝 공통 잠재 공간을 활용하는 방법이다. 이는 텍스트 임베딩과 영상 임베딩을 동일한 저차원 공간에 투영한 뒤, 코사인 유사도를 통해 두 데이터 간의 유사성을 측정하여 연결한다. CLIP 기반의 멀티모달 리트리벌이 대표적인 예시이다.

실제 사례를 통해 이러한 결합의 중요성을 확인할 수 있다. USC ICT의 GOAALLL! 연구팀은 2014 월드컵 기간 동안 수집된 6.8억 건의 트윗을 분석하여, 감정 점수 급등이 골 발생 직후 평균 17초 지연되어 나타났음을 밝혀냈다. 이는 SNS의 열기가 VAR(Video Assistant Referee) 판정보다 더 빠르게 터져 나오는 '조기 알람' 역할을 할 수 있음을 시사한다. 또한, ACM MMSports 2024 논문은 트윗의 감정 피크와 3-D CNN을 통해 분석된 영상 이벤트를 함께 사용하여 하이라이트 영상을 자동 생성함으로써, 수작업 대비 편집 시간을 93% 단축하는 성과를 보였다. Amazon Science는 프리미어리그 143개 플레이를 대상으로 영상, 캡션, 관중 잡음 데이터를 결합하여 사실 일치율 92%의 자동 내레이션을 생성하며 AI 해설 보조의 가능성을 제시했다.

이러한 분석은 팬 감정 스파이크, 중계 자막, 그리고 컴퓨터 비전 이벤트 태그가 겹치는 '삼중 교차 구간'이 팬 경험 증신, 실시간 상품 노출, 위기 대응이라는 세 가지 측면에서 핵심적인 포인트가 됨을 시사한다.

2) 시각·언어 변환 모델(CLIP, VideoBERT)

텍스트와 영상 데이터를 더욱 심층적으로 이해하고 상호 변환하는 데는 시각·언어 변환 모델이 핵심적인 역할을 한다.

CLIP(Contrastive Language-Image Pre-training) 계열 모델은 이미지 패치와 문장을 같은 임베딩 공간에 투영하여, "이 장면은 '슛 성공'이다"와 같은 의미적 관계를 벡터 간의 거리 계산 한 줄로 표현할 수 있도록 학습한다. 스포츠 분야에 특화된 확장 모델도 개발되고 있는데, 2023 MMSports에서 발표된 CLIP-ReIdent는 CLIP을 재학습하여 선수 얼굴이나 유니폼 정보만으로 0-샷 선수 재식별 mAP 73%를 달성했으며, 이는 EPL 경기 실시간 교체 보드에 적용되어 활용된다. 또한, 북미의 한 NHL 구단은 내부 클립 서버에 CLIP 인덱스를 적용하여 'toe-drag deke'와 같은 전문 용어로도 즉시 영상을 찾아내는 등 하이라이트 검색에 활용하고 있다.

VideoBERT 계열 모델은 영상 프레임을 '비주얼 토큰'으로 양자화한 뒤, BERT(Bidirectional Encoder Representations from Transformers) 방식의 마스킹 및 언어 모델링을 학습하여 문장과 동등한 시퀀스 표현을 얻는다. 이는 영상의 시간적 흐름과 의미를 문맥적으로 이해하는 데 강점이 있다. 스포츠 분야에서 SCBench는 중국 PKU(베이징 대학)가 5,775개의 멀티스포츠 클립에 전문 해설을 달아 VideoBERT 및 Video-LLM(Large Language Model)을 평가하는 최초의 벤치마크를 공개했으며, InternVL-Chat-2가 최고 점수(5.44/6)를 기록했다. 독일 TUM 연구팀은 VideoBERT를 활용하여 축구 경기 90분을 0.1초 간격으로 토큰화한 뒤, 패스 경로 예측 오차를 약 18 % 감소시키는 성과를 보여주었다.

이러한 모델들을 활용한 멀티모달 파이프라인 예시는 다음과 같다. CLIP 임베딩으로 "손흥민 헤더 골"과 같은 키워드를 기반으로 관련 영상을 찾아 모으고, VideoBERT로 장면 내 시각 토큰과 자동 생성된 자막을 정렬한다. 여기에 팬 트윗의 감정 곡선을 맞물려 '감정 폭이 큰 장면 TOP 5'를 자동으로 잘라내어 SNS에 재배포하는 방식으로 콘텐츠를 생산할 수 있다.

종합적으로 볼 때, CLIP은 검색 및 리트리벌에, VideoBERT는 영상 시퀀스 이해에 강점이 있어 이 두 모델을 조합하면 "검색-해설-편집"의 전 과정을 일괄적으로 자동화할 수 있다. SCBench, MMSports와 같은 공개 데이터셋의 확산 덕분에 관련 연구의 진입 장벽 또한 빠르게 낮아지는 추세이다.

학습 요약

지금까지 살펴본 바와 같이, 비정형 데이터 분석은 스포츠 분야에서 데이터의 마지막 퍼즐을 맞추는 핵심적인 역할을 수행한다. 정형 데이터만으로는 포착하기 어려웠던 경기 맥락, 팬 심리, 선수 개인의 특성 등 풍부한 정보를 텍스트, 음성, 그리고 영상 데이터에서 추출해낼 수 있게 되었다.

특히 텍스트 마이닝은 팬들의 즉각적인 반응을 통해 경기 흐름의 '조기 알람' 역할을 하거나, 선수 및 감독의 인터뷰를 분석하여 팀의 분위기나 전술적 의도를 파악하는 등 정성적 데이터를 정량적 인사이트로 전환하는 중요한 통찰을 제공한다. 또한 경기 영상 마이닝은 CNN, ViT와 같은 딥러닝 기술을 활용하여 방대한 영상 데이터 속에서 선수와 공의 움직임을 정밀하게 추적하고, 골이나 파울과 같은 주요 이벤트를 자동으로 감지하여 경기 분석과 하이라이트 생성의 효율성을 극대화한다.

나아가 멀티모달 통합 분석은 텍스트와 영상 데이터를 결합함으로써 팬 감정 변화와 실제 경기 플레이를 같은 시간 좌표계에서 분석하는 새로운 지평을 열었다. CLIP과 VideoBERT 같은 시각·언어 변환 모델은 텍스트와 영상 간의 상호 이해를 가능하게 하여, 검색부터 해설, 편집에 이르는 전 과정을 자동화할 수 있는 강력한 파이프라인을 구축한다. 이는 팬들에게 더욱 몰입감 있는 콘텐츠를 제공하고, 구단 및 중계사는 미디어 운영의 효율성을 획기적으로 높일 수 있는 기반이 된다.

결론적으로, 비정형 데이터 분석은 스포츠 산업의 다양한 영역에서 의사결정의 질을 향상시키고 새로운 가치를 창출하는 데 필수적인 요소로 자리매김하고 있다. 팬 경험을 증진하고, 경기력을 향상시키며, 마케팅 및 운영 효율성을 극대화하는 스포츠 혁신의 중심에 바로 비정형 데이터 분석이 있다. 앞으로도 비정형 데이터 분석 기술은 끊임없이 발전하며 스포츠의 미래를 새롭게 써나갈 것으로 기대된다.

13 Chapter
스포츠 데이터 시각화 기법과 이해

>> 학습 목표

1. 스포츠 데이터 시각화의 개념과 인지과학적 기반을 이해한다.
2. 시각화 디자인 원칙과 유형별 기법을 적용할 수 있다.
3. 데이터 스토리텔링과 대시보드 구현을 통해 통찰을 시각적으로 전달할 수 있다.

1 시각화의 필요성

현대 스포츠 산업은 경기 운영, 선수 관리, 팬 경험 등 모든 영역에서 데이터 기반 의사결정을 하는 산업으로 변화하였다. 그러나 수집되는 데이터의 양이 급속히 증가하는 반면 사람이 실제로 이해하고 행동으로 옮길 수 있는 능력 사이에는 근본적인 인지 격차가 존재한다. 시각화는 이러한 간극을 기술적 접근이 아닌 인지과학과 커뮤니케이션 관점에서 해결하는 핵심 도구이다.

1) 데이터 폭증과 '인지 격차

스포츠 데이터의 폭발적 증가는 현장에서 새로운 문제를 야기하고 있다. 축구 경기 90분 동안 22명의 선수가 GPS-IMU 센서를 통해 초당 10회씩 위치, 가속도, 각속도 등의 다차원 시계열 데이터를 전송하면 수백 메가바이트의 정보가 축적된다. 여기에 소셜미디어의 실시간 해시태그, 온라인 플랫폼의 클릭스트림, 세트플레이 이벤트 로그 등이 추가되면 경기 분석보다 데이터 관리가 더 큰 과제가 된다.

인간의 인지 시스템은 이러한 정보량을 처리하는 데 한계가 있다. 작업기억을 통해 동시에 유지할 수 있는 정보 단위는 7개 내외에 불과하다. 따라서 데이터 생성 속도가 데이터 이해 속도를 넘어서는 순간부터 의미 있는 지표들은 단순한 숫자 집합으로 전락하게 된다.

시각화는 이러한 문제를 해결하기 위해 고밀도 정보를 저밀도 이미지로 재부호화한다. 인간의 두뇌는 패턴, 윤곽, 변화에 즉각적으로 반응할 수 있으므로 복잡한 데이터를 시각적으로 표현하면 이해 속도가 현저히 향상된다. 또한 시각화는 서사적 맥락을 제공하여 시선을 끄는 그래픽 요소에 질문과 해석을 함께 배치함으로써 구체적인 행동으로 이어지게 한다.

2) 정보처리 이론

시각화의 효과를 이해하기 위해서는 게슈탈트 심리학과 인지부하 이론을 살펴볼 필요가 있다.

게슈탈트 원리에 따르면 인간은 개별 요소들을 통합적으로 인식하는 경향이 있다. 근접성과 유사성 원리에 의해 서로 가까이 있거나 색과 형태가 비슷한 항목들을 자연스럽게 하나의 그룹으로 인식한다. 패스 네트워크에서 같은 팀의 연결선을 동일한 색으로 표현하면 전술적 구조가 즉시 드러나는 것이 이러한 원리의 적용 사례이다. 연속성과 폐쇄 원리에 의해 시선은 끊김 없는 선을 따라가며 열린 형태를 스스로 완성하여 완결된 도형으로 받아들인다. 슈팅 위치를 매끄러운 궤적으로 연결하면 핫존 영역이 자연스럽게 인식되는 것이 그 예이다.

주의 전 속성은 의식적 노력 없이도 0.2초 이내에 감지되는 시각적 특성들을 의미한다. 색 대비, 길이, 크기, 위치 변화 등이 여기에 해당한다. 코치가 하프타임 10분 동안 확인하는 히트맵은 이러한 속성을 극대화하여 즉시 파악하고 즉시 지시할 수 있도록 설계된다.

근접성과 유사성

가까이 있거나 색과 형태가 비슷한 항목을 자연스럽게 하나의 그룹으로 인식합니다. 패스 네트워크에서 같은 팀 연결선을 동일 색으로 표현하면 전술 구조가 즉시 드러납니다.

연속성과 폐쇄

시선은 끊김 없는 선을 따라가며 열린 형태를 완성합니다. 슈팅 위치를 매끄러운 궤적으로 연결하면 핫존이 자연스럽게 인식됩니다.

주의 전 속성

색 대비, 길이, 크기, 위치 변화는 0.2초 이내에 감지됩니다. 하프타임 히트맵은 이를 극대화하여 즉시 파악하고 지시할 수 있게 설계됩니다.

그림 13-1 게슈탈트 심리학 원리

인지부하 이론은 학습과 정보처리 과정에서 발생하는 인지적 부담을 세 가지 유형으로 구분한다. 내재적 부하는 데이터 자체가 갖는 복잡성으로 줄일 수 없는 고유한 특성이다. 외재적 부하는 3차원 차트나 과도한 애니메이션 같은 불필요한 장식 요소로 인해 발생하며 시각화 설계를 통해 최소화해야 하는 대상이다. 본질적 부하는 의사결정에 꼭 필요한 정보로 핵심 메시지로 남겨야 한다.

결론적으로 효과적인 시각화 설계는 본질적 부하만 남기고 외재적 부하는 제거하는 것을 원칙으로 한다. 이는 단순한 미니멀리즘이 아니라 인지과학적 근거에 기반한 필수 조건이다.

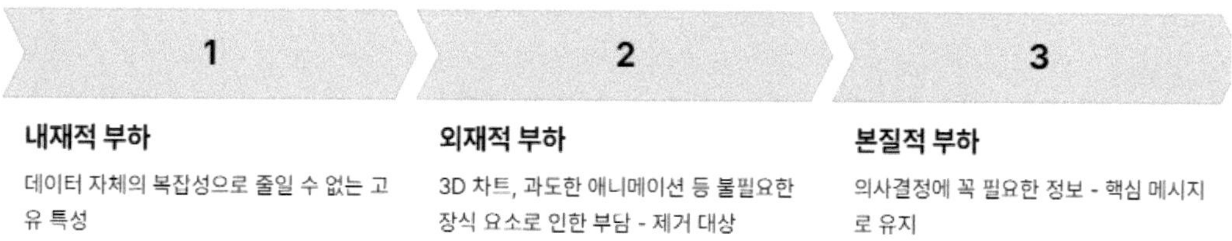

그림 13-2 인지부하 이론

3) 스포츠 현장별 요구

스포츠 현장의 다양한 이해관계자들은 서로 다른 시간 스케일과 의사결정 구조를 가지고 있어 시각화에 대한 요구사항도 차별화된다.

시간 스케일 측면에서 코칭스태프는 초 단위에서 분 단위의 즉각적인 의사결정을 내려야 하므로 실시간 위치 히트맵이나 스프린트 경보 그래프와 같은 시각화가 필요하다. 프런트오피스와 경영진은 월 단위에서 시즌 단위의 투자수익률 분석을 위해 누적 추세선이나 파레토 차트를 활용한다. 미디어와 팬들은 순간적 몰입과 스토리텔링을 위해 인터랙티브 카드뉴스나 스크롤리텔링 형태의 시각화를 선호한다.

의사결정 구조 측면에서도 차이가 나타난다. 경기 중 코치는 관찰 후 즉시 피드백을 제공하는 루프를 반복하므로 속도가 생명이다. 경영진은 추세 분석 후 전략을 조정하는 루프를 거치므로 비교와 예측이 핵심이다. 팬들은 감정적 공감 후 이를 공유하는 루프를 형성하므로 내러티브와 비주얼 임팩트가 중요하다.

이러한 차이점은 시각화 디자인에 중요한 함의를 제공한다. 동일한 데이터라 하더라도 보는 사람과 그 후 취할 행동에 맞춰 재구성해야 한다. 따라서 시각화는 단순히 차트를 선택하는 것이 아니라 차트와 맥락, 그리고 행동을 포함한 종합적 패키지를 설계하는 과정이다.

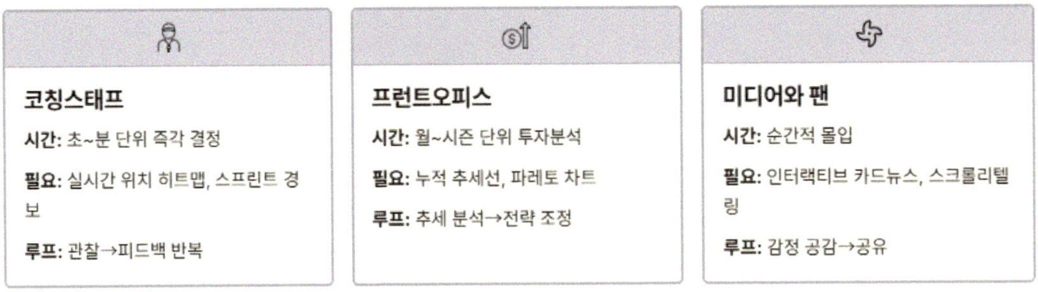

그림 13-3 스포츠 현장별 요구사항

2 효과적 시각화 원칙

시각화는 단순히 데이터를 예쁘게 꾸미는 작업이 아니다. 데이터에 숨어있는 패턴, 상관관계, 경고 신호 등을 사람의 인지 구조에 맞도록 변환하는 과정이다. 따라서 설계 단계에서 가장 먼저 고려해야 할 요소는 어떤 종류의 차트를 사용할 것인가가 아니라 정보 디자인의 기본 법칙이다.

1) 디자인 5원칙

사용자가 시각화 화면을 처음 접했을 때 몇 초 안에 무엇을 봐야 하는지 판단할 수 있어야 한다. 만약 핵심 메시지가 즉시 전달되지 않으면 데이터는 의미 없는 배경 소음으로 전락하게 된다.

명확성은 화면 내 모든 요소가 그래프의 핵심 메시지를 지원하도록 체계적으로 배치되어 있음을 의미한다. 농구 슛 성공률을 시각화할 때 성공과 실패를 선의 굵기와 색 대비로 명확하게 구분하면 해설자가 한 문장으로 요점을 전달할 수 있다. 모든 시각적 요소가 하나의 명확한 메시지를 향해 수렴되어야 한다.

최소주의는 비어있는 공간 자체가 정보를 돋보이게 만드는 적극적인 역할을 한다는 개념이다. 불필요한 3차원 파이차트나 장식용 그라데이션을 제거하면 필수적인 데이터만 남게 되어 해석 속도가 현저히 빨라진다. 이는 단순히 요소를 줄이는 것이 아니라 정보 전달에 꼭 필요한 요소만을 선별하여 남기는 것이다.

계층화는 사용자의 시선이 움직이는 순서를 의도적으로 설계하는 것이다. 축구 히트맵에서 현재 위치는 채도가 높은 주요 색상으로, 과거 기록은 옅은 색상으로 표시하면 코치는 자연스럽게 주목해야 할 영역으로 시선을 옮기게 된다. 이는 정보의 중요도에 따라 시각적 우선순위를 부여하는 과정이다.

일관성은 한 번 학습한 색상, 기호, 글꼴 규칙이 다른 화면에서도 동일하게 유지되어야 한다는 원칙이다. 홈팀을 파란색으로, 원정팀을 빨간색으로 표시하는 규칙이 일관되지 않으면 사용자는 매번 새로운 규칙을 학습해야 하므로 인지적 부담이 증가한다.

접근성은 색각 이상자, 고령 사용자, 모바일 환경 사용자 등 다양한 조건의 사람들이 모두 동일한 정보에 접근할 수 있도록 보장하는 것이다. 빨간색과 초록색 대비 대신 보라색과 주황색 조합에 패턴을 추가하면 색상으로 정보를 구분하기 어려운 사람도 동일한 메시지를 받을 수 있다.

이 다섯 가지 원칙의 핵심은 무조건 요소를 제거하는 것이 아니라 해석에 꼭 필요한 요소만을 남기는 선별적 접근이다. 이러한 원칙을 지키면 데이터 대비 잉크 비율이 자연스럽게 높아지고 핵심 메시지가 즉시 전달된다.

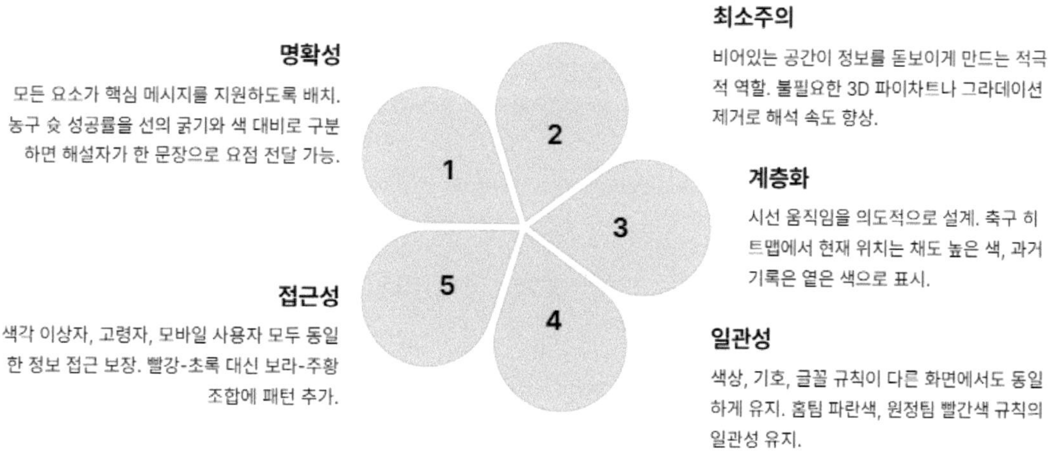

그림 13-4 디자인 5원칙

2) 잘못된 예와 개선

시각화 실패 사례를 분석해보면 도구 사용법을 몰라서 생긴 문제보다는 기본 개념을 놓쳐서 발생한 오류가 대부분이다.

3차원 파이차트는 대표적인 실패 사례이다. 사용자는 면적과 각도를 동시에 판단해야 하므로 인지적 부담이 크고, 원근법으로 인한 시각적 왜곡 때문에 실제 비율을 잘못 해석하기 쉽다. 이를 2차원 막대그래프로 변경하고 값을 내림차순으로 정렬하면 동일한 데이터를 1초 만에 정확하게 읽을 수 있다.

Y축을 임의의 중간값에서 시작하는 승률 그래프도 흔히 보이는 오류이다. 이는 실제보다 변화폭을 과장하여 변화가 매우 큰 것처럼 보이게 만드는 시각적 착시를 일으킨다. 축을 0부터 시작하거나 증감률을 별도 지표로 제시하면 이러한 왜곡을 방지할 수 있다.

이중 Y축 사용도 주의해야 할 사례이다. 득점 수와 티켓 판매량처럼 척도가 완전히 다른 변수를 하나의 그래프에 억지로 결합하면 두 선이 교차하는 지점만으로도 상관관계가 있다는 잘못된 인상을 줄 수 있다. 값을 표준화하여 동일한 척도로 맞추거나 여러 개의 작은 차트로 분리하면 이러한 오해를 줄일 수 있다.

결국 목표는 잘못 그린 그림을 예쁜 그림으로 바꾸는 것이 아니라 잘못된 인지 경로를 단순하고 정확한 경로로 교정하는 것이다.

3) 컬러 & 시각 장애 고려

색상은 주의를 집중시키고 감정적 뉘앙스를 전달하는 강력한 도구이다. 그러나 과학적 원칙 없이 사용하면 색상 자체가 정보 전달을 방해하는 노이즈가 될 수 있다.

먼저 데이터의 특성에 따라 적절한 색상 조합을 선택해야 한다. 값이 한 방향으로만 증가하는 데이터에는 하나의 색상에서 명도와 채도만 변화시키는 순차 팔레트가 적합하다. 기준값을 중심으로 양극단을 보여주는 데이터에는 중앙에서 양쪽으로 서로 다른 색상을 배치하는 발산 팔레트를 사용한다. 팀이나 선수처럼 서열이 없는 범주를 구분할 때는 명도와 채도가 비슷한 여러 색상을 선택해야 한다.

색각 이상에 대한 고려는 필수적이다. 전체 인구의 8퍼센트에서 10퍼센트가 적록 색약을 가지고 있어 빨간색과 초록색의 구분이 어렵다. 이들만을 위한 대비색으로 전환하거나 선의 모양, 패턴, 텍스트 라벨을 함께 제공하여 색상에만 의존하지 않는 정보 전달 방식을 마련해야 한다.

명암 대비도 중요한 고려사항이다. 웹 콘텐츠 접근성 가이드라인에서 제시하는 텍스트 대비 비율 4.5대 1 이상을 확보하면 밝은 햇빛 아래 모바일 화면에서도 수치를 명확하게 읽을 수 있다.

색상은 장식적 요소가 아니라 인지적 안전장치이다. 색상 설계에 실패하면 일부 사용자가 데이터에 접근할 수 없게 되고, 이는 분석 과정에서의 불평등으로 이어질 수 있다.

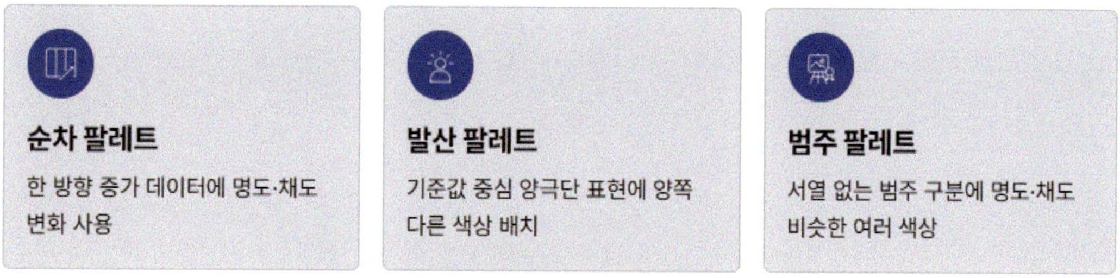

그림 13-5 컬러 설계 원칙

3 시각화 유형별 활용

1) 기초 차트(선, 막대, 영역, 히스토그램)

기본적인 차트 유형들은 각각 고유한 데이터 특성에 최적화되어 있다. 선 차트는 연속적인 흐름과 변화량을 직관적으로 표현하는 데 가장 적합하다. 시간의 흐름에 따른 데이터의 추이를 보여줄 때 사용자가 가장 쉽게 패턴을 인식할 수 있다. 막대 차트는 범주별 비교에서 가장 정확한 판단을 가능하게 한다. 인간의 시각 체계가 길이 비교에 특히 민감하기 때문에 오류 가능성이 가장 낮다.

영역 차트는 누적 기여도나 전체에서 각 부분이 차지하는 비율을 효과적으로 보여준다. 다만 여러 색상이 겹칠 때는 반드시 순서를 계층화하여 배치해야 한다. 히스토그램은 데이터의 분포 모양과 치우침 정도를 즉시 파악할 수 있게 해준다.

실제 활용 사례를 살펴보면 한국야구위원회 소속 구단에서 경기별 득점과 실점을 선 차트로 표시하고 10경기 이동평균을 중첩하여 공격과 수비 상태가 언제 교차하는지 확인한다. 이를 통해 타순 재조정 시점을 결정한다. 잉글리시 프리미어리그 클럽에서는 선수 포지션별 평균 스프린트 횟수를 막대 차트로 비교하여 측면 수비수의 피로도가 가장 빨리 축적된다는 결론을 코치 회의에서 공유한다.

온라인 동영상 플랫폼에서는 영역 차트를 사용하여 전반전, 후반전, 연장전별 팬 체류 시간을 시각화하고 이를 바탕으로 광고 삽입 구간을 재배치한다. 러닝 애플리케이션에서는 달리기 세션별 심박수 히스토그램을 제공하여 사용자가 유산소와 무산소 운동 비율을 즉시 파악하고 훈련 강도를 조절할 수 있도록 돕는다.

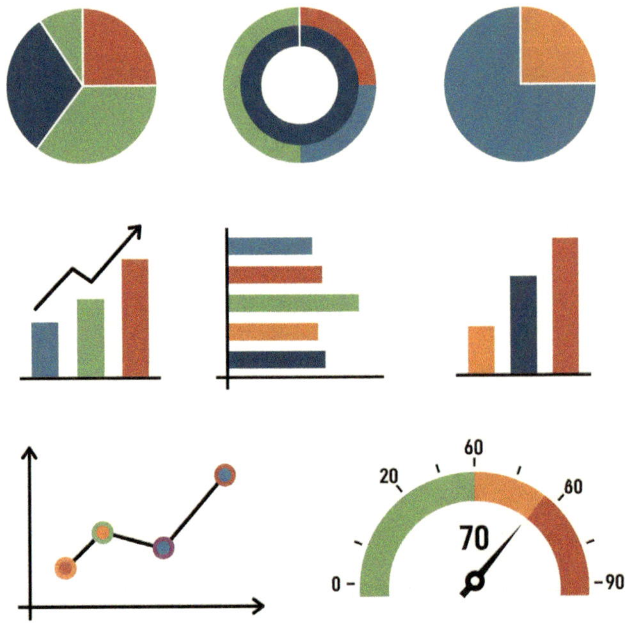

그림 13-6 다양한 데이터 시각화의 차트 종류

2) 공간·트래킹 데이터

공간 데이터 시각화는 위치 정보가 핵심인 스포츠 분석에서 특히 중요하다. 히트맵과 커널 밀도 추정법은 좌표 빈도나 체류 시간을 색상의 명도로 표현하여 핫존을 시각적으로 부각시킨다. 샷 차트는 위치와 결과를 동일한 평면에서 코딩하여 색상, 크기, 투명도로 성공률이나 기대 득점값 등을 동시에 전달한다.

패스 네트워크는 선수를 노드로, 패스를 엣지로 표현하되 노드 크기는 패스 횟수를, 엣지의 두께와 색상은 방향성과 빈도를 나타낸다. 보로노이 다이어그램은 현재 시점에서 각 선수가 지배하는 공간을 분할하여 수비 라인 간격을 빠르게 진단할 수 있게 한다.

1. **히트맵 & 커널 밀도**
   좌표 빈도나 체류시간을 색상 명도로 표현하여 핫존 시각적 부각
2. **샷 차트**
   위치&결과를 동일 평면에서 색상, 크기, 투명도로 성공률·기대득점 동시 전달
3. **패스 네트워크**
   선수를 노드로, 패스를 엣지로 표현. 노드 크기는 패스 횟수, 엣지 두께는 빈도
4. **보로노이 다이어그램**
   각 선수가 지배하는 공간 분할로 수비 라인 간격 빠른 진단

그림 13-7 공간 · 트래킹 데이터 시각화

미국농구협회의 코트뷰 시스템은 초당 25프레임의 위치 트래킹 데이터에서 수백만 개의 슛 좌표를 커널 밀도 추정 히트맵으로 요약하여 코너 3점슛이 리그 평균 대비 12퍼센트 높은 효율을 보인다는 인사이트를 제공했다. 이는 전술이 코너 스페이싱 중심으로 진화하는 계기가 되었다.

국제축구연맹 분석 그룹은 월드컵 경기에서 패스 네트워크를 실시간 발생 빈도로 그려 해설 화면에 삽입하여 팬들이 전술 변화를 직감할 수 있도록 지원한다. 메이저리그 스탯캐스트의 아웃 어보브 애버리지 지표는 외야수 위치와 타구 정보에 보로노이 구역을 겹쳐 수비수의 실제 커버 범위와 이론상 평균 범위를 비교하여 골드글러브 후보 선정의 객관적 지표로 활용한다.

3) 시계열·예측 표현

시계열 데이터의 시각화에는 여러 특수한 기법들이 사용된다. 스파크라인은 축이 없는 극소형 선 차트로 대시보드 타일에서 과거 흐름을 맥박처럼 간결하게 보여준다. 팬 그래프는 중앙 예측선과 신뢰구간 밴드를 결합하여 불확실성을 일관되게 표현할 수 있다. 승률이나 득점 확률 모델은 실시간 로그 오즈를 누적 적분하여 점수가 변동하더라도 현재 이길 확률을 하나의 선으로 요약한다.

스파크라인	**팬 그래프**	**승률 모델**
축 없는 극소형 선 차트로 대시보드에서 과거 흐름을 맥박처럼 간결하게 표현	중앙 예측선과 신뢰구간 밴드 결합으로 불확실성 일관되게 표현	실시간 로그 오즈 누적 적분으로 점수 변동에도 현재 이길 확률을 하나의 선으로 요약

그림 13-8 시계열 · 예측 표현

내셔널하키리그의 한 팀 스포츠 분석실에서는 선수별 15경기 스파크라인을 표시하여 컨디션이 하락한 지점에 코치 주석 기능을 추가했다. 파이브서티에이트의 메이저리그 팬 그래프는 시즌 시작 전 승리 기여도 예측을 선과 밴드로 공개하고 경기가 진행될 때마다 예측 구간이 수축하거나 팽창하는 방식으로 팬 참여를 유도한다.

ESPN의 승률 그래프는 미식축구 중계 하단에 실시간 승률 변화를 삽입하여 중요한 순간의 급격한 곡선 변화를 팬들이 스스로 해석하도록 유도함으로써 소셜미디어 화제를 형성했다.

4) 비교·상관 관계

여러 변수 간의 관계를 파악하기 위한 시각화 기법들은 패턴 발견에 핵심적이다. 산점도는 두 연속 변수를 좌표로 표현하여 패턴과 상관관계를 추정할 수 있게 한다. 버블 차트는 여기에 세 번째 변수를 점의 크기로 추가하여 더 복합적인 관계를 보여준다. 페어플롯은 여러 변수를 한꺼번에 교차 배치하여 패턴을 탐색하는 데 유용하다. 레이더 차트는 다면적 역량을 비교할 때 주로 선수 프로파일에 사용된다.

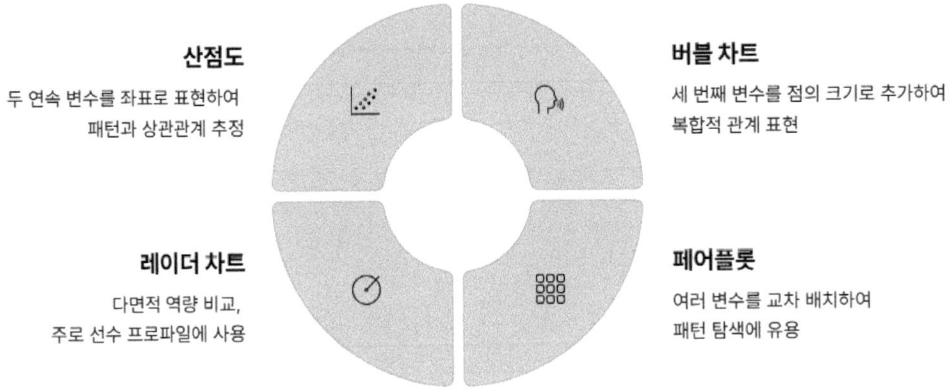

그림 13-9 비교·상관관계 시각화

일본프로야구에서는 팀 연봉과 승률을 산점도와 추세선으로 제시하여 자금이 모든 것을 해결하지 않는다는 메시지를 리그 미디어 브리핑에 활용한다. 얼티밋 파이팅 챔피언십에서는 파이터의 타격 정확도를 x축으로, 방어율을 y축으로, 녹아웃 승률을 크기로 하는 버블 차트를 통해 공격적이면서도 방어가 우수한 파이터를 한눈에 식별한다.

유소년 선수 개발 프로그램에서는 피지컬, 기술적, 정신적 8개 지표를 교차 배치한 페어플롯을 사용하여 클러스터링 이전 탐색 단계에서 잠재적 엘리트 그룹을 도출한다. 축구에서는 풀백의 크로스, 볼 리커버리, 스프린트 빈도 등을 레이더 차트에 펼쳐 공격형 풀백과 수비형 풀백을 쉽게 분류한다.

5) 인터랙티브/애니메이션

현대적 시각화는 정적 표현을 넘어 사용자 참여와 동적 표현을 통해 더 깊은 이해를 가능하게 한다. 인터랙티브 시각화는 사용자가 필터링, 툴팁, 확대 등을 통해 데이터를 조작하며 스스로 스토리를 탐색할 수 있게 한다. 스크롤리텔링은 스크롤 이벤트에 따라 그래픽이 단계적으로 전개되어 정보에서 해석, 결론으로 이어지는 흐름형 서사 구조를 만든다.

애니메이션은 시간이나 순서가 본질적일 때 효과적이지만 시선을 분산시키는 장식이 되지 않도록 속도와 빈도를 제한해야 한다.

뉴욕타임스의 우사인 볼트 100미터 기록 스크롤리텔링은 독자가 스크롤을 내릴 때마다 1900년대부터 현역 선수 기록이 한 명씩 등장하여 볼트의 격차를 체감하게 설계되었다. 국제올림픽위원회의 메달 레이스 차트는 올림픽 기간 국가별 누적 메달을 애니메이션 막대로 표현하되 하루 두 차례만 업데이트하여 과도한 움직임을 방지한다.

FIFA플러스의 타임랩스 핫존은 가상현실과 웹을 겸용하여 경기 90분을 30초로 압축해 히트맵이 시간에 따라 이동하는 모습을 보여주어 팬들이 점유율 흐름을 직감할 수 있게 한다. 분데스리가의 매치 팩츠 인터랙티브는 시청자가 원하는 선수와 지표를 체크박스로 선택하면 실시간 패스 맵이 재렌더링되어 스스로 발견한 포인트라는 경험을 제공한다.

4 대시보드 설계

경기력 분석이든 팬 참여 지표이든, 대시보드(dashboard)는 "숫자 → 통찰 → 행동"을 가장 짧은 루프로 연결해 주는 인터페이스다. 설계 과정은 크게 ① 무엇을 보여 줄 것인가(KPI) → ② 어떻게 배치할 것인가(레이아웃) → ③ 어떤 도구로 구현할 것인가(플랫폼) → ④ 어떤 환경에서 구동할 것인가(라이브·모바일) 네 단계로 흐른다.

1) KPI 정의와 사용자 분할

KPI(핵심 성과 지표)는 '측정 가능한 목표치'를 의미하지만, 어떤 목적으로 누가 보느냐에 따라 그 모습이 완전히 달라진다. 같은 경기 데이터라도 KPI를 명확히 정의하고, 누가 이 정보를 소비할 것인지(사용자)를 명확히 나누면, 보여줄 차트의 종류, 데이터 새로고침 주기, 심지어 접근 권한까지 자연스럽게 달라진다.

예를 들어, 야구 용품사인 마루치(Marucci)는 파워 BI 대시보드에서 내부 회계 KPI와 고객 리텐션(재구매율) KPI를 별도의 탭으로 분리하여, 경영진과 영업팀이 각자의 역할에 맞는 정보를 효율적으로 활용하도록 설계했다. 이는 사용자 맞춤형 대시보드 설계가 얼마나 중요한지를 보여주는 사례이다.

표 13-1

사용자	질문	대표KPI	결정 행동
코칭스태프	"후반전에 체력 고갈이 왔는가?"	스프린트 횟수, 하이-인텐시티 구간	선수 교체·전술 수정
프런트(경영)	"티켓 프로모션이 매출에 영향을 줬는가?"	경기별 ARPU, 좌석 점유율	가격 정책·마케팅 예산
스포츠 과학팀	"회복 프로그램 효과는?"	HRV, 부상 재발률	훈련 부하 조정
팬·미디어	"오늘 하이라이트는?"	기대 득점 차(xGDiff), 역전 순간	SNS 클립·기사 배치

위 표에서 보듯이, 각 사용자 그룹은 같은 데이터에서 다른 통찰을 얻고자 하며, 이에 따라 필요한 KPI와 결정 행동 또한 달라진다.

2) 그리드 & 카드 레이아웃

대시보드를 처음 열면 대부분의 사용자는 왼쪽 상단에서 시작해 오른쪽으로, 그리고 다시 아래로 훑어보는 'F-패턴'으로 시선을 움직이다. 이러한 시선 흐름을 고려하여 대시보드 레이아웃을 설계하는 것이 사용자 경험을 최적화하는 데 핵심적이다. 일반적으로 대시보드는 세 가지 층위로 구성하는 것이 직관적이다. 우선, 상단에는 한눈에 성과를 요약하는 KPI 카운터를 배치하여 현재 상황을 빠르게 파악할 수 있도록 한다. 다음으로, 중단에는 데이터의 흐름이나 서로 간의 관계를 보여주는 차트를 배치하여 시각적인 통찰을 제공한다. 마지막으로, 하단에는 더 자세한 정보를 볼 수 있는 세부 드릴다운(Drill-down) 링크를 배치하여 필요에 따라 심층 분석으로 연결할 수 있도록 한다.

레이아웃의 기본 뼈대인 그리드(Grid)는 보통 12 또는 24 컬럼(열) 체계를 사용하여 설계된다 이 체계를 사용하면 다양한 화면 해상도에 맞춰 비율만 조정해도 레이아웃이 깨지지 않고 유연하게 유지되는 장점이 있다. 각 시각화 요소를 독립적인 모듈로 묶는 방법은 카드(Card)라고 부르는데, 이는 특히 모바일 환경에서 매우 유용한다. 모바일에서는 카드 하나가 화면을 거의 가득 채우기 때문에, KPI, 차트, 툴팁(상세 정보) 등을 세로로 스택(Stack)하는 것이 자연스러운 배치 방식이 된다 예를 들어, Tableau Mobile은 서버나 클라우드에서 발행된 워크북(대시보드)을 카드 단위로 '즐겨찾기'하여 재배치할 수 있게 지원한다. 이를 통해 현장 스태프가 필요한 시점에 필요한 모듈만 빠르게 찾아볼 수 있어 현장 활용도를 높여준다.

3) 툴·플랫폼 비교(Tableau, Power BI, Looker, Streamlit)

대시보드 구현을 위한 도구 선택은 단순히 기능의 차이만을 고려하는 것이 아니라, 조직의 문화와 현재 사용하고 있는 기술 스택(기술 환경)을 함께 고려해야 하는 중요한 결정이다. 다음은 대표적인 대시보드 플랫폼 네 가지에 대한 비교이다.

Tableau는 비(非)개발자도 드래그 앤 드롭 방식으로 복합적인 시각화를 쉽게 조합할 수 있다는 장점이 있다. 'Ask Data'와 같은 자연어 검색 기능이 강화되어 현업 사용자의 의사결정 속도를 높여준다. 실제로 한 스포츠 트레이닝 기업은 고객 행동 대시보드를 Tableau로 구축하여 재구매율을 15% 높인 사례가 있어, Tableau의 직관성과 현업 활용성을 잘 보여준다.

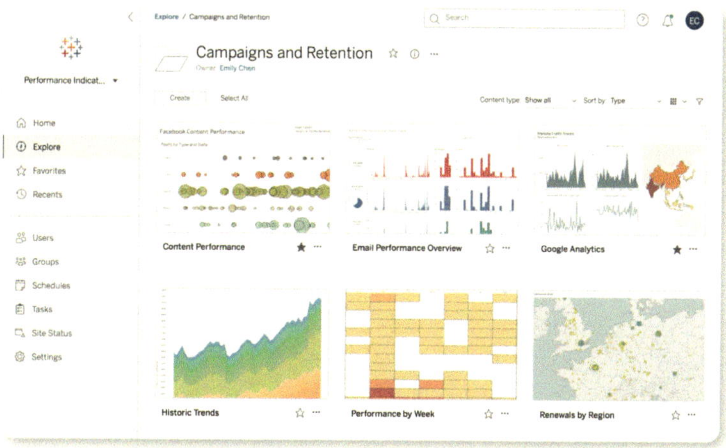

그림 13-10 Tableau Server 예시 이미지

출처: Tableau (본 이미지는 교육적 목적으로 인용되었다.)

Power BI는 Microsoft 365 및 Azure 생태계와 긴밀하게 통합되어 있다. 이 덕분에 기존에 사용하던 ERP(전사적 자원 관리), 다이내믹스(Dynamics), 엑셀(Excel) 등의 데이터를 쉽게 가져와 파이프라인을 구축할 수 있다. 2025년 스포츠 과학 기사에서는 선수 GPS 및 영상 로그 데이터를 Azure Synapse로 수집한 뒤 Power BI로 시각화하여 코치가 훈련 부하를 실시간으로 조정한 사례가 소개되기도 했다.

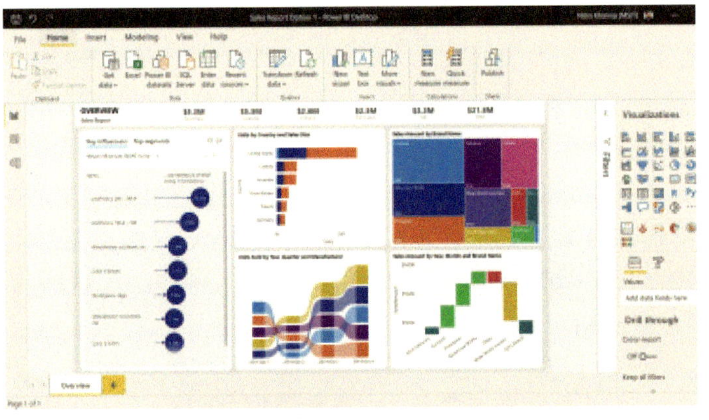

그림 13-11 Power BI 사용 예시

출처: Microsoft (본 이미지는 교육적 목적으로 인용되었다.)

Looker(Google Cloud)는 모델 계층(Looker ML)을 통해 서로 다른 데이터 용어들을 하나로 통일하여 '데이터 방언' 문제를 해결한다. 또한, 구글 빅쿼리(BigQuery)에 실시간으로 쿼리를 직접 전송하여 데이터 거버넌스(관리 체계)와 데이터 처리 속도를 동시에 확보한다. 글로벌 스트리밍 서비스들이 동일한 모델 위에 팀이나 국가별로 맞춤형 타일을 얹어 여러 사용자가 자신에게 맞는 뷰를 사용할 수 있도록 구현한 사례가 대표적이다.

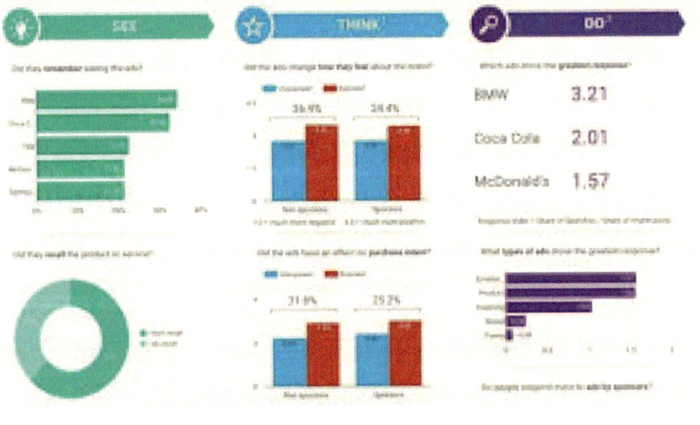

그림 13-12 Looker 사용 예시 이미지

출처: Google Cloud (본 이미지는 교육적 목적으로 인용되었다.)

Streamlit은 파이썬(Python) 코드 한 파일만으로 웹 애플리케이션(대시보드)을 쉽게 만들 수 있다는 점에서 차별점을 가진다. 이 덕분에 데이터 과학자가 프로토타입(초기 모델) 제작부터 배포까지 몇 시간 만에 완료할 수 있다. Streamlit 공식 블로그의 실시간 경기 추적 예제는 @st.cache_data 데코레이터를 사용하여 30초마다 데이터를 갱신, 라이브 대시보드의 최소 구성이 어떻게 가능한지 보여준다.

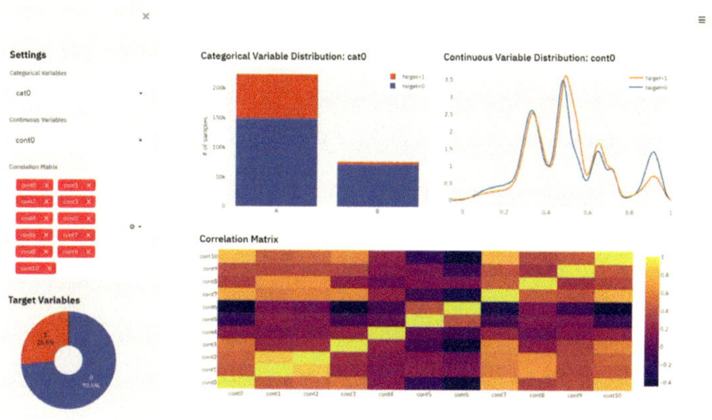

그림 13-13 Streamlit 대시보드 사용 예시

출처 : Streamlit (본 이미지는 교육적 목적으로 인용되었다.)

4) 라이브·모바일 대응

스포츠 데이터는 다른 어떤 분야보다도 '실시간성(live)'과 '어디서나(mobile)' 접근을 동시에 요구한다. 경기 중에는 실시간으로, 그리고 경기장이나 이동 중에도 데이터를 확인할 수 있어야 한다.

이러한 요구사항을 충족하려면 정교한 데이터 파이프라인 구축이 필수적이다. 센서에서 수집된 데이터가 수 초 단위로 갱신되기 위해서는 센서 → 스트림 처리(Kafka, Kinesis) → 인-메모리 캐시(Redis) → BI 도구 API 순서로 데이터가 흘러야 한다. Looker와 Tableau 모두 푸시(Push) API 또는 웹소켓(WebSocket) 기반의 '실시간 추출(Extract)' 옵션을 제공하여 실시간 데이터 연동을 지원한다.

초당 수백 건의 데이터 트랜잭션이 발생하는 경우, 지연(Latency) 관리가 중요한다. 매번 전체 데이터를 다시 그리면 시스템에 과부하가 걸리고 모바일 기기의 배터리 소모가 심해지기 때문에, 부분 재그리기(partial redraw) 또는 델타 패치(delta patch), 즉 바뀐 부분만 재전송하는 기법을 사용하여 변화된 부분만 효율적으로 업데이트하는 것이 중요한다.

네트워크 연결이 불안정한 상황에 대비한 오프라인 뷰어 기능도 필수적이다. 경기장 지하 또는 원정 이동 중에도 데이터에 접근할 수 있도록, Tableau Mobile과 Power BI Mobile은 마지막 동기화 시점의 데이터를 캐시하여, 네트워크 연결이 없어도 KPI 타일 등을 조회할 수 있도록 지원한다.

마지막으로, 다양한 기기에서 최적의 화면을 제공하기 위한 반응형 디자인은 기본이다. 그리드-카드 체계를 유지하면서, 뷰포트(화면 폭)가 600px 이하로 줄어들면 1컬럼 세로 스택으로, 900px 이상이면 3컬럼 그리드로 자동으로 전환되도록 설계할 수 있다. Streamlit은 CSS 설정 없이 container_style="full-width" 옵션만으로 이러한 반응형 디자인을 자동 적용하여 프로토타이핑 속도를 높여준다.

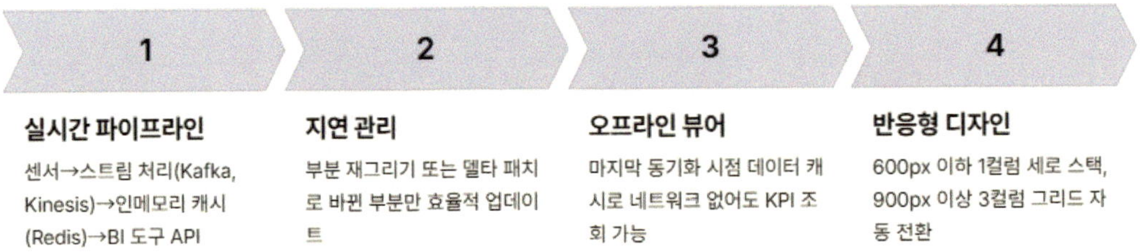

그림 13-14 라이브 · 모바일 대응

5 데이터 스토리텔링

데이터를 그저 '읽히는' 그래프로 만드는 것만으로는 충분하지 않는다. 데이터 스토리텔링은 그래프에 "왜 이것을 봐야 하는가?"라는 호기심과 "그래서 무슨 일이 일어났는가?"라는 맥락을 덧입혀, 궁극적으로 사람들이 특정 행동을 취하도록 이끄는 서사를 완성한다. 스포츠 현장에서는 단 몇 초의 하이라이트 영상이나 한 장의 카드뉴스만으로도 팬, 코치, 경영진의 중요한 결정이 바뀔 수 있다. 데이터 스토리텔링은 '질문', '맥락', '변화'라는 기본 구조를 바탕으로 서사 패턴, 멀티 모달 결합, 그리고 실제 성공 사례들을 통해 더욱 강력해진다.

1) '질문-맥락-변화' 3단 구조

데이터 스토리텔링의 핵심은 '질문-맥락-변화'의 3단 구조를 따르는 것이다. 먼저 질문(Question)은 독자의 호기심을 자극하는 한 줄의 문장이다. 예를 들어, "우사인 볼트는 역대 올림픽 스프린터들과 얼마나 차이가 났을까?"와 같은 질문은 독자의 주의를 즉시 사로잡는다. 다음으로 맥락(Context)은 시간, 장소, 대상, 그리고 기준선 등을 제시하여 독자가 자신의 경험이나 기존 지식에 데이터를 연결하고 이해를 심화할 수 있도록 돕는다. 볼트의 사례에서는 1896년부터의 올림픽 결승 기록을 동일한 출발선에 놓고 비교하는 것이 맥락을 제공한다. 마지막으로 변화(Shift)는 데이터가 보여주는 핵심적인 변곡점이나 패턴을 시각적으로 강조하고, 그 의미를 명확하게 해석하여 독자에게 강력한 인상을 남기는 부분이다. 볼트가 마지막 40m에서 급가속하며 다른 선수들을 압도하는 장면을 애니메이션으로 보여주면 '변화'가 직관적으로 각인된다 뉴욕타임스가 이 구조를 따라 만든 인터랙티브 그래픽은 공개 하루 만에 수백만 회의 조회를 기록하며 "데이터가 드라마를 만든다"는 사실을 증명했다.

01	02	03
질문(Question)	**맥락(Context)**	**변화(Shift)**
독자 호기심 자극하는 한 줄 문장	시간, 장소, 대상, 기준선 제시로 독자가 경험에 데이터 연결	핵심 변곡점이나 패턴 시각적 강조, 의미 명확한 해석
예: "우사인 볼트는 역대 올림픽 스프린터들과 얼마나 차이가 났을까?"	*예: 1896년부터 올림픽 결승 기록을 동일 출발선에 비교*	예: 볼트가 마지막 40m 급가속으로 다른 선수 압도하는 애니메이션

그림 13-15 데이터 스토리텔링 3단 구조

2) 서사형 패턴(역전, 언더독, 라이벌)

스포츠 데이터는 그 자체로 드라마적인 요소를 풍부하게 내포하고 있다. 특히 자주 활용되는 세 가지 서사 패턴은 다음과 같다. 첫째, 역전(Comeback)은 경기의 흐름이 한쪽으로 기울어지다 예상치 못하게 뒤집히는 상황을 그린다. 이는 팬들에게 엄청난 희열과 몰입감을 선사한다. 둘째, 언더독(Underdog)은 약팀이나 예상 밖의 선수가 강팀이나 유력한 상대를 꺾고 승리하는 이야기이다. 이는 희망과 감동을 주며 많은 사람들의 공감을 이끌어낸다. 셋째, 라이벌(Rivalry)은 오랜 시간 동안 치열한 경쟁을 벌여온 두 팀이나 선수의 대결을 다룬다. 이들의 맞대결은 팬들에게 특별한 긴장감과 몰입을 제공한다.

표 13-2

패턴	핵심 감정	데이터 표현 키	실제 활용
역전 (Comback)	긴장 → 카타르시스	승률 그래프의 급격한 방향 전환, 애니메이션 강조	ESPN NFL 방송에서 '13 초 역전극'의 승률 곡선 급락·급등을 실시간 자막으로 삽입
언더독 (Underdog)	희망·공감	예측 밴드(팬 그래프) 대비 실제 결과의 상향 돌파	2023 WBC 일본 대표팀 예상 우승 확률 < 25 %에서 결승 진출—FiveThirtyEight 팬 그래프 업데이트로 팬 참여 급증
라이벌 (Rivalry)	대조·몰입	두 팀/선수 지표를 동축 비교(레이더·버블)	FIFA 2022 월드컵, 프랑스 vs. 아르헨티나 패스 네트워크·라인 브레이크를 양쪽 색상으로 실시간 오버레이

이러한 서사 패턴이 뚜렷할수록 관객은 자신도 모르게 '결말 추측 → 공유'의 순환 고리에 빠져들게 되며, 이는 SNS 확산과 OTT 서비스에서의 재시청 증가로 이어지는 경향이 있다.

3) 텍스트·비주얼·인터랙션 결합

데이터 스토리텔링은 텍스트, 비주얼, 인터랙션이라는 세 가지 요소의 조화로운 협업을 통해 완성된다 텍스트는 질문과 해석을 짧고 명확하게 제시하여 독자의 사고 초점을 잡아준다. 비주얼은 데이터의 패턴이나 변화를 즉시 시각적으로 전달하여 인지 부하를 줄이고 이해를 돕는다. 마지막으로 인터랙션은 사용자가 '클릭, 스크롤, 터치'와 같은 직접적인 조작을 통해 데이터를 스스로 탐험하면서 개인화된 의미를 발견하고 즐거움을 얻도록 한다. 뉴욕타임스의 볼트 그래픽은 사용자가 스크롤을 내릴 때마다 시대별 올림픽 100m 금메달리스트가 하나씩 추가되는 방식으로 시각 정보와 텍스트 주석, 그리고 다음 시각 정보가 리드미컬하게 반복된다 팬들은 손끝으로 서사를 직접 진행하며 '발견'의 쾌감을 경험하게 된다 라이브 대시보드에서는 패스 필터나 구간 슬라이더처럼 인터랙션을 최소화하고 단순화하여 "액션 버튼이 곧 분석 질문"이 되도록 매핑한다면, 코치가 하프타임과 같은 짧은 시간에도 즉시 활용할 수 있는 유용한 도구가 된다.

4) 성공 사례

데이터 스토리텔링의 성공적인 사례들을 살펴보면 그 힘을 더욱 명확히 이해할 수 있다. 뉴욕타임스의 <Racing Against History〉는 올림픽 100m 메달리스트들의 기록을 하나의 레이스로 합쳐 보여주며 "볼트의 속도는 과연 얼마나 특별했는가?"라는 질문과 116년의 올림픽 기록이라는 맥락, 그리고 볼트가 만들어낸 압도적인 격차라는 변화를 스크롤 애니메이션으로 생생하게 전달했다. 이는 과학적 데이터에 게임과 같은 연출을 더해 일주일 만에 100만 뷰를 돌파하며 데이터 스토리텔링의 파급력을 입증했다.

ESPN의 Win Probability Graph는 NFL 생중계 화면 하단에 실시간 승률 곡선을 고정 배치하여 경기의 극적인 흐름을 시각적으로 보여주었다. 특히 극적인 역전 상황에서는 그래프가 급경사로 뒤집히며 해당 장면의 클립과 함께 SNS에서 폭발적인 바이럴 소재가 되었다.

FIFA Enhanced Football Intelligence는 2022년 카타르 월드컵부터 패스 네트워크나 라인 브레이크 지표를 방송 그래픽에 실시간으로 합성하여 팬들에게 제공했다. 팬들은 "라인을 끊는 패스"와 같은 전술적 개념이 즉시 시각화되는 화면을 통해 축구 전술에 대한 이해도를 높일 수 있었고, FIFA는 이를 공식 홈페이지의 인터랙티브 버전으로도 제공하여 교육 자료로까지 확장했다.

6 구현 워크플로

앞선 장들이 "무엇을·어떻게 보여 줄 것인가"에 집중했다면, 이제는 "데이터가 화면까지 도착하는 길"을 설계할 차례다. 스포츠 조직에서 흔히 쓰는 워크플로는 ETL → 모델 → View의 3단 백본 위에, 재사용 가능한 컴포넌트·자동화된 배포 파이프라인·프로토타이핑 루틴을 덧씌우는 형태로 구성된다.

1) 데이터 파이프라인(ETL → 모델 → View)

데이터 파이프라인은 원천 데이터가 최종 사용자에게 시각화되어 도달하기까지의 전체 흐름을 정의한다. 이 과정은 크게 Extract(추출), Transform(변환), Load(적재) 단계를 거쳐 데이터 모델링 및 시각화 단계로 이어진다.

Extract(추출) 단계에서는 다양한 소스에서 데이터를 수집한다. 실시간으로 발생하는 GPS-IMU 데이터나 경기 이벤트 로그와 같은 정보는 Kafka나 Kinesis Topic과 같은 스트리밍 플랫폼을 통해 실시간으로 수집된다 또한, 영상 통계나 SNS 크롤링 결과와 같은 배치(Batch) 데이터는 S3나 GCS와 같은 클라우드 스토리지에 주기적으로 저장된다

Transform(변환) 단계에서는 수집된 원시 데이터를 분석 가능한 형태로 가공한다. 여기서는 ISO-8601 타임스탬프나 좌표계 일치와 같은 스키마 표준화 작업을 수행하여 데이터의 일관성을 확보한다. 또한, xG(기대 득점) 계산, 10경기 이동평균, HRV(심박 변이도) 지수 등과 같은 Feature Engineering(특징 공학)을 통해 분석에 필요한 새로운 지표를 생성한다. 이와 함께 null 값이나 중복 데이터 제거, 시속 40km 초과와 같은 비현실적인 값 필터링 등 데이터 품질 검증도 이 단계에서 이루어진다.

Load(적재) 단계에서는 변환된 데이터를 최종 저장소에 적재한다. 이는 BigQuery나 Redshift와 같은 OLAP(온라인 분석 처리) 웨어하우스에 저장되어 효율적인 쿼리 튜닝과 파티셔닝을 통해 대규모 데이터 분석을 지원한다. 또한, 라이브 대시보드를 위해 1초 미만의 빠른 응답 속도가 요구되는 경우에는 Redis와 같은 인-메모리 캐시에 데이터를 적재하기도 한다.

데이터가 적재되면 모델(Model) 계층을 통해 다양한 형태로 활용된다 SQL-View를 활용하여 단순 KPI를 제공하거나, API Gateway와 TF-Serving을 연동하여 승률이나 부상 위험 예측과 같은 머신러닝(ML) 모델의 예측 결과를 서빙하기도 한다.

마지막으로 View(시각화) 계층에서는 모델 계층에서 가공된 데이터를 최종 사용자에게 보여준다. REST/GraphQL API를 통해 Tableau, Power BI와 같은 BI(비즈니스 인텔리전스) 도구나 Streamlit, React와 같은 프런트엔드 애플리케이션과 연결된다. 또한, WebSocket Push를 활용하여 5초 주기로 실시간 데이터를 갱신하는 기능도 구현할 수 있다. 이러한 파이프라인의 핵심은 "스키마 확정 → 품질 검증 → 서빙 API 단일화"라는 세 단계를 압축적으로 수행하여 경기 중에도 데이터 흐름이 끊기지 않도록 하는 것이다.

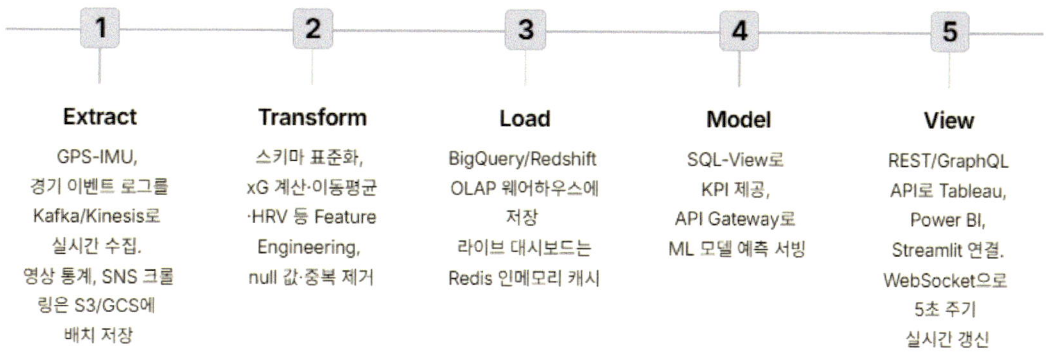

그림 13-16 데이터 파이프라인 구현 워크플로

2) 모듈화·컴포넌트 설계

시스템을 모듈화하고 컴포넌트 단위로 설계하면 개발 효율성을 높이고 유지보수 및 확장을 용이하게 만든다. 각 계층은 명확한 역할을 가지며 독립적인 모듈로 구성된다

Data 계층은 원본 데이터의 수집과 정제를 담당한다. 예를 들어 etl/ingest.py나 etl/clean.py와 같은 모듈이 여기에 해당하며, 센서, SNS 등 데이터 소스만 교체하면 다른 환경에서도 재사용할 수 있다.

Logic 계층은 KPI 계산이나 머신러닝 모델과 같은 핵심 로직을 포함한다. kpi/xg.sql이나 models/winprob.py와 같은 모듈이 이 계층에 속하며, 수학식이나 하이퍼파라미터(모델 학습에 필요한 설정값)만 변경하여 재사용할 수 있다.

API 계층은 가공된 데이터를 외부 시스템에 제공하는 역할을 한다. api/graphql.py와 같은 모듈이 여기에 해당하며, 엔드포인트나 권한 설정만 변경하여 다양하게 활용될 수 있다.

UI 계층은 시각화 컴포넌트들을 포함한다. components/heatmap.vue나 components/kpiCard.jsx와 같은 모듈이 이에 속하며, 스타일이나 테마만 변경하여 재사용성을 높일 수 있다.

이러한 모듈화 및 컴포넌트 설계의 가장 큰 장점은 새로운 종목이나 분석 기능을 추가할 때 UI, Logic, Data 중 어느 한 층만 수정하면 되므로 확장 비용을 최소화할 수 있다는 것이다. 이는 "데이터 계층과 프레젠테이션 계층을 분리하여 낮은 결합도와 높은 응집도를 유지한다"는 설계 패턴을 따르기 때문이다.

표 13-3

계층	역할	모듈 예시	재사용 포인트
Data	원본 수집·정제	etl/ingest.py etl/clean.py	센서·SNS 등 소스만 교체
Logic	KPI·모델	kpi/xg.sql models/winprob.py	수학식·하이퍼파라미터
API	데이터 서빙	api/graphql.py	엔드포인트·권한
UI	시각화 컴포넌트	components/heatmap.vue components/kpiCard.jsx	스타일·테마

3) CI/CD & MLOps 연계

현대적인 데이터 시스템 개발에서는 지속적인 통합(CI) 및 지속적인 배포(CD), 그리고 MLOps(머신러닝 운영)와의 연계가 필수적이다. 이는 대시보드를 포함한 전체 시스템의 안정성과 효율성을 보장한다.

모든 ETL 스크립트, 대시보드 정의(*.twb, *.pbix 파일), 그리고 모델 파이프라인은 Git과 같은 버전 관리 시스템으로 통합 관리되어야 한다. 이는 변경 이력을 추적하고 협업을 용이하게 한다.

코드 변경 사항은 자동 테스트를 거쳐야 한다. 데이터 테스트는 Great Expectations와 같은 도구를 사용하여 스키마 준수 여부나 데이터 값의 범위를 검사한다. 시각화 테스트는 pytest-image-diff와 같은 도구를 활용하여 핵심 차트의 레이아웃 스냅샷을 비교하며 시각적인 오류를 방지한다.

테스트를 통과한 코드는 Build(빌드) 및 Deploy(배포) 단계를 거친다. GitHub Actions나 Jenkins와 같은 CI/CD 도구를 사용하여 Pull Request가 생성되면 자동으로 코드 린트(Lint) 검사와 테스트가 실행되고, Docker 이미지로 빌드되어 레지스트리에 저장된다 인프라 구축 및 관리는 Terraform이나 Cloud Formation과 같은 Infrastructure as Code(IaC) 도구를 사용하여 코드로 정의하고 자동화한다.

머신러닝 모델의 경우, Continuous Training(지속적인 학습)을 통해 성능을 최신 상태로 유지한다. Airflow Dag나 Kubeflow Pipelines와 같은 워크플로우 오케스트레이션 도구를 사용하여 매일 새로운 로그 데이터를 바탕으로 모델을 재학습하고, 학습된 모델은 Shadow → Prod와 같은 단계를 거쳐 실제 서비스에 배포된다 또한 모델 모니터링을 통해 데이터 드리프트(데이터 분포 변화)나 예측 RMSE(평균 제곱근 오차)와 같은 지표를 지속적으로 감시하고 이상 발생 시 알림을 받는다.

이 모든 과정은 관찰성(Observability) 확보를 통해 관리된다 Grafana나 Prometheus와 같은 도구를 활용하여 ETL 지연 시간, API 응답 시간(p95), 모델 AUC (Area Under the Curve)와 같은 핵심 지표를 대시보드로 시각화하여 시스템의 전반적인 상태를 한눈에 파악할 수 있도록 한다. 궁극적으로 "대시보드도 코드다(Dashboard as Code)"라는 개념은 시각화 변경 이력 역시 Pull Request를 통해 검토되고 롤백이 가능해야 함을 의미하며, 이는 시스템의 안정성과 신뢰성을 높이는 데 기여한다.

4) 빠른 프로토타이핑 튜토리얼(예: Streamlit + Plotly)

(1) 데이터 준비

```
python

# python

import pandas as pd
df = pd.read_csv("match_events.csv")          # 이벤트 로그 1경기

# 최소 컬럼 가정: event, outcome(goal/miss), x, y, minute(또는 timestamp)
if "minute" not in df.columns and "timestamp" in df.columns:
    df["minute"] = pd.to_datetime(df["timestamp"]).dt.minute

shots =(
    df[df["event"] == "shot"]
      .assign(result=lambda d: d["outcome"].map({"goal": 1, "miss": 0}).fillna(0))
      .dropna(subset=["x", "y", "minute"])
)
)
```

(2) 기본 차트 30분 완성

```
python

import plotly.express as px
fig = px.density_heatmap(
    shots, x="x", y="y", z="result",
    nbinsx=12, nbinsy=8,
    color_continuous_scale="Blues"
)
fig.show()
```

(3) Streamlit 앱 20 줄

```
python

import pandas as pd
import plotly.express as px
import streamlit as st

@st.cache_data
def load_shots(path: str):
    df = pd.read_csv(path)
    if "minute" not in df.columns and "timestamp" in df.columns:
        df["minute"] = pd.to_datetime(df["timestamp"]).dt.minute
    shots =(df[df["event"] == "shot"]
            .assign(result=lambda d: d["outcome"].map({"goal": 1, "miss": 0}).fillna(0))
            .dropna(subset=["x", "y", "minute"]))
    return shots

shots = load_shots("match_events.csv")

st.title("One-Match Shot Map")
m0, m1 = st.slider("Minute range", 0, 90,(0, 90))

filtered = shots.query("@m0 <= minute <= @m1")
fig = px.density_heatmap(filtered, x="x", y="y", z="result",
                         nbinsx=12, nbinsy=8, color_continuous_scale="Blues")
st.plotly_chart(fig, use_container_width=True)
```

(4) 배포

```
bash

# 로컬 실행
streamlit run app.py

# 컨테이너 빌드/푸시 예시(GCP)
docker build -t myclub/shotmap .
docker push gcr.io/myclub/shotmap:latest

# Cloud Run 배포
gcloud run deploy shotmap \
  --image gcr.io/myclub/shotmap:latest \
  --platform managed
```

(5) 실행 결과

로컬 → 구단 내부 망 → Public URL 까지 반나절이면 초기 검증 가능

긍정 피드백 후 〈components/shotMap.vue〉 로 리팩터링해 정식 대시보드에 삽입

```
nginx

# requirements.txt
streamlit
plotly
pandas
```

학습 요약

스포츠 데이터는 단순한 숫자가 아니라, 경기장 안팎의 의사결정을 혁신하는 전략적 도구로 자리 잡았다. 데이터가 폭증하는 시대에 시각화는 인간의 인지 한계를 극복하고 정보를 통찰로 전환하는 핵심 매개체이다. 게슈탈트 원리나 인지부하 이론 등 인지과학적 접근은 시각화를 단순한 '시각적 장식'이 아닌 정확하고 효율적인 정보 전달의 과학적 방법으로 이해하게 한다.

코칭스태프, 프런트, 팬 등 각 이해관계자는 서로 다른 목적과 시간 스케일로 데이터를 해석하기 때문에, 동일한 데이터라도 목적에 맞게 재구성된 시각화가 필요하다. 효과적인 시각화는 명확성, 최소주의, 계층화, 일관성, 접근성이라는 다섯 원칙을 충족해야 하며, 3D 파이차트나 왜곡된 축 사용 같은 시각적 오류를 피하고 색각 이상자를 고려한 색상 설계 등 인지적 안전장치를 포함해야 한다.

선·막대 차트 같은 기초형부터 히트맵·패스 네트워크(공간 데이터), 스파크라인·팬 그래프(시계열 예측), 산점도·레이더 차트(비교·상관 분석)에 이르기까지 데이터 유형별 최적 시각화 도구가 존재한다. 오늘날에는 사용자가 데이터를 직접 탐색하는 인터랙티브 시각화와 시간 흐름을 보여주는 애니메이션 기반 표현이 점점 중요해지고 있다.

데이터 시각화는 단순히 그래프를 만드는 과정이 아니라, 시스템적 워크플로우 속에서 완성된다. 데이터의 추출–변환–적재(ETL), 모델링, 시각화를 하나의 파이프라인으로 설계하고, Git을 통한 버전 관리와 자동 테스트, 지속적 배포(CI/CD), 머신러닝 모델 모니터링(MLOps)을 결합할 때 비로소 **"대시보드도 코드다"**라는 철학이 실현된다.

결국 스포츠 데이터는 기록을 넘어 전략적 의사결정과 팬 커뮤니케이션의 내러티브로 진화하고 있다. 스포츠 산업의 미래는 데이터를 읽고, 이해하며, 나아가 데이터로부터 영감을 얻어 행동하는 능력에 달려 있다.

PART 5

스포츠 데이터 미래와 윤리

14 Chapter

스포츠 데이터 관리와 분석 도구

>> 학습 목표

1. 스포츠 데이터 생태계와 데이터 관리 구조를 이해한다.
2. 스포츠 데이터 저장·처리·분석 인프라의 구성과 도구 활용법을 익힌다.
3. 스포츠 데이터 거버넌스와 미래 기술 동향을 분석한다.

1 스포츠 데이터 생태계 조망

스포츠 데이터 생태계는 경기장에서 팬의 손바닥, 그리고 클라우드 서버까지 데이터가 이동하고 변환되며 가치를 만들어내는 전 과정을 의미한다. 이러한 생태계는 데이터 유형, 데이터 라이프사이클, 이해관계자, 가치사슬이라는 네 가지 축으로 구조화하여 이해할 수 있다.

1) 데이터 유형: "무엇이 흘러다니는가?"

스포츠 데이터 생태계에서 흘러다니는 데이터는 구조적 특성에 따라 세 가지 유형으로 분류된다.

정형 데이터는 스코어나 선수와 경기의 메타데이터처럼 고정된 스키마를 갖는 데이터이다. 이러한 데이터는 관계형 데이터베이스에 저장하기 적합하며, 즉시 집계가 가능하여 공식 기록이나 리포트 작성에 활용된다. 야구의 스탯캐스트 시스템에서 측정하는 타구 속도와 발사 각도가 대표적인 예시이다.

반정형 데이터는 웨어러블 센서에서 생성되는 CSV 파일이나 JSON 형태의 경기 이벤트 로그처럼 키와 값의 구조를 갖는 데이터이다. 배치 ETL 프로세스로도 처리할 수 있지만 스트리밍 파이프라인과의 호환성이 우수하다. 축구에서 사용되는 GPS 트래킹 좌표 데이터가 10Hz 주기로 생성되는 것이 대표적인 사례이다.

비정형 데이터는 영상, 이미지, 음성, 소셜미디어 텍스트 등 스키마가 고정되지 않은 데이터를 포함한다. 이러한 데이터는 컴퓨터 비전이나 자연어 처리 기술이 필요하며, 저장 공간과 처리 시간이 많이 소요된다. 경기 영상 콘텐츠나 팬들의 트위터 감성 데이터가 해당한다.

2) 데이터 라이프사이클: "어떻게 흘러다니는가?"

스포츠 데이터가 흘러다니는 과정은 생성부터 의사결정까지 네 단계로 구분할 수 있다. 생성과 수집 단계에서는 센서, 카메라, 애플리케이션에서 원시 신호가 발생한다. 엣지 디바이스인 RFID나 라이다 센서에서 1차 전처리를 거친 후 5G, LTE, Wi-Fi, 블루투스 저전력 통신을 통해 전송된다.

저장과 가공 단계에서는 데이터 유형에 따라 서로 다른 저장 방식을 사용한다. 정형 데이터는 관계형 데이터베이스에, 반정형 데이터는 시계열 데이터베이스나 NoSQL에, 비정형 데이터는 오브젝트 스토리지나 데이터레이크에 저장된다. ETL 또는 ELT 파이프라인이 스키마 정렬, 품질 검사, 메타데이터 태깅을 수행한다.

분석과 예측 단계에서는 통계, 머신러닝, 딥러닝 기법을 활용하여 과거를 설명하는 진단적 분석과 미래를 예측하는 예측적 분석을 실시한다. 실시간 파이프라인은 1초 미만의 지연시간을 목표로 스파크나 플링크 같은 스트리밍 분석 기술을 적용한다.

진달과 의사결정 단계에서는 분석 결과를 최종 사용자에게 전달한다. 팬 사용자 경험 측면에서는 맞춤형 하이라이트나 인터랙티브 데이터 시각화를 제공하며, 스포츠 조직에서는 라인업 최적화, 동적 티켓 가격 책정, 스폰서십 핵심성과지표 리포트 등에 활용한다.

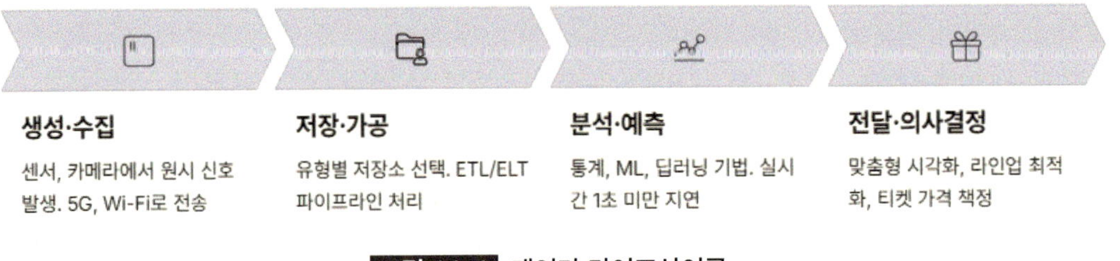

그림 14-1 데이터 라이프사이클

3) 주요 이해관계자: "누가 데이터를 쓰는가?"

스포츠 데이터를 활용하는 주체들은 목적에 따라 세 그룹으로 분류할 수 있다. 스포츠 퍼포먼스 그룹은 감독, 코치, 분석관, 선수로 구성된다. 이들은 부상 예방, 전술 최적화, 훈련 부하 관리를 목적으로 데이터를 활용한다.

비즈니스와 프런트 오피스 그룹은 마케팅, 티켓팅, 영업, 재무 부서로 구성된다. 팬의 생애가치 증대, 수익 모델 다각화, 스폰서 투자수익률 증명을 목적으로 데이터를 활용한다. 미디어, 팬, 베팅 산업 그룹은 방송사, OTT 플랫폼, 소셜 플랫폼, 스포츠북으로 구성된다. 실시간 인사이트 제공, 참여도 극대화, 공정성 확보를 목적으로 데이터를 활용한다.

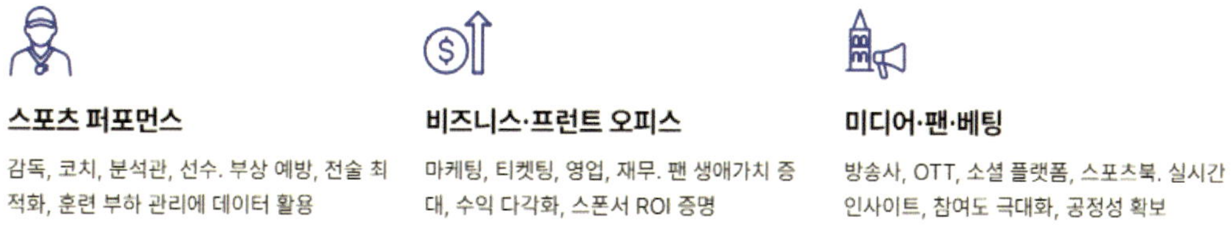

그림 14-2 주요 이해관계자

4) 가치사슬: "데이터가 돈이 되기까지"

데이터가 실질적인 수익을 창출하기까지의 과정은 자산화와 디지털 트윈 구현으로 나누어 살펴볼 수 있다. 데이터 자산화는 데이터를 자산으로 인식하고 활용하는 과정이다. 발전 단계는 수집, 통합, 카탈로그, 제품화 순서로 진행되며, 데이터 서비스 판매가 최종 목표이다. 자산화가 진행될수록 신뢰성, 거버넌스, 보안에 대한 요구사항이 기하급수적으로 증가한다.

디지털 트윈과 시뮬레이션은 실시간 트래킹과 피지컬 데이터를 활용하여 가상의 경기장이나 선수 모델을 생성하는 기술이다. 이를 통해 코칭 의사결정 지원, 팬 체험 향상, 스폰서 광고의 가상 삽입 등 새로운 수익원을 확보할 수 있다.

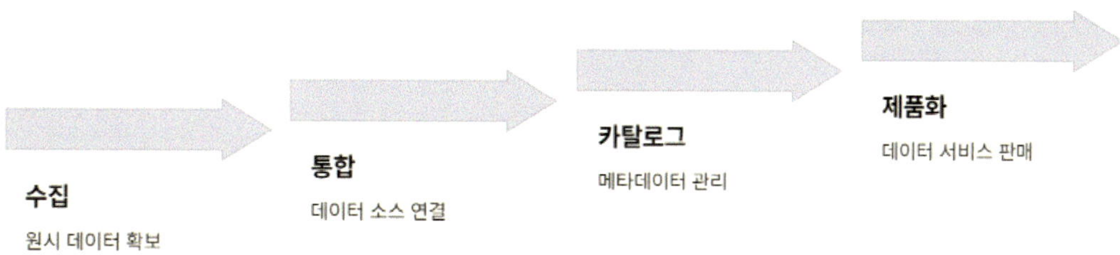

그림 14-3 데이터 가치사슬

2 데이터 저장·관리 인프라

어떤 데이터를 어디에, 어떤 구조로 저장해야 스포츠 조직이 빠르고 안전하게 활용할 수 있는가라는 질문에 답하기 위해서는 저장소 유형, 배치 전략, 모델링과 메타데이터, 비용과 보안 관리의 순서로 핵심 개념을 이해해야 한다.

1) 저장소 유형 — 데이터 특성에 따라 집을 다르게 짓는다

데이터의 특성에 따라 적합한 저장소 구조를 선택해야 한다.

관계형 데이터베이스는 고정된 스키마 구조와 ACID 트랜잭션을 보장하여 집계와 정합성이 중요한 공식 기록에 적합하다. MLB의 스탯캐스트 시스템은 경기당 초당 2만 개의 공과 선수 좌표 데이터를 AWS S3에 수집한 후 Amazon Redshift로 실시간 적재와 집계를 수행하여 전광판과 중계용 통계에 활용한다.

NoSQL과 시계열 데이터베이스는 스키마가 자주 변하거나 초고빈도 타임스탬프가 붙는 센서 데이터와 클릭 로그를 수평 확장 구조로 저장한다. NFL 플레이 바이 플레이 데이터를 시계열 확장 PostgreSQL인 TimescaleDB로 적재하여 연속 쿼리와 히스토그램을 즉시 계산하는 오픈 분석 프로젝트가 대표적인 사례이다.

데이터 레이크와 레이크하우스는 정형과 비정형 파일을 원본 그대로 객체 스토리지에 저장하고 테이블 메타데이터만 추가하여 저장과 분석의 경계를 없앤 아키텍처이다. Formula 1 팬 커뮤니티 프로젝트는 Azure Databricks와 Delta Lake를 활용하여 1950년부터 2024년까지의 경기 데이터를 레이크하우스에 적재하고 PySpark로 드라이버 랭킹을 신속하게 재계산한다.

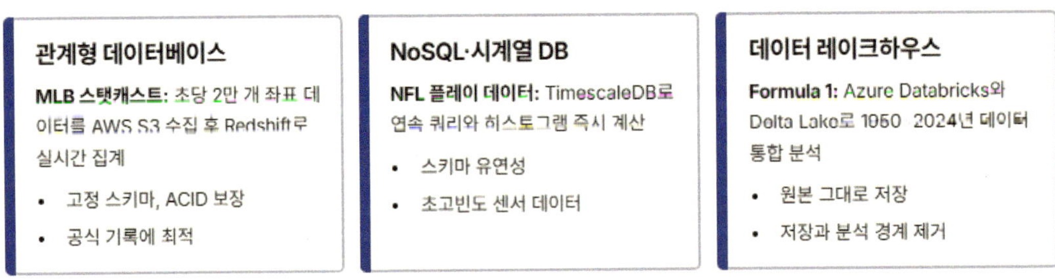

그림 14-4 저장소 유형별 특성

2) 배치 아키텍처 — 온프레미스, 클라우드, 하이브리드

온프레미스, 클라우드, 하이브리드 방식으로 구분되는 배치 전략은 각각의 장단점을 갖는다. 클라우드 데이터 웨어하우스는 서버리스 확장과 초당 요금제, ANSI SQL 지원으로 시즌과 비시즌 트래픽 편차가 큰 스포츠 환경에 유리하다. 골든스테이트 워리어스는 Google Cloud BigQuery로 팬, 티켓, 푸드 주문 데이터를 통합하여 경기당 수백 TB를 실시간 분석해 개인화 서비스와 운영 효율을 동시에 향상시켰다. LA28 올림픽 조직위원회는 Snowflake Data Cloud를 공식 데이터 협업 플랫폼으로 채택하여 종목, 중계, 스폰서 데이터를 하나의 거버넌스로 통합할 계획이다.

엣지와 하이브리드 스토리지는 초저지연 분석이 필요한 경기장과 중계 환경에서 5G MEC 노드가 1차 저장과 추론을 담당하고 비즈니스 데이터는 클라우드로 이관하는 방식이다. LA SoFi 스타디움은 Cisco Edge 컴퓨팅과 Wi-Fi 6를 활용하여 4K 스트리밍과 실시간 AR 앱 통계를 현장 팬에게 제공하고, 경기 종료 후 원본 파일을 중앙 클라우드에 동기화한다.

그림 14-5 LA SoFi 스타디움

출처 : LA SoFi 스타디움 (본 이미지는 교육적 목적으로 인용되었다.)

3) 데이터 모델링·파티셔닝 — 읽기 속도를 확보하는 설계 기술

읽기 속도를 확보하기 위한 설계 기술은 스키마 구조와 파티셔닝 전략으로 구성된다.

스타 스키마와 데이터 마트는 사실 테이블과 차원 테이블 구조로 BI 도구에서 드릴다운과 롤업을 빠르게 수행할 수 있도록 한다. 파티션, 클러스터링, Z-Ordering 기법은 날짜, 팀, 경기 ID로 파티션을 나누고 Delta Lake Z-Order로 열 값 정렬을 통해 입출력을 최소화하여 쿼리 속도를 3배에서 4배까지 향상시킨다.

4) 메타데이터·카탈로그 — "데이터 찾아쓰는 UX"

데이터를 찾아서 사용하는 사용자 경험을 개선하기 위한 메타데이터 관리가 필수적이다. 국제 표준 적용 측면에서 FIFA EPTS 표준은 트래킹 40여 필드를 명세서와 JSON 스키마로 규정하여 리그와 업체 간 데이터 호환성을 확보한다. 데이터 카탈로그 도구로는 Amundsen과 DataHub 같은 오픈소스 카탈로그를 도입하여 컬럼 설명부터 쿼리 예시, 접근권한까지 자동 문서화를 수행한다.

5) 보존·아카이브·비용 최적화

데이터의 생명주기에 따른 효율적인 저장 전략이 중요하다. 스토리지 계층화는 Hot, Warm, Cold 계층으로 라이프사이클 정책을 설정하여 스포츠북 VOD 원본을 90일 후 Glacier로 이동시켜 저장비용을 최대 70% 절감한다. 테이블 최적화와 Auto-Vacuum은 Redshift vacuum과 BigQuery partition pruning을 통해 불필요한 스캔을 줄여 비용과 지연시간을 동시에 관리한다.

3 데이터 파이프라인 자동화(ETL/ELT)

경기장에서 생성되는 원시 데이터가 분석과 예측 모델을 거쳐 팬 애플리케이션, 전술 보드, 재무 대시보드로 순환하기 위해서는 사람의 개입을 최소화한 자동화 파이프라인이 필요하다. 이러한 파이프라인은 패턴, 오케스트레이션, MLOps 연계, 품질 모니터링의 네 단계로 구성된다.

1) 파이프라인 패턴 — 배치 vs 실시간

데이터 처리 방식은 배치와 실시간으로 구분된다. 배치 ETL은 일정 주기로 원본 데이터에서 중간 저장소를 거쳐 변환 과정을 통해 웨어하우스로 적재하는 방식이다. 티켓과 머천다이즈 매출 데이터나 시즌 종료 후 심층 스카우팅 리포트 작성에 적합하다.

스트리밍 ETL은 카프카를 통해 스파크나 플링크로 밀리초 단위 데이터를 처리하면서 로그 보강과 윈도우 집계를 수행한 후 웨어하우스와 캐시에 동시 적재하는 방식이다. 센서 트래킹, 실시간 베팅 오즈, 중계 그래픽에 활용된다. Formula 1은 Amazon Kinesis와 SageMaker를 활용하여 머신에 부착된 300개 센서에서 초당 110만 개 포인트를 수집하고 즉시 집계와 예측을 수행하여 방송 그래픽에 타이어 성능 등을 실시간으로 표시한다.

2) 워크플로 오케스트레이션

작업의 의존성과 실행 순서를 관리하는 오케스트레이션은 DAG 구조로 제어된다. Apache Airflow는 방향성 비순환 그래프로 작업 의존성을 선언하고 스케줄링, 재시도, 알림을 코드로 관리한다. NBA 통계 오픈 프로젝트는 AWS Glue와 Airflow를 활용하여 경기 종료부터 파서 실행, S3 적재, Athena 파티션 리프레시까지의 순서를 자동화하였다.

Google Cloud Composer는 Airflow의 매니지드 서비스로 제공된다. NCAA March Madness 분석팀은 Cloud Composer를 통해 Cloud Scheduler, Cloud Functions, Dataflow 작업을 오케스트레이션하여 매일 밤 Genius Sports 플레이 바이 플레이 데이터를 BigQuery로 적재하고 모델 학습까지 무인으로 수행한다.

Prefect와 n8n은 경량형 옵션으로 코드 대신 UI로 흐름을 구성하거나 Python 데코레이터 한 줄로 태스크를 등록하여 소규모 구단과 대학 연구실에서 초기 도입 장벽을 낮춘다.

3) MLOps 연계 — 모델의 '재학습 루프'까지 자동화

모델의 재학습 루프까지 자동화하는 MLOps 연계가 중요하다. MLflow 모델 레지스트리는 파이프라인 마지막 단계에서 학습된 모델을 버전 관리하고 검증을 거쳐 프로덕션에 승격시킨다. 롤백과 AB 테스트를 코드 한 줄로 제어할 수 있다.

Kubeflow와 SageMaker Pipelines은 데이터 드리프트 알람부터 자동 재학습, 카나리 배포까지의 작업을 YAML 정의로 연결하여 경기 30분 전 최신 라인업 반영 모델과 같은 실전 시나리오를 구현한다.

MLflow 레지스트리
모델 버전 관리, 검증 후 프로덕션 승격. 롤백·AB 테스트 코드 제어

Kubeflow·SageMaker
데이터 드리프트 알람부터 자동 재학습, 카나리 배포까지 YAML 정의

실전 시나리오
경기 30분 전 최신 라인업 반영 모델 자동 업데이트

그림 14-6 MLOps 연계

4) 데이터 품질·모니터링

파이프라인의 안정성을 보장하기 위한 품질 관리와 모니터링이 필수적이다. 데이터 검증은 Great Expectations 규칙을 Airflow 태스크에 삽입하여 널값 비율이나 좌표 범위를 체크하고 품질 실패 시 다운스트림을 차단한다. 지연과 사용량 모니터링은 Prometheus와 Grafana 대시보드를 통해 ETL 지연과 오류율을 실시간으로 가시화하고 5초 이상 지연 시 슬랙 알림을 발송하는 정책을 운영한다.

4 분석·모델링 도구

수집과 정제를 통해 자동화된 데이터를 실제로 해석하고 예측하며 전달하기 위해서는 다양한 분석 도구와 플랫폼을 활용해야 한다. 이러한 도구들은 코드 기반 환경부터 자동화된 머신러닝, 비즈니스 인텔리전스 시각화, 고급 인공지능까지 다양한 형태로 제공되며, 각각의 특성과 활용 목적에 따라 선택할 수 있다.

1) 코드 기반 분석 환경

프로그래밍 언어를 활용한 분석 환경은 유연성과 확장성을 제공한다. Python 생태계는 데이터 분석의 전 과정을 포괄하는 패키지들로 구성된다. pandas와 NumPy를 통한 데이터 전처리부터 시작하여 scikit-learn을 활용한 통계 분석과 머신러닝, PyTorch와 TensorFlow를 이용한 딥러닝까지 연결되는 통합적인 스택을 제공한다. 이러한 구조는 다양한 패키지를 조합하여 커스텀 모델을 개발하거나 연구를 수행하는 데 유리하며, 노트북 기반의 실험 환경을 통해 빠른 프로토타이핑이 가능하다.

R과 R Shiny는 통계 분석에 특화된 환경을 제공한다. tidyverse를 통한 데이터 조작과 caret 또는 tidymodels를 활용한 머신러닝, 그리고 shiny를 통한 웹 대시보드 개발을 하나의 언어로 통합할 수 있다. 이러한 조합을 통해 통계적 해석과 인터랙티브 시각화를 동시에 구현할 수 있다. FC 바르셀로나의 Barça Innovation Hub는 물리적 데이터와 전술 데이터 분석 과정을 R 기반의 코스와 자료로 표준화하여 코치와 분석관이 공유할 수 있도록 운영하고 있다.

Python 생태계

pandas·NumPy 전처리, scikit-learn ML, PyTorch·TensorFlow 딥러닝. 통합 스택으로 커스텀 모델 개발

R과 R Shiny

tidyverse 데이터 조작, caret·tidymodels ML, shiny 웹 대시보드. 통계 해석과 시각화 통합

그림 14-7 코드 기반 분석 환경

2) 자동화된 머신러닝 플랫폼의 활용

코딩 지식이 제한적인 환경에서도 고급 분석이 가능한 도구들이 개발되고 있다. 자동화된 머신러닝 플랫폼인 Vertex AI나 AutoML은 데이터만 업로드하면 피처 선택, 모델 구축, 하이퍼파라미터 최적화를 자동으로 수행한다. 이를 통해 소규모 분석팀도 예측 모델의 개념 증명을 수시간 내에 완성할 수 있다. 라리가는 Azure AutoML 엔진을 활용하여 경기 일정 최적화 모델을 구축했는데, 3백만 가지 조합 중에서 팬 관중 수와 시청률을 최대화하는 옵션을 자동으로 탐색하고 갱신한다.

데이터 서비스형 플랫폼은 구독 방식으로 전문적인 분석 서비스를 제공한다. MLS 시애틀 사운더스는 SciSports Recruitment Center를 구독하여 22만 명의 선수 지표를 클릭 몇 번으로 필터링하고 비교할 수 있으며, 스카우팅 리포트를 자동으로 PDF 형태로 출력한다.

3) 비즈니스 인텔리전스와 시각화 도구

데이터 전문가가 아닌 사용자도 쉽게 활용할 수 있는 시각화 도구가 중요한 역할을 한다. Tableau는 드래그 앤 드롭 방식의 OLAP 기능을 제공하여 마케팅이나 재무 등 비데이터 인력도 즉시 질문과 답변을 주고받을 수 있는 환경을 만든다. MLB 텍사스 레인저스는 Tableau를 활용하여 티켓, 음식과 음료, 머천다이즈 실적을 한 화면에 통합하여 우천으로 인한 경기 지연 시 매표 창구 인력을 75% 즉시 감원함으로써 시즌 인건비를 4만 달러 절감했다.

Power BI는 Microsoft 365 생태계에 통합되어 자동 워크시트 배포와 행 수준 보안을 통한 권한 관리에 강점을 갖는다. 프리미어리그와 NBA 오픈 데이터를 Power Query로 연결하여 자동 스케줄 새벽 리프레시를 설정하고 모바일로 공유하는 사례가 커뮤니티 챌린지를 통해 다수 공개되고 있다.

4) 딥러닝과 고급 인공지능 프레임워크

최첨단 인공지능 기술을 활용한 분석 플랫폼들이 스포츠 분야에 도입되고 있다. 이벤트 데이터와 모델링 플랫폼의 결합을 통해 복잡한 스포츠 상황을 분석할 수 있다. 프랑스 OGC 니스는 StatsBomb IQ를 활용하여 3천만 건 이상의 위치와 컨텍스트 이벤트를 시각적 패턴으로 변환하고 기대 골과 프레싱 지표로 분석한다. 이를 통해 신입 스카우터도 웹 인터페이스에서 모델 출력 결과를 비교할 수 있다.

멀티모달 생성형 인공지능을 활용한 전술 시뮬레이터도 등장하고 있다. 리버풀 FC와 Google DeepMind가 공동 개발한 TacticAI는 7천 개의 코너킥 영상을 학습하여 세트피스 배치를 추천한다. 코치 패널 테스트에서 60% 이상이 기존 인간 전문가의 판단보다 우수하다고 평가했다. 이러한 다양한 도구들은 조직의 규모, 기술적 역량, 분석 목적에 따라 선택적으로 활용되며, 때로는 여러 도구를 조합하여 통합적인 분석 환경을 구축하는 전략이 필요하다.

5 실시간 분석 & IoT 엣지 컴퓨팅

경기장에서 생성된 데이터가 1초 이내에 코치의 태블릿, 팬 애플리케이션, 중계 그래픽으로 전달되기 위해서는 엣지 컴퓨팅이라는 중간 처리 단계가 필수적이다. 이는 지연시간 최소화와 실시간 의사결정을 위한 핵심 기술로, 경기장 인프라부터 웨어러블 기기까지 다양한 형태로 구현된다.

1) 엣지 컴퓨팅의 필요성과 지연시간 관리

클라우드만을 활용한 데이터 처리는 왕복 지연시간이 80밀리초에서 120밀리초에 달하며, 대역폭과 국가 간 개인정보 이동 규정의 제약을 받는다. 반면 5G MEC나 Wi-Fi 6 액세스 포인트 인근에 설치된 엣지 서버는 지연시간을 10밀리초에서 30밀리초로 단축할 수 있다. 이러한 지연시간 단축을 통해 증강현실 오버레이, 베팅 배당률 갱신, 세트피스 즉석 분석과 같이 찰나의 순간에 가치를 창출하는 서비스가 가능해진다.

서비스별 요구되는 지연시간 기준을 살펴보면, 증강현실 팬 애플리케이션은 50밀리초 미만, 코치용 전술 패드는 1초 미만, 방송 그래픽은 3초 미만의 지연시간을 목표로 한다.

2) 경기장 내 MEC 인프라 구축 사례

실제 경기장에서 구현된 엣지 컴퓨팅 인프라를 통해 구체적인 활용 방법을 확인할 수 있다. 미국 로스앤젤레스의 SoFi Stadium은 Cisco Edge 컴퓨팅과 Wi-Fi 6 기술을 결합하여 2만 대의 기기가 동시 접속할 수 있는 스타디움급 엣지 클러스터를 구축했다. 이 시스템은 4K 멀티캠 피드를 현장 팬에게 직접 전송하며, ARound 애플리케이션은 같은 네트워크에서 경기장 지오메트리 데이터를 받아 실시간으로 증강현실 불꽃과 게임 오브젝트를 표시한다.

독일 분데스리가는 12대의 초정밀 카메라를 활용하여 선수 위치를 초당 25회 추적하고, MEC에서 전처리를 수행한 후 AWS 클라우드로 전송하여 Match Facts를 생성한다. 이 시스템은 실시간 기대골값과 속도 알림을 약 500밀리초의 지연시간으로 제공한다.

3) 스트리밍 분석 파이프라인의 구성

실시간 데이터 처리는 핫 패스와 콜드 패스로 구분되어 운영된다. 핫 패스는 즉시 처리가 필요한 데이터 흐름을 담당한다. 분데스리가와 AWS의 협력 사례에서는 카메라와 레이더 원본 데이터를 Kinesis Data Streams를 통해 수집하고, 프레임 단위 ETL 처리를 거쳐 Flink 윈도우 집계로 연속적인 기대골값을 계산한다. 이렇게 처리된 데이터는 CloudFront CDN을 통해 중계사와 애플리케이션에 1초 미만의 지연시간으로 전송된다.

콜드 패스는 장기적인 분석을 위한 데이터 저장과 처리를 담당한다. 실시간 처리에 사용된 동일한 데이터가 S3 데이터 레이크에 Parquet 형태로 저장되며, 하루 후 데이터 사이언티스트가 머신러닝 모델 재학습과 시즌 트렌드 리포트 작성에 활용한다.

4) 온디바이스 AI와 웨어러블 기술

선수 개인에게 착용되는 웨어러블 기기에서도 엣지 컴퓨팅 기술이 활용된다. Catapult Vector 8은 GPS와 IMU 센서로 측정한 속도, 충격, 점프 데이터를 선수의 몸에서 직접 1초 단위로 가공한다. 처리된 데이터는 블루투스 저전력 통신을 통해 Vector Live iPad 애플리케이션에 즉시 표시되어, 코치가 훈련 중 피크 부하를 초과한 선수를 즉시 확인하고 교체할 수 있도록 지원한다.

연합학습 기술을 활용한 시범 연구도 진행되고 있다. 웨어러블 단말기가 로컬 데이터로 모델을 학습하고 매개변수만 중앙 서버와 교환하여 개인정보를 보호하면서도 예측 정확도를 향상시키는 사례가 2024년 IEEE IoT Journal에 보고되었다.

5) 보안과 확장성 확보 방안

엣지 컴퓨팅 환경에서는 보안과 확장성이 중요한 고려사항이다. 제로 트러스트 엣지 보안 모델이 적용되고 있다. SoFi Stadium은 세분화된 네트워크 마이크로세그멘테이션을 통해 팬용 Wi-Fi와 운영망을 완전히 분리하여, 증강현실 스트림에 문제가 발생해도 경기 제어 시스템에는 전혀 영향을 주지 않도록 설계되었다.

람다-카파 혼합 아키텍처를 통해 실시간 서비스와 심층 분석을 분담한다. 핫 패스인 엣지 MEC와 콜드 패스인 클라우드 데이터 레이크를 동시에 유지하여 즉시성이 요구되는 서비스와 장기적인 분석 업무를 효율적으로 처리한다.

6 데이터 거버넌스·보안

스포츠 조직이 실시간 대용량 데이터를 활용하면서도 팬과 선수의 정보를 보호하기 위해서는 누가 언제 무엇을 볼 수 있는지를 명확하게 관리하는 체계적인 거버넌스가 필요하다. 이러한 거버넌스는 기본 원칙 수립부터 실행 계획까지 단계적으로 구축되어야 한다.

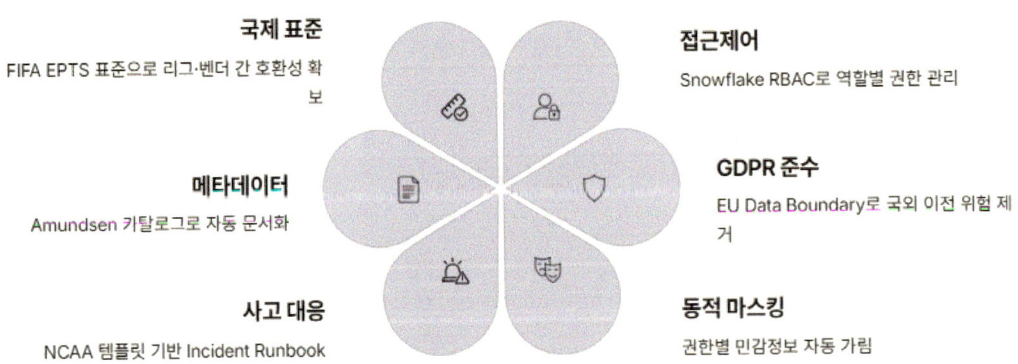

그림 14-8 데이터 거버넌스와 보완

1) 데이터 거버넌스의 기본 원칙

효과적인 데이터 관리를 위해서는 표준화와 통합이 핵심이다. 국제 표준의 적용이 중요하다. FIFA EPTS 표준은 트래킹과 웨어러블 데이터의 40여 필드에 대한 형식, 좌표계, 단위를 규정하여 리그와 벤더 간 상호운용성을 확보한다. 이 표준을 준수하면 구단이나 국가가 달라도 데이터를 통합하여 분석할 수 있다.

단일 데이터 뷰와 메타데이터 관리도 필수적이다. Pittsburgh Penguins는 GrowthLoop CDP와 Snowflake를 활용하여 CRM, POS, 웹 로그를 중앙화하고 하나의 팬 테이블을 구축했다. 메타데이터와 데이터 계보를 함께 저장하여 분석팀, 마케팅팀, BI팀이 동일한 정의를 참조할 수 있도록 관리한다.

2) 접근제어와 권한 관리 체계

데이터에 대한 접근을 체계적으로 관리하는 것이 보안의 기초이다. 역할 기반 접근제어는 조직의 역할에 따라 데이터 접근 권한을 부여하는 방식이다. Snowflake RBAC 모델은 스키마, 테이블, 컬럼별 권한을 역할 계층 구조로 관리한다. 스포츠 조직은 분석팀, 코칭스태프, 재무팀과 같이 역할 트리를 설계하여 전술 데이터가 마케팅팀으로 유출되는 사고를 예방할 수 있다.

동적 데이터 마스킹은 사용자의 권한에 따라 민감한 정보를 자동으로 가려주는 기술이다. 동적 마스킹 정책을 컬럼에 적용하면 외부 파트너는 선수의 개인식별정보를 볼 수 없도록 처리된다. 예를 들어 "SIDNEY_CROSBY"가 "Forward #87"으로 표시되는 방식이다.

3) 규제 준수와 개인정보 보호

국제적인 데이터 보호 규정과 국내법을 모두 준수해야 한다. GDPR과 EU 데이터 경계 관리가 중요하다. UEFA EURO 2024의 클라우드 벤더인 Microsoft는 데이터가 EU와 EFTA 내에서만 처리되는 EU Data Boundary를 2024년 1월부터 시행하여 GDPR 국외 이전 위험을 제거했다.

국내 법령과 지침도 철저히 적용해야 한다. KBO는 2024년 2월 26일 시행된 개인정보처리방침에서 14세 미만 아동 데이터에 대한 별도 동의, 보존 주기, 목적 외 이용 금지 조항을 명문화했다. 이는 프로야구도 개인정보보호법과 국민체육진흥법을 준수해야 함을 보여주는 사례이다.

4) 보안 아키텍처와 사고 대응 체계

포괄적인 보안 설계와 사고 발생 시 대응 계획이 필요하다. 제로 트러스트 엣지 보안 모델의 적용이 효과적이다. SoFi Stadium은 Cisco Zero-Trust 설계를 통해 팬용 Wi-Fi와 운영망을 완전히 분리한다. 증강현실 스트림 서버가 공격을 받아도 경기 제어망에는 영향이 없도록 마이크로세그멘테이션과 다중 인증을 적용했다.

사고 대응 체계의 구축도 중요하다. NCAA의 'Venue Safety & Security Best Practices'는 데이터와 네트워크 침해 탐지, 즉시 격리와 알림, 팬과 선수, 직원의 동시 대피 계획을 체크리스트로 제시한다. 국내 구단도 동일한 프레임워크를 채택하여 랜섬웨어와 티켓 스캠에 대비할 수 있다.

5) 30일 내 실행 가능한 체크리스트

실제 구현을 위한 단계별 실행 계획이다.

첫 번째 단계는 정책 수립이다. 조직이 어떤 표준을 채택할지 결정하고 표준 스키마 맵을 작성하여 공유한다.

두 번째는 메타데이터 관리로, 데이터 정의가 문서화되어 있는지 확인하고 Amundsen과 같은 오픈소스 카탈로그를 시험 설치한다.

세 번째 단계는 권한 관리로, 역할 트리와 마스킹 정책의 존재 여부를 확인하고 Snowflake RBAC와 동적 데이터 마스킹 파일럿을 실행한다. 네 번째는 컴플라이언스 점검으로, GDPR과 국내법에 따른 클라우드 경계를 확인하고 EU Data Boundary와 국내망 분리를 점검한다.

마지막 다섯 번째 단계는 대응 계획 수립이다. 침해 발생 시 활용할 플레이북이 있는지 확인하고, NCAA 템플릿에 맞춰 사고 대응 런북을 작성한다. 이러한 체계적인 접근을 통해 30일 내에 기본적인 데이터 거버넌스와 보안 체계를 구축할 수 있다.

표 14-1

단계	핵심 질문	빠른 실행 팁
1 정책	"우린 어떤 표준(EPTS 등)을 채택했나?"	표준 스키마 맵 작성·공유
2 메타데이터	"데이터 정의가 문서화돼 있나?"	카탈로그 오픈소스(Amundsen 등) 시험 설치
3 권한	"역할 트리·마스킹 정책이 존재하나?"	Snowflake RBAC·DDM 파일럿
4 컴플라이언스	"GDPR·국내법 클라우드 경계 확인?"	EU Data Boundary·국내 망 분리 점검
5 대응계획	"침해 발생 시 플레이북이 있는가?"	NCAA 템플릿에 맞춰 Incident Runbook 작성

7 미래 전망과 실무 로드맵

데이터 파이프라인과 거버넌스 체계를 구축한 스포츠 조직이 다음 단계로 나아가야 할 영역은 데이터 제품화, 생성형 인공지능, 온디바이스 AI, 그리고 AI 규제 대응이다. 이러한 기술적 발전과 규제 변화에 따른 실무적 대응 방안을 이해하는 것이 중요하다.

1) 데이터 메쉬와 제품화를 통한 수익 창출

데이터가 단순한 정보를 넘어 실질적인 수익을 창출하는 제품으로 발전하고 있다.

데이터 메쉬는 도메인 팀이 주도권을 갖는 분산 소유와 중앙 표준화를 결합한 아키텍처이다. 각 부서나 팀이 자신의 데이터 영역에 대한 책임을 지면서도 조직 전체의 표준을 따르는 구조로 운영된다. 2028 LA 올림픽 조직위원회와 Team USA는 Snowflake Data Cloud를 공식 데이터 협업 플랫폼으로 채택하여 종목별 퍼포먼스, 의료, 영양, 팬 데이터를 도메인 자율 구조로 관리하고 있다. 각 부서가 직접 데이터 제품을 공유하고 소비할 수 있도록 설계되었다.

데이터 제품은 품질 보증서, 카탈로그, API를 갖추고 내부와 외부에 재판매나 재사용이 가능한 데이터 패키지를 의미한다. MLB 탬파베이 레이스는 Coalesce와 Snowflake 조합을 활용하여 티켓, 인벤토리, 마케팅 테이블을 코드 기반 파이프라인에 통합했다. 이를 통해 새로운 데이터 마트 개발 시간을 며칠에서 30분으로 단축하여 6주 만에 데이터 제품 공장을 구축했다.

2) 멀티모달 생성형 AI의 창조적 활용

생성형 인공지능이 경기 데이터를 창조적으로 재해석하여 새로운 가치를 창출하고 있다. 멀티모달 대형언어모델은 영상, 트래킹 데이터, 텍스트를 하나의 모델로 처리하여 전술 시뮬레이션, 하이라이트 제작, 카피라이팅을 동시에 생성할 수 있는 기술이다. 리버풀 FC와 Google DeepMind가 공동 개발한 TacticAI는 7천 개의 코너킥 영상을 학습하여 배치와 패스 패턴을 추천한다. 코치 패널 테스트에서 인간의 제안 대비 60% 이상 우수한 평가를 받았다.

Formula 1과 AWS는 머신러닝과 시뮬레이션을 활용하여 실수로 인해 손실된 랩 타임을 즉석에서 계산하고 방송 그래픽으로 제공하는 F1 Insights 'Time Lost' 서비스를 운영한다. 2024 NAB Show에서 NFL, PGA TOUR, AWS는 생성형 AI가 플레이마다 맞춤 해설과 스폰서 그래픽을 자동 제작하는 개념 증명을 공개했다.

서빙 패턴은 클라우드 추론과 엣지 캐싱을 결합하여 2초에서 3초 내에 중계 화면에 삽입할 수 있는 실시간 처리 방식을 의미한다.

3) 온디바이스 AI와 웨어러블 기술의 발전

엣지 환경에서 직접 예측과 분석을 수행하는 기술이 발전하고 있다. 온디바이스 AI는 클라우드 연결 없이 기기 내부에서 인공지능 모델을 실행하는 기술이다. Oura Ring 4는 2025년 봄 펌웨어 업데이트를 통해 실제 걸음 식별 모델을 링 내부 MCU에서 실시간으로 실행하여 기존 대비 오차를 20% 감소시켰다.

연합학습 기술도 주목받고 있다. IEEE IoT Journal 2024년 연구에서는 선수 행동 인식 모델을 웨어러블 기기에서 로컬로 학습하고 파라미터만 공유하는 방식으로 개인정보를 보호하면서도 정확도를 유지할 수 있음을 실증했다.

향후 엣지 내형언어모델은 저전력 1억에서 2억 파라미터 모델을 센서 칩에 탑재하여 음성과 제스처 코칭을 오프라인으로 제공할 것으로 예상된다. 배터리 예산은 Cortex-M33 100MHz, 1MB RAM 환경에서 추론 시간 50밀리초 미만, 소비전력 5밀리와트 미만을 목표로 한다.

4) AI 규제와 윤리적 대응 방안

컴플라이언스 준수가 혁신 속도를 결정하는 중요한 요소가 되고 있다. EU AI Act는 2024년 8월 1일 발효되어 2027년 8월 2일 전면 적용될 예정이다. 고위험 스포츠 의료 AI에 대해서는 데이터 거버넌스, 설명가능성, 등록 의무가 부과된다. BABL AI 2024년 전문 리포트에서는 선수 데이터 사용 투명성과 동의 관리가 핵심 요구사항으로 지적되었다.

리스크 기반 규제 체계에서는 경기력과 의료 관련 AI는 고위험으로, 팬 마케팅 챗봇은 제한적 위험으로 분류된다. 2025년 2월 2일 발효되는 AI 리터러시 조항에 따라 직원 교육과 문서화가 의무화된다.

이러한 기술적 발전과 규제 변화에 대응하기 위해서는 3년 단위의 중장기 실행 로드맵을 수립하여 단계적으로 준비해야 한다. 데이터 메쉬 구축, 생성형 AI 도입, 온디바이스 AI 활용, 규제 준수 체계 마련을 순차적으로 진행하면서 조직의 데이터 역량을 지속적으로 발전시켜야 한다.

학습 요약

스포츠 데이터 생태계는 더 이상 선택이 아닌 필수가 되었다. 경기장에서 발생하는 모든 순간이 데이터로 변환되고, 이 데이터가 팬의 경험을 바꾸고, 선수의 경기력을 향상시키며, 조직의 수익을 창출하는 시대에 우리는 살고 있다.

본서에서 다룬 일곱 가지 핵심 영역은 단순한 기술 도입을 넘어 조직의 문화와 사고방식을 데이터 중심으로 전환하는 디지털 트랜스포메이션의 과정이다. 중요한 것은 완벽한 시스템을 한 번에 구축하려 하지 않는 것이다. MLB의 스탯캐스트부터 Formula 1의 실시간 텔레메트리, 리버풀 FC의 TacticAI까지, 성공한 사례들은 모두 작은 시작에서 점진적으로 발전해왔다.

기술의 발전 속도는 가속화되고 있지만, 그 중심에는 여전히 사람이 있다. 생성형 AI가 전술을 제안하고, 웨어러블 기기가 부상을 예방하며, 실시간 분석이 경기의 흐름을 바꾸더라도, 최종적인 판단과 결정은 사람의 몫으로 남을 것이다.

규제와 윤리적 고려사항도 간과할 수 없는 요소이다. 선수의 프라이버시 보호, 팬 데이터의 안전한 관리, 공정한 경쟁 환경의 유지는 기술 발전과 함께 반드시 고려되어야 할 가치들이다.

앞으로 10년은 스포츠 데이터 생태계가 완전히 재편되는 시기가 될 것이다. 온디바이스 AI가 실시간 코칭을 제공하고, 멀티모달 생성형 AI가 새로운 형태의 콘텐츠를 창조하며, 데이터 메쉬가 조직 간 협업의 새로운 표준이 될 것이다.

결국 스포츠 데이터 생태계의 궁극적 목표는 더 나은 스포츠 경험을 만드는 것이다. 선수는 더 안전하고 효과적으로 경기할 수 있고, 팬은 더 몰입할 수 있는 경험을 얻으며, 조직은 지속 가능한 성장을 이룰 수 있는 환경을 조성하는 것이다. 이 책이 그러한 미래를 향한 첫걸음을 내딛는 실무진들에게 나침반 역할을 하기를 기대한다.

변화는 이미 시작되었다. 이제 우리가 그 변화에 능동적으로 참여할 차례이다.

15 Chapter
데이터 기반 스포츠 산업 예측

>> 학습 목표

1. 스포츠 산업에서 데이터 기반 예측의 개념과 필요성을 이해한다.
2. 데이터 기반 예측을 위한 트렌드 스캐닝과 분석 체계를 설계할 수 있다.
3. 예측 모델링 기법과 산업별 활용 방안을 제시할 수 있다.

1 예측의 시대

1) 불확실성·변동성의 확대

2020년 봄 코로나19로 인해 KBO 리그는 사상 최초로 무관중 개막을 경험하였다. 같은 시기 미국 프로스포츠 팀들은 시즌 운영 자체를 결정하지 못한 채 기존의 손익분기점을 전면 재검토해야 하는 상황에 직면하였다. 팬들은 경기장 대신 스트리밍 플랫폼으로 시청 패턴을 전환하였고, 소셜 네트워크 서비스를 통해 새로운 형태의 원격 응원 문화를 창조하였다. 이러한 사건은 기존에 유효하던 수요 예측 공식이 급격한 환경 변화로 인해 하루아침에 무력화될 수 있음을 명확히 보여주었다.

동시에 경기장 내부에서는 선수들에게 부착된 GPS 트래커가 초당 수백 개의 위치 좌표를 생성하고, 파울 볼의 궤적조차 고속 카메라가 실시간으로 기록하는 상황이 전개되었다. 데이터의 양과 생성 속도가 기하급수적으로 증가하면서, 구단 경영진은 단순한 평균값이나 연간 증감률로는 더 이상 의사결정을 뒷받침할 수 없다는 사실을 인식하게 되었다. 예측 후 실행하고 즉시 수정하는 순환 구조가 스포츠 조직 운영의 기본 전제로 자리 잡았다.

2) 예측 패러다임의 진화

2000년대 초반까지 관중 수요를 전망할 때는 이동평균이나 단순 회귀분석으로 충분하였다. 그러나 디지털 전환이 가속화된 2010년대 이후부터는 복잡한 시계열 패턴을 파악하기 위해 ARIMA나 ETS와 같은 고급 통계 모델이 필요하게 되었다.

2015년경부터 머신러닝과 딥러닝 기법이 스포츠 분야에 본격적으로 도입되기 시작하였다. 앙상블 모델은 수십 개의 설명 변수를 동시에 학습하여 당일 경기의 날씨 조건과 상대 팀의 인기도까지 고려한 티켓 판매량을 예측하게 되었고, LSTM이나 Temporal Fusion Transformer 모델은 초단위 트래킹 데이터를 입력받아 선수의 피로 누적 패턴을 정확히 예측할 수 있게 되었다.

현재 등장하고 있는 4세대 예측 기술은 더욱 혁신적인 접근을 보여준다. 메타버스 기반의 디지털 트윈 스타디움 내부에서 가상 관중의 동선을 시뮬레이션하고, 생성형 인공지능 에이전트가 다음 주 홈경기 매출을 특정 비율만큼 증대시키기 위한 최적의 가격 정책과 프로모션 조합을 제안하며 실행 스크립트까지 자동으로 생성한다. 과거에는 분석가가 수치를 제공하는 역할에 그쳤다면, 현재는 시스템이 구체적인 행동 방안까지 제시하는 단계로 발전하고 있다.

각 세대별 특징을 정리하면 다음과 같다. 1세대는 2000년 이전 시기로 이동평균과 회귀분석을 주요 기법으로 사용하였으며, 매출과 관중 수의 월별 집계 데이터를 활용하여 단기적이고 저해상도의 예측을 수행하였다. 2세대는 2000년부터 2015년까지의 시기로 ARIMA와 ETS 모델을 통해 POS 시스템과 웹 로그 데이터를 활용하여 계절성과 추세를 반영한 예측을 실시하였다. 3세대는 2015년부터 현재까지로 머신러닝과 딥러닝, 시뮬레이션 기법을 사용하여 스트리밍, IoT, 소셜미디어, 트래킹 데이터를 통해 실시간성과 비정형성, 고차원성을 특징으로 하는 예측을 수행한다. 4세대는 현재 도래하고 있는 단계로 생성형 인공지능 에이전트와 디지털 트윈 기술을 통해 가상 환경과 현실 데이터를 융합하여 예측부터 의사결정까지의 전 과정을 자동화한다.

표 15-1

세대	주요 기법	데이터원천	특징
1세대 (2000년 이전)	이동평균, 회귀	매출·관중 월별 집계	단기·저해상도
2세대 (2000–2015)	ARIMA, ETS	POS·웹 로그	계절·추세 반영
3세대 (2015–현재)	머신러닝, 딥러닝, 시뮬레이션	스트리밍 IoT, SNS, 트래킹	실시간·비정형·고차원
4세대 (도래 중)	생성 AI 에이전트, 디지털 트윈	가상 환경 + 현실 데이터 융합	예측 → 결정까지 자동화

3) 스포츠 산업에서 예측이 중요한 이유

스포츠 산업에서 예측이 중요한 이유는 네 가지 측면으로 설명할 수 있다.

첫째, 수익 최적화 측면에서 관중 수와 상품 판매량, OTT 플랫폼 시청 시간은 직접적으로 매출과 연결된다. 동적 티켓 가격 책정이나 실시간 기념품 재고 조정은 정확한 수요 예측 없이는 실현이 불가능하다.

둘째, 위험 관리 측면에서 선수의 워크로드가 임계치를 초과하는 순간 부상 위험이 기하급수적으로 증가한다. 예측 모델은 일정 기간 내 특정 부위의 부상 가능성이 급격히 상승한다는 경고를 코칭스태프에게 즉시 전달하는 역할을 수행한다.

셋째, 경쟁 우위 확보 측면에서 데이터를 통한 근거 제시는 프런트 오피스와 현장 코치, 마케팅 담당자가 동일한 언어로 의사소통할 수 있게 한다. 예측의 정확도는 곧 조직 문화 내 신뢰 자본으로 작용한다.

넷째, 팬 경험 혁신 측면에서 인공지능 기반 추천 하이라이트와 증강현실 광고, 개인 맞춤형 푸시 알림 등 모든 개인화 서비스는 다음 행동을 실시간으로 예측하는 엔진을 전제로 한다.

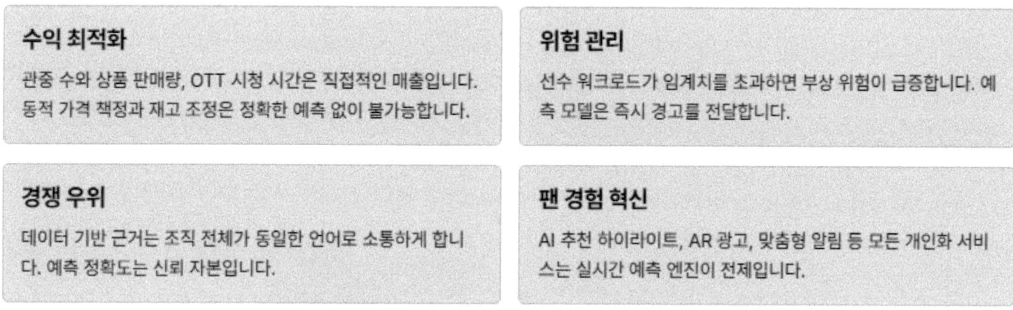

그림 15-1 스포츠 산업에서 예측이 중요한 이유

4) Forecast·Outlook·Scenario—비슷하지만 다른 세 단어

유사하지만 서로 다른 의미를 갖는 세 용어를 명확히 구분할 필요가 있다. 예측은 과거 시계열 패턴을 근거로 구체적인 수치를 점 단위로 추정하는 것이다. 다음 홈경기 관중 수가 특정 인원수가 될 것이라는 식으로 명확한 숫자를 제시한다.

전망은 거시적 변수와 구조적 변화를 반영하여 중장기적 흐름을 제시하는 것이다. 향후 일정 기간 동안 글로벌 e스포츠 매출이 연평균 특정 비율로 성장할 것이라는 식으로 방향성을 강조한다. 시나리오는 특정 조건이 충족될 경우를 가정하여 복수의 미래 상황을 서술하는 것이다. 메가 이벤트 유치 성공과 실패 각각에 따른 도시 재정에 미치는 영향을 분석하는 것이 대표적인 예이다.

이러한 용어 구분을 통해 분석 목표를 명확히 할 수 있다. 단기적인 티켓 가격 결정에는 예측이, 리그 확장을 위한 신규 팀 추가 여부를 검토할 때는 시나리오 분석이 적합하다.

예측 (Forecast)
과거 시계열 패턴으로 구체적 수치를 점 단위로 추정. "다음 홈경기 관중 수는 35,420명"

전망 (Outlook)
거시 변수와 구조적 변화를 반영한 중장기 흐름 제시. "향후 3년간 e스포츠 매출 연평균 18% 성장"

시나리오 (Scenario)
특정 조건 충족 시 복수의 미래 상황 서술. "메가 이벤트 유치 성공/실패 시 도시 재정 영향"

그림 15-2 예측 · 전망 · 시나리오 차이

5) 예측 역량을 지탱하는 삼각형 — Data·Model·Domain

예측 역량은 데이터, 모델, 도메인 지식이라는 세 요소의 균형 위에서 성립한다. 데이터 측면에서는 관중 집계와 같은 전통적인 정량 데이터부터 선수 인터뷰 텍스트, 트래킹 센서 좌표, 트위터 버즈까지 형식이 다른 다차원 데이터를 확보하고 정제하는 능력이 필요하다.

모델 측면에서는 단순 선형 회귀분석부터 LSTM과 TFT, 군집 기반 하이브리드 Prophet 모델에 이르기까지 상황에 따라 설명력과 정확도, 학습 비용의 최적 균형점을 찾아야 한다. 도메인 지식 측면에서는 경기 규칙과 선수 컨디션 관리 루틴, 팬 문화의 특성과 같은 현장 맥락에 대한 이해 없이는 아무리 정교한 모델도 실효성을 갖기 어렵다. 이 세 요소가 균형을 이룰 때만 예측이 실전에서 의미 있는 행동으로 연결될 수 있다.

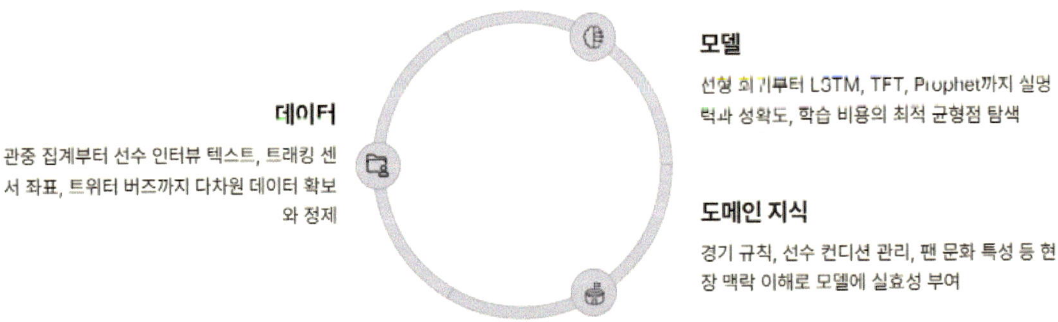

그림 15-3 예측 역량의 삼각형

6) 체크포인트—스스로에게 던지는 세 가지 질문

스포츠 조직의 예측 역량을 점검하기 위해서는 다음 세 가지 질문에 대한 답을 명확히 해야 한다.

첫째, 현재 우리 조직의 의사결정 과정에서 과거 평균값만으로 처리하고 있는 영역은 무엇인가를 파악해야 한다.

둘째, 예측과 전망, 시나리오 중 현재 당면한 과제에 가장 적합한 접근 방식이 무엇인지 판단해야 한다.

셋째, 데이터와 모델, 도메인 지식이라는 세 축에서 가장 취약한 부분이 어디인지 확인하고, 다음 장에서 다룰 거시 트렌드 스캐닝이 해당 취약점을 어떻게 보완할 수 있는지 검토해야 한다.

2 거시 트렌드 스캐닝

1) 트렌드의 정의와 개념 구분

거시 트렌드 스캐닝을 이해하기 위해서는 먼저 관련 개념들을 명확히 구분해야 한다. 트렌드는 관측 가능한 방향성과 지속성을 가진 변화를 의미한다. 예를 들어 경기 생중계를 모바일로 시청하는 비율이 5년간 매년 일정한 비율씩 증가하는 현상이 이에 해당한다.

메가트렌드는 10년 이상의 장기간에 걸쳐 여러 산업과 사회 영역을 가로지르는 구조적 흐름을 말한다. 인구 고령화, 기후 위기, 초연결 네트워크가 대표적인 메가트렌드이다.

드라이버는 트렌드 뒤에서 변화를 밀어붙이는 근본 원인으로, 원천 기술이나 정책, 문화적 코드 등이 이에 해당한다. 5G와 Edge AI 보급은 모바일 시청 증가 트렌드의 기술적 드라이버로 작용한다.

신호는 트렌드가 양적으로 가시화된 데이터 흔적을 의미한다. 약한 신호는 아직 빈도나 규모가 작지만 불연속적 변곡점이 될 수 있는 초기 현상이다. 2019년 e스포츠 경기장에 등장한 실시간 베팅 오버레이는 팬 베팅 시장 폭증의 약한 신호였다. 와일드카드는 발생 확률은 낮지만 발생 시 충격이 큰 사건으로, 블랙스완 현상도 이에 포함된다.

트렌드 스캐닝은 현재 관측 가능한 신호를 수집하여 무엇이 벌어지고 있는가를 밝히는 작업이다. 반면 호라이즌 스캐닝은 약한 신호와 와일드카드를 조합하여 미래의 잠재적 위협을 만약이라는 형식으로 탐색한다. 두 기법은 영향력과 불확실성 매트릭스로 연결된다. 높은 영향력과 낮은 불확실성을 가진 요소는 즉시 전략 과제로 편입되며, 높은 영향력과 높은 불확실성을 가진 요소는 시나리오 플래닝의 핵심 재료가 된다.

버즈와 트렌드를 구분하기 위해서는 정량적 검증이 필요하다. 소셜미디어 키워드 급등이 실제 행동이나 매출 지표와 동행 또는 선행 관계를 가지는지 교차 검증해야 한다. 따라서 스캐닝 팀은 1차 신호와 검증용 보조 데이터를 쌍으로 수집하고 관리해야 한다.

스포츠 조직이 다가올 수요와 위험을 파악하려면 경기장 밖에서 벌어지는 구조적 변화를 먼저 포착해야 한다. 팬 행동을 변화시키는 디지털 미디어 혁신, 기후 위기, 베팅 규제 완화와 같은 외부 변수는 구단과 리그의 매출, 운영비, 심지어 경기 일정까지 변화시킨다. 예측 모델링을 제대로 구축하려면 데이터 입력값으로 활용할 거시 신호를 체계적으로 수집하는 작업이 선행되어야 한다.

2) 스캐닝 프레임: STEEP

그림 15-4 STEEP 프레임 워크

STEEP 프레임워크는 사회·인구, 기술, 경제, 환경, 정치의 5개 축으로 구성된 분류 도구이다. 실제 분석에서는 산업 특성에 따라 한 축을 세분화하거나 법률 영역을 추가한 PESTEL 형태로 확장하기도 한다. 각 축에서 신호에서 드라이버로, 드라이버에서 영향 경로로 이어지는 서술을 통해 개념적 맥락을 명확히 할 수 있다.

사회·인구 축에서는 인구 구조와 가치관 변화가 스포츠 참여와 소비를 어떻게 재편하는지를 분석한다. 최근 13세에서 17세 청소년 스포츠 참여가 1년 새 대폭 증가하여 청소년 대상 콘텐츠와 용품 수요가 확대된 사례가 있다.

기술 축에서는 팬 경험과 경기력, 권리 비즈니스를 혁신하는 기술을 파악한다. 생성형 인공지능 기반 개인화 중계와 광고가 2025년 핵심 수익원으로 부상하고 있다.

경제 축에서는 경기 순환과 소득 분포, 규제 변화가 현금 흐름에 미치는 영향을 분석한다. 합법 스포츠 베팅 확대 후 저소득층 가계 재무건전성 악화가 보고되고 있다.

환경 축에서는 기후 변화가 경기 운영과 시설 투자에 주는 압력을 파악한다. 2023년 사상 최고 기온 기록으로 야외 경기 시간과 포맷 조정 사례가 급증하고 있다.

정치·규제 축에서는 정부와 리그 규제가 산업 구조를 어떻게 재편하는지를 분석한다. 여성 스포츠 시청률 인증을 위한 WNBA-Nielsen 계약 체결로 미디어 권리 가치 재평가가 시작되었다.

표 15-2

범주	핵심 질문	최근 예시
S (사회·인구)	인구 구조와 가치관 변화가 스포츠 참여·소비를 어떻게 재편하는가?	13-17세 청소년 스포츠 참여가 1년 새 +59만 명 증가 → 청소년 타깃 콘텐츠·용품 수요 확대
T (기술)	어떤 기술이 팬 경험·경기력·권리 비즈니스를 혁신하는가?	생성 AI 기반 개인화 중계·광고가 2025년 핵심 수익원으로 부상
E (경제)	경기 순환·소득 분포·규제 변화가 현금 흐름에 미치는 영향은?	합법 스포츠 베팅 확대 후 저소득층 가계 재무건전성 악화 보고
E (환경)	기후 변화가 경기 운영·시설 투자에 주는 압력은?	2023년 사상 최고 기온 기록 → 야외 경기 시간·포맷 조정 사례 급증
P (정치·규제)	정부·리그 규제가 산업 구조를 어떻게 재편하는가?	여성 스포츠 시청률 인증 위한 WNBA-Nielsen 계약 체결 → 미디어 권리 가치 재평가 시작

STEEP은 신호를 분류하는 틀로 활용된다. 실제 예측 변수는 이 틀을 참고하여 설계하되, 중복되거나 불필요한 항목은 과감히 제외해야 한다.

3) 데이터 기반 스캐닝 절차

데이터 기반 스캐닝은 체계적인 절차를 통해 수행된다. 먼저 문제를 정의하고 질문과 시간적 범위를 명시한다. 데이터 수집 단계에서는 신호 데이터와 검증 데이터를 구분하여 수집한다. 신호 데이터는 뉴스나 소셜미디어 API, 공공통계, 센서로부터 고빈도로 추출하며, 검증 데이터는 매출이나 관중 집계, 기후 실측 등의 수치 지표를 활용한다.

신호 감지 단계에서는 텍스트 데이터의 경우 TF-IDF에서 BERTopic 토픽 모델과 키워드 급등 탐지를 사용하고, 수치 데이터의 경우 Change-Point Detection과 Seasonal-KDE를 통해 구조 변화를 감지한다.

드라이버-영향 매핑 단계에서는 밸류체인의 네 단계인 경기력, 미디어, 팬 경험, 시설로 연결하여 분석한다. 이후 영향력-불확실성 포지셔닝을 통해 2×2 행렬로 우선순위를 시각화하고, 높은 영향력과 불확실성을 가진 항목은 시나리오 플래닝으로 연계한다.

그림 15-5 데이터 기반 스캐닝 절차

4) 핵심 개념 체크

트렌드와 메가트렌드, 드라이버, 약한 신호를 구분할 수 있는지 확인해야 한다. STEEP 축 중 해당 종목에 가장 큰 영향을 주는 영역이 어디인지 파악하고 그 이유를 설명할 수 있어야 한다. 마지막으로 스캐닝 결과를 수치형 변수로 변환하여 예측 모델에 투입할 준비가 되어 있는지 점검해야 한다.

> 개념-중심 실습 예시
>
> Mini Lab: "약한 신호를 찾아 드라이버를 식별하라"
> 지난 3년간 WNBA 관련 뉴스 5만 건 크롤링
> 키워드 'equal pay' 급등 시점 파악 → 사회·정치 축과 겹치는 드라이버 탐색
> 구단 매출 자료와 교차 → 신호의 실매출 선행성 여부 검증
> Impact-Uncertainty 매트릭스에 배치, 요약 보고서 1 쪽 제출

3 예측을 위한 데이터 자원 지도

1) 데이터 스펙트럼 한눈에 보기

스포츠 산업의 예측 모델을 구축하기 위해서는 다양한 형태의 데이터를 체계적으로 분류하고 활용해야 한다. 데이터는 구조적 특성에 따라 정형, 반정형, 비정형 데이터로 구분되며, 각각의 특성과 예측 모델에서의 활용 방법이 다르다.

정형 데이터는 관중 집계, 티켓과 기념품 판매 정보, 선수 연봉, 경기 일정과 같이 스키마가 고정되어 있고 행과 열 단위로 쿼리가 용이한 데이터이다. 이러한 데이터는 시계열 분석이나 패널 분석에 적합하며, ARIMA 기반의 수요 예측 모델에 직접 활용할 수 있다는 장점이 있다.

반정형 데이터는 웹이나 앱의 로그 데이터, IoT 센서에서 생성되는 CSV 파일, 트래킹 시스템의 JSON 데이터와 같이 태그나 키-값 구조를 가지면서도 스키마가 유연한 특성을 보인다. 이러한 데이터는 딥러닝을 위한 피처로 변환하여 LSTM이나 TFT 모델의 입력으로 활용할 수 있다.

비정형 데이터는 경기 영상, 음성 중계, 소셜미디어와 커뮤니티 포스트와 같이 스키마가 없고 대용량의 고차원 데이터를 포함한다. 이러한 데이터는 컴퓨터 비전이나 자연어 처리 기법을 통해 이벤트나 감성 피처로 추출하여 예측 모델에 활용할 수 있다.

예측 정확도는 단순히 데이터의 양보다는 서로 다른 차원의 데이터를 조합할 때 크게 향상된다. 따라서 핵심 성과 지표 예측을 담당하는 팀이라면 최소한 정형 데이터와 비정형 데이터를 융합한 피처를 설계해야 한다.

표 15-3

유형	예시	핵심속성	예측활용포인트
정형 (Structured)	관중 집계, 티켓·머천다이즈 판매, 선수 연봉, 경기 일정	스키마 고정, 행·열 단위 쿼리 용이	시계열·패널 분석, ARIMA 기반 수요 예측
반정형 (Semi-Structured)	웹·앱 로그, IoT 센서 CSV, 트래킹 JSON	태그·키-값 구조, 스키마 유연	딥러닝 피처로 변환해 LSTM·TFT 입력
비정형 (Unstructured)	경기 영상, 음성 중계, SNS·커뮤니티 포스트	스키마 없음, 대용량·고차원	컴퓨터 비전·NLP로 이벤트·감성 피처 추출

2) 수집·저장 아키텍처 흐름

데이터 기반 예측 시스템은 수집부터 서빙까지의 전체적인 아키텍처 흐름을 체계적으로 설계해야 한다. 데이터 수집 단계에서는 배치 처리와 스트리밍 처리를 구분하여 접근한다. 배치 처리는 ERP 시스템에서 전일 매출이나 관중 데이터를 CSV 형태로 일괄 적재하는 방식이며, 스트리밍 처리는 Kafka나 Redpanda와 같은 시스템을 통해 센서의 위치값이나 앱의 클릭 이벤트를 초당 단위로 실시간 수집하는 방식이다.

데이터 저장은 데이터 레이크하우스 패턴을 따라 계층적으로 구성한다. Bronze 계층은 원본 데이터를 그대로 보관하여 규제 대응과 복구에 활용하고, Silver 계층에서는 결측값과 이상치를 정제하고 포맷을 통일한다. Gold 계층에서는 예측 모델에 바로 활용할 수 있는 테이블과 피처 벡터를 구성한다.

데이터 처리는 Spark나 Databricks를 활용한 대규모 ETL 작업과 DBT나 Airflow를 통한 파이프라인 스케줄링 및 버전 관리로 구성된다. 데이터 서빙 단계에서는 Feature Store를 통해 모델 호출 시점에 피처를 동결하고, Redis나 DynamoDB와 같은 온라인 스토어를 통해 10밀리초 이내의 응답 시간으로 실시간 가격 책정을 지원한다.

시스템 모니터링에서는 데이터 신선도에 대한 서비스 수준 협약을 설정하고, 데이터 품질 규칙을 통해 유니크 키 중복률이나 이벤트 누락률에 대한 알람을 설정한다.

3) 데이터 거버넌스와 품질 프레임

예측 모델의 신뢰성을 확보하기 위해서는 데이터 거버넌스와 품질 관리 체계가 필수적이다. 정합성 측면에서는 단일 식별자 전략을 통해 팬의 고유 식별자와 선수의 고유 식별자를 일관되게 관리해야 한다. 이를 통해 관중 데이터, 결제 정보, 앱 이벤트를 하나로 연결할 수 있는지 확인해야 한다.

프라이버시 보호를 위해서는 GDPR이나 개인정보보호법에 따라 식별 정보와 행동 로그를 분리하여 저장하고, 모델 입력에 민감정보가 포함되지 않도록 관리해야 한다. 데이터 보존 주기는 데이터 유형에 따라 차별화하여 설정한다. 트래킹 좌표는 6개월, 매출 데이터는 5년간 보존하여 규제 요구사항과 회계 감사를 만족할 수 있도록 한다.

데이터 카탈로그 시스템을 통해 데이터 사전과 민감도 레이블을 자동으로 태깅하여, 필요한 담당자가 테이블의 위치와 의미를 30초 이내에 찾을 수 있도록 지원해야 한다.

표 15-4

영역	필수 정책	체크 질문
정합성	단일 ID 전략(팬 UUID · 선수 UID)	"관중 · 결제 · 앱 이벤트를 하나로 묶을 수 있는가?"
프라이버시	GDPR/K-PIPA 분리 저장(식별 · 행동 로그)	"모델 입력에 민감정보가 섞이지 않았는가?"
보존 주기	트래킹 좌표 6 개월, 매출 데이터 5 년	"규제 · 회계 감사 요구를 만족하는가?"
카탈로그	데이터 사전 + 민감도 레이블 자동 태깅	"필요한 사람이 테이블 위치 · 의미를 30 초 안에 찾나?"

이러한 거버넌스 체계를 예측용 데이터 기준으로 세분화하면, Gold 계층에서 Feature Store를 거쳐 모델 호출까지의 전체 과정에 대한 가시성을 확보할 수 있다.

4) 피처 엔지니어링 & 피처스토어

효과적인 예측 모델 구축을 위해서는 피처 엔지니어링과 피처스토어의 체계적인 운영이 필요하다.

피처 엔지니어링에서는 윈도우 집계 기법을 통해 최근 3경기 평균 구속이나 7일 누적 소셜미디어 버즈량과 같은 시간 기반 피처를 생성한다. 또한 로그 스케일이나 Box-Cox 변환, 컴퓨터 비전이나 자연어 처리를 통한 임베딩 벡터 생성과 같은 데이터 변환 작업을 수행한다.

피처 갱신 주기는 용도에 따라 차별화한다. 경기일 전날에는 배치 단위로 피처를 생성하고, 경기 중에는 30초 단위로 실시간 갱신을 수행한다.

피처 버전 관리는 학습용과 서빙용 데이터 간의 불일치를 방지하기 위해 필수적이다. 학습용 피처와 실제 서빙용 피처의 체크섬을 비교하여 Training과 Serving 간의 스큐를 방지해야 한다.

피처스토어를 활용하면 중복 계산을 줄이고 팀 간 재사용성을 높일 수 있으며, 모델 재학습 자동화가 수월해진다는 장점이 있다.

5) 메타데이터·카탈로그 시스템

데이터 기반 예측 시스템의 투명성과 관리 효율성을 위해서는 메타데이터와 카탈로그 시스템이 중요하다.

데이터 계보 관리를 통해 특정 피처가 어떤 원본 데이터를 거쳐 어떤 ETL 과정을 통해 생성되었는지를 그래프 형태로 시각화할 수 있다. 이를 통해 데이터의 신뢰성을 검증하고 문제 발생 시 빠른 원인 파악이 가능하다.

자동 문서화 시스템을 통해 컬럼 설명, 민감도 레벨, 품질 점수를 코드 리뷰 승인 시점에 자동으로 갱신하여 문서의 최신성을 유지한다.

검색 기능을 강화하여 특정 키워드로 검색할 때 관련 테이블, 피처, 대시보드가 한 화면에 표시되도록 하여 데이터 발견성을 높인다. 이를 통해 데이터 분석가와 모델 개발자가 필요한 데이터 자원을 빠르게 찾고 활용할 수 있다.

4 예측 방법론 로드맵

1) 왜 '로드맵'이 필요한가?

스포츠 산업에서 예측 문제는 데이터의 규모와 속도, 복잡도가 매우 다양하다. 하루에 한 번만 갱신되는 관중 수요 예측부터 초당 수백 개의 좌표가 생성되는 선수 트래킹 데이터, 그리고 실시간 클릭에 즉각 반응해야 하는 동적 가격 책정까지 각기 다른 특성을 갖는다. 이러한 다양성으로 인해 단일 알고리즘으로는 모든 예측 문제를 해결할 수 없으며, 문제의 성격에 따라 데이터를 분석하고 적절한 모델을 선택하는 체계적인 절차가 필요하다. 예측 방법론 로드맵은 이러한 절차를 단계별로 정리한 안내서 역할을 수행한다.

2) 통계적 시계열 모델

통계적 시계열 모델은 학습 데이터가 50개에서 200개 포인트 수준으로 상대적으로 적고, 사람에게 설명 가능한 기준 예측이 필요할 때 활용한다.

이동평균과 지수평활법은 구현과 해석이 용이하다는 강점이 있지만, 구조적 변곡점 감지 능력이 미약하다는 한계가 있다. 스포츠 산업에서는 경기당 식음료 매출 예측에 주로 활용된다.

ARIMA와 SARIMA 모델은 계절성과 추세를 반영할 수 있고 검증 체계가 잘 확립되어 있다는 장점이 있다. 다만 비선형 패턴을 충분히 포착하지 못한다는 한계가 있다. MLB와 KBO 관중 수요 연구에서 MAPE 5퍼센트 미만의 정확도를 기록한 사례가 있다.

이동평균·지수평활 (ETS)

강점: 구현과 해석 용이

한계: 구조 변곡점 감지 미약

사례: 경기당 F&B 매출 예측

ARIMA / SARIMA

강점: 계절성과 추세 반영, 검증 체계 확립

한계: 비선형 패턴 부족

사례: MLB·KBO 관중 수요 연구에서 MAPE < 5% 기록

그림 15-6 딥러닝 시계열 모델

3) 머신러닝(ML) 회귀·트리 계열

Random Forest, XGBoost, LightGBM과 같은 머신러닝 모델은 여러 설명 변수를 동시에 학습할 수 있어 경기 요일과 상대팀 인기도, 날씨와 같이 상호작용이 복잡한 상황에 강점을 보인다. 또한 피처 중요도를 통해 각 변수가 예측 결과에 얼마나 기여했는지 설명할 수 있다는 장점이 있다.

실무에서는 피처 엔지니어링 과정에서 더블헤더나 프로모션과 같은 더미 변수와 7일간 소셜미디어 버즈량과 같은 누적 지표를 활용한다. 시계열 데이터의 특성상 롤링 윈도 방식의 교차검증을 통해 과거에서 미래로의 시간적 순서를 유지해야 한다.

4) 딥러닝(DL) 시계열

딥러닝 시계열 모델은 초 또는 분 단위의 스트리밍 데이터나 변수 수가 20개 이상인 경우에 활용하며, 예측 리드타임이 짧을수록 딥러닝의 장점이 더욱 부각된다.

LSTM과 GRU는 장기와 단기 패턴을 동시에 학습할 수 있어 GPS 기반 피로 누적 곡선을 통한 부상 위험 예측에서 91퍼센트의 정확도를 달성한 사례가 있다. 1D CNN은 국소 필터를 통해 이벤트의 형태를 감지하는 데 특화되어 야구 투구 시퀀스의 구질 예측에 활용된다.

Temporal Fusion Transformer는 다변량성과 계절성, 예외 상황을 통합적으로 처리할 수 있어 경기 일정 변동이 잦은 시즌의 티켓 수요 예측에 효과적이다.

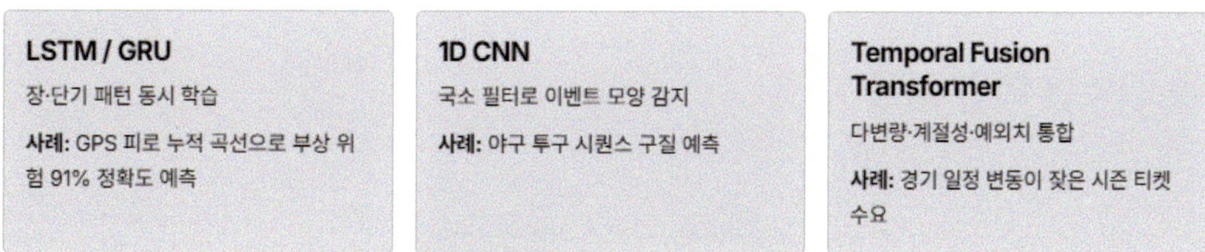

그림 15-7 통계적 시계열 모델

5) 시뮬레이션 & 디지털 트윈

시뮬레이션 기법은 복잡한 시스템의 동작을 가상으로 재현하여 예측하는 방법이다. 몬테카를로 시뮬레이션은 10만 번의 가상 시즌을 실행하여 플레이오프 진출 확률을 추정하는 데 활용된다.

에이전트 기반 모델은 팬과 직원, 보안 요원을 개별 에이전트로 설정하여 동선 혼잡 시점을 예측한다. 디지털 트윈 스타디움은 실제 센서와 POS 데이터를 가상 구장에 실시간으로 반영하여 좌석 배치나 매점 인력 계획을 시험하는 데 활용된다.

> **디지털 트윈 스타디움이란?**
>
> 실제 경기장을 실시간 데이터와 IoT · BIM(건축정보모델) 으로 끊임없이 동기화해 놓은 가상 복제(virtual replica) 를 말한다. 단순한 3D 모델이 아니라, 센서·POS·에너지 계측기·관중 흐름 CCTV 등에서 들어오는 정보를 실시간으로 주입해 "현장에서 일어나는 모든 움직임이 동시에 디지털 공간에 재현" 되는 것이 핵심이다.

6) 하이브리드·앙상블

단일 모델의 한계를 극복하기 위해 여러 모델을 결합하는 하이브리드와 앙상블 접근법이 활용된다. Prophet과 XGBoost를 결합한 모델에서는 시즌성과 휴일 효과는 Prophet이, 비선형 상호작용은 트리 모델이 담당하여 스포츠 티켓 판매 예측 오차를 12 퍼센트 감소시킨 사례가 있다.

ARIMA 모델로 1차 예측을 수행한 후 잔차를 LSTM이 학습하여 극단적인 변동을 보완하는 방식도 활용된다. 스태킹 기법은 통계 모델과 머신러닝, 딥러닝 모델의 결과를 ElasticNet과 같은 메타모델에 투입하여 최종 의사결정을 내리는 방법이다.

5 영역별 예측 응용

1) 팬 수요·구매 패턴 예측

팬 수요와 구매 패턴 예측은 스포츠 조직의 수익 최적화를 위한 가장 직접적인 예측 영역이다. 이 분야의 핵심 과제는 경기일 관중 수와 좌석 점유율을 하루에서 1주일 전에 정확히 예측하여 효율적인 운영을 가능하게 하는 것이다. 또한 기념품과 식음료 재고의 선주문량을 결정하고 동적 가격 책정을 통해 수익을 극대화해야 한다. 현대 스포츠 산업에서는 OTT 플랫폼과 모바일 앱에서의 팬 행동 예측이 중요해졌으며, 체류 시간과 이탈 확률을 예측하여 맞춤형 푸시 알림과 쿠폰을 발송하는 것이 새로운 수익원으로 부상하고 있다.

관중 수요

경기일 관중 수와 좌석 점유율을 1주일 전 예측해 효율적 운영

재고 최적화

기념품과 식음료 선주문량 결정, 동적 가격 책정으로 수익 극대화

OTT 행동 예측

체류 시간과 이탈 확률 예측해 맞춤형 푸시 알림과 쿠폰 발송

그림 15-8 팬 수요 · 구매 패턴 예측

데이터 원천과 모델링 방법은 데이터의 시간적 특성에 따라 구분하여 접근한다. 티켓 판매 기록과 POS 시스템 로그, 경기 일정, 날씨 정보는 일 또는 시간 단위의 시계열 특성을 가지므로 Prophet이나 LSTM 모델을 활용한다. 반면 CRM 데이터와 앱 클릭 데이터, 소셜미디어 버즈 데이터는 실시간 스트리밍 특성을 보이므로 XGBoost나 TFT 모델이 더 적합하다.

표 15-5 데이터 · 모델

데이터 원천	특징	대표 기법
티켓·POS 로그, 경기 일정, 날씨	일·시간 단위 시계열	Prophet, LSTM
CRM·앱 클릭·SNS 버즈	실시간 스트리밍	XGBoost, TFT

실제 적용 사례를 살펴보면, 딜로이트 축구재무리뷰에 따르면 2022-23시즌 프리미어리그의 매치데이 매출은 8억 6천 7백만 파운드로 전년 대비 14퍼센트 증가하였다. 이는 평균 관중 4만 291명이라는 역대 최고 기록과 함께 티켓 가격 인상이 주요 요인으로 작용한 결과이다.

데이터 처리 흐름은 다음과 같이 설계된다. 먼저 경기 일정과 상대 팀 전력 같은 정형 데이터와 날씨 API 및 소셜미디어 버즈 같은 반정형 데이터를 수집한다. 이후 Prophet 모델로 기준선을 설정하고 XGBoost로 비선형 패턴을 보정하여 경기 3일 전과 3시간 전에 두 번 갱신한다. 실습 과제로는 Kaggle 데이터와 WeatherAPI, Twitter API를 활용하여 3일 롤링 예측 모델을 구축하되 MAPE 목표를 10퍼센트 이하로 설정할 것을 제안한다.

2) 경기력·부상 리스크 예측

경기력과 부상 위험 예측은 선수 관리와 팀 운영 최적화에서 핵심적인 역할을 수행한다. 이 영역의 주요 과제는 선수의 피로 누적을 사전에 감지하여 로스터 구성과 훈련 강도

를 조정하는 것이다. 부상 발생 후에는 복귀 타임라인을 정확히 예측하여 트레이드나 마이너리그 선수 콜업과 같은 중요한 의사결정을 지원해야 한다.

데이터와 모델링 접근법은 수집되는 데이터의 해상도에 따라 달라진다. GPS와 IMU 트래킹 데이터는 10Hz의 고빈도로 수집되므로 LSTM이나 TFT 모델을 통해 급성 부하와 만성 부하를 분석한다. 반면 Statcast 시스템의 피치와 타구 데이터는 이벤트 단위로 수집되므로 Gradient Boosting과 SHAP 모델을 활용하여 해석 가능한 예측을 수행한다.

표 15-6 데이터 · 모델

데이터	해상도	대표 기법
GPS · IMU 트래킹	10 Hz	LSTM · TFT → Acute/Chronic Load
Statcast 피치 · 타구	이벤트 단위	Gradient Boosting · SHAP

구체적인 연구 성과를 살펴보면, 2017년부터 2022년까지 MLB 투수 데이터를 활용한 어깨와 팔꿈치 부상 예측 모델은 Gradient Boosting 기법으로 정확도 84퍼센트와 AUC 0.66을 기록하였다. SHAP 분석 결과 경기 간 휴식일과 평균 구속, 피치 타입 수가 핵심 위험 변수로 확인되었다.

데이터 처리 과정은 GPS 10Hz 트래킹 데이터와 직전 28일간의 투구 수 및 구종 비중을 수집하여 LSTM과 TFT 모델로 피로 곡선을 예측한다. 이후 급성-만성 워크로드 비율이 1.6을 초과하는 위험 구간에 대해 실시간 알림을 발송한다. 실제 현장 효과로는 미국 마이너리그 구단 2곳이 시범 적용 후 부상자 명단 등록 일수를 평균 9퍼센트 단축했다고 보고하였다.

3) 티켓·스폰서·미디어 권리 가치 예측

티켓과 스폰서, 미디어 권리 가치 예측은 스포츠 조직의 다양한 수익원을 통합적으로 최적화하는 복합적 영역이다. 이 분야의 주요 과세는 동석 가격 책정 시스템을 통해 경기 당일에도 실시간으로 가격을 조정하는 것이다. 또한 중계 화면에서 스폰서 로고의 노출 시간을 정확히 집계하여 광고 단가를 과학적으로 산정해야 한다. 더 나아가 패키지 형태의 미디어 판권 가치를 시즌이나 리그 전체 단위로 시뮬레이션하여 장기 계약 협상에 활용한다.

동적 가격 책정

경기 당일에도 실시간 가격 조정

모델: Prophet + XGBoost 앙상블

스폰서 로고 노출

중계 화면 노출 시간 정확 집계로 광고 단가 산정

모델: YOLO + SHAP

미디어 판권 가치

패키지 형태 판권 가치를 시즌·리그 단위로 시뮬레이션

모델: 시나리오 분석·몬테카를로

그림 15-9 티켓 · 스폰서 · 미디어 권리 가치 예측

문제의 성격에 따라 적용되는 데이터와 모델링 기법이 차별화된다. 좌석 가격 결정에는 과거 판매 이력과 경기 관련 변수를 결합하여 Prophet과 XGBoost 앙상블 모델을 적용한다. 스폰서 로고 노출 분석에는 컴퓨터 비전 기반의 객체 검출 기술을 활용하여 YOLO와 SHAP 모델을 조합한다. 미디어 판권 가치 평가에는 시청률과 VOD 재생량, 계약 조건을 종합하여 시나리오 분석과 몬테카를로 시뮬레이션을 수행한다.

표 15-7 데이터 · 모델

문제	데이터	모델 · 지표
좌석 가격	판매 히스토리, 경기 변수	Prophet+XGBoost 앙상블
로고 노출	CV 객체 검출 프레임	YOLO + SHAP
판권 가치	시청률, VOD 재생, 계약 조건	시나리오 분석 · 몬테카를로

실제 적용 사례의 명암을 살펴보면, MIT Sloan Sports Analytics Conference 논문에 따르면 한 MLB 구단의 동적 가격 정책은 고정 가격 대비 매출이 0.78퍼센트 감소에 그쳐 전략 설계와 수요 예측 정교화의 필요성을 보여주었다. 반면 EPL의 경우 앞서 언급한 매치데이 매출 증가는 긍정적이지만, 서포터 단체의 가격 인상 반발이 강화되어 수익 증대와 팬 충성도 감소 간의 트레이드오프 예측이 필수적이 되었다.

모델 파이프라인은 좌석별 예매 패턴과 날씨 정보, 상대 팀 인기도를 수집하여 Prophet 모델로 시즌성을 포착하고 XGBoost로 비선형 상호작용을 학습한다. 이를 통해 가격과 재고를 30분 단위로 재계산하여 실시간 최적화를 구현한다.

4) 시설·도시 개발 수요 예측

시설과 도시 개발 수요 예측은 대규모 스포츠 이벤트와 인프라 투자의 장기적 효과를 사전에 평가하는 전략적 영역이다. 이 분야의 핵심 과제는 메가 이벤트 유치 이전에 관광

과 교통, 숙박 수요에 대한 다양한 시나리오를 분석하는 것이다. 경기장 시설에 대한 투자의 투자수익률을 정확히 평가하고, 지속가능성 목표 달성을 위한 최적 경로를 예측하는 것도 중요한 과제이다.

데이터와 모델링 방법론은 예측 목적에 따라 구분하여 적용한다. 호텔 평균 일일 요금과 점유율, 교통 기종점 분석 데이터, 신용카드 매출 정보는 ARIMAX 모델과 에이전트 기반 모델을 통해 경제 파급효과와 교통 혼잡 시뮬레이션에 활용한다. 센서를 통해 수집되는 에너지와 수자원 사용량 데이터는 디지털 트윈 기술과 LSTM 모델을 결합하여 탄소 절감 시나리오를 분석한다.

표 15-8 데이터 · 모델

데이터	모델	활용
호텔 ADR · 점유율, 교통 OD, 카드매출	ARIMAX · ABM	경제파급/혼잡 시뮬레이션
센서 기반 에너지 · 수자원	디지털 트윈 + LSTM	탄소 절감 시나리오

시설과 도시 개발 수요 예측은 대규모 스포츠 이벤트와 인프라 투자의 장기적 효과를 사전에 평가하는 전략적 영역이다. 이 분야의 핵심 과제는 메가 이벤트 유치 이전에 관광 과 교통, 숙박 수요에 대한 다양한 시나리오를 분석하는 것이다. 경기장 시설에 대한 투자의 투자수익률을 정확히 평가하고, 지속가능성 목표 달성을 위한 최적 경로를 예측하는 것도 중요한 과제이다.

데이터와 모델링 방법론은 예측 목적에 따라 구분하여 적용한다. 호텔 평균 일일 요금과 점유율, 교통 기종점 분석 데이터, 신용카드 매출 정보는 ARIMAX 모델과 에이전트 기반 모델을 통해 경제 파급효과와 교통 혼잡 시뮬레이션에 활용한다. 센서를 통해 수집되는 에너지와 수자원 사용량 데이터는 디지털 트윈 기술과 LSTM 모델을 결합하여 탄소 절감 시나리오를 분석한다.

6 예측 모델 운영(MLOps)

1) 왜 스포츠 조직에 MLOps가 필수인가?

현대 스포츠 산업에서 예측 모델 운영이 필수적인 이유는 데이터의 규모와 처리 속도 요구사항이 급격히 증가했기 때문이다. MLB의 경우 한 경기에서 1,500만 개 이상의 공과 배트, 선수 좌표를 실시간으로 처리하며 300밀리초 이내에 통계와 그래픽을 방송에 송출해야 한다.

반응 속도 측면에서 동적 티켓 가격 책정, 부상 경고 시스템, 실시간 광고 삽입은 예측값이 분 또는 초 단위로 서빙되지 않으면 그 의미를 잃는다. 예측 결과가 늦게 도달하면 이미 상황이 변화하여 의사결정에 활용할 수 없기 때문이다.

규모와 재현성 관점에서도 중요성이 부각된다. 하나의 시즌에는 수백 회의 경기가 있고 각 경기마다 수만 개의 모델이 실행된다. 수작업 스크립트나 수동 배포로는 이러한 규모를 감당할 수 없으므로 지속적 통합과 배포, 자동 재학습 시스템이 필요하다.

예측 모델 운영 체계는 데이터 수집부터 특징 추출, 모델 학습, 서빙, 피드백에 이르는 전체 과정을 버전 관리와 자동화, 모니터링을 통해 체계적으로 관리하는 운영 프레임워크이다.

2) 핵심 구성요소 한눈에 보기

예측 모델 운영 시스템은 여러 단계로 구성되며 각 단계마다 적합한 도구와 스포츠 특화 요구사항이 있다.

데이터 수집과 저장 단계에서는 Kafka와 BigQuery를 활용하며, 피처 스토어로는 Feast와 같은 오픈소스 도구를 사용한다. 스포츠 분야에서는 팬 생애가치나 선수 피로지수와 같은 공유 피처를 실시간과 배치 방식 모두에서 제공해야 한다는 특수성이 있다.

파이프라인 오케스트레이션은 Kubeflow나 Airflow를 통해 구현하며, 경기 일정에 맞춰 태스크 방향성 비순환 그래프를 자동으로 조정하는 기능이 필요하다.

모델 학습과 레지스트리 관리에는 MLflow나 Vertex AI를 사용하여 버전과 실험, 성능 지표 로그를 관리한다. 이를 통해 ARIMA 버전 1과 XGBoost 버전 3과 같은 서로 다른 모델 간의 성능을 비교할 수 있다.

서빙 단계에서는 KFServing이나 TensorFlow Serving을 활용하여 50밀리초 이내의 응답 시간으로 좌석 가격 조정이나 하이라이트 컷 생성을 실시간으로 수행한다. 모니터링과 드리프트 감지에는 Evidently나 Prometheus를 사용하여 관중 연령 분포나 투구 구속 분포 등의 데이터 편향을 지속적으로 감시한다.

재학습 자동화는 GitOps와 지속적 통합 및 배포를 결합하여 성능 편차나 시즌 특별 이벤트 발생 시 파이프라인을 자동으로 재실행하는 트리거를 구현한다.

표 15-9

단계	대표 도구·개념	스포츠 특화 포인트
데이터 수집·저장	Kafka	BigQuery
피처 스토어	Feast(오픈소스)	팬 LTV·ACWR(피로지수) 같은 공유 피처를 실시간·배치 모두 제공
파이프라인 오케스트레이션	Kubeflow / Airflow	경기 일정에 맞춰 Task DAG 자동 조정
모델 학습 · 레지스트리	MLflow / Vertex AI	버전·실험·메트릭 로그 → "ARIMA_v1↔XGB_v3" 비교
서빙	KFServing / TensorFlow Serving	〈50 ms 응답으로 좌석 가격·하이라이트 컷 실시간 생성
모니터링 & 드리프트	Evidently / Prometheus	관중 연령 분포·구속 분포 등 데이터 편향 감시
재학습 자동화	GitOps + CI/CD	편차 or 시즌 이벤트 발생 시 파이프라인 재실행 트리거

3) 파이프라인 설계: Batch + Streaming 하이브리드

효과적인 예측 모델 운영을 위해서는 배치 처리와 스트리밍 처리를 결합한 하이브리드 파이프라인 설계가 필요하다.

스트리밍 입력 처리에서는 Kafka에서 수집된 데이터를 Flink를 통해 좌표와 클릭 이벤트를 5초 윈도우 단위로 집계한다. 실시간 입력이 필요한 동적 가격 책정 시스템도 동일한 스트림을 공유하여 효율성을 높인다. 배치 입력 처리에서는 전날의 매출과 부상 기록을 Airflow의 일일 작업을 통해 데이터 레이크하우스의 Silver 계층에 적재한다.

피처 재사용성을 높이기 위해 Feast가 스트리밍 집계 결과와 배치 집계 결과를 동일한 이름과 스키마로 노출하여 학습과 서빙 간의 불일치를 방지한다. 워크플로 자동 테스트는 Kubeflow Pipeline의 종료 핸들러를 통해 단계 실패 시 Slack 알림을 발송하고 자동 롤백을 수행한다.

4) 모델 배포 · 버전 관리

체계적인 모델 배포와 버전 관리는 안정적인 서비스 운영의 핵심이다. MLflow Registry를 통해 Prophet 버전 2, XGBoost 버전 4, TFT 버전 1과 같은 다양한 모델을 등록하고, 생산-대기-보관 단계 간의 이동을 GitLab CI의 병합 요청에 연동하여 자동화한다.

A/B 테스트를 통해 관중 예측 신규 모델을 전체 트래픽의 10퍼센트에만 서빙하여 평균 절대 오차가 1퍼센트포인트 감소함을 확인한 후 100퍼센트로 전환한다.

롤백 시스템은 실측값과의 편차가 15퍼센트를 초과하거나 응답 지연시간이 100밀리초를 넘으면 자동으로 이전 버전으로 복구한다.

5) 모니터링 · 드리프트 대응

지속적인 모니터링과 적극적인 드리프트 대응은 모델 성능 유지의 핵심이다. 데이터 드리프트 모니터링에서는 팬 연령대 중 25세 미만 비중이 30퍼센트에서 38퍼센트로 급등하는 경우 모델 입력 분포 변화에 대한 경고를 발송한다.

모델 성능 드리프트는 평균 절대 백분율 오차가 10퍼센트에서 14퍼센트로 초과 상태가 3일간 지속되면 재학습 워크플로를 자동으로 트리거한다.

운영 지표는 요청-응답 지연시간, GPU 사용률, 에러율을 Prometheus와 Grafana 대시보드를 통해 구단 경영진과 IT팀, 마케팅팀이 함께 모니터링한다.

6) 특수 사례: 디지털 트윈과 실시간 예측

디지털 트윈 기술은 예측 모델 운영의 새로운 차원을 제시한다. SoFi Stadium은 관중 흐름과 에너지 부하, 매점 재고를 디지털 트윈에 연동하여 경기 당일 운영을 시뮬레이션한다. 연구에 따르면 이러한 트윈 기반 운영이 운영 비용을 최대 10퍼센트 절감할 수 있는 것으로 나타났다.

디지털 트윈은 서빙 계층이 시뮬레이션 기반의 가정 분석을 지원하도록 확장된 형태이다. 기존의 예측 파이프라인을 그대로 탑재하여 예측에서 실행, 가상 검증으로 이어지는 순환 구조를 구현한다.

7) ROI · SLA 관점의 운영 지표

효과적인 예측 모델 운영을 위해서는 명확한 성과 지표와 서비스 수준 협약이 필요하다. 품질 지표로는 평균 절대 백분율 오차와 AUC를 사용하며, 관중 예측의 경우 8퍼센트 이하의 오차율을 목표로 설정한다.

속도 지표는 95퍼센타일 응답 시간을 측정하며, 티켓 가격 API는 50밀리초 이내 응답을 보장해야 한다. 안정성 지표는 가동 시간으로 측정하며, 경기일 24시간 동안 99.9퍼센트의 가용성을 유지해야 한다. 비즈니스 지표는 매출 증분과 부상자 명단 등록 일수 감소율로 측정하며, 동적 가격 책정으로 매출 14퍼센트 증가와 부상자 일수 9퍼센트 감소를 목표로 한다.

각 지표는 스프린트 회고 시점에 예측 모델 운영팀과 마케팅팀, 전력분석팀이 공동으로 점검하여 예측이 수익성과 위험 관리에 실질적으로 기여한 정도를 즉시 환산할 수 있도록 한다.

표 15-10

카테고리	대표 지표	스포츠 적용 예
품질	MAPE · AUC	관중 예측 MAPE ≤ 8 %
속도	p95 Latency	티켓 가격 API 〈 50 ms
안정성	Uptime	경기일 00–24시 99.9 %
비즈니스	매출 증분 · DL 감소율	동적 가격 매출 +14 %, 부상자 일수 −9 %

7 미래 전망과 시나리오

1) 2030년 전망 수립의 필요성

현재 스포츠 산업은 데이터 처리 규모와 실시간성 요구사항이 급격히 증가하고 있다. MLB의 경우 경기당 2천 5백만 개의 트래킹 데이터를 단 0.3초 만에 가공하고 시각화하여 팬들의 화면에 전송한다. 이러한 데이터 폭발과 실시간성 요구가 결합되면서 의사결정 패러다임이 변화하고 있다.

전통적인 시즌 종료 후 회고 방식에서 벗어나 예측과 즉시 실행, 피드백의 순환 구조가 일상적인 운영 방식으로 자리 잡고 있다. 이러한 변화 속에서 2030년 시점을 낙관, 기준, 비관의 세 가지 시나리오로 미리 설정해두는 것이 중요하다. 기술 발전이나 규제 변화와 같은 외부 충격이 발생할 때 조직이 안정적으로 대응할 수 있는 준비가 필요하기 때문이다.

2) 생성형 인공지능 에이전트의 팬 콘텐츠 혁신

생성형 인공지능은 팬 콘텐츠 제작과 배포 방식을 근본적으로 변화시키고 있다. NASCAR는 WSC Sports 플랫폼 도입을 통해 레이스 하이라이트 공개 시간을 80퍼센트 단축하였으며, 경기당 평균 170편의 맞춤형 영상을 자동으로 배포하고 있다.

AWS와 NVIDIA가 NAB 2025에서 시연한 클라우드 기반 생성형 인공지능 파이프라인은 10초 이내에 라이브 피드를 분할하여 요약과 자막, 광고 크리에이티브까지 생성할 수 있다. 이는 실시간 편집과 개인화된 추천이 동시에 이루어지는 시스템으로, OTT 플랫폼의 체류 시간 증가와 광고 CPM 상승을 동시에 달성하는 구조가 성숙하고 있음을 보여준다.

이러한 기술 발전은 콘텐츠 생산 비용을 대폭 절감하면서도 개인화 수준을 높여 팬 만족도와 수익성을 동시에 향상시키는 새로운 비즈니스 모델을 가능하게 한다.

3) 자율 판정 시스템과 운영 자동화

스포츠 경기에서 인공지능 기반 자율 판정 시스템의 도입이 가속화되고 있다. 야구에서는 2025년 스프링캠프 경기의 60퍼센트에서 자동 볼-스트라이크 챌린지 시스템이 활용되었으며, 판정이 뒤집힌 비율이 52.2퍼센트에 달했다.

축구 분야에서는 프리미어리그가 2024-25시즌부터 반자동 오프사이드 기술을 도입하여 0.5초 이내에 오프사이드 여부를 표시하고 있다. 판정 정확도가 2퍼센트포인트만 개선되어도 경기 완결 시간 단축과 팬 신뢰도 향상에 유의미한 효과가 나타나는 것으로 확인되었다.

이러한 추세를 고려할 때 2030년에는 심판의 역할이 인공지능 컨트롤러로 재정의될 가능성이 높다. 심판은 최종 판정보다는 시스템 운영과 예외 상황 관리에 집중하는 역할로 변화할 것으로 전망된다.

4) 디지털 트윈 스타디움과 통합 운영 시스템

디지털 트윈 기술은 스포츠 시설 운영의 효율성을 혁신적으로 개선하고 있다. 파리 2024 올림픽 조직위원회는 모든 경기장을 OnePlan의 디지털 트윈으로 설계하여 동선과 보안을 사전에 시뮬레이션함으로써 행사 당일의 운영 리스크를 크게 줄였다.

맥킨지의 산업 전반 분석에 따르면 디지털 트윈이 운영비를 최대 15퍼센트 절감하고 상업적 효율성을 10퍼센트 높이는 것으로 나타났다. 2025년 이후에는 구단의 에너지 부하 예측과 VIP 패키지 3D 뷰, 증강현실 광고가 모두 트윈 공간에서 실험과 검증을 거친 후 현실에 적용되는 이중 수익 구조가 가속화될 전망이다.

디지털 트윈은 단순한 시뮬레이션 도구를 넘어 실제 운영과 가상 실험을 연결하는 통합 운영 시스템으로 발전하고 있다.

그림 15-10 Paris 2024 & OnePlan Digital Twins

출처: OnePlan (본 이미지는 교육적 목적으로 인용되었다.)

5) 여성 스포츠와 Z세대 중심의 팬 경제

여성 스포츠와 Z세대가 주도하는 새로운 팬 경제가 급성장하고 있다. 2024년 WNBA 정규시즌은 ESPN 플랫폼에서 평균 119만 명이 시청하여 전년 대비 170퍼센트 증가한 역대 최고 기록을 세웠다.

특히 루키 케이틀린 클라크가 출전한 19경기 중 16경기가 100만 뷰 이상을 기록하며 팬층을 크게 확대했고, 일부 경기의 2차 티켓 가격이 300달러대까지 상승했다. 이는 Z세대와 여성 슈퍼스타를 중심으로 한 소셜미디어 버즈가 실시간 시청과 현장 소비로 직접 연결되는 새로운 전달 경로가 형성되었음을 보여준다.

이러한 소셜미디어 중심의 팬 행동 패턴은 예측 모델의 주요 변수로 직접 활용되어 예측 정확도 향상과 수익 증대를 동시에 달성하고 있다.

6) 수익 모델의 마이크로화와 동적 가격 책정

인공지능 서빙 엔진의 발전으로 콘텐츠 단위별 동적 가격 책정이 가능해지고 있다. 하이라이트 클립마다 개별적으로 CPM을 책정하는 시스템에서 WSC와 AWS 사례는 맞춤형 CPM이 평균 광고 단가보다 약 40퍼센트 프리미엄을 달성했다고 보고했다.

동시에 TikTok 형태의 10초 클립에 대한 마이크로 라이선스 모델이 대두되고 있으며, 단편 영상 1회 재생당 0.05달러 수준의 과금 실험이 진행되고 있다. 이는 기존의 패키지 단위 라이선스에서 개별 콘텐츠 단위로 세분화된 수익 모델로의 전환을 의미한다.

짧지만 고가치인 콘텐츠 단위를 예측하고 즉시 가격을 책정하는 엔진이 새로운 매출 축을 창출하고 있다. 이러한 마이크로화된 수익 모델은 콘텐츠의 실시간 가치 평가와 동적 가격 책정을 통해 기존보다 훨씬 정교한 수익 최적화를 가능하게 한다.

학습 요약

데이터 기반 스포츠 산업 예측은 단순한 기술 도구를 넘어 조직 운영의 근본적 변화를 요구하는 패러다임 전환이다. 과거 경험과 직관에 의존하던 의사결정에서 데이터와 예측 모델을 통한 과학적 접근으로의 전환은 스포츠 조직의 경쟁력을 좌우하는 핵심 요소가 되었다.

코로나19와 같은 예상치 못한 충격이 기존 수요 예측을 무력화시킬 수 있는 시대에, 실시간 데이터와 고도화된 예측 모델을 통한 즉각적 대응 능력이 조직의 회복탄력성을 결정한다. 거시 트렌드 스캐닝을 통해 경기장 밖의 구조적 변화를 포착하는 것이 예측 정확도를 높이는 출발점임을 확인하였다.

데이터 자원 지도의 구축은 예측 모델 품질을 결정하는 기반 인프라이다. 정형, 반정형, 비정형 데이터의 융합과 체계적인 피처 엔지니어링, 견고한 데이터 거버넌스는 예측 모델이 실전에서 의미 있는 가치를 창출하는 전제 조건이다.

예측 방법론 로드맵에서 제시한 문제 중심적 접근은 비즈니스 문제 해결을 위한 최적 솔루션 선택의 중요성을 보여준다. 통계적 시계열 모델부터 딥러닝, 시뮬레이션까지 각각의 장단점과 적용 영역이 다르며, 조직 상황과 문제 특성에 맞는 선택이 성공의 열쇠이다.

영역별 예측 응용에서는 팬 수요 예측부터 부상 위험 관리, 가치 평가, 시설 개발에 이르기까지 예측 기술이 수익성 향상과 위험 관리, 팬 경험 개선을 동시에 달성하는 통합적 솔루션으로 발전하고 있음을 확인하였다.

미래 전망을 통해 2030년까지 스포츠 산업이 경험할 생성형 인공지능, 자율 판정 시스템, 디지털 트윈, 새로운 팬 경제의 등장은 예측 기술의 중요성을 더욱 부각시킬 것이다.

결국 데이터 기반 스포츠 산업 예측은 기술의 문제이면서 동시에 조직 문화와 리더십의 문제이다. 데이터와 모델, 도메인 지식의 균형 잡힌 발전과 함께 예측 결과를 실행으로 연결하는 조직의 민첩성이 핵심 성공 요인이다. 미래의 스포츠 조직은 예측을 통해 불확실성을 기회로 전환하고, 팬과 선수, 사회 전체에게 더 큰 가치를 제공하는 혁신의 주체가 될 것이다.

16 Chapter
스포츠 데이터와 윤리

>> 학습 목표

1. 스포츠 데이터 활용에서 발생하는 주요 윤리적 쟁점을 이해한다.
2. 스포츠 데이터 윤리의 핵심 원칙과 글로벌 규제 체계를 분석한다.
3. 데이터 생명주기(Lifecycle) 전 과정에서 윤리적 관리 체계를 설계할 수 있다.

1 스포츠 윤리 이슈

스포츠 현장에서는 위치 데이터, 생체 데이터, 영상 데이터, 행동 데이터가 일상적으로 폭발적인 규모로 생성된다. 이러한 데이터의 활용은 경기력 향상과 팬 경험 혁신을 가능하게 하였지만, 동시에 데이터 안전성, 공정성, 책임성의 경계를 언제 넘어설 것인가라는 윤리적 딜레마를 부각시켰다. 스포츠 데이터 활용에서 발생하는 윤리적 쟁점들을 다섯 가지 대표적인 사례를 통해 살펴보면 다음과 같다.

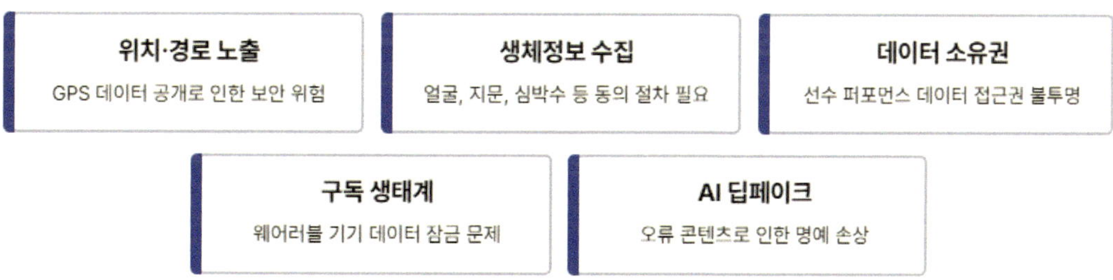

그림 16-1 5대 윤리적 쟁점

1) 위치 · 경로 노출 리스크

GPS와 가속도 센서가 기록하는 이동 궤적 데이터는 팀 전술 분석에 매우 유용한 자료이다. 그러나 이러한 데이터가 공개될 경우 선수, 관중, 심지어 군사 시설까지 위험에 노출될 수 있다는 문제가 있다.

2018년 Strava의 Global Heatmap 사건이 대표적인 사례이다. 이 사건에서는 운동 추적 앱이 공개한 전 세계 사용자들의 운동 경로 데이터가 미군과 정보기관 기지의 순찰 코스를 드러내어 국제 안보 이슈로 발전하였다. 이후 Strava는 민감 지역을 자동으로 마스킹하는 기능을 추가하였다.

2) 생체·얼굴 데이터 수집 및 동의

얼굴, 지문, 심박수 등의 고감도 생체정보를 수집할 때는 명확한 동의 절차와 목적 제한이 필수적이다. 특히 미국 일리노이주와 같이 생체정보보호법을 엄격하게 적용하는 지역에서는 법적 손해배상 위험이 크다.

2024년 NBA 2K 게임 사용자들이 얼굴 스캔 데이터가 AWS 서버로 전송되어 활용되었다며 아마존을 상대로 집단소송을 제기한 사건이 있었다. 이 사건은 최근 합의로 마무리되었으며, 스포츠 지적재산이 엔터테인먼트 및 게임 영역으로 확장될 때도 동일한 생체정보 규제가 적용된다는 선례를 남겼다.

3) 선수 퍼포먼스 데이터 소유권·접근권

트래킹 센서를 통해 수집된 데이터의 소유권과 접근권이 불투명할 때 갈등이 발생한다. 국제 스포츠계는 선수의 데이터 자기결정권을 점차 인정하는 방향으로 발전하고 있다.

FIFA는 2022년 카타르 월드컵부터 FIFA Player App을 도입하여 경기 후 즉시 선수 개인에게 모든 추적 데이터와 영상 인사이트를 제공하기 시작하였다. 이는 데이터 투명성의 모범 사례로 평가받고 있다.

4) 웨어러블 구독 생태계의 불공정 문제

하드웨어, 소프트웨어, 클라우드 서비스를 결합한 SaaS 형태의 웨어러블 기기는 가입, 종속, 데이터 잠금이라는 구조적 문제를 가지고 있다. 장비 교체나 서비스 중단 시 이용자가 자신의 원시 데이터를 잃어버리는 경우가 빈번하게 발생한다.

2025년 WHOOP 3.0 이용자들이 200파운드를 지불하고 구매한 밴드가 구버전이라는 이유로 앱 접근이 차단되었다며 환불과 데이터 다운로드 권리를 요구하는 사건이 발생하였다. 이후 구단과 선수협회는 데이터 포터빌리티 조항을 계약서에 명시하기 시작하였다.

5) AI 딥페이크·오류 콘텐츠가 초래하는 명예·평판 손상

생성형 AI가 제작한 가짜 하이라이트나 음성 합성 해설은 팬 경험을 풍부하게 할 수 있지만, 허위 경기 장면이나 조작된 발언이 유포될 경우 선수와 구단의 평판은 물론 스포츠베팅 시장의 공정성에 심각한 타격을 줄 수 있다.

2024년 EPL 중계권사의 협력업체가 시험한 실시간 AI 합성 해설 베타 버전에서 선수 이름과 경기 상황을 잘못 인식하여 오류가 있는 중계가 송출된 사건이 있었다. 이후 딥페이크 가이드라인과 인간 검증 프로세스가 추가되었다.

(1) 실무적 시사점

스포츠 데이터의 윤리적 활용을 위해서는 이론적 원칙을 실무 현장에서 구현할 수 있는 구체적이고 체계적인 접근 방법이 필요하다. 다음 네 가지 핵심 영역에서의 실무적 시사점을 제시한다.

(2) 예방 중심의 거버넌스 체계

데이터 수집 이전 단계에서 최소 수집, 목적 명확화, 암호화의 3단계 원칙을 문서화하여 적용해야 한다. 최소 수집은 목적 달성에 필요한 최소한의 데이터만 수집하는 것이며, 목적 명확화는 데이터 활용 목적을 사전에 정의하는 것이다. 암호화는 수집된 데이터의 기술적 보안을 보장하여 유출 시 피해를 최소화한다.

(3) 투명한 의사소통 체계의 구축

선수, 팬, 파트너 등 모든 이해관계자에게 데이터 사용처, 개인의 권리, 보상 구조를 일반인이 이해할 수 있는 평이한 언어로 공개해야 한다. 복잡한 전문용어 대신 명확한 표현을 사용하여 데이터 주체가 자신의 권리를 정확히 인지할 수 있도록 해야 한다.

(4) 계약과 정책의 표준화

웨어러블 기기와 플랫폼 계약서에 데이터 소유권, 이동권, 폐기 규정을 표준화하여 포함시켜야 한다. 데이터 소유권은 수집된 데이터의 법적 권리를, 이동권은 사용자가 다른 서비스로 데이터를 이전할 수 있는 권리를, 폐기 규정은 서비스 종료 시 개인정보 삭제 절차를 명시한다.

(5) AI 콘텐츠 검증 체계의 도입

AI 모델 학습 데이터의 출처와 버전을 체계적으로 관리하고, 휴먼 인더루프 검수 라인을 구축해야 한다. 데이터 출처 관리는 편향이나 오류의 원인 파악을 가능하게 하며, 휴먼 인더루프 검수는 AI 결과물을 인간 전문가가 최종 검토하여 책임 있는 의사결정을 보장한다.

2 스포츠 데이터 윤리 원칙

그림 16-2 스포츠 데이터 윤리 5대 원칙

1) 보호·보안(Privacy & Security)

스포츠 조직은 GPS, 바이오센서, CCTV 등을 통해 선수와 관중의 극도로 민감한 데이터를 실시간으로 수집하고 있다. 이러한 정보가 유출될 경우 경기 전략이 노출되거나 개인의 이동 경로와 건강 상태가 악의적인 목적으로 악용될 위험성이 존재한다. 특히 위치 데이터의 경우 개인의 일상적인 행동 패턴을 파악할 수 있게 하여 사생활 침해는 물론 신체적 안전까지 위협할 수 있다.

2018년 피트니스 앱 Strava의 Global Heatmap 공개 사건은 이러한 위험성을 극명하게 보여준다. Strava는 사용자들의 달리기와 자전거 타기 경로를 전 세계 지도에 시각화하여 공개하였는데, 이 과정에서 미군과 정보기관 기지 내부의 순찰 코스까지 드러나게 되어 국제적인 안보 파문을 일으켰다. 이후 Strava는 민감 지역을 자동으로 차단하는 기능을 긴급히 도입하였다.

이러한 사례에서 얻을 수 있는 시사점은 데이터 수집 이전에 데이터 영향평가를 반드시 실시해야 한다는 것이다. 또한 민감한 구역이나 신원 식별이 가능한 정보는 수집과 동시에 마스킹하거나 암호화하여 보호해야 한다.

2) 공정성(Fairness / Non-discrimination)

AI가 가격 결정, 선수 선발, 재활 프로그램 등의 의사결정을 자동화할수록 학습 데이터에 내재된 편향이 사회적 불평등으로 직결될 가능성이 높아진다. 알고리즘이 과거의 편향된 데이터를 학습하게 되면 기존의 차별과 불공정을 지속시키고 심화시킬 수 있다.

2025년 FA컵 결승전의 VIP 좌석 가격 책정 사례가 이러한 문제를 잘 보여준다. 동적 가격 알고리즘에 의해 몇 주 동안 좌석 가격이 1,500파운드에서 399파운드까지 급격하게 변동하였다. 소비자들은 가격 변동 사실조차 사전에 고지받지 못했다며 이를 현대판 암표상 행위라고 비판하였고, 축구 협회는 이후 지속적인 모니터링을 약속하였다.

이러한 문제를 해결하기 위해서는 알고리즘 영향평가를 통해 가격 결정이나 선발 과정에서 발생할 수 있는 편향 지표를 공개해야 한다. 또한 장애인이나 청소년과 같은 취약계층에 대해서는 가격 상한선을 설정하는 별도의 보호 정책이 필요하다.

3) 투명성·설명가능성(Transparency & Explainability)

경기 판정이나 전술 추천과 같이 결정적인 순간에 AI가 활용될 때는 해당 결정이 내려진 이유를 즉시 설명할 수 있는 메커니즘이 필요하다. 이는 팬과 선수들의 수용성을 확보하고 스포츠의 공정성에 대한 신뢰를 유지하는 데 필수적이다.

분데스리가가 2025-26 시즌부터 도입하기로 한 반자동 오프사이드 시스템이 좋은 사례이다. 이 시스템은 경기장 대형 화면과 음성 안내를 통해 3D 라인과 애니메이션을 실시간으로 공개한다. 이는 2022년 카타르 월드컵에서 호평을 받은 빠른 판정과 시각화 방식을 리그 차원에서 도입한 것이다.

효과적인 투명성 확보를 위해서는 데이터 수집부터 모델 적용, 최종 결과 도출까지의 전체 과정을 시각화하여 30초 이내에 이해할 수 있는 설명 카드로 제공해야 한다. 또한 AI 판정 시스템의 경우에도 최종 결정은 인간 심판이 확정하는 휴먼 인더루프 체계를 유지해야 한다.

4) 책임성(Accountability & Governance)

데이터나 AI 오남용 사고가 발생했을 때 누가 어떻게 책임을 질 것인지가 계약과 정책에 명확하게 규정되어 있어야 재발을 방지할 수 있다. 책임 소재가 불분명하면 사고 대응이 지연되고 피해가 확산될 가능성이 높다.

스페인 라리가의 마이크 무단 접근 사건이 대표적인 사례이다. 라리가는 바에서의 불법 중계를 단속하기 위해 이용자의 스마트폰 마이크를 사용자 동의 없이 활성화하도록 앱을 설계하였다. 이로 인해 2019년 GDPR 위반으로 28만 달러의 벌금을 부과받았다. 사고 이후 라리가는 데이터 보호 책임자와 윤리 위원회를 신설하고, 앱이 마이크에 접근할 때마다 팝업 알림을 표시하는 방식으로 시스템을 개선하였다.

이러한 경험을 바탕으로 리그, 구단, 벤더 간의 계약서에는 24시간 이내 통지 의무, 배상 범위, 시정 기한을 포함한 사고 대응 절차를 명시해야 한다. 또한 정기적인 감사를 통해 데이터 처리 현황을 점검하고 그 결과를 공개하여 투명성을 확보해야 한다.

5) 지속성·환경(Sustainability & Stewardship)

실시간 스트리밍과 트래킹 서버 운영에는 막대한 전력이 소모된다. ESG 경영이 중요해지면서 친환경 데이터 인프라 구축이 새로운 윤리적 과제로 부상하고 있다. 스포츠 산업의 디지털 전환이 가속화될수록 데이터 처리와 저장에 필요한 에너지 소비량도 급격히 증가하고 있어 환경적 영향을 고려한 접근이 필요하다.

2022년 유럽의 한 중형 축구리그는 환경 친화적 데이터 관리의 모범 사례를 보여주었다. 이 리그는 전체 스트리밍과 분석 서버를 100% 재생에너지를 사용하는 데이터센터로 이전하여 탄소 배출량을 감소시켰다. 또한 분기마다 에너지 사용량을 공개하여 ESG 인증을 획득하였다.

지속가능한 데이터 관리를 위해서는 클라우드 공급업체가 RE100, 즉 100% 재생전력 사용 기준을 충족하는지 확인해야 한다. 또한 원본 영상과 로그 데이터에 대해서는 명확한 보존 기간을 설정하고 주기적으로 삭제, 압축, 재사용하는 5R 원칙을 적용하여 환경 부담을 최소화해야 한다.

표 16-1

윤리 원칙	핵심 개념 · 스포츠 특수 쟁점	실무 적용 포인트
보호 · 보안 (Privacy & Security)	선수 · 관중의 고감도 생체 · 위치 데이터는 식별 · 추적 위험이 크므로 "최소 수집-목적 제한-암호화" 3단계가 필수	▶ 수집 전 DPIA(데이터 영향평가) 의무화 ▶ 민감 구역 자동 마스킹 · 로깅 주기적 삭제
공정성 (Fairness / Non-discrimination)	AI 모델이 지역 · 장애 · 소득 편향을 내면 티켓 · 스카우팅 · 재활 기회 불평등 초래	▶ 알고리즘 영향평가(AIA) → 편향 지표 공개 ▶ 장애인 · 취약층 좌석 가격 상한 설정
투명성 · 설명가능성 (Transparency / Explainability)	판정 · 추천 AI가 "왜 이러한 결정을 했는가?"를 즉시 설명해야 팬 · 선수 수용성이 확보	▶ 의사결정 흐름(데이터→모델→결과) 시각화 ▶ 팬 · 미디어용 '30초 설명 카드' 표준 운영
책임성 (Accountability & Governance)	데이터 · AI 오남용 시 "누가 · 어떻게 책임지는가"를 계약 · 정책에 명시	▶ 리그 · 구단 단위 Ethics Board + DPO 지정 ▶ 사고 대응(통지 · 보상 · 재발 방지) 플로차트 문서화
지속성 · 환경 (Sustainability & Stewardship)	데이터 센터 · 스트리밍은 탄소 발자국을 남김. "친환경 인프라 + 데이터 보존 주기" 관리 필요	▶ 클라우드 공급사 'RE100' 여부 확인 ▶ 불필요 데이터 5R(Refuse-Reduce-Reuse-Recycle-Report) 정책

3 글로벌 규제 맵과 스포츠

1) 왜 '규제 맵'이 필요한가

스포츠 분야에서 AI 의존도가 급속히 증가하면서 한 경기당 수백 기가바이트의 영상, 센서, 음성 데이터가 국경을 넘나들고 있다. 각국은 이러한 데이터 이동에 대해 서로 다른 규제 접근법을 채택하고 있다. 유럽연합은 위험 기반 규제를, 미국은 자율 규제와 사후 책임 방식을, 중국은 라이선스와 내용 검열을, 한국은 유연한 혼합형 접근을 택하고 있다. 스포츠 조직은 자신이 속한 리그, 방송 시장, 클라우드 위치를 종합적으로 고려하여 규제 위험을 예방해야 한다.

2) 유럽 — AI Act와 '올림픽 AI 법'

2024년 7월 12일 유럽연합 관보에 게재된 인공지능법은 유럽을 위험 기반 규제 시대로 이끌었다. 이 법은 AI 시스템을 금지, 고위험, 제한, 최소의 네 등급으로 분류한다. 선수 선발, 안전 감시, 생체 인증과 같이 경기력과 인권에 직접 영향을 주는 시스템은 고위험 AI로 분류되어 CE 마킹을 받아야 한다. 프랑스는 2024년 파리 올림픽을 위해 경기장과 지하철에 행동 패턴 탐지 카메라를 한시적으로 허용했으나, 얼굴 인식은 전면 금지하였다.

유럽 클럽이나 중계사는 AI 시스템 도입 시 기능 설명, 위험 등급, CE 신고 계획을 통합 양식으로 준비해야 계약 협상의 지연을 방지할 수 있다.

3) 미국 — 자율 프레임워크 + 주(州) 단위 강력 규제

미국 연방 정부는 NIST AI 위험 관리 프레임워크를 통해 거버넌스, 맵핑, 측정, 관리의 4단계 자율 지침을 권고한다. 이는 법적 규제는 아니지만 연방 조달 계약에 반영되어 사실상 필수 가이드가 되었다. 일리노이주의 생체정보보호법과 같은 주 단위 강력한 규제가 문제가 되고 있다. 2024년 뉴욕 메츠 구단은 시티 필드에서 사전 동의 없이 팬의 얼굴 인식 정보를 수집했다는 논란을 야기하기도 하였다.

MLB와 NBA 구단이 경기장에서 생체 인증을 도입하려면 동의 팝업, 정책 링크, 데이터 삭제 버튼을 화면 첫 페이지에 배치하고 클라우드 운영사를 공동 피보험자로 명시해야 한다.

4) 중국 — 라이선스와 '내용 안전' 우선

중국은 2023년 7월 시행된 생성형 AI 잠정관리 규정을 통해 공중 서비스형 모델에 대해 출시 전 보안 심사와 라이선스 취득을 의무화하였다. 국경 밖 데이터 반출도 원칙적으로 제한된다. 2023년 항저우 아시안게임 조직위는 모든 경기 영상과 AI 하이라이트 시스템을 저장성 내 한 곳에만 저장하여 규정을 준수하였다.

해외 리그나 e스포츠 팀이 중국 팬 서비스를 운영하려면 현지 합작 서버와 모델 사용 신청서가 준비되지 않으면 앱 업데이트조차 불가능할 수 있다.

5) 한국 — AI·데이터 기본법(입법 진행)

2024년 12월 26일 국회를 통과한 AI 기본법은 2026년 1월 22일 전면 시행될 예정이다. 이는 아시아 최초의 포괄적 AI 기본법으로, 고영향 AI에 대해 자가진단서 제출을 요구하고 해외 사업자에게 국내 대리인 선임을 의무화하며, 위반 시 매출액의 3%까지 과징금을 부과할 수 있다.

KBO 리그의 자동 볼스트라이크 시스템은 판정 일관성이 99.9%에 달해 고영향 AI로 분류될 가능성이 있다. 구단들은 시행령 발표 전까지 모델과 데이터셋 설명 자료를 준비해야 한다.

6) 한눈에 보는 '규제 레이더 맵' 실천 요령

스포츠 조직은 다음과 같은 전략으로 글로벌 규제에 대응해야 한다. 국가, 리그, 클라우드 위치를 좌표축으로 삼아 솔루션마다 적용 법률과 지침을 체계적으로 관리해야 한다. 고위험 AI, 생체정보, 국경 간 데이터에 대해서는 6개월마다 영향평가를 실시하는 일정을 수립해야 한다. 다자 계약에는 공동 책임, 손해배상 한도, 관할 법원을 명시하여 법적 사각지대를 방지해야 한다.

결론적으로 AI법을 중심으로 한 규제는 각국으로 확산되는 추세이다. 스포츠 조직은 위험 기반, 자율 규제, 내용 검열, 유연 접근의 네 가지 축을 이해하고 각 시장별 데이터 이전, 동의 절차, AI 보고 체계를 선제적으로 준비해야 글로벌 팬 경험과 선수 보호를 동시에 달성할 수 있다.

4 지식재산·데이터 라이선스 실무

1) AI 하이라이트·음성 생성물의 저작권 귀속

경기 영상에서 자동으로 하이라이트 장면을 추출하고 다국어 음성을 합성하는 생성형 AI가 보편화되고 있다. 저작권법 관점에서는 원본 중계 화면에 대한 방송사업자의 권리, 선택과 배열에 대한 편집자나 AI 도구 공급사의 권리, AI가 생성한 내레이션에 대한 모델 개발사의 권리 등 다층적인 권리가 복합적으로 얽혀 있다.

NBA는 파트너사와의 협력을 통해 생성형 AI로 다국어 하이라이트를 자동 제작하고 배포하는 서비스를 운영하고 있다. 리그는 계약서에 AI가 편집과 더빙을 담당하더라도 최종 저작권은 NBA에 귀속된다는 조항을 포함시켜 구단과 선수협회의 동의를 확보하였다.

AI 도구를 활용할 때는 생성물의 2차 배포 권한, 수익 배분 구조, 선수 초상권 처리 방안을 별도 부록으로 명시하여 분쟁을 예방해야 한다.

2) 학습 데이터 이용 — 공정이용 vs 유료 라이선스

딥러닝 모델 학습에는 수백만 장의 사진과 중계 클립이 필요하다. 저작물을 텍스트 및 데이터 마이닝 목적으로 수집하는 행위의 허용 여부는 국가마다 다르다.

Getty Images와 Stability AI 간의 소송이 대표적인 사례이다. Getty Images는 2023년 1월 Stability AI를 상대로 1,200만 장 이상의 사진을 무단으로 학습에 사용했다고 주장하며 소송을 제기하였다. 2023년 12월 영국 고등법원은 Stability AI의 소송 기각 신청을 거부하였으며, 2025년 6월 본격적인 재판이 예정되어 있다.

스포츠 분야에서도 동일한 기준이 적용된다. 트래킹 영상이나 선수 사진을 학습에 활용하는 경우 방송사, 포토 에이전시, 리그와 텍스트 및 데이터 마이닝 조항을 별도로 체결하거나, 유럽연합처럼 연구 목적의 텍스트 및 데이터 마이닝 예외에 해당하는지 검토해야 한다.

3) '공식 데이터' 독점 라이선스 구조

베팅과 중계 시장에서는 가장 빠르고 정확한 실시간 데이터 피드를 확보하는 것이 경쟁력의 핵심이다. 이에 따라 리그가 독점 파트너 한 곳을 지정하여 전 세계 스포츠북과 미디어에 재판매하는 수직적 구조가 정착되고 있다.

EPL의 데이터 권리를 관리하는 Football DataCo는 2024년 8월 Genius Sports와 2029년까지 독점 계약을 연장하여 선수 마이크로트래킹 데이터까지 Genius Sports에만 공급하기로 하였다. MLB도 2025년 2월 Sportradar와 2032년까지 Statcast 초저지연 데이터와 영상 클립을 단독 배포하는 계약을 체결하여 800곳의 스포츠북에 제공한다.

구단이나 스타트업이 2차 라이선스 형태로 데이터를 활용하려면 사용 분야 구분, 재가공과 모델 학습 허용 범위, 캐싱과 저장 기간을 계약서에 정확히 명시해야 한다.

4) NFT·디지털 자산 IP — '토큰 ≠ 영상 저작권'

경기 순간을 NFT로 발행할 때 토큰 보유자가 하이라이트 자체를 소유한다는 오해가 빈번하게 발생한다.

2024년 6월 NBA Top Shot 집단소송에서 Dapper Labs는 400만 달러에 합의하였다. 이 합의에서 NFT Moment는 저작권이 아닌 라이선스된 디지털 상품임이 재확인되었다. NFT 보유자는 개인적 감상과 온라인 공유만 가능하며, 상업적 재배포와 방송권은 여전히 NBA에 남아 있다.

NFT 프로젝트 제휴 시에는 지식재산권 잔존 조항을 두고, 메타데이터와 미디어 서버가 리그 소유임을 명기해야 한다.

5) 계약 핵심 체크리스트

효과적인 데이터 라이선스 계약을 위해서는 다음 사항들을 포함해야 한다. 권리 범위에서는 원본, 파생, 모델 결과물 각각의 소유권과 사용권을 구분해야 한다. 텍스트 및 데이터 마이닝 허용 여부에서는 연구와 상업 목적을 구분하고 학습 후 모델과 데이터 삭제 규정을 포함해야 한다. 재가공과 재판매에서는 실시간과 지연 데이터를 구분하고 서브라이선스 가능 여부를 명시해야 한다. 보존과 폐기에서는 프로젝트 종료 후 데이터 암호화 보관 기간과 폐기 방식을 정해야 한다. 표시와 크레딧에서는 하이라이트나 NFT 등 2차 콘텐츠에 리그 로고와 저작권 고지를 필수로 해야 한다. 분쟁 관할에서는 다국적 계약의 경우 데이터 위치와 주요 사용자 시장을 고려하여 관할 법원과 중재 기관을 지정해야 한다.

5 이해관계자 매트릭스

그림 16-3 이해관계자 매트릭스

1) 선수(Players)

(1) 개념과 권리 구조

선수들의 퍼블리시티권이 경기 데이터와 생체 데이터 영역까지 확장되면서 단체협약의 적용 범위가 크게 넓어지고 있다. 전통적으로 선수의 이름, 초상, 음성에 한정되었던 퍼블리시티권이 이제는 경기 중 수집되는 위치 추적 데이터, 심박수, 가속도 등의 생체 정보까지 포괄하게 되었다. 이러한 변화는 웨어러블 기술의 발전과 데이터 분석 기법의 고도화에 따른 것으로, 선수 개인의 경기력과 건강 상태에 관한 민감한 정보가 상업적 가치를 가지게 되면서 나타났다.

(2) 사례 분석

MLBPA의 Players Inc.는 2024년부터 웨어러블 기기를 통해 수집되는 데이터까지 라이선스 관리 범위에 포함시켰다. 이는 선수들이 착용하는 심박수 모니터, GPS 추적 장치, 가속도계 등에서 수집되는 모든 데이터가 선수의 권리로 인정되고 적절한 보상이 이루어져야 함을 의미한다. 또한 이러한 데이터의 상업적 활용에 대해서도 선수들이 통제권을 가지며, 데이터 사용 목적과 범위에 대한 사전 동의가 필요하다.

(3) 실무적 고려사항

단체협약에는 선수의 데이터 열람권, 수익 배분 구조, 삭제 요청 절차가 구체적으로 명시되어야 한다. 선수들은 자신의 경기 데이터와 생체 정보에 언제든지 접근할 수 있는 권리를 가져야 하며, 이러한 데이터가 상업적으로 활용될 때 발생하는 수익에 대한 공정한 배분을 받을 권리가 있다. 또한 은퇴 후나 개인적 사유로 인해 데이터 삭제를 요청할 경우 이를 처리하는 명확한 절차가 마련되어야 한다.

2) 팬·현장 관중(Fans)

(1) 개념과 기술적 배경

경기장 입장 시스템에서 얼굴 인식과 지문 인식 기술의 도입이 확산되고 있다. 이러한 생체 인식 기술은 입장 대기 시간을 단축하고 보안을 강화하는 장점이 있지만, 동시에 개인의 프라이버시에 대한 심각한 우려를 불러일으키고 있다. 생체 정보는 한 번 유출되면 변경할 수 없는 특성을 가지고 있어 그 파급효과가 매우 클 수 있다.

(2) 사례 분석

MLB의 Go-Ahead Entry 파일럿 프로그램은 7천 명의 팬이 등록하여 얼굴 인식을 통한 빠른 입장 서비스를 제공하였다. 그러나 시민단체들은 이러한 시스템이 개인의 프라이버시를 침해하고 감시 사회로 이어질 수 있다는 우려를 제기하였다. 특히 수집된 생체 정보가 어떻게 저장되고 활용되는지, 그리고 언제 삭제되는지에 대한 투명성 부족이 주요 쟁점이 되었다.

(3) 실무적 고려사항

앱이나 웹사이트의 첫 화면에 데이터 수집 목적, 보관 기간, 삭제 방법을 명확하고 이해하기 쉬운 언어로 제시해야 한다. 또한 생체 인식을 원하지 않는 팬들을 위해 전통적인 티켓 확인이나 신분증 제시와 같은 비생체 대안 통로를 반드시 제공해야 한다. 이는 개인의 선택권을 보장하고 다양한 프라이버시 선호도를 수용하기 위함이다.

3) 구단·리그(Clubs & Leagues)

(1) 개념과 전략적 가치

구단과 리그는 독점적인 데이터 파이프라인을 구축하여 투자 유치와 기술 파트너십을 확보하는 전략을 추진하고 있다. 고품질의 실시간 데이터는 중계 품질 향상, 팬 경험 개선, 새로운 수익원 창출의 핵심 자산이 되고 있다. 특히 인공지능과 머신러닝 기술이 발전하면서 축적된 데이터의 가치는 기하급수적으로 증가하고 있다.

(2) 사례 분석

NHL과 AWS의 EDGE 파트너십은 실시간 expected Goals 그래픽을 제공하여 중계와 베팅 매출을 동시에 상승시키는 성과를 거두었다. 이 시스템은 경기 중 실시간으로 골 가능성을 계산하여 시청자들에게 제공함으로써 경기의 재미를 증대시키고, 동시에 베팅 업체들에게는 더욱 정교한 배당률 책정의 근거를 제공하였다. 이러한 데이터 기반 서비스는 리그의 새로운 수익원이 되었을 뿐만 아니라 팬 참여도도 크게 향상시켰다.

(3) 실무적 고려사항

독점 계약을 체결할 때는 공익적 연구를 위한 API 슬롯을 확보해야 한다. 이는 학술 연구나 선수 안전 개선과 같은 공익적 목적을 위한 데이터 접근을 보장하여 스포츠 발전에 기여하면서도 사회적 책임을 다하는 것이다. 또한 데이터의 독점적 활용이 시장 경쟁을 저해하지 않도록 균형을 맞춰야 한다.

4) 벤더·데이터 서비스업체(Vendors)

(1) 개념과 비즈니스 모델

하드웨어와 SaaS 구독 서비스를 결합한 장기 계약 모델이 확산되면서 고객의 서비스 종속성이 심화되고 있다. 이러한 비즈니스 모델은 벤더에게는 안정적인 수익을 보장하지만, 고객에게는 서비스 전환의 어려움과 비용 부담을 가중시킬 수 있다. 특히 데이터가 특정 플랫폼에 종속될 경우 고객의 선택권이 제한되는 록인 현상이 발생할 수 있다.

(2) 사례 분석

Catapult이 발표한 반납 후 업그레이드 정책은 일부 대학팀들이 계약 해지를 검토하게 만들었다. 이 정책은 기존 장비를 반납해야만 새로운 버전으로 업그레이드할 수 있도록 하여 고객의 데이터 연속성과 투자 보호에 대한 우려를 불러일으켰다. 특히 예산이 제한적인 대학팀들에게는 이러한 정책이 상당한 부담으로 작용하였다.

(3) 실무적 고려사항

계약서에는 서비스 종료 시 데이터 다운로드 권한과 환불 조항을 명확히 포함시켜야 한다. 고객이 축적한 데이터는 고객의 자산이므로 서비스 종료나 계약 해지 시에도 이를 안전하게 이전할 수 있는 권리가 보장되어야 한다. 또한 서비스 중단이나 업그레이드 강요로 인한 고객의 피해를 최소화하기 위한 보상 방안도 마련되어야 한다.

5) 규제기관(Regulators)

(1) 개념과 규제 동향

규제기관들은 공공장소에서의 생체 인식 기술을 고위험 AI로 분류하여 사전 평가를 요구하고 있다. 이는 개인의 프라이버시와 기본권을 보호하려는 정책적 의지의 표현이며, 기술 발전이 사회적 가치와 조화를 이루도록 하려는 노력이다. 특히 스포츠 시설과 같은 공공성을 가진 공간에서는 더욱 엄격한 기준이 적용되고 있다.

(2) 사례 분석

이탈리아 개인정보보호위원회는 얼굴 인식 기술의 전면 금지 정책을 시행하고 Clearview AI에 2천만 유로의 벌금을 부과하였다. 이는 생체 인식 기술의 무분별한 사용이 개인의 기본권을 심각하게 침해할 수 있다는 판단에 따른 것이다. 특히 동의 없이 수집된 생체 정보가 다른 목적으로 활용될 가능성에 대한 우려가 강력한 규제의 배경이 되었다.

(3) 실무적 고려사항

데이터 영향평가를 실시한 후 현장 시험을 거쳐 고위험 AI 신고 절차를 선행해야 한다. 이러한 단계적 접근을 통해 기술 도입의 타당성을 검증하고 잠재적 위험을 사전에 식별하여 대응 방안을 마련할 수 있다. 또한 규제 기관과의 지속적인 소통을 통해 정책 변화에 선제적으로 대응해야 한다.

6) 스폰서·미디어 파트너(Sponsors & Broadcasters)

(1) 개념과 상업적 가치

초저지연 데이터는 스폰서와 미디어 파트너들이 광고 효과와 베팅 수익률을 극대화할 수 있는 핵심 자산이다. 실시간으로 제공되는 정확한 데이터는 더욱 정교한 마케팅 전략 수립을 가능하게 하고, 시청자들에게는 더욱 몰입도 높은 경험을 제공한다. 이는 전통적인 스포츠 중계의 패러다임을 변화시키고 있다.

(2) 사례 분석

F1의 Insights powered by AWS 서비스는 시청자의 86%가 경기 이해도가 상승했다고 응답할 정도로 높은 만족도를 기록하였다. 이 서비스는 실시간으로 타이어 성능, 연료 전략, 오버테이킹 확률 등의 복잡한 데이터를 시각화하여 제공함으로써 F1 경기의 전술적 측면을 일반 시청자들도 쉽게 이해할 수 있게 하였다. 이는 중계 품질 향상과 함께 스폰서 가치도 크게 증대시켰다.

(3) 실무적 고려사항

라이선스 계약에는 서비스 수준 협약으로 0.5초 이하의 지연 시간을 보장하고, 데이터 재가공 범위와 재판매 금지 조항을 명확히 명시해야 한다. 초저지연 데이터의 가치는 실시간성에 있으므로 기술적 품질 보장이 필수적이며, 동시에 데이터의 무분별한 재유통을 방지하여 독점 파트너의 권익을 보호해야 한다.

6 데이터 라이프사이클 윤리 적용

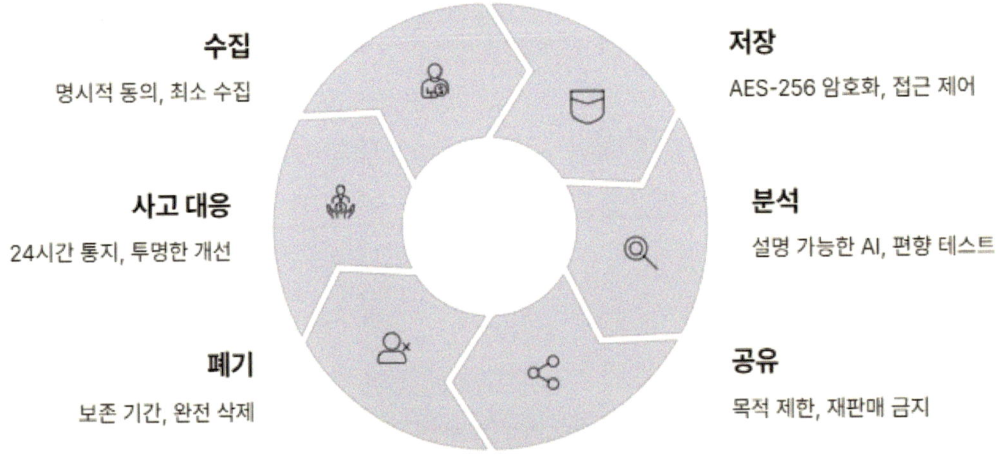

그림 16-4 데이터 라이프사이클 윤리 적용

1) 수집 단계

스포츠 데이터 수집의 첫 단계에서 가장 중요한 것은 수집 목적을 명확히 하고 데이터 주체로부터 명시적인 동의를 받는 것이다. GPS, 센서, 영상 등을 통해 수집되는 스포츠 데이터는 개인의 위치, 생체 정보, 행동 패턴 등 극도로 민감한 정보를 포함하고 있어 적절한 동의 절차와 최소 데이터 수집 원칙이 필수적이다.

FIFA는 2022년 카타르 월드컵부터 FIFA Player App을 도입하여 선수 데이터 수집의 새로운 표준을 제시하였다. 이 시스템은 선수들로부터 사전에 명시적인 동의를 받고 경기 직후 개인별 트래킹 데이터와 이벤트 데이터를 선수 본인에게 직접 제공하는 방식으로 운영되었다. 이 과정은 Charter of Player Data Rights에 기반하여 설계되었으며 선수의 데이터 자기결정권을 실질적으로 보장하는 모범 사례로 평가받고 있다.

반면 2025년 1월 NBA 2K 게임에서 발생한 얼굴 스캔 데이터 무단 수집 사건은 동의 절차의 중요성을 보여주는 경고 사례이다. 게임 사용자들의 얼굴 스캔 데이터가 AWS 서버로 전송되었으나 특히 미성년 사용자들로부터 적절한 동의를 받지 않아 집단소송으로 이어졌다. 이는 단순한 게임 기능으로 시작된 데이터 수집이 법적 분쟁으로 확대될 수 있음을 경고한다.

실무적으로는 데이터 수집 시 동의 화면에 누가 데이터를 수집하는지, 어떤 데이터를 수집하는지, 왜 수집하는지를 일반인이 이해할 수 있는 평이한 언어로 명확히 표기해야 한다. 특히 미성년자의 경우 부모나 법정대리인의 동의를 반드시 받아야 하며 이를 위한 별도의 인증 절차를 마련해야 한다.

2) 저장 단계

수집된 데이터가 서버에 저장될 때는 GDPR 제32조 수준의 기술적 및 조직적 보호조치가 필수적으로 요구된다. 저장된 데이터는 외부 공격뿐만 아니라 내부의 무단 접근으로부터도 보호되어야 하며 이를 위해서는 강력한 암호화와 체계적인 접근 제어 시스템이 필요하다.

국제올림픽위원회는 Athlete 365와 Olympics.com의 개인정보 처리방침에서 TLS 암호화와 권한 분리 시스템을 명시적으로 공개하고 있다. AthleteMonitoring 플랫폼도 TLS 1.2 암호화와 역할 기반 접근제어를 통해 선수 데이터를 격리하여 보관하는 시스템을 운영하고 있다. 이러한 접근 방식은 데이터의 기밀성과 무결성을 동시에 보장하는 효과적인 방법이다.

실무적으로는 모든 저장 데이터에 AES-256 이상의 강력한 암호화를 적용해야 하며 내부 직원들의 데이터 접근은 역할별 권한 매트릭스를 통해 엄격히 관리해야 한다. 의료 데이터, 비디오 데이터, 상업적 데이터를 분리하여 저장하고 각각에 대한 접근 권한을 차별화함으로써 불필요한 정보 노출을 방지해야 한다.

3) 분석 단계

AI 모델이 전략 수립이나 판단에 활용될 때는 왜 이런 결과가 나왔는지에 대한 설명이 가능해야 선수와 팬들이 이를 수용할 수 있다. 인공지능의 의사결정 과정이 블랙박스로 남아 있으면 신뢰도가 떨어지고 결과에 대한 수용성도 낮아진다.

F1의 Insights powered by AWS는 머신러닝을 활용하여 타이어 성능과 피트스톱 예

측을 실시간으로 시각화하는 서비스를 제공한다. 2023년 공식 만족도 조사에서 시청자의 86%가 경기 이해도가 상승했다고 응답할 정도로 높은 성과를 거두었다. 이는 복잡한 AI 분석 결과를 시청자가 이해하기 쉽게 시각화한 결과이다.

실무적으로는 모델 파이프라인, 주요 변수, 정확도 지표를 설명 가능한 AI 대시보드로 공개하고 편향 테스트 결과를 시즌마다 리포트로 발행해야 한다. 이를 통해 AI 시스템의 투명성을 확보하고 이해관계자들의 신뢰를 얻을 수 있다.

4) 공유와 상업화 단계

데이터를 외부로 공유하거나 상업화할 때는 누가 어디까지 재가공하고 재판매할 수 있는지를 계약에 명확히 규정해야 한다. 데이터의 활용 범위와 제한 사항이 불분명하면 향후 분쟁의 소지가 된다.

EPL과 EFL의 데이터는 Football DataCo가 2024년 Genius Sports와 2029년까지 독점 계약을 연장하여 선수 마이크로트래킹 데이터까지 하나의 파이프라인으로 통합 관리하고 있다. MLB와 Sportradar의 2032년까지 계약은 Statcast 초저지연 피드의 재판매와 캐싱을 금지하고 0.5초 이하의 지연 시간을 보장하는 서비스 수준 협약을 명시하고 있다.

실무적으로는 계약서에 사용 분야를 베팅, 팬앱, 연구 등으로 세분화하고 지연 시간, 데이터 보존 기간, 서브라이선스 범위, 출처 표시 의무를 구체적으로 규정해야 한다. 이를 통해 데이터의 적절한 활용을 보장하면서도 무분별한 재유통을 방지할 수 있다.

5) 보존과 폐기 단계

데이터의 저장 기간과 삭제 절차를 미리 정하지 않으면 불필요한 데이터가 계속 축적되는 좀비화 현상이 발생한다. 이는 저장 비용의 증가뿐만 아니라 개인정보보호 관점에서도 위험 요소가 된다.

WHOOP는 2025년 구독 업그레이드 논란 이후 서비스 해지 시 원시 데이터 다운로드를 허용하고 30일 내 완전 삭제하는 정책을 발표하였다. EU GDPR은 목적 달성 후 지체 없이 삭제하거나 가명처리할 것을 요구하고 있어 이러한 정책 수립이 필수적이다.

실무적으로는 프로젝트 계획 단계에서 보존 기간, 삭제 스케줄, 백업 파기 방법을 사전에 문서화해야 한다. 이를 통해 데이터의 생명주기를 체계적으로 관리하고 불필요한 위험을 사전에 차단할 수 있다.

6) 사고 대응과 개선 단계

데이터 보안 사고나 윤리적 문제가 발생했을 때의 대응 방식이 조직의 신뢰도를 결정한다. 투명한 통지와 적극적인 개선 노력이 장기적으로는 더 큰 신뢰를 구축하는 기반이 된다.

라리가 앱의 마이크 권한 오사용 사건은 이러한 원칙을 잘 보여준다. 스페인 개인정보보호청으로부터 25만 유로의 벌금을 받았지만 이후 팝업 알림과 권한 토글 기능을 추가하여 사용자를 대상으로 한 신뢰 회복 작업을 적극적으로 진행하였다.

실무적으로는 24시간 내 사고 통지 체계를 구축하고 조사, 복구, 재발 방지의 3단계 보고서를 공개해야 한다. 또한 시즌 종료 후 사고 사후 분석 결과를 공유하여 정책과 시스템을 지속적으로 업그레이드하는 것이 중요하다. 이러한 투명한 소통과 개선 노력이 장기적으로는 조직의 신뢰성과 경쟁력을 높이는 핵심 요소가 된다.

학습 요약

스포츠 데이터와 AI 기술의 융합은 더 이상 미래의 이야기가 아니다. 경기장에서 실시간 수집되는 데이터, 선수 추적 센서, 팬 얼굴 인식 시스템은 이미 일상이 되었다. 이러한 기술 혁신은 경기력 향상과 팬 경험 개선의 기회를 제공하지만, 동시에 프라이버시 침해, 알고리즘 편향, 데이터 독점과 같은 새로운 윤리적 과제를 제기하고 있다.

본 장에서 살펴본 사례들은 스포츠 데이터 활용에서 윤리적 고려가 조직의 지속가능성과 직결되는 핵심 요소임을 보여준다. Strava의 군사 기지 노출, 라리가 앱의 마이크 무단 접근, NBA Top Shot의 증권성 논란은 초기 윤리적 검토 부족이 초래할 위험을 경고한다. 반면 FIFA의 선수 데이터 투명성 정책, F1의 설명 가능한 AI 활용은 윤리적 원칙을 경쟁 우위로 전환한 성공 사례이다.

각국의 규제 환경도 빠르게 변화하고 있다. EU AI법, 미국의 자율 규제, 중국의 라이선스 관리, 한국의 혼합형 접근은 스포츠 조직이 글로벌 시장에서 활동하기 위해 통합적인 거버넌스 체계를 구축해야 함을 의미한다.

선수, 팬, 구단, 벤더, 규제기관, 미디어 파트너 등 다양한 이해관계자들의 요구를 균형 있게 조화시키는 것도 중요한 과제다. 이들의 목표는 때로 상충하지만, 적절한 윤리적 프레임워크 내에서는 상호 발전을 촉진하는 동력이 될 수 있다.

데이터 라이프사이클 전반의 윤리적 접근은 이제 필수가 되었다. 수집 단계의 명시적 동의, 저장 단계의 암호화, 분석 단계의 설명 가능성, 공유 단계의 목적 제한, 폐기 단계의 체계적 관리, 사고 대응의 투명성은 모두 조직의 신뢰성과 지속가능성을 결정하는 핵심 요소들이다.

스포츠 데이터 윤리는 기술 발전을 제약하는 장벽이 아니라 더 나은 혁신을 위한 나침반이다. 윤리적 원칙에 기반한 데이터 활용은 단기적으로는 추가 비용을 요구하지만, 장기적으로는 이해관계자들의 신뢰를 확보하고 지속가능한 성장의 기반을 마련한다. 이는 스포츠가 가진 공정성, 투명성, 상호 존중의 가치와도 일맥상통한다.

앞으로 스포츠 조직들은 기술적 혁신과 윤리적 책임을 동시에 추구하는 균형잡힌 접근을 통해 진정한 디지털 전환을 달성해야 할 것이다.

참고문헌

강기두, 김화룡. (2024). 국내 스포츠 애널리틱스 연구의 현재와 미래: 경기데이터 활용 분석에 대한 체계적 문헌 검토. 한국체육학회지, 63(1), 221-236.

강승애, 강동훈, 김보람, 김성호, 김정환, 성낙준, 정진욱. (2023). 스포츠분석을 위한 인공지능 딥러닝 입문. 레인보우북스.

김화룡, 조정환. (2024). 스포츠데이터과학의 비전과 과제. 한국체육측정평가학회지, 24(1), 1-15.

신승아, 신승호. (2024). AI와 스포츠. 커뮤니케이션북스.

윤영길. (2021). 친절한 R with 스포츠 데이터. 영진닷컴.

인크로스(2024), 모바일 중계 유료화와 2024 야구팬덤 보고서

장영재, 김혜영. (2019). 동계스포츠 빅데이터 분석을 통한 경기력향상 모델개발 및 모니터링 시스템 구축 (연구보고서 TRKO202000000086). 한국과학기술원, 한국연구재단.

정용각, 양승용. (2019). 스포츠콘텐츠의 빅데이터 분석 활용과 전망. 융합보안논문지, 19(1), 121-126.

천제민. (2023). 인공지능과 빅데이터로 읽는 미래 스포츠 이야기. 에듀컨텐츠휴피아.

최승담. (2017). 스포츠 애널리틱스 - 산업공학의 새로운 기회. IE 매거진, 24(1), 12-19.

최태훈. (2007). 스포츠 데이터분석: 한글 SPSSWIN의 적용. 광림북하우스.

한국과학기술원 스포츠데이터분석 연구팀. (2024). 생성형 AI를 활용한 스포츠 빅데이터 분석. 리디북스.

한국스포츠경영전략연구원. (2025). 스포츠 애널리틱스와 인공지능에 관한 체계적 문헌 검토: 기술에 따른 연구 변화와 과제. 융합과학연구, 2025(6), 1-20.

Artera. (2016, October 31). Covering all the bases: How MLB StatCast is changing the game with data.

Artera. (2023, April 16). Big data characteristics (3V, 5V, 10V, 14V).

Business Insider. (2019, July 11). Disney execs on ESPN's streaming recommendation engine algorithms.

Business Process Incubator. (2023, January 18). The 5 V's of big data.

CBC Sports. (2019, November 10). As Raptors face Kawhi Leonard for 1st time since Finals, a look at the burden of 'load management'.

CBS Sports. (2019, April 27). NBA Playoffs 2019: Raptors' 'load management' plan for Kawhi Leonard pays dividends in Game 1 win over 76ers.

Coakley, J. (1998). Sport in society: Issues and controversies (6th ed.). McGraw-Hill.

Coursera. (2025, August 11). What are the 5 Vs of big data?

DataCamp. (2023, May 24). The data-information-knowledge-wisdom pyramid.

DAZN Group. (2024). DAZN: Revolutionizing sports broadcasting with innovation and excellence. Global Networker.

Demchenko, Y., de Laat, C., & Membrey, P. (2014). Defining architecture components of the Big Data ecosystem. In Proceedings of the 2014 International Conference on Collaboration Technologies and Systems (CTS) (pp. 104-112). IEEE.

ESPN. (2016, June 8). Visualizing the coaching tricks that unleash Curry and LeBron.

Formula 1. (n.d.). Follow F1 pit wall live data and historic races | F1 TV.

GeeksforGeeks. (2023, July 30). DIKW pyramid: Data, information, knowledge and wisdom.

Google Cloud. (2020, October 22). How MLB is using data analytics on Google Cloud. Google Cloud Blog.

Google Cloud. (2021, March 3). Warriors use on-court data for competitive edge. Google Cloud Blog.

IBM. (2024). What is big data? IBM Think Topics.

James, B. (1977). The 1977 Bill James Baseball Abstract: Featuring 18 categories of statistical information that you just can't find anywhere else [Self-published].

James, B. (1982-1988). The Bill James Baseball Abstract. Ballantine Books.

James, B. (1985). The Bill James historical baseball abstract. Villard Books.

Laney, D. (2001). 3D data management: Controlling data volume, velocity, and variety (META Group Research Note, File 949). META Group Inc.

Loy, J. W., McPherson, B. D., & Kenyon, G. (1978). Sport and social systems. Addison-Wesley.

Luhnow, J. (2018, March 24). Building a championship team through analytics [Keynote address]. M&T Summit, Jerome Fisher Program in Management & Technology, University of Pennsylvania, Philadelphia, PA.

Lüschen, G., & Sage, G. H. (1981). Handbook of social science of sport. Stipes Publishing.

Major League Baseball Advanced Media. (n.d.). Baseball Savant: Statcast, trending MLB players and visualizations.

McKinsey & Company. (2018). How the Houston Astros are winning through advanced analytics. McKinsey Quarterly.

McPherson, B. D., Curtis, J. E., & Loy, J. W. (1989). The social significance of sport: An introduction to the sociology of sport. Human Kinetics Books.

Merrimack College. (2024, May 27). Two in a row: Astros, Cubs prove power of data analytics in baseball.

NBA Advanced Stats. (n.d.). Player tracking. NBA.com.

NBAstuffer. (2023, July 12). Second Spectrum.

Ontotext. (2025, June 19). What is the data, information, knowledge, wisdom (DIKW) pyramid?

Playbook Sports. (2025, July 29). Top 5 AI strategies for dynamic ticket pricing.

Plusdrie. (2025). DAZN: Enhancing sports engagement with personalized content.

Pricing Solutions. (2017, July 18). Optimal pricing strategies: A lesson from the SF Giants.

Qcue. (2009). Dynamic pricing solutions for live entertainment.

ReelMind. (2025, September 4). ESPN Plus: The future of sports streaming powered by AI insights.

ReelMind. (2025, September 4). NFL ticket: AI optimizing sports event access.

Second Spectrum. (2017). Optical tracking and AI-powered sports analytics for the NBA.

Singer, R. N., Milledge, M., Murphy, M., & Tennant, L. K. (Eds.). (1976). Physical education: An interdisciplinary approach. Macmillan.

Society for American Baseball Research. (2010). Henry Chadwick Award: Bill James. Baseball Research Journal, 39(1).

Sports Business Journal. (2018, October 21). Warriors, Sportradar, ShotTracker discuss the state of basketball analytics.

Sportsnet. (2019, April 8). What is load management and why do the Raptors use it with Kawhi Leonard?

STATS LLC. (2013). SportVU player tracking technology.

TechTarget. (2023, November 16). What are the 5 V's of big data?

Thorn, J., & Palmer, P. (2015). The hidden game of baseball: A revolutionary approach to baseball and its statistics (Enlarged ed.). University of Chicago Press.

Ticket News. (2009, June). San Francisco Giants, Qcue enjoying the successes of dynamic pricing.